Untersuchung antisemitischer NS-Propaganda

»Substanz«

Laura Bensow

"Frauen und Mädchen, die Juden sind Euer Verderben!"

Eine Untersuchung antisemitischer NS-Propaganda
unter Anwendung der Analysekategorie Geschlecht

Die Deutsche Bibliothek verzeichnet diese Publikation
in der Deutschen Nationalbibliografie.
Detaillierte bibliografische Daten sind im Internet abrufbar unter
http://dnb.d-nb.de

Dissertation zur Erlangung des Doktorgrades an der
Fakultät Kulturwissenschaften, Fachbereich Sozial- und Kulturgeschichte
der Leuphana Universität Lüneburg
Vorgelegt von Laura Bensow, Hamburg, 2016

Besuchen Sie uns auch im Internet:
www.marta-press.de

1. Auflage September 2016
© 2016 Marta Press, Verlag Jana Reich, Hamburg, Germany
www.marta-press.de
© Umschlaggestaltung: Niels Menke, Hamburg
Printed in Germany.
ISBN 978-3-944442-48-8

Danksagung

Es ist geschafft! Mein Dank geht auf diesem Wege noch einmal an all die Menschen, die mich in den letzten Jahren unterstützt, beraten oder zur richtigen Zeit mit den richtigen Worten abgelenkt haben. Namentlich nennen möchte ich an dieser Stelle Marco – du warst mir die größte Stütze!

Herzlich bedanken möchte ich mich zudem bei Prof. Dr. Dagmar Bussiek, die das Dissertationsprojekt im Jahr 2012 überhaupt erst angestoßen und von Beginn an großes Vertrauen in das Vorhaben hatte. Ebenso gilt mein Dank PD Dr. Kirsten Heinsohn und Herrn Prof. Dr. Sven Kramer für die Zweit- bzw. Drittbetreuung der Arbeit.

Jana Reich danke ich für die Möglichkeit, auf unkompliziertem Wege in ihrem Verlag veröffentlichen zu dürfen.

Laura Bensow, Hamburg 2016

Inhaltsverzeichnis

1. Einleitung

Die Berichterstattung im Zuge des Prozesses gegen die mutmaßliche Rechtsterroristin Beate Zschäpe erinnerte an die öffentliche Aufarbeitung der nationalsozialistischen Verbrechen in (West-)Deutschland nach 1945: Nachdem im November 2011 bekannt geworden war, dass der „Nationalsozialistische Untergrund" (NSU) bundesweit jahrelang und systematisch gemordet hatte, schien vor allem die Tatsache von höchstem Nachrichtenwert, dass es mit Zschäpe eine Frau ist, die laut Anklage führend an den Verbrechen der rechtsextremen Organisation beteiligt gewesen sein soll. Noch vor Aufnahme jeglicher Ermittlungen gegen Zschäpe wurde öffentlich gemutmaßt, sie hätte kaum aktiv an der Planung und Umsetzung der NSU-Taten mitgewirkt, auch schien es für die Medien von größerem Interesse, über Zschäpes Sexualleben bzw. über das Verhältnis zu den anderen NSU-Terroristen zu spekulieren.[1] Es ist Beate Zschäpe selbst, die von diesen Vorstellungen, wie frau zu sein hat, zu profitieren versucht: In ihrer im Dezember 2015 vor Gericht verlesenen Verteidigungsschrift bekannte sie sich (wörtlich) „moralisch" zwar schuldig, will aber bis zuletzt nicht an den Taten des NSU beteiligt gewesen sein.[2] Vielmehr gingen die Aktivitäten des NSU allein von dessen männlichen Mitgliedern aus, Zschäpe selbst hätte nach eigenen Angaben in einer Art emotionalen Abhängigkeit zu den zwei männlichen Mitgliedern der Organisation gestanden und von deren Aktivitäten nur am Rande erfahren. Vielen Berichten über den

---

[1] Vgl. Forschungsnetzwerk Frauen und Rechtsextremismus: Offener Brief des Forschungsnetzwerks Frauen und Rechtsextremismus zur Berichterstattung über die Rechtsextremistin Beate Zschäpe [2011, pdf]. URL: http://www.frauen-und-rechtsextremismus.de/cms/images/medienarbeit/offener-brief-2011-11-15.pdf (Stand: 5.3.2015).
[2] Vgl. Sundermann, Tom: Zschäpes große Unschuldsshow. URL: http://www.zeit.de/politik/ausland/2015-12/beate-schaepe-aussage-bewertung (Stand: 9.12.2015).

NSU-Prozess war gemein, dass sich das „Frausein" und das Ausüben fremdenfeindlicher Gewalt einander auszuschließen schienen.

Der Fall des NSU zeigt, wie sehr Zuschreibungen an die Geschlechter noch immer die Wahrnehmung prägen, dass sie dadurch zugleich den Blick auf die tatsächlichen Strukturen rechter bzw. rechtsextremer Organisationen verstellen und so die dringend notwendige Auseinandersetzung mit rechten Verbrechen erschweren.[3] Tatsächlich sind Frauen heute sehr wohl als Täterinnen an fremdenfeindlichen Übergriffen u.ä. beteiligt; das waren sie auch im nationalsozialistischen Deutschland, dennoch wurden sie nach 1945 zunächst weitestgehend von der Verantwortung an den NS-Verbrechen freigesprochen. Bezeichnenderweise sollte es bis in die späten 1980er Jahre hinein dauern, dass Öffentlichkeit und Forschung Frauen als Täterinnen im NS wahrnahmen.[4]

Beide Beispiele machen deutlich, dass die Kategorie „Geschlecht" im Rahmen einer kritischen Analyse angewandt werden muss, um die Wirkungsweise nationalistisch orientierter Systeme bzw. rechter Gruppierungen angemessen erfassen zu können. Die vorliegende Arbeit folgt diesem Anspruch und will anhand ausgewählter NS-Pressepropaganda der 1930er Jahre aufzeigen, dass deutsche Frauen und Mädchen ganz konkret in ihrer geschlechtlichen Identität, aber auch in ihrer (imaginierten) „rassischen" Identität angesprochen werden sollten, um sie im Sinne des Nationalsozialismus mobilisieren zu können. Im Folgenden soll anhand der antisemitischen Ansprache der weiblichen Leserschaft durch nationalsozialistische Propaganda untersucht werden, auf welche Weise Frauen und Mädchen in den 1930er Jahren geschlechtsspezifische Handlungsräume zugewiesen wurden, in denen sie antisemitisch aktiv werden sollten – und dies auch taten.

---

[3] Vgl. Forschungsnetzwerk 2011.
[4] Vgl. Gravenhorst, Lerke: Moral und Geschlecht. Die Aneignung der NS-Erbschaft. Freiburg i.Br. 1997. S. 55 ff.

„Geschlecht" als Analysekategorie in der NS-Forschung

Die (Kultur-)Geschichte der NS-Gesellschaft ist heute – dank einer interdisziplinär ausgerichteten Forschung – umfassend erforscht, ebenso die Geschichte der Judenfeindschaft und des Holocaust. Ein Desiderat der NS-Forschung stellte hingegen lange die (historische) Täterinnenforschung dar, die mit der Öffnung für die interdisziplinäre Geschlechterforschung wichtige Impulse erfahren sollte. Die Geschlechterforschung (auch: „gender studies") differenziert zwischen einem biologischem, u.a. anhand anatomischer Merkmale definierten Geschlecht („sex") und dem sozio-kulturellen Geschlecht („gender")[5]. Sie untersucht und hinterfragt damit Mittel und Mechanismen, wie „Geschlecht" und geschlechterspezifische Zuschreibungen in einer Gesellschaft konstruiert und durch soziale Praktiken (re-)produziert werden („doing gender").[6] Damit macht sie die Kategorie „Geschlecht" für das wissenschaftliche Arbeiten anwendbar:

> „[...] Die Kategorie Geschlecht erfasst historisch kontingente, kulturelle und soziale Verhältnisse, Identitäten, Körperbilder und Befindlichkeiten, die Männern und Frauen zugeschrieben werden. Geschlecht strukturiert und organisiert also

---

[5] Vgl. Burkart, Günter: Grundfragen der Geschlechterforschung. In: Jansen-Schulz, Bettina; Riesen, Kathrin van (Hrsg.): Vielfalt und Geschlecht – relevante Kategorien in der Wissenschaft. Opladen, Farmington Hills 2011. S. 37. Judith Butler erweitert diese Unterscheidung zwischen dem anatomischen „Geschlecht" („sex") und der „Geschlechtsidentität" („gender") um eine „geschlechtlich bestimmte Identität" („gender identity") (vgl. Butler, Judith: Das Unbehagen der Geschlechter. Frankfurt am Main 1991, S. 10 und S. 39).

[6] Vgl. u.a. Burkart 2011, S. 40 f. Trotz anatomischer Unterschiede muss die Existenz „geschlechtstypischer" Verhaltensweisen infrage gestellt werden: Inwiefern biologische Merkmale des männlichen und weiblichen Körpers Einfluss auf die Neurobiologie haben, ist bis heute umstritten (vgl. Bussiek, Dagmar: Geschichte und Geschlecht. Gender als Kategorie der Kulturgeschichte. In: Jansen-Schulz, Bettina; Riesen, Kathrin van (Hrsg.): Vielfalt und Geschlecht – relevante Kategorien in der Wissenschaft. Opladen, Farmington Hills 2011. S. 147).

grundlegende Denk- und Wahrnehmungs- und Lebensmöglich-keiten. [...]"[7].

Unter dieser Prämisse, „Geschlecht" als Konstrukt gesellschaftlicher Zuschreibungen zu verstehen, werden im Folgenden die Bezeichnungen „Mann", „Frau" u.ä. auf Menschen angewandt, die als männlich oder weiblich wahrgenommen, entsprechend geschlechtsspezifisch sozialisiert und angesprochen wurden. Die Kategorie „Geschlecht" fand seit den 1970ern zunehmend Anwendung in den verschiedenen wissenschaftlichen Disziplinen[8]; als Teilbereiche der modernen „gender studies" gelten heute in Deutschland die auf die 1970er Jahre zurückgehende historische Frauenforschung sowie die sich hierzulande in den 1980ern herausbildende Männer- bzw. Männlichkeitenforschung („men's studies") – beide untersuchen die Lebenssituationen von Frauen und Männern unter Berücksichtigung gesellschaftlich konstruierter Geschlechterrollen.[9] Auch die Geschlechtergeschichte, die Konstruktionen von Männlichkeiten und Weiblichkeiten in ihrem spezifisch historischen Kontext aufzuzeigen versucht, etablierte sich seit den 1990ern in der deutschsprachigen Forschung.[10]

Bis dahin hatte die Vorstellung von zwei natürlich gegebenen Geschlechtern („sex") den Blick der Forschung auf den Nationalsozialismus verstellt und ließ entsprechende Arbeiten unzureichend hinterfragen, welchen Einfluss Geschlechterzuschreibungen tatsächlich auf Machtgefüge und Lebensverhältnisse im NS-Staat hatten. Dies führte dazu, dass die Auseinandersetzung mit dem Nationalsozialismus und

---

[7] O.V.: Einleitung. Geschlechtergeschichte des Politischen. In: Boukrif, Gabriele; Bruns, Claudia; Heinsohn, Kirsten; Lenz, Claudia; Schmersahl, Katrin; Weller, Katja (Hrsg.): Geschlechtergeschichte des Politischen. Entwürfe von Geschlecht und Gemeinschaft im 19. und 20. Jahrhundert. Geschlecht – Kultur – Gesellschaft, Band 10. Münster 2002, S. 6.

[8] Vgl. Hausen, Karin: Geschlechtergeschichte als Gesellschaftsgeschichte. Kritische Studien zur Geschichtswissenschaft, Bd. 202. Göttingen 2012, S. 7 f.

[9] Vgl. Martschukat, Jürgen; Stieglitz, Olaf: Geschichte der Männlichkeiten. Historische Einführungen, Bd. 5. Frankfurt am Main 2008, S. 12 ff.

[10] Vgl. Hausen 2012, S. 7. Mittlerweile gerieten mit den so genannten „queer studies" und den „Transgender-Studien" auch alternative Lebensformen in den Blick der Forschung (vgl. Martschukat; Stieglitz 2008, S. 142 ff.).

seinen Verbrechen verzerrt wurde: Das Handeln deutscher Männer und Jungen sowie das Wirken männlicher NS-Organisationen gerieten nach 1945 zunächst in den Fokus der Forschung, während Frauen und Mädchen aufgrund der ihnen zugeschriebenen Weiblichkeit weiterhin kaum als handelnde Subjekte der Geschichte wahrgenommen, damit von einer Beteiligung an den NS-Verbrechen qua Geschlecht weitestgehend freigesprochen wurden. Das wiederum bedingte nicht nur, dass die Erforschung der weiblichen Sozialisation im NS-Staat und der entsprechenden Organisationen lange Zeit vernachlässigt wurde[11], auch wurde der Antisemitismus unter Annahme einer natürlichen „Friedfertigkeit der Frau" mithin als eine „Männerkrankheit"[12] rezipiert und auf ebendiese Weise untersucht (vgl. Kap. 2.2.1).

Mittlerweile finden sich zahlreiche Beiträge, die „Geschlecht" als Analysekategorie anwenden; vor allem die in der NS-Gesellschaft konstruierten Formen von Weiblichkeit sind mittlerweile gut erforscht[13], die Existenz von TäterInnen und ProfiteurInnen der nationalsozialistischen Gewaltherrschaft damit hinreichend belegt. Überdies konstatierte die NS-Forschung mithilfe erster gender-Ansätze, dass sich Frauen wie Männer im NS-Staat judenfeindlich verhielten und sie innerhalb ihrer (geschlechtsspezifischen, diskursiv zugeschriebenen)

---

[11] Die Institutionen BDM, das daran angeschlossene BDM-Werk und die „NS.Frauenschaft" sind historisch mittlerweile gut erforscht; seit den 1980er Jahren erschienen zudem mehr Untersuchungen zur NS-geschlechtsspezifischen Sozialisation (vgl. Klaus, Martin: Mädchenerziehung zur Zeit der Faschistischen Herrschaft in Deutschland. Der Bund Deutscher Mädel. Sozialhistorische Untersuchungen zur Reformpädagogik und Erwachsenenbildung, Band 3. Frankfurt am Main 1983. S. 18 ff.). Allerdings ist der „Bund deutscher Mädel" wie die weibliche Sozialisation im NS-Staat insgesamt in der Forschungsliteratur noch immer seltener thematisiert als die Jungen-Erziehung (vgl. Miller-Kipp, Gisela: „Der Führer braucht mich". Der Bund Deutscher Mädels (BDM): Lebenserinnerungen und Erinnerungsdiskurs. Materialien zur Historischen Jugendforschung. Weinheim; München 2007, S. 24 f.).
[12] Mitscherlich-Nielsen, Margarete: Antisemitismus - eine Männerkrankheit? In: PSYCHE 37(1), o.O. 1983, S. 49.
[13] Vgl. Gravenhorst, Lerke: Geleitwort. In: Dietrich, Anette; Heise, Ljiljana (Hrsg.): Männlichkeitskonstruktionen im Nationalsozialismus. Formen, Funktionen und Wirkungsmacht von Geschlechterkonstruktionen im Nationalsozialismus und ihre Reflexion in der pädagogischen Praxis. Zivilisationen & Geschlechter, Bd. 18. Frankfurt am Main 2013, S. 1.

Aktionsräume entsprechend handelten.[14] Dennoch ist die Kategorie des „Geschlechts" und deren elementare Bedeutung für die Konstituierung von „vergeschlechtlichten" Machthierarchien in vielen Bereichen der NS-Forschung noch zu wenig berücksichtigt, auch eine theoretisch wie empirisch fundierte, geschlechterspezifische Antisemitismusforschung für den Zeitraum der NS-Herrschaft steht noch aus.[15]

Forschungsinteresse und Forschungsgegenstand dieser Arbeit

Diese Arbeit stellt einen Beitrag zur NS-Kulturgeschichte sowie zur geschlechterreflektierenden Antisemitismusforschung dar und soll die diskursiven Verschränkungen zwischen Judenfeindlichkeit und Geschlechterkonstruktion anhand dreier Pressemedien aufzeigen. Sie leistet einen Beitrag zu den „gender studies", indem die Repräsentation einer (imaginierten) Geschlechterordnung in den ausgewählten NS-Medien kritisch zur Analyse judenfeindlicher Aussagen herangezogen wird.[16]

Die forschungsleitende Frage, die es im Laufe dieser Arbeit zu eruieren gilt, ist, auf welche Weise Frauen und Mädchen in den 1930er Jahren auf der Diskursebene der Medien antisemitisch adressiert wurden. Es wird zunächst davon ausgegangen, dass der Antisemitismus – als zentrales Ideologem des Nationalsozialismus – wichtiger und häufiger Bestandteil aller drei hier zu untersuchenden Pressemedien war.

---

[14] Vgl. u.a. Kompisch, Kathrin: Täterinnen. Frauen im Nationalsozialismus. Köln 2008, S. 12 ff.

[15] Vgl. Salzborn, Samuel: Antisemitismus. Geschichte, Theorie, Empirie. Baden-Baden 2014. S. 90 ff. sowie vgl. Gräfe, Thomas: Antisemitismus in Deutschland 1815 – 1918. Rezensionen – Forschungsüberblick – Bibliographie. 2., erweiterte und überarbeitete Auflage. Norderstedt 2010, S. 48.

[16] Sowohl die Bezeichnungen „Mann" / „Frau" als auch die des „Jüdischen" werden in dieser Arbeit im Kontext der NS-Ideologie als Konstruktionen begriffen, die mit Zuschreibungen verbunden sind und deren Gebrauch deshalb generell kritisch hinterfragt wird. Demzufolge müssten die Begriffe in Anführungszeichen gesetzt werden, der besseren Lesbarkeit wegen wird hierauf aber verzichtet.

Folglich soll bei der qualitativ-empirischen Analyse ebendieser Pressepropaganda die weibliche Zielgruppe im Fokus stehen: Unter der Annahme, dass Frauen und Mädchen in Deutschland vor wie nach 1933 geschlechtsspezifisch sozialisiert wurden und die Vorstellung einer Geschlechterdifferenz zentraler Bestandteil der nationalsozialistischen Ideologie war, ergibt sich die forschungsleitende Hypothese, dass der Antisemitismus geschlechtsspezifisch vermittelt wurde, der Ausgestaltung der antisemitischen Propaganda also entsprechende Vorstellungen von Weiblichkeit zugrunde lagen. Entsprechend müsste die Propaganda so konzipiert gewesen sein, dass sie Männer und Frauen (bzw. Mädchen) in ihrer angeblich „natürlichen" Unterschiedlichkeit und mit ihren (ihnen u.a. qua Geschlecht zugeschriebenen, damit „zugelassenen") Bedürfnissen wahrnahm – diese geschlechtsspezifischen Aussagen innerhalb des antisemitischen Diskurses gilt es anhand der NS-Presse freizulegen. Hierbei ist die Untersuchung der Ansprache der weiblichen Leserschaft von besonderer Relevanz, da dem weiblichen Geschlecht – in Abgrenzung zum Männlichen – traditionell Eigenschaften der Unterlegenheit zugeschrieben wurden. Von Interesse wird daher u.a. die Frage sein, ob und wie die NS-Propaganda diesen (auch ideologiegebundenen) Antifeminismus zugunsten einer antisemitischen Mobilisierung der Leserinnen aufzulösen versuchte. Des Weiteren wird zu untersuchen sein, ob und in welcher Weise sich die antisemitische Ansprache von Frauen und Mädchen voneinander unterschied, da angenommen wird, dass der Ansprache der jüngeren Zielgruppe eine unterschiedliche Vorstellung von „Weiblichkeit" zugrunde lag.

Unter der Prämisse, „Geschlecht" wie „Rasse" als Konstruktionen zu verstehen, die vor allem durch sprachliche Techniken innerhalb sozialer Ordnungen Gültigkeit erlangen, folgt diese Arbeit dem theoretischen Ansatz des sozialen Konstruktivismus'.[17]

---

[17] Vgl. u.a. Reich, Kersten: Konstruktivistische Ansätze in den Sozial- und Kulturwissenschaften. In: Hug, Theo (Hrsg.): Wie kommt Wissenschaft zu Wissen?, Bd. 4, Hohengehren 2001, S. 365 f.
URL: http://konstruktivismus.uni-koeln.de/reich_works/aufsatze/reich_34.pdf (Stand: 25.04.2016).

Es soll aufgezeigt werden, wie das „Wissen" über Juden in der NS-Presse (re-)produziert und unter Anwendung gleichzeitig diskursiv erzeugter Vorstellungen von geschlechtlicher Identität an Frauen und Mädchen zu vermitteln versucht wurde. Damit sind primär zwei miteinander verschränkte Diskurse – die Darstellung des Jüdischen und die Darstellung der Geschlechter – für diese Arbeit von Relevanz. Zur Untersuchung wird dem Ansatz Achim Landwehrs gefolgt, der die Diskursanalyse als Methode für das (kultur-)historische Arbeiten anwendet.

Methodik: Historische Diskursanalyse nach Achim Landwehr

Landwehr orientiert sich an der Diskurstheorie Foucaults und fasst unter dem Begriff der Diskursanalyse die Untersuchung des Sprach- und Zeichengebrauchs in Medien, sozialen Praxen und Gegenständen[18]; diesem Gebrauch schreibt er eine eminente Bedeutung „für die Konstitution gesellschaftlicher Wirklichkeit"[19] zu. Relevant für die historische Diskursanalyse sind demnach sich wiederholende, um einen Themenkomplex organisierte „Aussagen"[20].

Die Erkenntnis, dass „Wahrheit(en)" bzw. „Wirklichkeit(en)" durch das Ordnen von „Wissen" über Diskurse in einem spezifisch historischen Kontext konstruiert werden, impliziert, dass diese Konstruktionen immer auch mit den jeweiligen, bestehenden Machtverhältnissen korrelieren; die Produktion von „Wahrheit" wird demnach zum einen von ausgewählten, in Diskurse eingebundenen, Subjekten gelenkt, des Weiteren werden durch ebendiese Konstitution von

---

[18] Vgl. Landwehr, Achim: Historische Diskursanalyse. Historische Einführungen, Bd. 4. Frankfurt am Main 2008, S. 98.

[19] Ebd., S. 22.

[20] „Aussagen, die sich hinsichtlich eines bestimmten Themas systematisch organisieren und durch eine gleichförmige (nicht identische) Wiederholung auszeichnen, formieren einen Diskurs. […]" (ebd., S. 92 f.).

„Wahrheit" bestehende Machtverhältnisse im Interesse der Subjekte gefestigt.[21] An dieser Stelle setzt die historische Diskursanalyse an:

> *„Die historische Diskursanalyse geht grundsätzlich vom Konstruktionscharakter soziokultureller Wahrheiten aus und fragt vor diesem Hintergrund nach den Arten und Weisen, mit denen im historischen Prozess Formen des Wissens, der Wahrheit und der Wirklichkeit hervorgebracht werden. Als Diskurse werden dabei geregelte und untrennbar mit Machtformen verknüpfte Ordnungsmuster verstanden, in denen diese Konstruktionsarbeit organisiert wird. […]"[22].*

Damit wird für historische Diskursanalysen auch relevant, was – unter Eindruck institutionalisierter Machtformationen und sozialer Praktiken – nicht artikuliert und damit im Diskurs nicht gefestigt wurde.[23] Entsprechend liegt dieser Arbeit die Annahme zugrunde, dass Wahrheit(en) und Wissensbestände stets „[…] historisch produziert und innerhalb von politischen, wirtschaftlichen, gesellschaftlichen, religiösen und kulturellen Zusammenhängen wirksam wurden. […]"[24]. Diese Ausführungen gilt es im Folgenden sowohl auf die Konstruktion des Jüdischen als auch auf die der Geschlechter anzuwenden.

---

[21] Vgl. Foucault, Michel: Die Ordnung des Diskurses. Erweiterte Ausgabe. Frankfurt am Main 1991. S. 11 ff. Landwehr ergänzt: „[…] Diskurs und Macht sind also insofern untrennbar miteinander verwoben, als man zwar […] die Wahrheit sagen kann, man sich aber nur im Wahren befindet, wenn man den Regeln des Diskurses gehorcht. Dadurch wird die Produktion des Diskurses einer disziplinierenden Kontrolle unterworfen, in der die Regeln des Diskurses permanent aktualisiert werden. Außerhalb dieser Regeln ist es kaum möglich, gehört zu werden. Diskurse definieren also Wahrheit und üben somit gesellschaftliche Macht aus. […]" (Landwehr 2008, S. 73).
[22] Ebd., S. 98.
[23] Vgl. ebd., S. 69 ff.
[24] Ebd., S. 168.

Korpuswahl

Diese Arbeit fokussiert sich auf die Diskursebene der Printmedien der 1930er Jahre, genauer besteht der Untersuchungskorpus mit „Der Stürmer", der „NS.Frauen-Warte" und mit „Das Deutsche Mädel" aus drei nationalsozialistischen Presseerzeugnissen, wobei die beiden letztgenannten offizielle Parteipresse waren. Die Wahl der Quellen begründet sich in erster Linie in der Tatsache, dass die ausgewählten NS-Periodika bisher wenig wissenschaftliches Interesse erfahren haben. So beschränken sich die meisten Untersuchungen zum „Stürmer" – trotz der Tatsache, dass eine Vielzahl der Ausgaben in reproduzierter Form der Forschung zugänglich sind[25] – i.d.R. auf eine Analyse der Titelseiten oder gar lediglich der (Titel-)Karikaturen. Auch verbinden viele AutorInnen ihre Untersuchung des „Stürmer" oftmals mit einer ausführlichen Darstellung der Biografie des „Stürmer"-Herausgebers Julius Streicher und verengen damit den analytischen Blick auf ein Presseorgan, das von mehreren Personen gestaltet und von mehreren Zielgruppen rezipiert wurde. Darüber hinaus stellt die antisemitische Wochenzeitung insbesondere aus Gender-Perspektive einen interessanten Forschungsgegenstand dar: „Der Stürmer" vermittelte nahezu ausschließlich antisemitische Inhalte[26], nahm deutsche Frauen (und Mädchen) dabei explizit als Zielgruppe wahr. Eine der wohl wichtigsten

---

[25] Vielfältiges Material zum „Stürmer" befindet sich u.a. im Nürnberger Stadtarchiv sowie im Staatsarchiv Nürnberg („Sammlung Streicher") (Vgl. Jochem, Gerhard [2006]: Das „Stürmer"-Archiv. „Für Nürnberg und das Stadtarchiv ohne jedes Interesse". In: NORICA. Berichte und Themen aus dem Stadtarchiv Nürnberg. Schwerpunktthema: 1806-2006. 200 Jahre Nürnberg bei Bayern. September 2006, S. 43 [pdf]).

[26] „In keiner anderen Zeitung oder Zeitschrift und auch in keinem anderen Medium der Massenkommunikation des *Dritten Reiches* standen antisemitische Themen so sehr im Vordergrund wie im „Stürmer". [...]" (Reuband, Karl-Heinz: Die Leserschaft des „Stürmer" im Dritten Reich. Soziale Zusammensetzung und antisemitische Orientierungen. In: Historical Social Research, Vol. 33 — 2008 — No. 4. S. 214 – 254 [pdf]. URL: http://www.phil-fak.uni-duesseldorf.de/fileadmin/Redaktion/Institute/Sozialwissenschaften/Soziologie/Dokumente/Reuband/Stuermer.pdf (Stand: 7.5.2013), S. 215.

Arbeiten zur Untersuchung der strukturellen Verflechtungen von „Rasse" und „Geschlecht" in dem antisemitischen Blatt lieferte der Politikwissenschaftler Franco Ruault, der nachzeichnen konnte, wie zeitgenössische Diskurse um die (empfundende) Krise des historischen Patriarchats aus männlicher Sicht in Streichers antisemitischer Propaganda verarbeitet wurden[27] (vgl. Kap. 4.1.2).

Ein weiteres Forschungsdesiderat stellt die qualitative Analyse der für die weibliche Zielgruppe bestimmten NS-Parteipresse dar; anders als „Der Stürmer" ist sie bisher kaum auf ihre rassenpolitische bzw. judenfeindlich mobilisierende Intention hin untersucht worden.[28] Eine der wenigen wissenschaftlichen Arbeiten zur „NS.Frauen-Warte", in der auch der Antisemitismus berücksichtigt wurde, erbrachten Döhring / Feldmann: Sie werteten mithilfe eines synchronen Schnittes die Juni-Ausgaben der Jahre 1933 bis 1945 aus, um mittels einer Häufigkeitsanalyse von Frauenbildern u.a. zu dem Ergebnis zu kommen, dass die „Frauen-Warte" in erster Linie „Frauenbilder mit positivem Bezug"[29] bediente, in der Konsequenz Darstellungen des Jüdischen weitestgehend ausgespart wurden. Eine ähnliche These stellt Karin Fontaine in ihrer nach Geschlechtern getrennten Analyse von NS-Schrifttum auf, nach der der Rassismus in NS-Frauenzeitschriften eindeutig und häufig vorhanden war, der Fokus der Berichterstattung aber nicht auf der Vermittlung von Negativbildern und damit nicht auf dem Antisemitismus[30] lag. In anderen Arbeiten wurde die Untersuchung antisemitischer Berichte der „NS.Frauen-Warte" ebenfalls zugunsten der Be-

---

[27] Vgl. Ruault, Franco: Tödliche Maskeraden. Julius Streicher und die „Lösung der Judenfrage". Frankfurt am Main 2009.

[28] Vgl. Miller-Kipp, Gisela (Hrsg.): „Auch Du gehörst dem Führer". Die Geschichte des Bundes Deutscher Mädel (BDM) in Quellen und Dokumenten. Materialien zur historischen Jugendforschung. Weinheim; München 2001, S. 245.

[29] Döhring, Kirsten; Feldmann, Renate: Von „N.S. Frauen-Warte" bis „Victory" Konstruktionen von Weiblichkeit in nationalsozialistischen und rechtsextremen Frauenzeitschriften. Berliner Arbeiten zur Erziehungs- und Kulturwissenschaft, Bd. 18. Berlin 2004, S. 103.

[30] Vgl. u.a. Fontaine, Karin: Nationalsozialistische Aktivistinnen (1933 – 1945). Hausfrauen, Mütter, Berufstätige, Akademikerinnen. So sahen sie sich und ihre Rolle im „tausendjährigen Reich". Würzburg 2003, S. 45 ff.

trachtung der entworfenen Idealbilder zurückgestellt.[31] Die jeweiligen Erläuterungen, warum und auf welche Weise NS-Frauenzeitschriften den Antisemitismus zwar thematisierten, aber nicht fokussierten, gehen in ihrer Gesamtheit damit nicht weit genug.[32]

„Das Deutsche Mädel" als offizielle Monatszeitschrift der NS-Jugendorganisation „Bund Deutscher Mädel" (BDM.) ist, insgesamt betrachtet, bisher nur rudimentär analysiert worden. Zwar werteten etwa Gisela Miller-Kipp und Martin Klaus in ihren Beiträgen zur NS-Forschung einzelne Ausgaben der Zeitschrift aus, allerdings steht auch hier eine umfassende und vor allem auf das Ideologem des Antisemitismus' ausgerichtete, geschlechterreflektierende Analyse noch aus.

Daneben begründet sich die Auswahl der Quellen darin, dass alle drei Medien Frauen bzw. Mädchen als Zielgruppe wahrnahmen. Überdies erschienen die drei Pressemedien weder als milieu- noch schichtgebundene Medien über denselben, hier relevanten Zeitraum der 1930er. Des Weiteren wurden jene Medien gewählt, da angenommen wird, dass sie sich als Teil der nationalsozialistischen bzw. parteiamtlichen Presse befürwortend zur NS-Ideologie (und damit zum Antisemitismus) positionierten. Ausschlaggebend für die Quellenauswahl war zudem deren gute Verfügbarkeit in Bibliotheken und Archiven.

---

[31] Vgl. u.a. Moser, Elisabeth: Frauenbilder und Realität weiblicher Lebenszusammenhänge im Nationalsozialismus. Dargestellt am Beispiel der parteiamtlichen Zeitschrift „NS. Frauen-Warte". Dissertation zur Erlangung des Doktorgrades an der Philosophischen Fakultät der Universität Salzburg. Salzburg 1988. S. 12. sowie vgl. Sadowski, Tanja: Die nationalsozialistische Frauenideologie: Bild und Rolle der Frau in der "NS-Frauenwarte" vor 1939. In: Mainzer Geschichtsblätter. - 12 (2000), S. 161-190 [pdf]. URL: http://www.mainz1933-1945.de/fileadmin/Rheinhessenportal/Teilnehmer/mainz1933-1945/Textbeitraege/Sadowski_Frauenideologie.pdf (15.2.2013).

[32] Karin Fontaine schreibt z.B., dass „[…] Ehe und Mutterschaft, die im weiblichen Schrifttum immer wieder ausführlich behandelt werden, keine Themen [wären], die ohne weiteres mit Antisemitismus in Zusammenhang zu bringen sind. […]" (Fontaine 2003, S. 47.). Diese Erklärung reicht aber zu kurz angesichts der Tatsache, dass es durchaus sexualantisemitische NS-Propaganda gab, die genau die Bereiche „Ehe" und „Mutterschaft" mit rassistischen Ausführungen zu verbinden suchte.

Als Primärquellen wurden – soweit verfügbar – jene Ausgaben herangezogen, die zwischen dem 1.9.1930[33] und dem 1.4.1939 publiziert wurden. Jener Untersuchungszeitraum scheint für eine Presseanalyse äußerst ergiebig, wurde die Segregation, Entrechtung und Verfolgung der in Deutschland lebenden Juden in den 1930er Jahren doch maßgeblich vorangetrieben, was damit einherging, dass die Presse sich im Spiegel konkreter antisemitischer Gesetze und Maßnahmen positionieren musste (siehe Kapitel 3.1). Diese dem Genozid vorgelagerte Phase der judenfeindlichen NS-Politik soll in dieser Arbeit Berücksichtigung und ihre Untersuchung mit der „Reichspogromnacht" hier eine Zäsur finden: Nach der Pogromnacht setzten Aktionen physischer Gewalt, KZ-Inhaftierungen und eine gezielte Enteignung jüdischer Menschen ein, die den Übergang zum staatlich organisierten Terror[34] markierten. Der Untersuchungszeitraum wird bis zum 1.4.1939 ergänzt, um auch nach den Ausschreitungen der „Reichskristallnacht" publizierte Berichte in der Presse auswerten zu können. Demnach wird von Interesse sein, wie sich die hier untersuchten Printmedien im Spiegel der nationalsozialistischen Rassenpolitik und damit im antisemitischen Diskurs positionierten, welche Leit- und welche Negativbilder sie darüber hinaus an die weibliche Leserschaft zu vermitteln versuchten.

Ergänzend zu dem Analysekorpus der NS-Printmedien wurden weitere zeitgenössische Primärquellen sowie eine umfassende Auswahl an Sekundärliteratur aus den Bereichen der interdisziplinären NS-Forschung, der Frauen- und Geschlechtergeschichte sowie der Antisemitismusforschung herangezogen. Als besonders hilfreich er-

---

[33] Die „NS.Frauen-Warte" und „Das Deutsche Mädel" wurden erst ab 1932 bzw. 1933 publiziert. „Der Stürmer" hingegen erschien bereits seit 1923. Die Analyse setzt daher bereits am 1. September 1930 an: Der Erfolg der NSDAP bei den Reichstagswahlen am 14.9.1930 markierte „den entscheidenden Durchbruch der NS-Bewegung, die jetzt zu einem Faktor der deutschen Politik wurde, [...]" (Kolb, Eberhard: Die Weimarer Republik. 4., durchges. und erg. Aufl. Oldenbourg-Grundriss der Geschichte; Bd. 16. München 1998. S. 122); spätestens jetzt gestaltete die Partei öffentliche Diskurse maßgeblich mit.
[34] Vgl. Longerich, Peter: Politik der Vernichtung. Eine Gesamtdarstellung der nationalsozialistischen Judenverfolgung. München 1998, S. 157.

wies sich dabei jene Forschungsliteratur, die etwa die geschlechtsspezifischen Handlungsmöglichkeiten in der NS-Gesellschaft darstellten oder die Verflechtung von Geschlechter- und Antisemitismusdiskurs anhand tradierter, antisemitischer Sexualbilder aufzeigten. Auch blieb insbesondere der Bezug auf Arbeiten, die den judenfeindlichen Sprachgebrauch und damit den sprachlich manifestierten „Alltagsantisemitismus"[35] der Nationalsozialisten entlarvten, für die qualitative Presseanalyse unerlässlich. Darüber hinaus fand Literatur aus dem Bereich der geschlechterreflektierenden Rechtsextremismusforschung Beachtung, gibt diese doch wichtige Impulse, um geschlechtlich codierte Machtgefüge dekonstruieren zu können.

Arbeitsschritte

Im Kapitel 2 dieser Arbeit werden der Presseanalyse theoretische Überlegungen zur Annäherung an den Forschungsgegenstand aus diskursanalytischer Perspektive vorangestellt. Dabei soll u.a. eruiert werden, welche Aussagen, Stereotype und Vorurteile sich als „Wissen" über Juden und über die Geschlechter vor und nach 1933 diskursiv gefestigt haben, was propagiert und was in sozialen Praktiken gelebt wurde.

Die Kapitel 2.2.3, 3 und 4 sind im Sinne der „Kontextanalyse" nach Landwehr konzipiert: Unter 2.2.3 wird mit der Darstellung der Entwicklungen in der antisemitischen NS-Politik der konkrete, historische Kontext der Presseberichterstattung in den Blick genommen; Kapitel 3 dient der Darstellung der Strukturen der nationalsozialistischen Presselenkung und soll, wie das vierte Kapitel, den „institutionellen" Kontext abbilden, in dessen Rahmen die zu analysierende NS-Presse entstanden ist. Obwohl „Diskurse" in der Tradition Foucaults als „per-

---

[35] Bering, Dietz: Der „jüdische" Name. Antisemitische Namenpolemik. In: Schoeps, Julius H.; Schlör, Joachim (Hrsg.): Bilder der Judenfeindschaft. Antisemitismus. Vorurteile und Mythen. München 1995, S. 153.

sonenübergreifende Rede-, Text- oder Sinnsysteme"[36] verstanden werden, Diskursanalysen folglich nicht subjektzentriert erfolgen können, sollen im vierten Kapitel dennoch Schriftleitungen und Herausgeberschaften in ihrer personellen Zusammensetzung benannt werden ("situativer Kontext" nach Landwehr): Dies ist zum einem dem pressehistorischen Anspruch dieser Arbeit, über bisher recht unerforschte NS-Zeitzeugnisse zu informieren, geschuldet; darüber hinaus soll das Kapitel Aufschluss darüber geben, welchen Individuen es im nationalsozialistischen Staat grundsätzlich überhaupt möglich war, "durch ihren Eintritt in den Diskurs zu Subjekten"[37] zu werden und entsprechend Bedürfnisse artikulieren zu können. Mit Informationen zu der Gestaltung der einzelnen Pressemedien soll zugleich in Kapitel 4 die Medienform des für die Presseanalyse relevanten Materials in den Blick genommen werden ("medialer Kontext").

An die Kontextanalyse schließt mit dem fünften Kapitel eine Text- bzw. Bildanalyse an, in deren Fokus die antisemitische Ansprache der weiblichen Zielgruppe stehen soll. Die ausgewählten Jahrgänge der drei NS-Medien werden im Sinne einer multimodalen Diskursanalyse untersucht: Der Analysekorpus besteht aus redaktionell verfassten Texten sowie aus Bildquellen, die nach den Analysekategorien "Darstellung des Jüdischen" sowie "Darstellung der Geschlechter" aus dem visuellen Korpus ausgewählt wurden.[38] Bei der Analyse werden zu-

---

[36] Haslinger, Peter: Diskurs, Sprache, Zeit, Identität. Plädoyer für eine erweiterte Diskursgeschichte. In: Eder, Franz X. (Hrsg.): Historische Diskursanalysen. Genealogie, Theorie, Anwendungen. Wiesbaden 2006. URL: http://link.springer.com/book/10.1007/978-3-531-90113-8/page/1 (Stand: 2.7.2013). S. 46.

[37] Angermüller, Johannes: Einleitung. Diskursforschung als Theorie und Analyse. Umrisse eines interdisziplinären und internationalen Feldes. In: Angermüller, Johannes; Nonhoff, Martin; Herschinger, Eva; Macgilchrist, Felicitas; Reisigl, Martin; Wedl, Juliette; Wrana, Daniel; Ziem, Alexander (Hrsg.): Diskursforschung. Ein interdisziplinäres Handbuch. Band 1: Theorien, Methodologien und Kontroversen. DiskursNetz, Band 1. Bielefeld 2014. S. 19 [pdf]. URL:http://www.degruyter.com/viewbooktoc/product/430342;jsessionid=F81DBD0 0836BAA29051E2CDBC9658FCE (Stand: 23.1.2015).

[38] Es finden in der Analyse jene Textsorten Berücksichtigung, die als faktual rezipiert werden sollten und den Großteil der Medien ausmachten (i.d.R. Artikel, Berichte und

nächst die in den einzelnen Medien propagierten Ideal- und Leitbilder von Weiblichkeit und Männlichkeit untersucht; dabei soll eruiert werden, welche geschlechtlich codierten Rollenzuschreibungen entworfen, welche geschlechtsspezifischen Bedürfnisse zugelassen und welche entsprechenden Rollenerwartungen an die weibliche Leserschaft weitergegeben wurden. Erst nachdem so die in der NS-Presse entworfenen Konzepte geschlechtlich und rassisch codierter Identitäten erfasst worden sind, kann eine Analyse der antisemitischen Ansprache erfolgen, da diese unter der Berücksichtigung zuvor entworfener, weiblicher Bedürfnisse erfolgen musste, um integrativ wirken zu können. Es schließt also eine Untersuchung der Präsenz und der Darstellung antisemitischer Propaganda in der NS-Presse an; wobei die Ansprache der weiblichen Leserschaft im Fokus stehen wird. Um diskursrelevante Aussagen herausarbeiten zu können, sieht Landwehr für die Text- und Bildanalyse eine Untersuchung auf makro- und mikrostruktureller Ebene[39] vor. Da die Mikroanalyse allerdings nicht Schwerpunkt der historischen Diskursanalyse sein kann[40], soll sie auch in dieser Arbeit nur vereinzelt angewandt werden.

Um auf die Analyse der antisemitischen NS-Propaganda hinführen zu können, soll im Folgenden zunächst dargestellt werden, wie sich die Vorstellung einer Geschlechterordnung sowie die des Jüdischen bereits vor 1933 diskursiv festschreiben konnte.

Meldungen). Nicht berücksichtigt werden Romane und Gedichte, Zuschriften von LeserInnen sowie Werbeanzeigen. Die Untersuchung fokussiert sich darüber hinaus auf die regulär erschienen Ausgaben; Sonderbeilagen u.ä. werden nur peripher in die Analyse einbezogen.

[39] Unter dem Aspekt der „Makrostruktur" werden „Thema" wie Nichtgesagtes sowie die „Textur" einzelner Texte beachtet. „Textur" berücksichtigt die Anordnung, die grafische Erscheinung, Abschnitte von Texten sowie deren VerfasserInnen und Darstellungsprinzipien (vgl. Landwehr 2008, S. 113 ff.). Die Mikroanalyse erfolgt auf Text-, Satz- und Wortebene, um Elemente der Argumentation, Stilistik und Rhetorik festzustellen (vgl. ebd., S. 117 ff.). Daneben werden die Lexik und parasprachliche Elemente wie Interpunktion und Typografie als wichtige Bedeutungsträger in die mikrostrukturelle Untersuchung einbezogen (vgl. ebd., S. 123 f.).

[40] Vgl. ebd., S. 115.

2. Geschlecht und Antisemitismus

2.1 Dispositiv[41] I: Die Konstruktion der Geschlechter

2.1.1 Theoretische Annahmen zu einer Geschlechterkritik

Eine tradierte Geschlechterhierarchie

Die Nationalsozialisten knüpften nicht nur an einen tradierten Antisemitismus, sondern auch an einen traditionellen Geschlechterdiskurs an, der die biologischen Merkmale zur Grundlage einer (angeblichen) Geschlechterdifferenz machte. Bereits in frühen Kulturen hatten sich geschlechterspezifische Zuschreibungen und Handlungsräume etabliert, die ab dem 18. Jahrhundert in einer Vorstellung naturalisierter Geschlechtscharaktere und entsprechender Geschlechterrollen münden sollten.[42] Seit dem ausgehenden 18. Jahrhundert verfestigte sich – unter Eindruck der sich auflösenden Ständedefinitionen und vor allem im Bürgertum[43] – diese Annahme einer natürlich-biologistischen Un-

---

[41] Das Dispositiv gilt Diskursforscher_innen als materialisierte Form des Diskurses, es umfasst soziale Praktiken, Körper u.ä. (vgl. Angermüller 2014, S. 19).

[42] Vgl. Burkart 2011, S. 44 f. sowie vgl. Hausen 2012, S. 22 ff.

[43] Vgl. Hausen 2012, S. 26 f. sowie vgl. u.a. Frevert, Ute: Frauen-Geschichte. Zwischen Bürgerlicher Verbesserung und Neuer Weiblichkeit. Neue Folge, Band 284. Frankfurt am Main 1986. S. 24. Im ländlich-bäuerlichen Milieu sowie im Adel bestanden ebenfalls getrennte Geschlechtersphären unter männlicher Dominanz, aller-

gleichheit der Geschlechter, wonach Frauen und Männer in Körper und Wesen von Natur aus unterschiedlich seien. In der westlich-bürgerlichen, von Männern dominierten Öffentlichkeit leiteten sich aus dieser imaginierten Geschlechterdifferenz eine Heteronormativität sowie Zuschreibungen an die geschlechtlichen Identitäten ab; im Rahmen der daraus konstruierten Geschlechterordnung fungierte Männlichkeit in traditionell vom „weißen männlichen Vernunftsubjekt"[44] gestalteten Gesellschaften als Dominanzkategorie, die sich u.a. in Abgrenzung zum Weiblichen definierte: Der Mann wurde als „aktiv und rational"[45], die Frau hingegen als „passiv und emotional"[46] charakterisiert. Dem Mann wurde damit das Wirken im öffentlichen, der Frau jenes im häuslichen Bereich zugeschrieben[47], was zu einer rechtlichen Ungleichstellung der „Geschlechter" führte.

Im Rahmen dieser Geschlechterzuschreibungen waren nur bestimmte Verhaltensweisen „zugelassen", die ebendiesen diskursiv festgeschriebenen Vorstellungen von Männlichkeit und Weiblichkeit entsprachen. Damit wird der soziokulturelle Einfluss evident, unter welchem die geschlechtliche Identität ausgeprägt wird[48]: „Geschlecht" ist eben nicht ausschließlich – wie lange angenommen und entsprechend tradiert – an das biologische Geschlecht gekoppelt, vielmehr wird unter Anwendung der gender-Perspektive deutlich, dass die Existenz zweier naturgegebener Geschlechte durch verinnerlichte, geschlechtliche Zuschreibungen, durch entsprechende Rollenerwartungen und durch soziale Praxen ständig performativ gefestigt[49], dadurch beste-

---

dings gestaltete sich das Zusammenleben der Geschlechter etwas anders (vgl. ebd., S. 27 ff.).

[44] Husmann-Kastein, Jana: Schwarz-Weiß. Farb- und Geschlechtssymbolik in den Anfängen der Rassenkonstruktionen. In: Tißberger, Martina; Dietze, Gabriele; Hrzán, Daniela; Husmann-Kastein, Jana (Hrsg.): Weiß – Weißsein – Whiteness. Kritische Studien zu Gender und Rassismus. 2., durchgesehene Auflage. Frankfurt am Main 2009, S. 56.

[45] Frevert 1986, S. 21.

[46] Ebd.

[47] Vgl. Hausen 2012, S. 23.

[48] Vgl. Burkart 2011, S. 37.

[49] Vgl. u.a. Butler 1991, S. 38 ff. Pierre Bourdieu fasste deren Reproduktion über verinnerlichte Denk- und Handlungsschemata unter dem Begriff des

hende Herrschaftsverhältnisse wie die Geschlechterordnung stabilisiert werden. Diese diskursive Festschreibung hat dazu geführt, dass sich Geschlechterbilder „[...] als Zeichen [...] in den sprachlichen und pikturalen Diskursen [...] sedimentiert und institutionalisiert [...]"[50] haben.

„Geschlecht" als „relationale Kategorie"[51]

Die moderne Geschlechterforschung modifiziert die Vorstellung einer per se dominanten Männlichkeit und einer ihr untergeordneten Weiblichkeit, indem sie „Geschlecht" als relationale Kategorie begreift. Demnach konstituierten sich durch die Verbindung der Kategorie „Geschlecht" mit anderen Querkategorien wie „Rasse" oder „Klasse" mit unterschiedlichen „Wertigkeiten" versehene Männlichkeiten und Weiblichkeiten. „Geschlecht" ist also nur eine von mehreren kulturellen und zugleich politischen Kategorien, die soziale Interaktionen strukturieren.[52] Als wegweisend für eine solche Erweiterung der Geschlechterforschung gilt unter anderem das von der Soziologin Raewyn Connell entworfene und von der Forschung mittlerweile erweiterte Konzept der „männlichen Hegemonie", mit dessen Begriffen im weiteren Verlauf dieser Arbeit operiert werden wird.

(vergeschlechtlichten) „Habitus" (vgl. Bourdieu, Pierre: Die männliche Herrschaft. Frankfurt am Main 2005, S. 63 sowie vgl. S. 91 f.).
[50] Frietsch, Elke: „Kulturproblem Frau". Weiblichkeitsbilder in der Kunst des Nationalsozialismus. Literatur - Kultur - Geschlecht: Große Reihe; Band 41. Köln u.a. 2006, S. 11.
[51] Martschukat; Stieglitz 2008, S. 55.
[52] Vgl. Kühne, Thomas: Männergeschichte als Geschlechtergeschichte. In: Ders. (Hrsg.): Männergeschichte – Geschlechtergeschichte. Männlichkeit im Wandel der Moderne. Reihe „Geschichte und Geschlechter", Bd. 14. Frankfurt am Main; New York 1996, S. 13.

Das Konzept der „männlichen Hegemonie" nach Connell

Unter „männlicher Hegemonie" wird im Folgenden „[...] die Dominanz männlicher Wert- und Ordnungssysteme, Interessen, Verhaltenslogiken und Kommunikationsstile etc."[53], sprich: die Umsetzung einer proklamierten, männlichen Autorität und Macht in soziale Praxen verstanden. Damit konstituiere sich Männlichkeit nicht nur – qua Geschlecht – in Abgrenzung zum Weiblichen, vielmehr macht Connell in Bezug auf moderne, bürgerliche Gesellschaften ein komplexes Machtgefüge zwischen mehreren Männlichkeiten sichtbar.[54] Demzufolge grenzen sich „dominante" (bzw. „hegemoniale") Männlichkeiten mithilfe verschiedener Differenzkategorien wie Klassenzugehörigkeit oder sexueller Orientierung zu „untergeordneten" und „marginalisierten" Männlichkeiten ab.[55]

Als Voraussetzung, dass eine (oder mehrere[56]) Männlichkeiten in einer Gesellschaft „hegemonial" werden, nennen Meuser/Scholz die Existenz eines „[...] Zentrum[s] gesellschaftlicher und politischer Macht [...]"[57], i.d.R. gekoppelt an eine gesellschaftliche Elite. In deren sozialer Praxis bilde sich ein Muster von Männlichkeit heraus, „[...] das kraft der sozialen Position der Elite hegemonial wird. [...]"[58]. In

---

[53] Meuser, Michael; Scholz, Sylka: Hegemoniale Männlichkeit. Versuch einer Begriffsklärung aus soziologischer Perspektive. In: Dinges, Martin (Hrsg.): Männer - Macht - Körper : Hegemoniale Männlichkeiten vom Mittelalter bis heute. Frankfurt, New York 2005, S. 223 [pdf]. URL: https://content-select.com/media/moz_viewer/519cc3b6-0cc8-4aa7-aad2-290b5dbbeaba#chapter=173339&page=1 (23.1.2015).

[54] Vgl. Balz, Hanno: Hegemoniale Männlichkeiten. In: Jansen-Schulz, Bettina; Riesen, Kathrin van (Hrsg.): Vielfalt und Geschlecht – relevante Kategorien in der Wissenschaft. Opladen, Farmington Hills 2011, S. 117 f.

[55] Vgl. Connell, Robert W.: Der gemachte Mann. Konstruktion und Krise von Männlichkeiten. Geschlecht & Gesellschaft, Bd. 8. 3. Auflage. Wiesbaden 2006. S. 97 ff. sowie vgl. Meuser; Scholz 2005, S. 220.

[56] Meuser/Scholz ergänzen Connells Konzept dahingehend, dass sie betonen, dass es in einer Gesellschaft durchaus mehrere, miteinander konkurrierende Muster hegemonialer Männlichkeit geben kann (vgl. Meuser; Scholz 2005, S. 212 f.).

[57] Ebd., S. 216.

[58] Ebd.

der Folge fungiere jenes hegemoniale Bild milieuübergreifend als Ideal, indem es das Handeln der Männer reguliere und strukturiere[59]. Werner ergänzt: „[…] In der Praxis wird hegemoniale Männlichkeit fast nie erreicht, aber – und das ist das Bedeutsame – immer wieder angestrebt. […]"[60], denn: „[…] Derjenige Mann, der dem entsprechenden Ideal am nächsten kommt, hat innerhalb dieses sozialen Feldes das höchste Prestige und soziale Macht; […]"[61]. Das Streben nach hegemonialer Männlichkeit ist demnach Ausdruck des Wunsches der Männer, Frauen sowie andere „Männlichkeiten" zu dominieren, Motivation ist die in Aussicht gestellte Beteiligung an der Ausübung einer gesamtgesellschaftlichen Macht. Voraussetzung für dieses Streben ist wiederum, dass dieses überhaupt dadurch gültig wird, dass die Gesellschaft sozial differenziert, aber ein Austausch zwischen den einzelnen, sozialen Sphären[62] und ein Streben „nach oben" möglich ist.

Neben den „hegemonialen" Männlichkeiten differenziert Connell „untergeordnete" und „marginalisierte" Männlichkeiten.[63] In bürgerlichen Gesellschaften seien demzufolge etwa homosexuelle Männer im Zugang zur Macht „untergeordnet", das begründet sich darin, dass der Sexualakt dem hegemonialen Mann als Bestätigung seiner Dominanz und seiner Subjektivität diene, während allein „der passiven Frau" im Konzept der „männlichen Hegemonie" die Rolle des Begierde- und Sexualobjektes zugeschrieben wird.[64] Aufgrund ihres von der konstituierten Norm abweichenden Sexualverhaltens sind homosexuelle Männer der hegemonialen Macht „untergeordnet", haben aber dennoch qua

---

[59] Vgl. ebd., S. 213 ff.
[60] Werner, Frank: „Noch härter, noch kälter, noch mitleidloser". Soldatische Männlichkeit im deutschen Vernichtungskrieg 1941-1944. In: Anette Dietrich; Heise, Ljiljana (Hrsg.): Männlichkeitskonstruktionen im Nationalsozialismus: Formen, Funktionen und Wirkungsmacht von Geschlechterkonstruktionen im Nationalsozialismus und ihre Reflexion in der pädagogischen Praxis. Frankfurt am Main u.a. 2013, S. 51.
[61] Meuser; Scholz 2005, S. 213.
[62] Vgl. ebd., S. 214 f.
[63] Vgl. Connell 2006, S. 97 ff.
[64] Vgl. Bourdieu 2005, S. 41 f. und S. 203. sowie vgl. Connell 2006, S. 239.

Geschlecht (wenn auch eingeschränkten) Zugang zur Macht.[65] Die Marginalisierung werde hingegen „gegenüber Männern aus untergeordneten Klassen oder ethnischen Gruppen"[66] ausgeübt. Diese äußere sich laut Connell darin, dass die betroffenen Männer sozial separiert[67] sowie „in der Öffentlichkeit und den medialen Diskursen"[68] weitestgehend „unsichtbar" sind.

Das Konzept der einzelnen Männlichkeiten, wie Connell es skizzierte, ist dabei keineswegs starr, sondern – wie die Geschlechterrollen im Allgemeinen – von der Reproduktion durch die (Mehrheits-)Gesellschaft abhängig und unterliegt damit zugleich auch immer einem historischen Wandel.

Connells Konzept männlicher Hegemonie lässt sich insofern auf die Konstruktion von Weiblichkeiten anwenden, als sich auch bei der Konstruktion von Weiblichkeit die Kategorie „Geschlecht" mit anderen, sozialen Kategorien verbindet, um unterschiedlich „wertige" Weiblichkeiten zu produzieren. Der Begriff der „Hegemonie" hingegen ist im Kontext dieser Arbeit nicht auf Weiblichkeiten anzuwenden, da der Zugang zur gesamtgesellschaftlichen Macht qua Geschlecht ausschließlich Männern vorbehalten war. Stattdessen sollen im Folgenden die Begriffe des weiblichen „Leitbildes" oder „Weiblichkeitsideals" Verwendung finden.

Im Folgenden werden, hinführend zu der Presseanalyse, die Geschlechterverhältnisse in der nationalsozialistischen Gesellschaft aufgezeigt und dabei Connells Konzept und Begrifflichkeiten angewandt.

---

[65] Hier greift der Begriff der „Komplizenschaft", durch die bestimmte Männer ebenfalls von den bestehenden Machtverhältnissen profitieren, ohne selbst die hegemoniale Macht innezuhaben (vgl. Connell 2006, S. 100 f.), Männer stabilisierten durch einen solchen Zusammenhalt ihre „gemeinsam gehaltene [...] Position" (Dinges 2005, S. 12.) als Mann.

[66] Dinges, Martin: „Hegemoniale Männlichkeit" – ein Konzept auf dem Prüfstand. In: Dinges, Martin (Hrsg.): Männer - Macht - Körper : Hegemoniale Männlichkeiten vom Mittelalter bis heute. Frankfurt, New York 2005, S. 12 [pdf]. URL: https://content-select.com/media/moz_viewer/519cc3b6-0cc8-4aa7-aad2-290b5dbbeaba#chapter=173323&page=1 (Stand: 23.1.2015).

[67] Vgl. Connell 2006, S. 101 f.

[68] Balz 2011, S. 118.

Der Schwerpunkt hierbei soll auf der Darstellung der Weiblichkeiten liegen.

2.1.2 Männlichkeit(en) und Weiblichkeit(en) in der NS-„Volksgemeinschaft"

„Gleichwertigkeit" statt „Gleichberechtigung": Die Ordnung der Geschlechter

Trotz der durch den Ersten Weltkrieg bedingten Mobilisierung weiblicher Arbeitskräfte und der in der Weimarer Verfassung von 1919 festgeschriebenen Gleichstellung der Geschlechter konnte eine umfassende, rechtliche Gleichstellung von Mann und Frau selbst in der ersten deutschen Demokratie nicht eingelöst werden, zu widersprüchlich und unkonkret blieben die gesetzlichen Grundlagen.[69] Hinzu kam, dass die Geschlechterdifferenz unter dem Eindruck sozialer Praxen und kultureller Normen vor allem im Bewusstsein nicht überwunden wurde: Männer machten weiterhin ihre Machtansprüche – etwa im Zuge der wirtschaftlichen Demobilmachung auf dem Arbeitsmarkt nach 1918 oder im Weimarer Parlament[70] – geltend, und viele Frauen

---

[69] Vgl. u.a. Flemming, Jens: „Neue Frau"? Bilder, Projektionen, Realitäten. In: Faulstich, Werner (Hrsg.): Die Kultur der zwanziger Jahre. Paderborn 2008, S. 56 ff.

[70] Vgl. Bajohr, Stefan: Die Hälfte der Fabrik. Geschichte der Frauenarbeit in Deutschland 1914 bis 1945. Schriftenreihe für Sozialgeschichte und Arbeiterbewegung der Studiengesellschaft für Sozialgeschichte und Arbeiterbewegung Marburg, Bd. 17. Marburg 1979, S. 221.

In der Politik besetzten die männlichen Abgeordneten nach 1918 noch immer die meisten Themenfelder, während die weiblichen Abgeordneten sich vor allem mit Sozial-, Schul- und Gesundheitspolitik befassten (vgl. Frevert 1986, S. 165 ff.). Bereits in den 1920ern sank die Zahl der weiblichen Parlamentarier prozentual wieder (vgl. ebd., S. 167).

hielten das Geschlechterverhältnis durch Fügung in die traditionelle, weibliche Rolle ihrerseits aufrecht.[71] Damit blieben – wie Ute Frevert formuliert – „die geschlechtsspezifischen Rollenmuster und -erwartungen in der Nachkriegszeit bemerkenswert stabil"[72]. Die NS-Ideologie knüpfte damit zu weiten Teilen an die bürgerlichen Geschlechter- und Familienideale an, die in der Weimarer Republik nicht hatten aufgelöst werden können und die die NS-Politik nach 1933 umso integrativer wirken ließen.[73] Rekurrierend auf die Vorstellung einer Geschlechterdifferenz, propagierten die Nationalsozialisten eine „Gleichwertigkeit" der Geschlechter, die eine „Gleichberechtigung" ebendieser negierte: Durch Anknüpfung an einen „traditionellen bürgerlichen Antifeminismus"[74], formulierte etwa der NS-Ideologe Alfred Rosenberg die Forderung nach einer „Emanzipation der Frau von der Frauenemanzipation"[75]. In der NS-Ideologie war der Mann das organisierende, schöpferische Geschlecht[76]; sein rationales Denken und Handeln qualifiziere nur ihn für öffentliche und politische Entscheidun-

---

[71] Vgl. u.a. ebd., S. 195 ff. Bajohr konstatiert dies u.a. in Bezug auf den freiwilligen Rückzug der Frauen aus der Erwerbstätigkeit nach 1918 und die entsprechende Agitation der Frauenbewegungen (vgl. Bajohr 1979, S. 160 sowie S. 167). Der Wunsch, sich wieder auf traditionelle Weiblichkeit zu besinnen, verstärkte sich wahrscheinlich im Ersten Weltkrieg mit der Umschichtung der zahlreichen, weiblichen Berufstätigen in kriegswichtige Bereiche wie der Industrie (vgl. Frevert 1986, S. 149 ff.).

[72] Ebd., S. 174.

[73] Vgl. Dammer, Susanna: Kinder, Küche, Kriegsarbeit – Die Schulung der Frauen durch die NS-Frauenschaft. In: Frauengruppe Faschismusforschung (Hrsg.): Mutterkreuz und Arbeitsbuch. Zur Geschichte der Frauen in der Weimarer Republik und im Nationalsozialismus. Frankfurt am Main 1981, S. 239 ff.

[74] Arendt, Hans-Jürgen; Hering, Sabine; Wagner, Leonie (Hrsg.): Nationalsozialistische Frauenpolitik vor 1933. Dokumentation. Frankfurt am Main 1995, S. 18.

[75] „[…] Emanzipation der Frau von der Frauenemanzipation ist die erste Forderung einer weiblichen Generation, die Volk und Rasse, das Ewig-Unbewußte, die Grundlage aller Kultur vor dem Untergang retten – möchte." (Rosenberg, Alfred: Der Mythos des 20. Jahrhunderts (1936). In: Kuhn, Annette; Rothe, Valentine: Frauen im deutschen Faschismus. Band 1: Frauenpolitik im NS-Staat. Eine Quellensammlung mit fachwissenschaftlichen und fachdidaktischen Kommentaren. Geschichtsdidaktik: Studien, Materialien, Band 9. Düsseldorf 1982 (Q 17, Alfred Rosenberg: „Die Emanzipation der Frau von der Emanzipation", Textauszug aus: Alfred Rosenberg, Der Mythos des 20. Jahrhunderts, 1936, S. 493-494, 497-498). S. 60).

[76] Vgl. Rosenberg 1936, S. 58.

gen[77]. Dieses angeblich rationale Wesen des Mannes musste durch die Nationalsozialisten beschworen werden, um es so als „natürlich" einfordern zu können: Folglich wurden natürlich auch Männer beispielsweise durch antisemitische Propaganda emotional angesprochen, sie sollten ihre Gefühle zugleich aber immer so kontrollieren, dass diese keinen unmittelbaren Einfluss auf ein „rationales" Handeln nehmen könnten. Diese Rationalität wurde entsprechend an dem gemessen, was die NS-Führung als „Vernunft" definierte. Die Forderung nach rationalem Handeln war in der NS-Ideologie also ein zentrales Merkmal von „Männlichkeit" – nur so sollte männliches Handeln für die NS-Führung kontrollier- und steuerbar werden und sich die NS-Elite auf einen gewissen Gehorsam berufen können.

Die Frau hingegen sei aufgrund ihres durch „Gemüt und Seele"[78] gekennzeichneten Wesens des rationalen Denkens nicht mächtig[79]. Gemäß der NS-Ideologie barg dies wiederum die Gefahr, dass weibliches Handeln von außen eben nicht zu kontrollieren sei. In der Konsequenz wurden Frauen mit der Familie, Haushalt und Erziehung nur wenige Handlungsräume in der NS-Gesellschaft zugestanden.[80] Frauen in öffentlichen Positionen waren – auch das ist bezeichnend – eine Ausnahme und unterstanden i.d.R. männlicher Führung.[81] Damit konn-

---

[77] Vgl. Klaus, Martin: Mädchen in der Hitlerjugend: die Erziehung zur „deutschen Frau". Pahl-Rugenstein-Hochschulschriften Gesellschafts- und Naturwissenschaften, 15; Serie Faschismusstudien. Köln 1980, S. 22.

[78] Ebd.

[79] Vgl. ebd., S. 31. Martin Klaus schreibt diesbezüglich von einem imaginierten „Objektcharakter" (ebd., S. 24.) der Frau: „[...] Die Frau wird bestimmt in bezug auf andere, Familie, Kind und [...] Mann. [...] Ein eigenes Subjektsein ist ihr nicht gestattet, bzw. von der Natur nicht mitgegeben [...]. [....]" (ebd.).

[80] Vgl. Klaus 1980, S. 22.

[81] Demnach war bereits auf der NSDAP-Generalversammlung von 1921 beschlossen worden, dass leitende Positionen nur von Männern besetzt werden sollten (vgl. Sigmund, Anna Maria: Die Frauen der Nazis. 9. Auflage. Heyne-Bücher 725. München 2000. S. 182.); auch fiel die politische Parteiarbeit in den Zuständigkeitsbereich der Männer. Die Mobilisierung und vergleichbare Erfassung von Frauen und Mädchen war für die NationalsozialistInnen überhaupt erst mit einem Mitgliederzulauf ab 1933 relevant geworden (vgl. Böltken, Andrea: Führerinnen im „Führerstaat". Gertrud Scholtz-Klink, Trude Mohr, Jutta Rüdiger und Inge Viermetz. Forum Frauengeschichte; 18. Pfaffenweiler 1995. S. 37); ohne Zweifel waren aber auch die NS-

ten sich die Forderungen nach Gleichberechtigung der Geschlechter, die in der „Kampfzeit" durchaus auch unter Nationalsozialisten und Völkischen laut geworden waren[82] (vgl. Kap. 2.2.2), nicht durchsetzen.

Männlichkeiten in der nationalsozialistischen „Volksgemeinschaft"

Connells Konzept der „männlichen Hegemonie" lässt sich auch auf die NS-Gesellschaft anwenden, wenngleich der Austausch zwischen den einzelnen, sozialen Sphären in der hierarchisch und totalitär ausgerichteten „Volksgemeinschaft" nur bedingt möglich war. Indem nur bestimmten Personen, nämlich deutschen bzw. „deutschblütigen" Männern innerhalb ebendieser „Volksgemeinschaft" ein Zugang zur Hegemonie in Aussicht gestellt wurde, wurden aber angesichts der Priorität der Kategorie „Rasse" scheinbar zugleich Grenzen der Schichten- oder Milieuzugehörigkeit überwunden.

Die um Hitler organisierte NS-Führung, in deren Interesse eine Männlichkeit zum hegemonialen Leitbild aufgebaut wurde, fungierte als das „[...] Zentrum gesellschaftlicher und politischer Macht [...]"[83], das das Ideal über Propaganda, soziale Praxen und durch Anwendung negativer Maßnahmen zu festigen versuchte.

Frauen- und Mädchenorganisationen „systemstabilisierend" (Klinksiek, Dorothee: Die Frau im NS-Staat. Schriftenreihe der Vierteljahreshefte für Zeitgeschichte, Nummer 44. Stuttgart 1982, S. 123).

[82] Vgl. Arendt; Hering; Wagner (Hrsg.) 1995, S. 69.

[83] Meuser; Scholz 2005, S. 216.

Hegemoniale Männlichkeit: Der nationalsozialistische Kämpfer bzw. Soldat

Wenngleich im NS eine „Diversität von Männlichkeit"[84] ausgelebt wurde, wurden vor allem doch „military-like images of masculinity"[85] propagiert: Als ideale, männlich codierte Eigenschaften galten den Nationalsozialisten „Kameradschaft" (zwischen Männern) und „kämpferische" Entschlossenheit[86], gleichzeitig wurde „Gewalttätigkeit und -bereitschaft zum bestimmenden Merkmal hegemonialer Männlichkeit im NS."[87]. Daran an schloss das Propagieren eines „ausgeprägte[n] Härte- und Leistungsethos"[88] und einer diesem Ethos impliziten Forderung nach Beherrschung jeglicher empathischer Gefühle[89]. Zugleich sollte die „militarisierte Männlichkeit" Gehorsam leisten und sich selbstlos den Hierarchien der „Volksgemeinschaft" fügen.[90]

Eine derart gezeichnete Männlichkeit fand ihre propagandistische Karnation in der Figur des Soldaten: Tatsächlich initiierten die Nationalsozialisten regelrechte Kampagnen, um das Ansehen des „deut-

---

[84] Dietrich, Anette; Heise, Ljiljana: Perspektiven einer kritischen Männlichkeitenforschung zum Nationalsozialismus. Eine theoretische und pädagogische Annäherung. In: Dies. (Hrsg.): Männlichkeitskonstruktionen im Nationalsozialismus. Formen, Funktionen und Wirkungsmacht von Geschlechterkonstruktionen im Nationalsozialismus und ihre Reflexion in der pädagogischen Praxis. Zivilisationen & Geschlechter, Bd. 18. Frankfurt am Main 2013, S. 24.

[85] Connell, Raewyn: Masculinity and Nazism. In: Anette Dietrich; Heise, Ljiljana (Hrsg.): Männlichkeitskonstruktionen im Nationalsozialismus: Formen, Funktionen und Wirkungsmacht von Geschlechterkonstruktionen im Nationalsozialismus und ihre Reflexion in der pädagogischen Praxis. Frankfurt am Main u.a. 2013, S. 39.

[86] Vgl. Schmitz-Berning, Cornelia: Vokabular des Nationalsozialismus. Berlin, New York 1998. S. 343 ff. sowie vgl. S. 345 ff.

[87] Gravenhorst 2013, S. 3.

[88] Werner 2013, S. 52.

[89] Vgl. ebd., S. 56.

[90] Vgl. Kühne, Thomas: „… aus diesem Krieg werden nicht nur harte Männer heimkehren". Kriegskameradschaft und Männlichkeit im 20. Jahrhundert. In: Ders. (Hrsg.): Männergeschichte – Geschlechtergeschichte. Männlichkeit im Wandel der Moderne. Reihe „Geschichte und Geschlechter", Bd. 14. Frankfurt am Main; New York 1996, S. 178.

schen Mannes" und dessen Anspruch auf die Hegemonie nach der Niederlage des Ersten Weltkriegs rehabilitieren zu können.[91] Dass ausgerechnet „der deutsche Soldat" als Verkörperung der idealen Männlichkeit auftrat, begründete sich zum einen in der Tatsache, dass die Nationalsozialisten hierbei ein tradiertes Männlichkeitsbild bedienen konnten: Bereits mit Einführung der allgemeinen Wehrpflicht in Preußen war die „militarisierte Männlichkeit" ab dem frühen 19. Jahrhundert populär, schließlich hegemonial geworden[92]. Nicht zuletzt war das Militär traditionell ein homosozialer Raum, sprich: eine Gemeinschaft aus Mitgliedern desselben Geschlechts. Solche Räume fungierten durch den Ausschluss von Frauen „als Orte männlicher Selbstvergewisserung"[93] und sollten durch ebendiesen exklusiven Charakter die Hegemonie ihrer männlichen Mitglieder stützen. Der Erhalt solcher traditioneller, homosozialer Räume war zentraler Bestandteil u.a. des Männerbunddiskurses[94] des 20. Jahrhunderts und lag auch im Interesse der Nationalsozialisten.

Des Weiteren gehörten jene Subjekte, die in den 1930er und 1930er Jahren den einflussreichsten Zugang zum Diskurs hatten, zu weiten Teilen selbst jener Generation von Männern an, die im Ersten Weltkrieg gekämpft hatten, sie sich so nach der für Deutschland folgenträchtigen, militärischen Niederlage in ihrer Männlichkeit und in ihrem Herrschaftsanspruch womöglich selbst rehabilitieren wollten, indem sie ihrem Handeln Sinn zuschrieben; auch verstanden sie sich selbst als politische „Kämpfer" für den Nationalsozialismus. Überdies

---

[91] Genannt seien an dieser Stelle das Kolportieren der um 1918 aufkommenden „Dolchstoßlegende" (vgl. Sammet, Rainer: Dolchstoßlegende. In: Historisches Lexikon Bayerns [2013]. URL: http://www.historisches-lexikon-bayerns.de/artikel/artikel_44479 (Stand: 22.5.2013)) oder die gezielte Heroisierung gefallener Soldaten und Kämpfer („Heldengedenktag") (vgl. Hausen 2012, S. 311 ff.).

[92] Vgl. Kühne 1996, S. 20. Vgl. dazu auch Frevert, Ute: Soldaten, Staatsbürger. Überlegungen zur historischen Konstruktion von Männlichkeit. In: Kühne, Thomas (Hrsg.): Männergeschichte – Geschlechtergeschichte. Männlichkeit im Wandel der Moderne. Reihe „Geschichte und Geschlechter", Bd. 14. Frankfurt am Main; New York 1996, S. 81 ff.

[93] Martschukat; Stieglitz 2008, S. 115.

[94] Vgl. ebd., S. 132 f.

benötigte die NS-Führung Kämpfer und Soldaten – sprich: Männer, die bereit waren, sich der Autorität des „Führers" bedingungslos unterzuordnen und zu kämpfen – für die Realisierung ihrer Expansionspolitik. Entsprechend war es die Männlichkeit des „deutschen Soldaten", über die dem Volk ein Zugang zur Hegemonie in Aussicht gestellt wurde und die so eingefordert werden konnte, zum selben Zweck war der NS-Staat auf ähnliche Weise „männlich" gekennzeichnet: „[...] National Socialism presented to the world a seamless front of dominant masculinity – hard, decisive, armed, modern, organized. [...]"[95].

Trotz dieses Leitbildes blieb Männlichkeit in der sozialen Praxis „[...] auch nach 1933 ein mehrdimensionales, generationell und milieuspezifisch gebrochenes Konstrukt, das zwar kompromissloser um den Kern militärischer Tugenden zentriert, aber zu keinem Zeitpunkt auf diesen reduziert wurde. [...]"[96].

Ganz bewusst griffen die Nationalsozialisten zum Beispiel auch auf die – wie Thomas Kühne es nennt – „weichen Kameradschaftsideale"[97] zurück, indem beispielsweise die „Hitler-Jugend" so inszeniert wurde, dass sie den Jungen und Männern innerhalb einer gleichgeschlechtlichen Gemeinschaft eine Form von Geborgenheit zu vermitteln schien. Daneben wurden weitere Ideale von Männlichkeit propagiert, allen voran die „[...] im traditionellen Arbeitermilieu vorherrschende, körperliche Stärke akzentuierende Männlichkeit [...]"[98]: Vor allem auf Ebene der Bildsymbolik adaptierten die Nationalsozialisten ebendiese, um sich als Vertreter der Interessen der Arbeiterschaft inszenieren und diese so für ihre Politik gewinnen zu können[99], brauchte der NS-Staat doch Männer, die körperlich und außerhäuslich schafften, die sich im Zuge dieses Schaffens aber stets in vorgegebene Hierar-

---

[95] Connell 2013, S. 38.
[96] Werner 2013, S. 48.
[97] Kühne 1996, S. 180.
[98] Meuser; Scholz 2005, S. 217.
[99] „[...] Mit der Wahl des Arbeiters als zentrales Bildsymbol stellte sich die NSDAP [...] in die visuelle Tradition der Arbeiterbewegung und untermauerte visuell Hitlers propagandistische Absicht, das Sozialprestige der Arbeiterschaft zu erhöhen und den Arbeiter aufzuwerten. [...]" (Paul, Gerhard: Aufstand der Bilder. Die NS-Propaganda vor 1933. 2. Auflage. Bonn 1992. S. 243).

chien einfügten und sich von den ihnen übergeordneten Machtinstanzen führen ließen.

Bei der Betrachtung der von der NS-Propaganda kolportierten Männlichkeitsbildern ist überdies anzuführen, dass die Figur des „deutschen Vaters" kein dezidierter Bestandteil der hegemonialen Männlichkeit war. Wenngleich die Zeugungskraft des deutschen Mannes im Kontext der Rassenpolitik der Nationalsozialisten notwendig Bestandteil des Idealbildes war, wurde die soziale Rolle und die Verantwortung des Vaters kaum herausgestellt, da diese offenbar dadurch obsolet wurde, dass die Kindererziehung als weibliche Aufgabe codiert war. Gabriele Czarnowski kommt in ihrer Arbeit zu dem Schluss, dass „das Verschwinden des Ehemanns und Vaters aus der Familie"[100] durch die nationalsozialistische Ehe- und Familienrechtsprechung begünstigt wurde.[101] Tatsächlich hatte sich diese Entwicklung bereits mit der Einführung der Wehrpflicht in Preußen und dem Populärwerden der „militarisierten Männlichkeit" abgezeichnet.[102]

Beispiele „untergeordneter" und „marginalisierter" Männlichkeiten

Andere Formen von Männlichkeit waren in der NS-Öffentlichkeit explizit aus dem hegemonialen Bild exkludiert, indem vor allem alternative Lebensformen und sexuelle Minderheiten, die in der Öffentlich-

---

[100] Czarnowski, Gabriele: „Der Wert der Ehe für die Volksgemeinschaft". Frauen und Männer in der nationalsozialistischen Ehepolitik. In: Heinsohn, Kirsten; Vogel, Barbara; Weckel, Ulrike (Hrsg.): Zwischen Karriere und Verfolgung. Handlungsräume von Frauen im nationalsozialistischen Deutschland. Reihe Geschichte und Geschlechter, Bd. 20. Frankfurt am Main; New York 1997, S. 92 f.
[101] Vgl. ebd., S. 93.
[102] Vgl. Frevert 1996, S. 83. Hinzuzufügen ist, dass Hitler als propagierte Karnation der hegemonialen Männlichkeit selbst kinderlos war, ein allzu starkes Herausstellen der sozialen Figur des Vaters dem Hegemonialanspruch des „Führers" also zuwidergelaufen wäre.

keit der 1920er Jahre erstmals „sichtbar" geworden waren, gezielt diffamiert wurden.[103] Entgegen früherer Diskurse blieben etwa homosexuell lebende Männer aus der Hegemonie ausgeschlossen und damit – nach Connell – „untergeordnet".[104] Im Kontext der tradierten, heterosexuellen Geschlechterordnung galten Mann und Frau als ein in Ergänzung zueinander stehendes Paar; gleichgeschlechtliche Liebe galt in diesem Kontext als widernatürlich.[105] Entsprechend wurden homosexuelle Aktivitäten von Männern vor und nach 1933 strafrechtlich verfolgt.[106]

---

[103] Connell nennt hier "[...] the conservative domestic masculinity of the urban middle class or the alternative masculinities of subcultures and sexual minorities [...]" (Connell 2013, S. 39).

[104] In den Diskursen der so genannten „Maskulinisten" fanden sich während des Kaiserreichs und der Weimarer Republik durchaus Versuche, die „hegemonialen Männlichkeiten" um die („untergeordnete") männliche Homosexualität zu erweitern und so den Machtanspruch „arischer" Männer gegenüber Frauen und *Juden* bzw. „Andersrassigen" zu stabilisieren (vgl. Bruns, Claudia: (Homo-)Sexualität als virile Sozialität. Sexualwissenschaftliche, antifeministische und antisemitische Strategien hegemonialer Männlichkeit im Diskurs der Maskulinisten 1880 – 1920. In: Heidel, Ulf (Hrsg.): Jenseits der Geschlechtergrenzen: Sexualitäten, Identitäten und Körper in Perspektiven von Queer Studies. Hamburg 2001. S. 87 – 108 [pdf]. URL: http://www.claudiabruns.de/downloads/aufsaetze_pdfs/homosexualitaet_als_v_soz.p df (Stand: 3.5.2013). S. 87 f.). Dieses Konzept der „virilen Männlichkeit" wurde in den Männerbundtheorien der 1920er und 30er aufgegriffen (vgl. ebd., S. 108), erlangte jedoch keine „hegemoniale" Gültigkeit.

[105] Vgl. Nieden, Susanne zur: Homophobie und Staatsräson. In: Dies. (Hrsg.): Homosexualität und Staatsräson: Männlichkeit, Homophobie und Politik in Deutschland 1900 - 1945. Geschichte und Geschlechter, Bd. 46. Frankfurt am Main 2005. S. 22.
In puncto Homosexualität bezogen die NationalsozialistInnen verschiedene Positionen, so gab es Stimmen, die glaubten, dass Männer von Natur aus bisexuell veranlagt seien und daher im Jugendalter leicht zu homosexuellen Handlungen zu verführen seien (vgl. Herzog, Dagmar: Paradoxien der sexuellen Liberalisierung. Hirschfeld-Lectures; Bd. 1. Göttingen 2013. S. 36.); anderen wiederum galt Homosexualität als angeboren und damit als „unheilbar", andere wollten zur heterosexuellen Lebensweise „umerziehen" (vgl. dies.: Die Politisierung der Lust. Sexualität in der deutschen Geschichte des zwanzigsten Jahrhunderts. Aus dem Amerikanischen von Ursel Schäfer und Anne Emmert. München 2005. S. 43 f.).

[106] Die Verschärfung des Paragrafen 175 StGB im Jahr 1935 bereitete den Weg für ein stärkeres Vorgehen gegen homosexuelle Männer (vgl. Nieden, Susanne zur: Der homosexuelle Staats- und Volksfeind. Zur Radikalisierung eines Feindbildes im

Wendet man Connells Modell der „männlichen Hegemonie" auf die nationalsozialistische Gesellschaft an, sind es vor allem Männer „minderwertig" eingestufter „Rassen", die der „marginalisierten Männlichkeit" zugeordnet werden müssen.[107] Demnach waren jüdische Männer stigmatisiert und u.a. durch den Entzug ihrer staatsbürgerlichen Rechte 1935 aus dem gesellschaftlichen Leben ausgegrenzt; der Zugang zur Hegemonie war ihnen im NS-Staat qua „Rasse" und durch den daran geknüpften Ausschluss aus der „Volksgemeinschaft" bis auf Weiteres verwehrt; dieser Ausschluss wurde durch die entsprechende Propaganda kolportiert und legitimiert, indem man jüdischen Männern etwa bereits während des Ersten Weltkrieges soldatische Tugenden absprach[108]. Daneben war es immer die den Juden zugeschriebene Männlichkeit per se, die in der Propaganda als deviant gezeichnet und damit aus der Hegemonie exkludiert war (vgl. Kap. 2.2.2).

Nationalsozialismus. In: Eschebach, Insa (Hrsg.): Homophobie und Devianz. Weibliche und männliche Homosexualität im Nationalsozialismus. Forschungsbeiträge und Materialien der Stiftung Brandenburgische Gedenkstätten, Bd. 6. Berlin 2012. S. 31 f.).
Anders verhielt es sich bei Frauen: Nach deutschem Gesetz war weibliche Homosexualität vor und nach 1933 kein Strafbestand, offenbar glaubten die NationalsozialistInnen lesbische Frauen für den Fortpflanzungszweck der „Volksgemeinschaft" nicht verloren (vgl. u.a. Przyrembel, Alexandra: „Rassenschande": Reinheitsmythos und Vernichtungslegitimation im Nationalsozialismus. Veröffentlichungen des Max-Planck-Instituts für Geschichte, Band 190. Göttingen 2003. S. 181). In der Realität ging der NS-Staat dennoch auch gegen Lesben vor, indem u.a. Vergehen gegen die „Sittlichkeit" geahndet wurden (vgl. Schoppmann, Claudia: Zwischen strafrechtlicher Verfolgung und gesellschaftlicher Ächtung: Lesbische Frauen im „Dritten Reich". In: Eschebach, Insa (Hrsg.): Homophobie und Devianz. Weibliche und männliche Homosexualität im Nationalsozialismus. Forschungsbeiträge und Materialien der Stiftung Brandenburgische Gedenkstätten, Bd. 6. Berlin 2012, S. 40 ff.).
[107] Vgl. Dinges 2005, S. 12.
[108] Vgl. Ullrich, Volker: „Drückeberger". Die Judenzählung im Ersten Weltkrieg. In: Schoeps, Julius H.; Schlör, Joachim (Hrsg.): Bilder der Judenfeindschaft. Antisemitismus. Vorurteile und Mythen. München 1995, S. 211 ff.

Weiblichkeiten in der nationalsozialistischen „Volksgemeinschaft"

Das höchste Weiblichkeitsideal: Die verheiratete, deutsche Mutter

Da die Fortpflanzung und Nachkommenschaft biologisch an den weiblichen Körper gebunden war, damit die Verantwortung zur Reinerhaltung und zum Fortbestand der „Rasse" offenkundig der Frau zugeschrieben wurde, propagierten die Nationalsozialisten als höchstes Weiblichkeitsideal das der deutschen (gemeint war: „rassisch hochwertigen"), verheirateten, rassenbewussten, erbgesunden Mutter. Hierzu wurde ein Mutterkult[109] inszeniert, der das bevölkerungspolitische Anliegen mit einer angeblichen Wertschätzung der Mutter zu verknüpfen gedachte, um den Einfluss deutscher Mütter zugleich zu schmälern, indem private, damit vor allem weiblich codierte Handlungsräume nunmehr politisiert wurden.[110] So wurde etwa die Fähigkeit des Gebärens bzw. das Muttersein zu einer „subjektiv empfundene[n] Machtposition"[111], zu einer weiblichen Verantwortung stilisiert, um Frauen im Sinne der NS-Politik integrieren und darüber die bevölkerungspolitischen Ziele durchsetzen zu können. In der Folge war vor allem der

---

[109] So wurde der „Muttertag" als Feiertag der Weimarer Republik übernommen und propagandistisch aufgewertet, 1939 schließlich das „Ehrenkreuz der Deutschen Mutter" („Mutterkreuz") eingeführt.

[110] Vgl. Wagner, Leonie: Nationalsozialistische Frauenansichten. Vorstellungen von Weiblichkeit und Politik führender Frauen im Nationalsozialismus. Frankfurt am Main 1996, S. 77. Claudia Koonz schreibt hier von einem „Paradoxon" (Koonz, Claudia: Mütter im Vaterland: Frauen im 3. Reich. Deutsche Erstveröffentlichung, überarbeitete Fassung der amerikanischen Ausgabe. Freiburg (Breisgau) 1991. S. 210) der NS-Familienpolitik: „[...] Indem der Staat intervenierte, um die bedrohte Familie zu schützen, verlor diese gerade ihr wichtigstes Merkmal – den privaten, nicht-öffentlichen Status. [...]" (ebd.).

[111] Decken, Godele von der: Emanzipation auf Abwegen. Frauenkultur und Frauenliteratur im Umkreis des Nationalsozialismus. Frankfurt am Main 1988, S. 260.

weibliche Körper „biologischer Zweckmäßigkeit unterworfen"[112]. Hier schloss an, dass die Existenz eines weiblichen Sexualtriebes mitunter vonseiten der Völkischen bzw. Nationalsozialisten gänzlich negiert wurde.[113]

Zum wichtigsten Regulativ der weitestgehend sexualkonservativ geprägten NS-Bevölkerungspolitik, die Sexualität im Sinne einer „neuen Sittlichkeit" tabuisierte und das Ausüben des Geschlechtsverkehrs an das Ziel der Fruchtbarkeit koppelte[114], wurde die Institution „Ehe" erklärt: „Auch die Ehe kann nicht Selbstzweck sein, sondern muß dem einen größeren Ziele, der Vermehrung und Erhaltung der Art und Rasse, dienen. Nur das ist ihr Sinn und ihre Aufgabe."[115]. Die Verheiratung zweier deutscher, erbgesunder Partner sollte dem Staat damit „wertvolle" Nachkommen sichern.[116]

---

[112] A.G. Gender-Killer: Geschlechterbilder im Nationalsozialismus. Eine Annäherung an den alltäglichen Antisemitismus. In: Dies. (Hrsg.): Antisemitismus und Geschlecht. Von „effeminierten Juden", „maskulinisierten Jüdinnen" und anderen Geschlechterbildern. Münster 2005, S. 31.

[113] Zu den unterschiedlichen Positionen: vgl. Amm, Bettina: Völkische Erotik? Differente weibliche und männliche Sexualvorstellungen innerhalb der völkischen Rechten zwischen Weimarer Republik und Nationalsozialismus. In: Korotin, Ilse; Serloth, Barbara (Hrsg.): Gebrochene Kontinuitäten? Zur Rolle und Bedeutung des Geschlechterverhältnisses in der Entwicklung des Nationalsozialismus. Innsbruck u.a. 2000, S. 76 ff.
Anders als die bisherige NS-Forschung, spricht sich Dagmar Herzog aber gegen die Annahme aus, der NS sei per se „sexualfeindlich" und ausschließlich repressiv gewesen (vgl. Herzog 2005, S. 21.): Stattdessen betont sie, dass die NS-Sexualpolitik sexualkonservative wie liberalisierende Tendenzen umfasste (vgl. ebd., S. 311 f.). Demnach hätte es im NS zahlreiche „Anreize für vor- und außereheliche heterosexuelle Kontakte, nicht nur zum Zwecke der Fortpflanzung gegeben (ebd., S. 23), sie erwähnt u.a. die Existenz von Wehrmachtsbordellen (vgl. ebd., S. 76 f.).

[114] Vgl. Klaus 1980, S. 105 f.

[115] Hitler, Adolf: Mein Kampf. Zwei Bände in einem Band. Ungekürzte Ausgabe. 671. – 675. Auflage. München 1941, S. 275 f.

[116] So wurden fruchtbaren, deutschen Ehepaaren u.a. mit dem „Ehestandsdarlehen" finanzielle Vorzüge in Aussicht gestelltauch waren Scheidungen im Falle kinderloser Ehen ab 1938 schneller möglich (vgl. Frevert 1986, S. 227 ff.).
Bezeichnenderweise erfolgte im NS-Staat keine Gleichstellung lediger Mütter (vgl. Sigmund, Anna Maria: „Das Geschlechtsleben bestimmen wir". Sexualität im Dritten Reich. Erweiterte und überarbeitete Taschenbucherstausgabe. München 2009, S. 141

Daneben sollte die Institution der Ehe im NS-Staat offenkundig die Geschlechterhierarchie bzw. die Dominanz des Mannes sichern: Durch die sexualkonservativ ausgerichtete Bevölkerungspolitik der Nationalsozialisten, die das Dasein als Mutter, Ehe- und Hausfrau möglichst zu koppeln versuchte, sollten Frauen (zumindest bis Mitte der 1930er Jahre) weitestgehend aus der Erwerbstätigkeit ausgeschlossen werden, was die finanzielle Abhängigkeit vom Ehemann und dessen „finanzielle Potenz"[117] gesichert hätten. Unter Anschluss an den herrschenden Geschlechterdiskurs richteten sich die NS-Maßnahmen gegen „Doppelverdiener" daher ausschließlich gegen berufstätige Ehefrauen.[118] Entsprechendes Leitbild der NS-Propaganda war damit bis Mitte der 1930er Jahre die durch die deutsche, nichtberufstätige Mutter und Hausfrau verkörperte Weiblichkeit.[119]

Allerdings war die weibliche Berufstätigkeit bereits seit dem späten 19. Jahrhundert gestiegen[120], folglich mussten die Nationalsozialisten diese realpolitischen Entwicklungen in ihrer Politik berücksichti-

---

f.). Eine prominente Ausnahme in der NS-Familienpolitik bildete der „Lebensborn e.V.": Er richtete sich in erster Linie an unverheiratete, „rassisch hochwertige" Mütter und sollte einer Abtreibung rassisch hochwertiger Kinder entgegenwirken.

[117] Ulrich Overdieck bringt diesen Gedanken der „finanziellen Potenz" in seinem Aufsatz zu „Männlichkeitskonstruktionen" im modernen Rechtsextremismus ein (Overdieck, Ulrich: Männlichkeitskonstruktionen in Diskursen der extremen Rechten. In: Amadeu Antonio Stiftung; Radvan, Heike (Hrsg.): Gender und Rechtsextremismusprävention. Eine Publikation des Projektes „Lola für Lulu – Frauen für Demokratie im Landkreis Ludwigslust". Berlin 2013, S. 123).

[118] Vgl. Frevert 1986, S. 193. Das „Ehestandsdarlehen" wurde einem deutschen, erbgesunden Paar nur gewährt, wenn die Frau berufsuntätig war.

[119] Diese Aufwertung dürfte vor allem die Hausfrauen jener Zeit erreicht haben (vgl. ebd., S. 194 f.), war die Hausarbeit i.d.R. doch unbezahlt und gesellschaftlich nicht anerkannt (vgl. Moser 1988, S. 58.). Tatsächlich waren es innerhalb der weiblichen Wählerschaft vor allem unpolitische Hausfrauen, die die NSDAP wählten (vgl. Klinksiek 1982, S. 113).

[120] Stefan Bajohr hält in seiner Untersuchung zur Entwicklung der Frauenarbeit in Deutschland fest, dass die Zahl hauptberuflich erwerbstätiger Frauen sowie die Dauer der Erwerbstätigkeit von 1882 bis 1939 anstiegen. Dies betraf bis 1939 vor allem die weiblichen Angestellten und Beamtinnen, während die Zahlen weiblicher Hausangestellte und Arbeiterinnen im selben Zeitraum sanken (vgl. Bajohr 1979, S. 17 ff. sowie vgl. S. 27).

gen. Entsprechend wurde die weibliche Erwerbstätigkeit von ledigen Frauen und Mädchen toleriert, wenn diese den weiblichen Fähigkeiten und Handlungsräumen entsprach, zeitlich begrenzt war und der Fruchtbarkeit der Frau nicht hinderlich war. Begriffen die Nationalsozialisten die (außerhäusliche, erwerbsorientierte) Arbeit damit zunächst nicht als „Pflicht" der Frauen, deutete sich spätestens ab 1936, mit Einsetzen der Autarkie- und Rüstungspolitik sowie mit Beginn des Zweiten Weltkrieges ein (notwendig gewordenes) Aufweichen der geschlechterspezifischen Handlungsräume an, indem Frauen, selbst Mütter verstärkt als Arbeitskräfte angeworben und die weibliche Berufstätigkeit so in gewünschte Bahnen gelenkt werden sollten[121].

Vermittelt und realisiert werden sollte dieses (sich im Laufe der 1930er Jahre wandelnde) Weiblichkeitsideal sowohl durch frauenpolitische Maßnahmen vonseiten der NS-Führung als auch durch eine entsprechend ausgerichtete Propaganda und die Sozialisation durch die NS-Frauenorganisationen, dennoch konnten weder der Trend der Zwei-Kind-Familie gebrochen werden[122] noch weibliche Arbeitskräfte ab Mitte der 1930er Jahre im gewünschten Maße mobilisiert werden[123].

---

[121] Neben dem „Reichsarbeitsdienst der weiblichen Jugend" („RADwJ") war 1938 durch eine Anordnung des damaligen Wirtschaftsministers Hermann Göring festgelegt worden, dass alle arbeitsbuchpflichtigen, ledigen Mädchen und Frauen im Alter von 14 – 25 Jahren fortan ein weibliches „Pflichtjahr" in der Land- und Hauswirtschaft zu absolvieren hatten (Vgl. Dok. 85: Anordnung von Ministerpräsident Hermann Göring über den verstärkten Einsatz von weiblichen Arbeitskräften in der Land- und Hauswirtschaft, 15.2.1938. In: Jahnke, Karl Heinz; Buddrus, Michael: Deutsche Jugend 1933 – 1945. Eine Dokumentation. Hamburg 1989, S. 137).

[122] Ab 1942 sank die Geburtenrate wieder auf den Stand von 1933 (vgl. Kompisch 2008, S. 37).

[123] Vor allem Mädchen und Frauen aus dem mittleren und gehobenen Bürgertum entzogen sich dem Arbeitsdienst (vgl. Bajohr 1979, S. 265 ff. sowie vgl. Frevert 1986, S. 215.). Gründe für die verfehlte Mobilisierung waren u.a. die Doppelbelastung und die geringe Entlohnung (vgl. Koonz 1991, S. 432 f.). Dass bis zuletzt keine Arbeitspflicht für Mädchen und Frauen konsequent durchgesetzt wurde, mag darin begründet sein, dass die NS-Politik ihren Bedarf an Arbeitskräften primär durch Umschichtung von bereits berufstätigen „deutschen" Frauen sowie durch Einsatz von ZwangsarbeiterInnen und KZ-Häftlingen zu decken versuchte (vgl. Bajohr 1979, S. 278 ff.).

Die Figur der „deutschen Mutter" war damit – so die Botschaft der NS-Propaganda – dem „hegemonialen Soldaten" „gleichwertig", diese Allianz von Mann und Frau versuchte die NS-Propaganda insbesondere über die Figur der „deutschen Soldatenmutter" herauszustellen.

Die „deutsche Soldatenmutter"

Waren die trauernden Soldatenmütter und -ehefrauen unmittelbar nach dem Ersten Weltkrieg noch weitestgehend aus dem öffentlichen Erinnerungsdiskurs ausgeschlossen und die Erinnerungsarbeit an Kriegs- und Leiderfahrungen damit vor allem männlichen Akteuren vorbehalten gewesen, schufen die Nationalsozialisten jener Gruppe von Frauen nach 1933 zu Zwecken der Mobilisierung einen öffentlichen Raum des Gedenkens, der sie in ihren Verlusterfahrungen erstmals wahrzunehmen schien.[124] Das Motiv der „deutschen Soldatenmutter" erwies sich damit auch in der Propaganda der 1930er Jahre als propagandistisch höchst wertvoll, stabilisierte es doch auf mehreren Ebenen die NS-Bewegung: Nicht nur wurden deutsche Soldatenmütter bzw. -witwen als „Heldenmütter" (und über diese die gefallenen Soldaten des Weltkrieges) gewürdigt; hinzu kam, dass über das Motiv der „trauernden Mutter" auch jene Männer heroisiert wurden, die als „Kämpfer" der frühen NS-Bewegung gefallen waren und durch ihren Tod die Existenz des NS-Staates bewirkt hätten.[125]

Die Figur der „still trauernden, deutschen Soldatenmutter" verkörperte damit das höchste NS-Weiblichkeitsideal – ein Dasein als Mutter, die Erziehung ihrer Söhne zu künftigen Soldaten, eine widerspruchslose Bereitschaft zur „Opferung" ebendieser zum Wohle der NS-„Volksgemeinschaft", stille Demut und stille Trauer im Falle des

---

[124] Fehlemann, Silke: „Heldenmütter"? Deutsche Soldatenmütter in der Zwischenkriegszeit. In: Krumeich, Gerd (Hrsg.): Nationalsozialismus und Erster Weltkrieg. Schriften der Bibliothek für Zeitgeschichte – Neue Folge, Bd. 24. Essen 2010, S. 228 ff. und S. 235 ff.
[125] Vgl. ebd., S. 236 ff.

Verlustes. Zusätzlich wurde „die Soldatenmutter" in der NS-Propaganda ganz bewusst mit männlich codierten Eigenschaften wie „Tapferkeit" und „Gefasstheit" beschrieben[126], „[d]as kämpferische Ideal"[127] damit „als Losung für alle ausgegeben"[128], um weibliches Schaffen am männlichen Ideal messen zu können. Für die Soldatenmütter bedeutete dies de facto, im Falle eines Krieges ihre Söhne „ohne Gefühlsausbrüche"[129], also ohne „weibliche" Regungen an die Front ziehen zu lassen.

Für die spätere Presseanalyse ist zudem relevant, dass es neben den Weiblichkeiten der deutschen Frau ein Weiblichkeitsideal gab, das dem „deutschen Mädel" zugeschrieben wurde.

Das Ideal des „deutschen Mädels"

Im NS-Sprachgebrauch umfasste der „Jugend"-Begriff Mädchen im Alter von 10 bis 21 Jahren[130]; dementsprechend war es offenbar üblich, Mädchen und Frauen bis Eintritt in die Volljährigkeit als „Mädchen" bzw. „Mädel" zu bezeichnen. Zu dieser altersorientierten Differenzierung kam ein weiterer Punkt: So umschrieb die Bezeichnung „Mädchen" wohl auch ledige, damit (möglichst) sexuell unberührte Frauen; im NS-Sprachgebrauch war so durchaus von „Frauen" die Rede, wenn jene noch vor ihrem 21. Lebensjahr in die Ehe eintraten – und damit im sexualkonservativen Diskurs zu Sexualität bzw. Fortpflanzung „legitimiert" waren. In diesem Verständnis machte also die Verheiratung ein „Mädchen" zur „Frau". Diese Differenzierung zwischen Kindheit, Jugend und Erwachsenenalter spiegelte sich in der Organisationsstruktur der NS-Organisationen wider: So gehörten dem

---

[126] Vgl. ebd., S. 228.
[127] Werner 2013, S. 47.
[128] Ebd.
[129] Fehlemann 2010, S. 229.
[130] Vgl. Pirich-Diederichs, Margarete: Jugendzeitschriften. In: Heide, Walther (Hrsg.): Handbuch der Zeitungswissenschaft, Band 2. Leipzig 1943, S. 2168.

„Jungmädelbund" Mädchen im Alter von 10 bis 14 Jahren an[131], der „Bund Deutscher Mädel" (BDM.) sollte als NS-Jugendorganisation die 14- bis 17- (bzw. bis 1938 18-)jährigen, das 1938 gegründete BDM-Werk „Glaube und Schönheit" die 17- bis 21-jährigen Mädchen erfassen und diese ab 21 Jahren ggf. in die NS-Frauenorganisationen überstellen.[132] Dass die Nationalsozialisten die wichtigste Handlungssphäre von Frauen und Mädchen aber bis zuletzt in der Familiengründung sahen, verdeutlichte u.a. die Tatsache, dass die Mädchen im Falle ihrer Verheiratung aus dem BDM. entlassen werden sollten[133]. Mithilfe seiner Jugendorganisationen wollte der NS-Staat gezielt Einfluss auf die jungen Generationen nehmen, ab 1936 schließlich war die Mitgliedschaft im BDM. verpflichtend.[134] Und dennoch lag der NS-Mädchenerziehung kein pädagogisch ausgearbeitetes Konzept zugrunde.[135] In der Folge, und auch bedingt durch unterschiedliche Positionierungen zuständiger Nationalsozialisten innerhalb des Weiblichkeitsdiskurses, wandelte sich das Idealbild der Weiblichkeit des „deutschen Mädel"[136]. Demnach galt es etwa führenden Nationalsozialisten

---

[131] Vgl. Reichsjugendführung, Amt für weltanschauliche Schulung (Hrsg.): Dienstvorschrift der Hitler-Jugend. Berlin 1938, S. 41.

[132] Vgl. Reichsjugendführung 1938, S. 41. Die „NS.-Frauenschaft" sollte ausgewählte, zuvor möglichst im BDM. sozialisierte Frauen ab 21 Jahren aufnehmen (vgl. Hauptabteilung Presse/Propaganda: Deutsches Frauenschaffen. Jahrbuch der Reichsfrauenführung. Berlin 1937. In: Scholtz-Klink, Gertrud: Die Frau im Dritten Reich. Eine Dokumentation. Tübingen 1978, S. 146).

[133] Vgl. Deutsches Historisches Museum. Dokument: „Zweite Durchführungsverordnung zum Gesetz über die Hitler-Jugend (Jugend-Dienstverordnung) vom 25. März 1939", Reichsgesetzblatt, 1939/Nr. 66, Berlin, vom 6. 4. 1939 (Bundesarchiv Koblenz R 36/2012). URL: http://www.dhm.de/lemo/html/dokumente/hjdienst/ (Stand: 26.8.2013).

[134] Vgl. Deutsches Historisches Museum: Dokument „Gesetz über die Hitlerjugend vom 1. Dezember 1936", Reichsgesetzblatt 1936 I S. 993: URL: http://www.dhm.de/lemo/html/dokumente/hjgesetz/index.html (Stand: 15.2.2013).

[135] Vgl. Reese, Dagmar: Straff, aber nicht stramm - herb, aber nicht derb. Zur Vergesellschaftung von Mädchen durch den Bund Deutscher Mädel im sozialkulturellen Vergleich zweier Milieus. Ergebnisse der Frauenforschung, Bd. 18. Weinheim u.a. 1989, S. 43 sowie vgl. Klaus 1983, S. 124.

[136] Vgl. u.a. Shuk, Alexander: Das nationalsozialistische Weltbild in der Bildungsarbeit von Hitlerjugend und Bund Deutscher Mädel. Eine Lehr- und Schulbuchanalyse.

wie Baldur von Schirach, die Weiblichkeit des „deutschen Mädel" zu
Zwecken der Mobilisierung bewusst von jener der deutschen Frau abzugrenzen; der „Reichsjugendführer" insistierte, die Mädchen zunächst
eine „Jugendphase" durchleben zu lassen[137] – obwohl auch für von
Schirach kein Zweifel bestand, was diese Mädchen als erwachsene
Frauen zu sein hatten: „[...] Jeder Junge will ein Mann werden und
jedes Mädchen eine Mutter, aber zunächst ist das Mädel im BDM. und
der Junge in der HJ., und beide leben ihr eigenes Jugendleben, [...]."[138]

Demnach galt es, die Weiblichkeit des „deutschen Mädel" nicht
nur gegenüber anderen jugendlichen Lebensformen[139], sondern auch
gegenüber der Sozialisation gleichaltriger Jungen (qua Geschlecht) und
der der Frauen (qua Alter) abzugrenzen. Mit Zugeständnis einer (angeblich) jugendspezifischen Sozialisation und entsprechenden Angebo-
ten konnte sich der BDM. als „modern" gerieren, ohne dabei „ein kon-
servatives Frauenbild"[140] zu negieren.[141] Nicht von ungefähr bean-

---

Europäische Hochschulschriften: Reihe 11, Pädagogik; 856. Frankfurt am Main u.a.
2002, S. 95 sowie vgl. Reese, Dagmar: Straff, aber nicht stramm - herb, aber nicht
derb. Zur Vergesellschaftung von Mädchen durch den Bund Deutscher Mädel im
sozialkulturellen Vergleich zweier Milieus. Ergebnisse der Frauenforschung, Bd. 18.
Weinheim u.a. 1989, S. 57.

[137] Vgl. Jürgens, Birgit: Zur Geschichte des BDM (Bund Deutscher Mädel) von 1923
bis 1939. Europäische Hochschulschriften: Reihe 3, Geschichte und ihre Hilfswissenschaften; 593. 2., unveränderte Auflage. Frankfurt am Main u.a. 1996, S. 151 f.

[138] Schirach, Baldur von: Die Hitler-Jugend. Idee und Gestalt. Leipzig 1934, S. 98.

[139] Mit Verweis auf das „Pflichtbewusstsein" der NS-Jugend gegenüber der „Volksgemeinschaft" (vgl. Schirach 1934, S. 74) grenzte „Reichsjugendführer" von Schirach seine Organisation bewusst zu den Jugendorganisationen der Weimarer Republik ab; an die Stelle der „Zeit des Nur-Sports, [der] Zeit des Nur-Vergnügens und
Sich-Auslebens" (ebd., S. 16) würde nun die Erziehung einer pflichtbewussten,
„weiblichen" Jugend treten.

[140] Miller-Kipp (Hrsg.) 2001, S. 12.

[141] Vgl. Shuk 2002, S. 97. „[...] In bislang einmaliger Weise verstand es der Nationalsozialismus, Jugend als besondere soziale Rolle zu institutionalisieren und inhaltlich zu prägen. Dreizehnjährige Pimpfe und Jungmädel fühlten sich nicht mehr als
Kinder, aber auch nicht als Erwachsene. Indem das NS-Regime ihnen eigene Organisationen, eigene Verhaltenskodices, eigene Kleidung, eigene Verbindlichkeiten und
Zuständigkeiten übertrug, verlieh es dieser biographischen Zwischenphase eine feste
Form, deren Grenzen und Spielräume markiert waren. [...]" (Frevert 1986, S. 236).

spruchten die Nationalsozialisten, „Mädel" erziehen zu wollen, hatte sich der Ausdruck „Mädel" doch – spätestens mit der Jugendbewegung – als „ungezwungenere Form"[142] zu „Mädchen" im deutschen Sprachgebrauch etabliert.

Die Abgrenzung zum traditionellen Mädchen- und Frauenbild vollzog sich auch, indem der BDM. für eine (geschlechterspezifische) Berufsausbildung der Mädchen plädierte; „[…] eine ordentliche Schulbildung, einen Facharbeiterberuf oder ein Studium als Rechte der heranwachsenden Mädchen. […]"[143] verstand und der weiblichen Jugend die Möglichkeit auf körperliche Ertüchtigung in Form von Leichtathletik, Geländespielen, Gymnastik, auch Marschieren bot.[144] Der Sport war zentrales Anliegen der NS-Jugenderziehung und keineswegs nur eine bloße Freizeitaktivität, vielmehr sei jeder und jede „Deutsche" zu Leibesübungen und dazu „verpflichtet, seine körperlichen Anlagen so zu entwickeln, daß die von ihm weitergegebene Erbmasse die Nation bereichert. Dies gilt ganz besonders für das deutsche Mädchen als Trägerin des Lebens und gibt ihr das Recht auf persönliche Arbeit am Volksganzen. […]"[145]. Demnach hatte „das deutsche Mädel" laut „Reichsjugendführer" ganz zum Wohle der „Volksgemeinschaft" zu handeln und sich im Zuge dessen ihrer späteren Funktion als „deutsche, körperlich gesunde Mutter" bewusst zu sein[146].

Die nach Geschlechtern getrennte Sozialisation der deutschen Jugend und die weitreichende Aussparung von Sexualthemen in der Jugenderziehung sollten die sexuellen Bedürfnisse der Jugend offenbar

---

Martin Klaus ergänzt: „[…] Das Mutterideal war zwar perspektivisch vorhanden, aber gerade seine Verschiebung auf eine spätere Lebensphase und das Zugeständnis einer eigenständigen Jugendzeit für Mädchen, wie sie massenhaft bislang nur Jungen zugestanden hatte, zog Mädchen an. […]" (Klaus 1983, S. 334).

[142] Schmitz-Berning 1998, S. 395.

[143] Jürgens 1996, S. 179.

[144] Vgl. u.a. Reese 1989, S. 57. Damit brach der BDM. mit alten Tabus, „[…] nach denen Mädchen schicklicherweise keinen Sport in der Öffentlichkeit treiben durften, […]" (Klaus 1980, S. 53).

[145] Schirach 1934, S. 100.

[146] „Der BDM. soll die stolzen und edlen Frauen hervorbringen, die im Bewußtsein ihres höchsten Wertes nur den Ebenbürtigen gehören wollen. […]" (ebd., S. 97).

unterdrücken[147], somit deren Sittlichkeit wahren und das tatsächliche Praktizieren eines (ausschließlich auf Reproduktion ausgerichteten) Geschlechtsverkehrs für das „deutsche Mädel" erst mit Eintritt in die Ehe relevant werden lassen.

Diese für die damalige Zeit ungewöhnlich anmutende Erziehung der weiblichen Jugend, den Mädchen durch körperliche Ertüchtigung und Disziplinierung oder durch außerhäusliche Freizeitangebote wie Zeltlager auch als „männliche" empfundene Werte und Tugenden zu vermitteln[148], stieß bisweilen auf Kritik. So beanspruchte etwa die „NS.-Frauenschaft" – in Konkurrenz zum BDM. und zur „Reichsjugendführung" – bis in die 1930er hinein durch die Führung eigener „Mädchenschaften" die Erziehung der jugendlichen Mädchen, mit dem Ziel, diese stärker am traditionellen Frauenbild auszurichten.[149] Das „HJ-Gesetz" von 1936 regelte schließlich die Kompetenzen zugunsten der „Reichsjugendführung".[150]

Dennoch schien sich die Ausrichtung der Erziehung durch den BDM. ab Mitte der 1930er zu wandeln[151]: Forciert wurde nun tatsäch-

---

[147] Vgl. Klaus 1980, S. 109 f. Tatsächlich befürwortete von Schirach, um „Liebelei[en]" (Schirach 1934, S. 95.) vorzubeugen, eine getrennte Erziehung der männlichen und weiblichen Jugend. Weiter schrieb er: [...] Die Jugend soll sich ihrer natürlichen Triebe nicht schämen, aber sie soll sie in den Jahren der HJ. unterordnen dem Gesetz der Gemeinschaft, das einer der deutschen Jugend einmal in die Worte gefaßt hat: ‚Bleib rein und werde reif.' [...]" (ebd., S. 63).
Martin Klaus ergänzt hierzu: „[...] Es gab keine Richtlinien zur Sexualpädagogik im allgemeinen, erst recht nicht in der Programmatik von HJ und BDM. Bei Schulungen jedweder Art war Sexualität kein Thema. [...]" (Klaus 1980, S. 105).
[148] Vgl. ebd., S. 84 ff.
[149] Vgl. u.a. Reese, Dagmar: Bund Deutscher Mädel. Zur Geschichte der weiblichen deutschen Jugend im Dritten Reich. In: Frauengruppe Faschismusforschung (Hrsg.): Mutterkreuz und Arbeitsbuch. Zur Geschichte der Frauen in der Weimarer Republik und im Nationalsozialismus. Frankfurt am Main 1981, S. 167. Anfang 1933 bestand unter Gottschewski sogar kurzzeitig eine Personalunion zwischen NSF und BDM (vgl. ebd., S. 168).
[150] Vgl. Deutsches Historisches Museum: Dokument „Gesetz über die Hitlerjugend vom 1. Dezember 1936", Reichsgesetzblatt 1936 I S. 993: URL: http://www.dhm.de/lemo/html/dokumente/hjgesetz/index.html (Stand: 15.2.2013).
[151] Vgl. u.a. Reese 1989, S. 57.

lich eine an das traditionelle Frauenbild angelehnte Erziehung, die weibliche Tätigkeiten wie die Hauswirtschaft und Kulturarbeit in den Vordergrund stellte; sportliche Betätigung sollten die Mädchen nun vor allem in der Gymnastik finden. [152] Dieser Zäsur in der Ausrichtung des BDM. war eine öffentliche wie NS-interne Kritik an der bisherigen Sozialisation vorausgegangen, die die Gefahr einer angeblichen „„Verbengelung"" [153] der weiblichen Jugend durch als unangemessen empfundene BDM.-Angebote zum Thema machte. [154] Offenbar versuchte man diesen Vorwurf dadurch zu entkräften, dass die Erziehung durch den BDM. nun doch stärker an der traditionellen Vorstellung von Weiblichkeit, genauer: an Mutterschaft und Kulturarbeit zu orientieren war. Mit Gründung des BDM.-Werkes „Glaube und Schönheit" im Jahr 1938 wurde schließlich eine Institution für die 17- bis 21-jährigen Mädchen gegründet, die der „Reichsjugendführung" unterstand, aber eng mit der „NS-Frauenschaft" zusammenarbeitete. [155]

Beispiele abgelehnter Weiblichkeiten im Nationalsozialismus

Aus dem nationalsozialistischen Weiblichkeitsideal exkludiert waren in erster Linie qua „Rasse" „nichtdeutsche" Frauen und Mädchen,

---

[152] Vgl. Klaus 1983, S. 238. sowie vgl. Jürgens 1996, S. 93.
[153] Hering, Sabine; Schilde, Kurt: Das BDM-Werk „Glaube und Schönheit". Die Organisation junger Frauen im Nationalsozialismus. 2., überarbeitete Auflage. Opladen 2004, S. 23.
[154] Vgl. u.a. Jürgens 1996, S. 81 sowie vgl. Klaus 1983, S. 236.
[155] Vgl. Reese 1981, S. 172. „Mittels des BDM-Werks ‚Glaube und Schönheit' sollten die 17- bis 21jährigen vor der im BDM-Habitus durchaus angelegten Gefahr der ‚Verbengelung' bewahrt werden, indem sie durch anmutige gymnastische Übungen und eine verfeinerte Geschmackserziehung zur traditionellen ‚weiblichen Linie' zurückgeführt wurden. [...] Zusätzlich wollte man verhindern, dass die jungen Frauen sich zu frühzeitig durch die Heirat ins Privatleben zurückzogen und damit ihre Verfügbarkeit für die Gemeinschaft einschränkten." (Hering; Schilde 2004, S. 23).

weil der NS-Staat an ihrer Existenz und vor allem an ihrer Fruchtbarkeit kein Interesse haben konnte.

Daneben wurden Lebensformen gegenüber dem Weiblichkeitsideal der „deutschen Mutter" öffentlich abgewertet, die ebendieses Ideal der Fruchtbarkeit bzw. Mutterschaft nicht erfüllten (Nicht-Mütter, ledige Frauen); die sich von der heterosexuellen Geschlechterordnung und den ihr immanenten, geschlechtlich codierten Handlungsräumen lösten (nichtheterosexuelle Frauen, berufstätige Frauen), darüber hinaus Frauen, die ein selbstbestimmtes Leben führten, das nicht auf das Wohl der „Volksgemeinschaft", sondern in erster Linie an individuellen Interessen und Bedürfnissen ausgerichtet war.[156]

Prominentestes Beispiel für eine von den Nationalsozialisten vehement abgelehnte Weiblichkeit war die Lebensform der „Neuen Frau": Das hauptsächlich von der „Weimarer Kulturkritik"[157] in den 1920ern entworfene Frauenbild schien die Geschlechterordnung offen infrage zu stellen, indem Frauen unter Eindruck des liberalen Weimarer Klimas in Aussehen und Verhalten eine weibliche Selbstständigkeit verkörperten, u.a. sexuelle Bedürfnisse äußerten und damit insgesamt Emanzipation und Gleichberechtigung der Geschlechter forderten.[158]

---

[156] Hier fand der NS Anschluss an Diskurse der bürgerlichen Frauenbewegung, die Kritik an der Lebensweise der egoistischen, nichtschaffenden „Dame" geäußert hatten (vgl. Omran, Susanne: Frauenbewegung und „Judenfrage". Diskurse um Rasse und Geschlecht nach 1900. Frankfurt am Main 2000, S. 193).

[157] Frevert 1986, S. 171.

[158] Tatsächlich wurden Themen wie Eheberatung und Sexualität in der Weimarer Öffentlichkeit zu enttabuisieren versucht (vgl. ebd., S. 181 ff.), heftig diskutiert wurde auch das Thema der Empfängnisverhütung; die Paragrafen 218 und 219 des Strafgesetzbuches stellten seit 1871 Abtreibungen unter Strafe und behielten trotz gegenteiliger Initiativen über die Weimarer Republik hinweg ihre Gültigkeit. Lediglich die medizinische Indikation war 1927 eingeführt worden (vgl. Sigmund 2009, S. 146.).
Damit war die „Neue Frau" „[...] Realität und Kunstprodukt zugleich. Sie beflügelt die Phantasien der Männer, mobilisiert Ängste, ruft die Verteidiger überlieferter Werte und Normen auf den Plan. Die ,neue Frau', das ist die Frau mit Bubikopf, die ihre Röcke kürzt, sich schminkt und Körperlichkeit betont, mit den Attributen der Mode spielt; [...] die in den Domänen der Männer einbricht, die Cafés, Tanzsäle und Amüsierlokale bevölkert, Zigaretten raucht, sich sportlich betätigt, ihre sexuellen Bedürfnisse nicht mehr versteckt, sondern lebt, die für sich die gleichen Rechte wie die Männer reklamiert [...]." (Flemming 2008, S. 62).

Das Negativbild der „Neuen Frau" war eingebettet in zeitgenössische, kulturpessimistische und rassenhygienische Diskurse, die die Angst vor einer „Degeneration" der Kultur bzw. der Völker im allgemeinen Sittenverfall[159], damit auch in der sinkenden (Sexual-)Moral der Frauen bestätigt sahen. Tatsächlich ließen „[...] eine libertinäre Sexualität, steigende Scheidungs- und Abtreibungsziffern, sinkende Geburtenraten bei einem wachsenden Anteil unehelicher Geburten, [sowie] zunehmende Erwerbsquoten verheirateter Frauen [...]"[160] vielerseits den Ruf nach mehr „Mütterlichkeit" laut werden[161] – hier konnten die Nationalsozialisten mit ihrer antifeministischen Propaganda nahtlos ansetzen.

Besondere Ächtung erfuhr im nationalsozialistischen Staat die „artvergessene"[162] Frau, die der Forderung nach Fruchtbarkeit nicht in Verbindung mit einem „rassisch hochwertigen" Sexualpartner nachkam, sondern stattdessen (sexuell) mit jüdischen oder anderen „andersrassigen" Männern verkehrte und damit „Rassenschande" beging. Bereits vor Erlass der „Nürnberger Gesetze" war „Rassenschande" öffentlich geächtet und sogenannte „Inschutzhaftnahme", auch gegen deutsche Frauen verfügt worden.[163] Ab 1935 waren Ehe- und Sexualkontakte zu Juden schließlich verboten; interessanterweise sollten „artvergessene" (deutsche) Frauen im Falle außerehelichen Geschlechtsverkehrs aber straffrei bleiben, während der beteiligte Mann in jedem Fall strafrechtlich belangt wurde[164]. Gegen jüdische Frauen wurde im

---

[159] Vgl. Sauerteig, Lutz: Krankheit, Sexualität, Gesellschaft. Geschlechtskrankheiten und Gesundheitspolitik in Deutschland im 19. und frühen 20. Jahrhundert. Medizin, Gesellschaft und Geschichte, Beiheft 12. Stuttgart 1999, S. 44 ff.

[160] Frevert 1986, S. 181.

[161] Vgl. ebd., S. 181 ff.

[162] „Die nationalsozialistische, nach dem Muster von ‚ehrvergessen', ‚pflichtvergessen' gebildete Neuprägung ‚artvergessen' wurde als Schmähung auf Personen bezogen, die den Paragraphen 1 und 2 des sog. ‚Blutschutzgesetzes' nicht entsprachen [...]." (Schmitz-Berning, S. 70). „Art" fungierte dabei im NS-Sprachgebrauch als ein der „Rasse" übergeordneter Begriff (Vgl. ebd., S. 66 ff.).

[163] Vgl. Przyrembel 2003, S. 281.

[164] Vgl. „Gesetz zum Schutze des deutschen Blutes und der deutschen Ehre vom 15. September 1935", Paragraph 5, Absatz 2.

Falle einer „Rassenschande" u.a. „Schutzhaft" verhängt.[165] Trotz gegenteiliger Initiativen hielt Hitler an der Straffreiheit für deutsche Frauen fest, was u.a. offenbar mit den traditionellen Weiblichkeitszuschreibungen zusammenlief.[166]

Mit diesen Vorüberlegungen ist der erste, für die spätere Presseanalyse relevante Diskurs – der Geschlechterdiskurs – umrissen. Im Folgenden soll nun eruiert werden, dass es sich bei dem Feindbild des Juden, wie bei den Geschlechterrollen, um Konstruktionen handelt, die in einem spezifisch historischen Kontext entworfen werden.

---

[165] Vgl. Przyrembel 2003, S. 282.

[166] Vgl. Essner, Cornelia: Die „Nürnberger Gesetze" oder die Verwaltung des Rassenwahns 1933 - 1945. Paderborn u.a. 2002, S. 229 sowie S. 208.
Eine Strafverfolgung war demnach nicht möglich, da Hitler glaubte, dass die weibliche Psyche von Natur aus labil sei und der hormonelle Haushalt die Zurechnungsfähigkeit der Frau zeitweise beeinträchtigen würde (vgl. Roth, Thomas: „Gestrauchelte Frauen" und „unverbesserliche Weibspersonen": zum Stellenwert der Kategorie Geschlecht in der nationalsozialistischen Strafrechtspflege. In: Frietsch, Elke; Herkommer, Christina (Hrsg.): Nationalsozialismus und Geschlecht. Zur Politisierung und Ästhetisierung von Körper, „Rasse" und Sexualität im „Dritten Reich" und nach 1945. Bielefeld 2009, S. 122).

2.2 Dispositiv II: Die Konstruktion des Jüdischen

*„Traditionell definiert sich als Jude, wer eine Jüdin zur
Mutter hat. Es handelt sich also um eine Religionsgemeinschaft, in die man hineingeboren wird.“*[167]

2.2.1 Wirkungsweise und Funktion des Antisemitismus‘

Die heutige Antisemitismusforschung differenziert mit „Antijudaismus" und „Antisemitismus" zwei Arten der Judenfeindlichkeit[168]; sie
macht damit deutlich, dass das, was von einer Mehrheitsgesellschaft
als „jüdisch" wahrgenommen wird, von dieser immer erst in einem
spezifischen Kontext konstruiert wird:

---

[167] Braun, Christina von: Blut und Blutschande. Zur Bedeutung des Blutes in der
antisemitischen Denkwelt. In: Schoeps, Julius H.; Schlör, Joachim (Hrsg.): Bilder der
Judenfeindschaft. Antisemitismus. Vorurteile und Mythen. München 1995, S. 80.
[168] „Antijudaismus" bezeichnet die vormoderne, in erster Linie religiös motivierte
Judenfeindlichkeit (vgl. Nipperdey, Thomas; Rürup, Reinhard: Antisemitismus. In:
Brunner, Otto; Conze, Werner; Koselleck, Reinhart: Geschichtliche Grundbegriffe.
Historisches Lexikon zur politisch-sozialen Sprache in Deutschland. Band 1 A-D.
Stuttgart 1972. S. 129). Der Begriff des *Jüdischen* war bis zum Ende des 18. Jahr-
hunderts damit „durch die Zugehörigkeit zu einer Religionsgemeinschaft definiert.
Zwar wurden die Juden als Lebens- und Abstammungsgemeinschaft auch als ‚Volk'
bezeichnet, aber dieses Volk war durch eine Religion konstituiert." (ebd., S. 131).
Die primär biologistisch argumentierende Judenfeindschaft etablierte sich ab dem
späten 18. Jahrhundert, vor allem unter dem Eindruck der Säkularisierung und populär gewordener Theorien des Sozialdarwinismus‘ (u.a. von Gobineau und H. St.
Chamberlain). In seiner heutigen Bedeutung trat der Begriff des „Antisemitismus‘"
erstmals um 1879 im Umkreis des Publizisten Wilhelm Marr auf und fand – von
Deutschland aus – Verbreitung (vgl. ebd., S. 139 ff.). Er soll in dieser Arbeit verwendet werden, da er sich im allgemeinen Sprachgebrauch für die nationalsozialistische Judenfeindlichkeit etabliert hat.

„[…] *Judenfeindschaft und Antisemitismus sind […] gesell-schaftlich bedingte Phänomene. Am Zustandekommen einer an-tisemitischen Einstellung sind individuelle Faktoren, kollektive Erfahrungen und auslösende Anlässe in bestimmten histori-schen Situationen ebenso beteiligt wie der gesamte überindivi-duelle und situationsunabhängige Kontext kultureller Überlie-ferungen und Wertvorstellungen. […]"*[169].

Wie die gesamte Antisemitismusforschung steht auch die vorlie-gende Arbeit damit vor der Herausforderung, dass Judenfeindschaft aufgrund ihres „Konstruktcharakters"[170] rational nicht erklärt werden kann: „[…] Die Ablehnung [gegenüber Juden, Anm. L.B.] gründet sich nicht auf Fakten, sondern auf Traditionen und Emotionen, die aber als Fakten verstanden werden. Deshalb entzieht sich Judenfeindschaft in allen ihren Ausprägungen jeder rationalen Diskussion. […]"[171].
Erste Versuche, sich dem Thema im Rahmen einer interdisziplinä-ren Antisemitismusforschung zu nähern, unternahmen Wissenschaftle-rInnen in den 1930ern und 1940ern aus dem Umfeld des Frankfurter Instituts für Sozialforschung. Da seine WissenschaftlerInnen zum gro-ßen Teil in den 1930ern in die USA emigriert waren, konzentrierte sich die Forschungsarbeit zunächst dort und ihr Forschungsfokus damit auf den Antisemitismus der modernen, amerikanischen Gesellschaft.[172] Dabei gelang es seinen WissenschaftlerInnen, gesellschaftstheoretische Aspekte mit psychoanalytischen Ansätzen zu verknüpfen.[173] So kon-

---

[169] Strauss, Herbert A.; Kampe, Norbert: Einleitung. In: Dies. (Hrsg.): Antisemitis-mus. Von der Judenfeindschaft zum Holocaust. Frankfurt am Main, New York 1985, S. 12.
[170] Benz, Wolfgang: Was ist Antisemitismus? Schriftenreihe Bundeszentrale für politische Bildung, Band 455. Bonn 2008, S. 25.
[171] Ebd., S. 10.
[172] Vgl. Ziege, Eva-Maria: Antisemitismus und Gesellschaftstheorie. Die Frankfurter Schule im amerikanischen Exil. Frankfurt am Main 2009, S. 7. sowie S. 169. Folg-lich vernächlässigte das Institut bis 1945 in seinen „Studies in Prejudice" die Unter-suchung des nationalsozialistischen Antisemitismus' (vgl. ebd., S. 247).
[173] Vgl. u.a. Gehmacher, Johanna: Die Eine und der Andere. Moderner Antisemitis-mus als Geschlechtergeschichte. In: Bereswill, Mechthild; Wagner, Leonie (Hrsg.): Bürgerliche Frauenbewegung und Antisemitismus. Tübingen 1998, S. 118.

statierte etwa Theodor W. Adorno in einer 1950 veröffentlichten Studie, „[...] daß der Antisemitismus weit mehr als auf den wirklichen Eigenschaften der Juden auf subjektiven Faktoren und der allgemeinen Situation des Antisemiten basiert, [...]."[174] Vielmehr biete der Antisemitismus – in „seine[r] relative[n] Unabhängigkeit vom Objekt"[175] – dem (antisemitischen) Subjekt, welches individuelle Bedürfnisse aufgrund seiner spezifischen Charakterstruktur vor einem bestimmten, sozialen Hintergrund und in einer gegenwärtigen Situation entwickelt, durch Vorgabe von antisemitischen Vorurteilen eine (scheinbare) Lösung zur Befriedigung jener Bedürfnisse.[176] Damit wird in der (sozialpsychologischen) Antisemitismusforschung jener psychische Gewinn zentral, der sich dem Subjekt durch Konstruieren und Verinnerlichen des jüdischen Feindbildes zu offenbaren scheint[177] – dieser (imaginierte) psychische Gewinn wiederum wird unter dem Eindruck bestimmter, historischer Gegebenheiten ausgebildet.

Um die Massenpsychologie des Nationalsozialismus und mit ihr die antisemitischen Feindbildkonstruktionen analysieren zu können, müssen demnach auch „die Konstitution und die Verfasstheit der Subjekte, ihre (oft unbewussten und irrationalen) Handlungsmotivationen und deren Kulturabhängigkeit"[178], sprich: die Einbindung in historisch hegemoniale Diskurse, die daran gültig gewordenen Bedürfnisse und Wünsche sowie der durch Abgrenzung zum Jüdischen intendierte, sub-

---

[174] Adorno, Theodor W.: Studien zum autoritären Charakter. Aus dem Amerikanischen von Milli Weinbrenner. Zweite Auflage. Frankfurt am Main 1976, S. 3.
[175] Ebd., S. 109.
[176] Vgl. Adorno 1976, S. 15. Diese „Persönlichkeitsstruktur" wird beschieben als „autoritärer" oder „charakterloser Charakter (vgl. Radonic, Ljiljana: Die friedfertige Antisemitin? Kritische Theorie über Geschlechterverhältnis und Antisemitismus. Europäische Hochschulschriften, Bd. 508. Frankfurt am Main 2004, S. 56 ff. sowie vgl. S. 72 ff.). Beide eine der Wunsch nach einer Autoritätsfigur, die Verschiebung empfundener, aber nicht zugelassener Aggressionen „nach außen" sowie der kollektive Narzissmus (vgl. ebd., S. 75).
[177] Vgl. Brunner, Markus; Lohl, Jan; Pohl, Rolf; Winter, Sebastian: Psychoanalyse und Geschichte. Eine Einleitung. In: Dies. (Hrsg.): Volksgemeinschaft, Täterschaft und Antisemitismus. Beiträge zur psychoanalytischen Sozialpsychologie des Nationalsozialismus und seiner Nachwirkungen. Gießen 2011, S. 12.
[178] Ebd., S. 10.

jektive Gewinn in den Blick genommen werden. Die Zugehörigkeit zu der nationalsozialistischen, „rassisch" begründeten „Volksgemeinschaft" stellte dem antisemitischen Subjekt (scheinbar) ebensolchen „narzisstische[n] Gewinn"[179] in Aussicht, konstituierte sich die „Volksgemeinschaft" doch durch die „kategorische Exklusion"[180] einzelner Gruppen, die (imaginierte) Zugehörigkeit zu einer (imaginiert) klassenlosen „Volksgemeinschaft" war damit nur wenigen vorbehalten. Allerdings zielte die faschistische Propaganda zugleich darauf ab, dass das Individuum seine eigenen, rationalen Interessen zugunsten ebendieser „Massenbildung" zurückstellte.[181] Die „Volksgemeinschaft" stabilisierte sich darüber hinaus, indem Kritik und Intoleranz mittels Propaganda aus ebendieser ausgelagert, ausschließlich auf das „Fremde", u.a. auf das Feindbild „Jude" gerichtet wurde.[182]

Wic bereits angedeutet, muss Antisemitismusforschung über eine rein kognitive Vorurteilsforschung hinausgehen: Jensen/Schüler-Springorum plädieren beispielsweise dafür, die Antisemitismusforschung müsse auch emotionale, irrationale Prozesse, sprich: das Ausbilden von Gefühlen gegenüber Juden untersuchen: Hier wären „Emotionsstrukturen"[183] relevant, die in einem spezifisch

---

[179] Howind, Sascha: Der faschistische Einheitstrick. Die Suggestion von Einheit und Gleichheit in der nationalsozialistischen ‚Volksgemeinschaft'. In: Brunner, Markus; Lohl, Jan; Pohl, Rolf; Winter, Sebastian (Hrsg.): Volksgemeinschaft, Täterschaft und Antisemitismus. Beiträge zur psychoanalytischen Sozialpsychologie des Nationalsozialismus und seiner Nachwirkungen. Gießen 2011, S. 125.

[180] Ebd., S. 124.

[181] Vgl. Adorno, Theodor W.: Die Freudsche Theorie und die Struktur der faschistischen Propaganda. In: Schülein, Johann August; Wirth, Hans-Jürgen (Hrsg.): Analytische Sozialpsychologie. Klassische und neuere Perspektiven. Gießen 2011, S. 257 ff.

[182] Vgl. Adorno 2011, S. 269. Zu der Differenzierung von Stereotypen, Vorurteilen und Feindbilder vgl. Bernhardt, Hans-Michael: Voraussetzungen, Struktur und Funktion von Feindbildern. Vorüberlegungen aus historischer Sicht. In: Jahr, Christoph; Mai, Uwe; Roller, Kathrin (Hrsg.): Feindbilder in der deutschen Geschichte. Studien zur Vorurteilsgeschichte im 19. und 20. Jahrhundert. Reihe Dokumente, Texte, Materialien / Zentrum für Antisemitismusforschung der Technischen Universität Berlin; Bd. 10. Berlin 1994, S. 12 f.

[183] Jensen, Uffa; Schüler-Springorum, Stefanie: Antisemitismus und Emotionen. In: Bundeszentrale für politische Bildung (Hrsg.): Aus Politik und Zeitgeschichte. Anti-

historischen Kontext sozial erlernt und damit habitualisiert werden und sich schließlich in antisemitischen Handlungen äußern.[184]

Keine „Männerkrankheit"[185]: Zu den geschlechtsspezifischen Formen des Antisemitismus'

Bereits im Zuge der frühen Antisemitismusforschung, genauer: während der Arbeit zu den „Studies in Prejudice" stellten AntisemitismusforscherInnen des Instituts für Sozialforschung fest, dass der moderne Antisemitismus geschlechtsspezifische Unterschiede aufwies. Für eine Studie wurden amerikanische Frauen und Männer in den 1940ern u.a. zur judenfeindlichen NS-Politik befragt; hierbei zeigte sich, dass die befragten Frauen „zwar weniger gewaltsame Formen für ihren Antisemitismus finden, aber nicht weniger antisemitisch"[186] seien als Männer. Demnach äußerte sich die Ablehnung von Juden offenbar geschlechtsspezifisch, dennoch blieb eine fundierte, geschlechtsspezifische Antisemitismusforschung im Umfeld des Institus der 1940er Jahre zunächst aus.[187] So konnte die Psychoanalytikerin Margarete Mitscherlich den Antisemitismus noch in den frühen 1980er Jahren als eine „Männerkrankheit"[188] bezeichnen, die sich angeblich in der psychosexuellen Entwicklung der Männer begründe. Frauen hingegen orientierten sich – allgemein sowie in ihrem Antisemitismus, so

---

semitismus. 28-30 / 2014, 7. Juli 2014, 64. Jahrgang, S. 19 [pdf]. URL: www.bpb.de/apuz [Stand: 21.02.2016]
[184] Jensen/Schüler-Springorum entwickeln hierfür den Ansatz des „doing emotions" (vgl. ebd., S. 19 f.).
[185] Mitscherlich-Nielsen 1983, S. 49.
[186] Ziege 2009, S. 213.
[187] Vgl. ebd., S. 162 ff.
[188] Mitscherlich-Nielsen 1983, S. 49.

Mitscherlich – aufgrund ihrer Psyche lediglich an männlichen Vorurteilen[189].

Bis heute ist die theoretische Antisemitismusforschung dahingehend weiterentwickelt worden, dass die Kategorien „sex" und „gender" differenziert angewandt werden: Ljiljana Radonic konstatierte etwa entgegen früherer, psychoanalytischer Ansätze, dass der Antisemitismus bei Männern und Frauen auf gleiche Weise funktionieren würde.[190] Demzufolge könne jene „Persönlichkeitsstruktur", die die Übernahme und Verinnerlichung antisemitischer Einstellungen begünstigte, bei beiden Geschlechtern gleichermaßen ausgeprägt werden[191]. Wohl aber verweist Radonic überdies auf die geschlechtsspezifische Sozialisation, die sich über Rollenzuschreibungen und -erwartungen in der Psyche der AntisemitInnen manifestierte und damit Einfluss auf das unterschiedliche Ausleben und Artikulieren antisemitischer Einstellungen von Mann und Frau nähme.[192] Sie führt aus, dass die gesellschaftlichen – diskursiv gefestigten – Vorstellungen von den Geschlechtern und ihre Verinnerlichung über eine geschlechtsspezifische Sozialisation nur bestimmte Wünsche und Bedürfnisse zuließen; jene Bedürfnisse, die eine Frau etwa aufgrund der ihr zugeschriebenen Rolle „als unzulässig verdrängt"[193], ergo nicht auslebt, würden demnach „im Sinne einer psychischen Entlastung"[194] „nach außen kanalisiert"[195] und

---

[189] Während sich der Antisemitismus der Männer in ihrer geschlechtsspezifischen, „männlichen" Entwicklung begründe, hätten sich Frauen lediglich an die männlichen Vorurteile und damit an den „Antisemitismus der Männer" angepasst. Mitscherlich führt das auf das weibliche schwache Über-Ich, den Wunsch nach Liebe und den passiveren Umgang mit Aggressionen zurück (vgl. Mitscherlich, Margarete: Die friedfertige Frau. Eine psychoanalytische Untersuchung zur Aggression der Geschlechter. Frankfurt am Main 1985, S.148 ff.). Sie resümiert: „[…] Unterwerfung und Anpassung bringen sie [die Frau, Anm. L.B.] […] dazu, die Vorurteilskrankheiten der männlichen Gesellschaft zu teilen. […]" (Mitscherlich-Nielsen 1983, S. 53).
[190] Sie wendet hierbei „eine durch die Kritische Theorie geprägte Lesart der Psychoanalyse" (Radonic 2004, S. 54) an.
[191] Vgl. ebd., S. 158.
[192] Vgl. ebd., S. 163.
[193] Ebd., S. 9.
[194] Ebd., S. 146.
[195] Ebd., S. 50.

auf das Feindbild des Juden projiziert. Diese Verdrängung auf das Feindbild macht Radonic u.a. an den stereotypen Zuschreibungen an die weibliche „Friedfertigkeit" sichtbar: „[…] Frauen […] werden Aggressionen im Allgemeinen kaum zugestanden, umso befreiender ist es dann, sie an gesellschaftlich als solchen anerkannten Out-Groups auszulassen. […]"[196]. Neben der Möglichkeit auf eine solche, „psychische Entlastung" bot der Antisemitismus Männern wie Frauen eine potentielle, „narzisstische Aufwertung"[197] ihrer selbst, demnach beteiligten sich Frauen in NS-Deutschland besonders im „[…] häuslichen Bereich entscheidend an der Rettung der Volksgemeinschaft vor der Zersetzung durch die Gegenrasse und erfuhren eine völlig neue Aufwertung. […]"[198]. In summa gingen und gehen die Konstruktion des Feindbildes „Jude" und der daran geknüpfte, imaginierte „psychische Gewinn" immer einher mit den Bedürfnissen und Ängsten, die das antisemitische Subjekt in einem spezifisch historischen Kontext und unter Eindruck bestimmter hegemonialer Diskurse, heißt: auch unter Eindruck einer geschlechtsspezifischen Sozialisation verspürt.

Der Begriff des „Jüdischen" bei den Nationalsozialisten

Der Antisemitismus, also die rassisch begründete Ablehnung von Juden war ein zentrales Ideologem des Nationalsozialismus. Unter dem Eindruck u.a. rassenbiologischer Diskurse gab die NS-Ideologie vor, dass sich ein „Volk" „durch gleiche Sprache, durch gleiche Sitten oder gleichen Glauben"[199] konstituierte, während „Rasse" „eine in sich erbgleiche Menschengruppe"[200] bezeichnete. Imaginiert wurde, dass die „Reinheit" des „Blutes" für die Fortexistenz jeder „Rasse" notwendig

---

[196] Ebd., S. 158.
[197] Vgl. ebd., S. 131.
[198] Ebd., S. 131 f.
[199] Günther, Hans F. K.: Kleine Rassenkunde des deutschen Volkes. München 1933, S. 11.
[200] Ebd.

wäre.[201] „Völker" wären demnach „Rassengemische"[202]; den Großteil der Erbmasse des deutschen Volkes machte in dieser Logik die „arische" bzw. „nordische Rasse" aus.[203] Diese galt den Nationalsozialisten als „Träger der menschlichen Kulturentwicklung"[204].

In der Vorstellung der Antisemitien waren Juden „ein rassengemischtes Volk"[205]. Sie galten den Nationalsozialisten als Verkörperung minderwertiger, rassischer Elemente, deren Präsenz und Anteil im deutschen Volk im Sinne einer anthropologisch begründeten „Aufnordung"[206] zu senken sei. Damit knüpfte die nationalsozialistische Definition von „jüdisch" an erbbiologische Diskurse an[207]: Es käme bei jeder Befruchtung zu einer Vermischung der Erbmasse beider Geschlechtspartner, damit auch zur Vermischung der vorhandenen Anteile der „Rassen". Entsprechend glaubten die in der Tradition der Eugenik stehenden AntisemitInnen, Menschen als „jüdisch" definieren zu können, indem sie deren „Blutanteile" „nach mathematischen Ver-

---

[201] Vgl. Hitler 1941, S. 324. Der „Blut"-Begriff wurde als „rassisch geprägte Erbmasse eines Volkes" (Schmitz-Berning 1998, S. 109) begriffen.

[202] Günther 1933, S. 11. Der NS-Rassenideologe Hans F. K. Günther unterschied „europäische" (die nordische, westische, dinarische, ostische, ostbaltische, fälische und sudetische „Rasse", vgl. ebd., S. 18 ff.) und „außereuropäische" „Rassen" (innerasiatisch, vorderasiatisch, orientalisch, vgl. ebd., S. 47 ff.). Unterscheiden würden sich diese „Rassen" in physischer Erscheinung (vgl. ebd., S. 21 ff.) sowie in seelischen Eigenschaften (vgl. ebd., S. 57 ff.).

[203] Vgl. Günther 1933, S. 91 f. Der Begriff „nordisch" verdrängte den des „Arischen" in den 1920ern und 1930ern zu weiten Teilen (vgl. Ziege, Eva-Maria: Mythische Kohärenz. Diskursanalyse des völkischen Antisemitismus. Konstanz 2002, S. 26).

[204] Hitler 1941, S. 322.

[205] Günther 1933, S. 12. Je nach Anteil der einzelnen „Rassen", seien „Süd-" und „Ostjuden" zu differenzieren: „[...] Die Südjuden stellen ein orientalisch-vorderasiatisch-westisch-hamitisch-nordisch-negerisches Rassengemisch dar bei Vorwiegen der orientalischen Rasse; die Ostjuden ein vorderasiatisch-orientalisch-ostbaltisch-innerasiatisch-nordisch-hamitisch-negerisches Rassengemisch bei Vorwiegen der vorderasiatischen Rasse. [...]" (ebd., S. 56).

[206] Ziel der „Aufnordung" war „die Vermehrung des ‚nordischen' Rassenanteils in der Bevölkerung" (Schmuhl, Hans-Walter: Rassenhygiene, Nationalsozialismus, Euthanasie. Von der Verhütung zur Vernichtung ‚lebensunwerten Lebens', 1890-1945. Kritische Studien zur Geschichtswissenschaft, Bd. 75. Göttingen 1987, S. 30).

[207] Als Paradigmen der Erbbiologie galten zu jener Zeit Weismanns Keimplasmatheorie sowie die Mendel'schen Erbgesetze (vgl. Essner 2002, S. 37).

teilungsmodellen"[208], unter Bezugnahme auf die (imaginierten) „Blutanteile" der jeweiligen, jüdischen Vorfahren berechneten. Galten 1933
den Nationalsozialisten Menschen als jüdisch, sobald sie nur einen
jüdischen Eltern- oder Großelternteil aufwiesen[209], regelte schließlich
das am 15.9.1935 erlassene „Reichsbürgergesetz", dass fortan Menschen mit vier oder drei jüdischen Großeltern als Juden zu behandeln
waren.[210] Die jüdischen „Blutanteile" sollten durch gesetzlich gefasste
Ehe- und Sexualverbote zwischen Juden und Nichtjuden ab 1935 in
den kommenden, in Deutschland lebenden Generationen kontinuierlich
gesenkt werden.[211]

---

[208] Brumlik, Micha: Blut, Intellekt und Liebe – Faktoren politischer
Vergemeinschaftung. In: Braun, Christina von; Wulf, Christoph (Hrsg.): Mythen des
Blutes. Frankfurt am Main 2007, S. 257-271 [pdf].
URL: https://content-select.net/media/moz_viewer/519cc491-5aa8-4601-a7a4-
29105dbbeaba#chapter=185590&page=15 (Stand: 22.5.2014). S. 261.

[209] Vgl. Longerich 1998, S. 42.

[210] Von den antisemitischen Maßnahmen zunächst de jure nicht betroffen waren
Menschen mit einem oder zwei *jüdischen* Großelternteilen, sie galten als „Mischlinge" „zweiten" bzw. „ersten Grades" (vgl. Schmitz-Berning 1998, S. 292 ff.). Dennoch wurden so genannte „Halbjuden" dann als Juden behandelt, wenn sie zum Zeitpunkt des Erlasses der „Nürnberger Gesetze" am 15.9.1935 der jüdischen Religionsgemeinschaft angehörten oder mit *jüdischen* Partnern verheiratet waren (vgl. Essner
2002, S. 171) – sie wurden als so genannte „Geltungsjuden" stigmatisiert (vgl. Historisches Glossar. In: Kulka, Otto Dov; Jäckel, Eberhard (Hrsg.): Die Juden in den
geheimen NS-Stimmungsberichten 1933-1945. Schriften des Bundesarchivs 62.
Düsseldorf 2004, S. 687).

[211] Das Gesetz („Gesetz zum Schutz des deutschen Blutes und der deutschen Ehre"
stellte Eheschließungen sowie außerehelichen Geschlechtsverkehr und „beischlaf-
ähnliche Handlungen" zwischen („Dreiviertel-" und „Voll-")Juden und Nichtjuden
unter Strafe (vgl. Essner 2002, S. 151 sowie S. 227 f.). Auch war es *jüdischen* Privat-
haushalten (denen mindestens ein männlicher, über 16 Jahre alter und damit nach
NS-Logik geschlechtsreifer Jude angehörte (vgl. Essner 2002, S. 236)) ab 1935 un-
tersagt, deutsche Frauen bis 45 Jahre (sprich: fruchtbare) als Dienstmädchen zu beschäftigen, um etwaigen sexuellen Kontakten vorzubeugen.
„Vierteljuden" sollten nur „Volldeutsche" heiraten und mit diesen Kinder zeugen, um
die *jüdischen* Anteile über kommende Generationen verschwinden zu lassen (vgl.
Friedländer, Saul: Das Dritte Reich und die Juden. Die Jahre der Verfolgung 1933-
1939, Bd. 1. Deutsche Ausgabe. München 1998, S. 167.). Für „Halbjuden" war eine
Endogamie, sprich: eine Ehe mit einem anderen „halb-" oder „voll*jüdischen*" Partner
vorgesehen, eine Heirat mit „deutschblütigen" PartnerInnen sollte nur dann erlaubt

Im Folgenden sowie in der späteren Presseanalyse soll nun die Verknüpfung von Antisemitismus- und Geschlechterdiskurs aufgezeigt werden. Dies wird zunächst erfolgen, indem tradierte, antisemitische Sexualbilder vorgestellt werden. Hieran wird ersichtlich, dass das Konstrukt einer „naturgegebenen" Geschlechterpolarität und die entsprechenden Geschlechterzuschreibungen immer auch Eingang in den antisemitischen Diskurs fanden, um Juden qua Geschlecht bzw. Sexualität als „anders" und „fremd" zu kennzeichnen. Damit ging einher, dass Judenfeindlichkeit – unter dem Eindruck einer diskursiv gefestigten Heteronormativität – traditionell geschlechtsspezifisch vermittelt wurde.

2.2.2 Bilder eines geschlechtlich codierten Antisemitismus'

Die judenfeindliche Rezeption der Mutterrechtstheorie und die Vorstellung vom jüdischen Patriarchat

Bereits in dem NS vorgelagerten Diskursen hatte u.a. Johann Jakob Bachofen (1815-1887) Theorien zu einem vergangenen Mutterrecht entworfen; ihm zufolge hätten Frauen (als Mütter) in früheren,

---

werden, wenn die PartnerInnen sich auf soziale und rassische Merkmale hin vom „Reichsausschuß zum Schutz des deutschen Blutes" absegnen ließen (vgl. Essner 2002, S. 171 ff.).
Allerdings sahen die „Nürnberger Gesetze" kein Sexualverbot für den Fall vor, dass „Halbjuden" außerehelich oder in „wilder Ehe" mit deutschen PartnerInnen verkehrten. Die Behandlung sogenannter „Halbjuden" blieb bis zuletzt im NS kontrovers (vgl. ebd., S. 164 ff.); eine Einschränkung ihrer sexuellen Aktivität damit im Interesse der NationalsozialistInnen (vgl. ebd., S. 182 ff.).

matriarchalen Kulturen als „Haupt der Familie"[212] agiert und an der „Führung der Gesellschaft"[213] gestanden. War die durch solche Veröffentlichungen angeregte Diskussion um das „Mutterrecht" „seit dem späten 19. Jahrhundert ein bedeutender Topos der Kulturkritik"[214], waren es u.a. Teile der neuen Frauenbewegung, aber auch misogyne und antichristliche Männer sowie antichristlich-völkische Frauen, die – zeitweise und unter jeweils unterschiedlichen Prämissen – den Mutterrechtsdiskurs mitgestalteten.[215] In seinem Rahmen äußerten vor allem Frauen vor 1933 Forderungen nach Reformierung der Gesellschaftsform zugunsten der Stellung der Frauen (als künftige Mütter); Tenor war unter Anschluss an kulturpessimistische Diskurse, dass das Männliche in Ausgestaltung von Staat und Gesellschaft der Ergänzung durch das Weibliche bedürfe[216]. Insbesondere völkische Frauen adaptieren diese Auslegung der Mutterrechtstheorie und fügten sie mit einer antisemitischen Argumentation zusammen: Demnach wurden Juden – in-

---

[212] Fromm, Erich: Bachofens Entdeckung des Mutterrechts (1955). In: Ders.: Liebe, Sexualität und Matriarchat. Beiträge zur Geschlechterfrage. Herausgegeben von Rainer Funk. München 1994, S. 18.

[213] Ebd. Kennzeichnend für jene mutterrechtlichen Kulturen wären demnach u.a. ein „universaler Humanismus" (ebd., S. 19), während patriarchale, vaterrechtliche Gesellschaften vor allem hierarchisch organisiert seien (vgl. ebd., S. 20.) und vom „Vater" als „Repräsentant der Prinzipien von Recht, Vernunft, Gewissen und hierarchischer gesellschaftlicher Organisation" (ebd., S. 18.) geführt würden. Auch stünden matriarchale Kulturen mit ihrem Bekenntnis zu natürlich-biologischen Werten (vgl. ders.: Die sozialpsychologische Bedeutung der Mutterrechtstheorie. In: Ders.: Liebe, Sexualität und Matriarchat. Beiträge zur Geschlechterfrage. Herausgegeben von Rainer Funk. München 1994, S. 36) dem „väterlich-geistige[n] Prinzip" (ebd.) gegenüber.

[214] Ziege, Eva-Maria: „Weiblicher" Antisemitismus? Vier Varianten. In: Korotin, Ilse; Serloth, Barbara (Hrsg.): Gebrochene Kontinuitäten? Zur Rolle und Bedeutung des Geschlechterverhältnisses in der Entwicklung des Nationalsozialismus. Innsbruck u.a. 2000, S. 16.

[215] Vgl. dies.: Die Bedeutung des Antisemitismus in der Rezeption der Mutterrechtstheorie. In: A.G. Gender-Killer (Hrsg.): Antisemitismus und Geschlecht. Von „effeminierten Juden", „maskulinisierten Jüdinnen" und anderen Geschlechterbildern. Münster 2005, S. 165 sowie vgl. Ziege, Eva-Maria: Die „Mörder der Göttinnen". In: Schoeps, Julius H.; Schlör, Joachim (Hrsg.): Bilder der Judenfeindschaft. Antisemitismus. Vorurteile und Mythen. München 1995, S. 181.

[216] Vgl. ebd., S. 189.

dem sie eine (angeblich) „leibfeindliche"[217] Religion auslebten – als Erfinder des Patriarchats wahrgenommen, welchem die vorbiblischen, matriarchalen Kulturen und mit ihnen bestimmte Gesellschaftsformen, zentriert um die Figur der Mutter hätten weichen müssen.[218] Weiter: „[...] Die Juden trügen historisch die Schuld daran, dass deutsche Frauen, einst von den Germanen als Göttinnen verehrt, den Männern untergeordnet worden seien. [...]"[219]. So sahen völkisch-nationale Frauen in den 1920er und 1930er Jahren den weiblichen Einfluss in modernen Kulturen, durch christlichen und vor allem jüdischen Einfluss geschmälert und knüpften daran die Forderung nach weiblicher, politischer Teilhabe[220]. Die Patriarchalkritik völkischer Frauen verband

---

[217] Vgl. Winter, Sebastian: Lüstern und verkopft. Zur affektiven Dimension antisemitischer Feindbilder im Nationalsozialismus. In: Brunner, Markus; Lohl, Jan; Pohl, Rolf; Winter, Sebastian (Hrsg.): Volksgemeinschaft, Täterschaft und Antisemitismus. Beiträge zur psychoanalytischen Sozialpsychologie des Nationalsozialismus und seiner Nachwirkungen. Gießen 2011, S. 153 f.

[218] Vgl. Ziege 1995, S. 180 ff. Tatsächlich orientierte sich die Religion des Judentums am halachischen System, welches von patriarchalen Strukturen geprägt ist (vgl. Tilly, Michael: Das Judentum. Wiesbaden 2007, S. 109 ff.). Im Zuge der „Judenemanzipation" übernahmen die zumeist dem Bürgertum angehörenden Juden schließlich das bürgerliche Geschlechtermodell, welches „den Wechsel vom vormodernen halachischen zum bürgerlichen Patriarchat" (Richarz, Monika: Geschlechterhierarchie und Frauenarbeit seit der Vormoderne. In: Heinsohn, Kirsten; Schüler-Springorum, Stefanie (Hrsg.): Deutsch-jüdische Geschichte als Geschlechtergeschichte. Studien zum 19. und 20. Jahrhundert. Göttingen 2006, S. 95) ermöglichte.

[219] Ruault 2009, S. 77.

[220] Vgl. u.a. Visser 1997, S. 154 ff. sowie vgl. Ziege 1995, S. 189.
Zu nennen ist hier u.a. Sophie Rogge-Börner: Als frauenrechtlich orientierte Völkische aus dem Bildungsbürgertum forderte sie eine „Volksgemeinschaft", die „nordischen" Frauen und Männer gleiche Rechte und Möglichkeiten einräumen sollte (vgl. Visser, Ellen de: Frau und Krieg. Weibliche Kriegsästhetik, weiblicher Rassismus und Antisemitismus. Eine psychoanalytisch-tiefenhermeneutische Literaturanalyse. Münster 1997. S. 164 ff.). Sie bezog sich in ihren Argumentationen auf die Germanen, die „in einem Zustand fast androgyner Geschlechtergleichheit gelebt" (Ziege 2000, S. 17) hätten.
Rogge-Börner publizierte seit 1933 das parteiunabhängige Blatt „Die deutsche Kämpferin – Stimmen zur Gestaltung einer wahrhaftigen Volksgemeinschaft"", welches Kritik an der Verdrängung der Frauen aus bestimmten Handlungssphären übte, 1937 dann verboten wurde (vgl. Visser 1997 sowie vgl. Klinsiek 1982, S. 126 f.).

sich nicht von ungefähr mit judenfeindlichen Ressentiments, hatte dies doch

> „[…] *diskursiv die Funktion, die rebellischen Neigungen zu kanalisieren, indem sie die Möglichkeit schafft, ein Ausdrucksstreben im Rahmen der strukturellen Zensur seines Feldes zu befriedigen. So wird in diesem Fall die Auflehnung einer Frau gegen die ‚Männerherrschaft‘ auf den ‚jüdischen Mann‘ als ein ‚erlaubtes‘ Angriffsziel umgelenkt und ist funktional für die Unterwerfung unter Hitler, […] [was] es wiederum ermöglicht, ausgerechnet von Hitler politische Rechte für ‚deutsche Frauen‘ einzufordern. […]*“[221].

So konnten völkische Frauen bis in die 1930er Jahre hinein zwar Patriarchalkritik innerhalb der „Volksgemeinschaft" äußern, diese wurde aber im selben Zuge auf das aus der Gemeinschaft ohnehin exkludierte Feindbild des Juden verlagert. Der judenfeindlichen Rezeption der Mutterrechtstheorie immanent war damit die Kritik an der (imaginierten) vom Juden initiierten und angeführten Männerherrschaft; nun war es aber ausschließlich der jüdische Mann, dem man zugleich eine misogyne Einstellung zuschrieb – diesen kennzeichne nicht nur ein Nichtanerkennen der Weiblichkeit, vielmehr verleihe er seiner Verachtung gegenüber Frauen mithilfe (sexueller) Gewalt Ausdruck.[222]

---

[221] Ziege 2002, S. 250.
[222] Vgl. Ruault 2009, S. 77.

Die Maskulinität des „jüdischen Rassenschänders"

In bevölkerungspolitischen Diskurse nach 1900 wurde das Sexual-verhalten von Juden als „anders" wahrgenommen, weil dieses nicht mehr ausschließlich der Reproduktion verpflichtet war.[223] Mit Ver-dichtung des antisemitischen Diskurses wurde die jüdische Sexualität zunehmend durch ein (angeblich) gesteigertes Lustempfinden, Trieb-haftigkeit sowie durch eine verfrühte Geschlechtsreife jüdischer Kin-der gekennzeichnet und damit deutlich negativ konnotiert.[224]

Die als „nicht normal" gekennzeichnete, jüdische Sexualität wurde in antisemitischen Darstellungen traditionell vor allem an der Negativ-figur des jüdischen Mannes sichtbar gemacht. Antisemitische Darstel-lungen mussten, da der rassische Antisemitismus auf den Fortbestand der einzelnen „Rassen" durch „Reinhaltung" des „Blutes" bzw. der „Erbmasse" abzielte, auf Diskurse um Sexualität und Fortpflanzung rekurrieren[225]; entsprechend präsent war in judenfeindlicher NS-Propaganda immer auch der „Sexualantisemitismus"[226], der Frauen und Mädchen – wegen ihres biologischen Geschlechts – zu einer wich-tigen Zielgruppe werden ließ. Im Zuge der Festschreibung der Hetero-sexualität als Norm war es der jüdische Mann, an dem eine Gefahr für Frauen und Mädchen entworfen wurde – er schände in seiner Triebhaf-tigkeit und seiner Verachtung des Weiblichen nicht nur (deutsche) Frauen und Mädchen sexuell, sondern er versuche auch, über Sexual-

---

[223] „[…] Die Juden [gemeint waren die so genannten „Westjuden", L.B.] als frag-würdige Pioniere moderner, rationalistischer Lebensgesinnungen, die durch ein be-sonderes Bildungsstreben und hartnäckig verfolgte Vermögensinteressen gekenn-zeichnet sind, reduzieren willentlich ihre Geburten nach neomalthusianistischer Ma-nier. Damit sind sie die ersten, die das Leitbild einer Geschlechtlichkeit verbreiten, welche ganz auf individualistische Interessen und Genußpraktiken ausgerichtet ist. […]" (Omran 2000, S. 351).
[224] Vgl. Herzog 2005, S. 31. sowie vgl. Henschel 2008, S. 59 ff. Verwiesen wird an dieser Stelle auch auf die Ausführungen Otto Weiningers (vgl. Weininger, Otto: Geschlecht und Charakter. Eine prinzipielle Untersuchung. Nachdruck. München 1997. S. 417).
[225] Vgl. Czarnowski 1997, S. 78.
[226] Henschel 2008, S. 10.

kontakte und daraus entstehenden, „mischrassigen" Nachwuchs gezielt nichtjüdische Erbmasse zu „verunreinigen".[227] Da Jüdinnen – in der Logik der AntisemitInnen – wiederum „reinrassig" gebären mussten, um den Fortbestand des jüdischen Volkes zu sichern, konnte der Sexualantisemitismus nur anhand der Negativfigur des jüdischen Mannes sichtbar gemacht werden.

Die Vorstellung von einer devianten, jüdischen Sexualität fand ihre propagandistische Umsetzung spätestens ab 1933 in der Figur des männlichen, „jüdischen Rassenschänders". Indem dem Juden eine übersteigerte, sexuelle Aktivität, begründet zum einen in seiner „rassisch" bedingten Triebhaftigkeit und einem entsprechend angestrebtem Lustgewinn, zum anderen begründet im Hass gegen alle Nichtjuden, zugeschrieben wurde, die er i.d.R. in sadistischen bzw. gewalttätigen Praktiken auslebe[228], wurde die Sexualität des Juden als „pervers" gekennzeichnet und die ihm zugeschriebene Männlichkeit damit aus der Hegemonie ausgeschlossen. Die so erfolgte Marginalisierung einer eigens dem Juden zugeschriebenen Männlichkeit erfolgte ganz im Sinne der NS-Rassenpolitik, sollte die „Rassenschande"-Propaganda doch allein dem deutschen Mann die (sexuelle) Verfügungsgewalt über deutsche Frauen, darüber den alleinigen Anspruch auf gesamtgesellschaftliche Hegemonie und dem NS-Staat damit „reinrassigen" Nachwuchs zusichern. Daran schließt die These Kohlbauer-Fritz', dass auch die NS-Strafprozesse gegen jüdische „Rassenschänder" als „Ausdruck männlichen Potenzneides"[229] zu werten seien, stand doch eindeutig die Prohibition sexueller Verbindungen zwischen männlichen Juden und deutschen Frauen im Fokus der NS-Rechtsprechung.[230]

---

[227] Vgl. u.a. Hitler 1941, S. 346 sowie vgl. S. 630.

[228] Erb sieht hier eine Anlehnung an antijudaistische Diskurse: Kolportierten die Ritualmordlegenden, dass Juden einst gezielt Knaben getötet hätten, um die Passion Christi zu wiederholen, machten die Rassisten nun vornehmlich „Christenmädchen und Jungfrauen" (Erb, Rainer: Der „Ritualmord". In: Schoeps, Julius H.; Schlör, Joachim (Hrsg.): Bilder der Judenfeindschaft. Antisemitismus. Vorurteile und Mythen. München 1995, S. 74) zum Opfer jüdischer Übergriffe.

[229] Kohlbauer-Fritz, Gabriele: „La belle juive" und die „schöne Schickse". In: Gilman, Sander L.; Jütte, Robert; Kohlbauer-Fritz, Gabriele (Hrsg.): „Der schejne Jid". Das Bild des ‚jüdischen Körpers' in Mythos und Ritual. Wien 1998, S. 121.

[230] Vgl. Przyrembel 2003, S. 87.

Nicht aber versuchte die „Rassenschande"-Propaganda nur, dem hegemonialen Anspruch deutscher Männer zu entsprechen, auch versuchte sie Frauen in deren (imaginierten) Bedürfnissen ansprechen, um diese judenfeindlich mobilisieren zu können. Der „Rassenschande"-Topos erlaubte dies, indem der Frau die Verantwortung zuteil wurde, ihr „Blut" und in der Konsequenz den gesamten, deutschen „Volkskörper"[231] „rein" von jüdischem Blut bzw. Einfluss zu halten. Der deutschen Frau wurde – unter Anschluss an antijudaistische Diskurse – sowohl die Opfer- als auch die Erlöserrolle, damit eine immense Verantwortung für den Fortbestand des deutschen Volkes zugeschrieben; durch die „Verweiblichung des christlichen Opfertodes"[232] wurde dem deutschen Mann schließlich die Legitimation gegeben, gegen den Juden, der die Frau geschändet und damit „getötet" hätte, vorzugehen.[233] Diese Darstellung der deutschen Frau im Kontext der „Rassenschande" ging laut von Braun auf in einer in der NS-Propaganda durchaus effektiv genutzten „Erotisierung des weiblichen ‚Selbstopfers'"[234].

---

[231] Braun, Christina von: „Der Jude" und „das Weib" – zwei Stereotypen des „Anderen" im deutschen Antisemitismus des 19. Jahrhunderts. In: Texte. Psychoanalyse, Ästhetik, Kulturkritik. 4/ 94. Wien 1994, S. 14.

[232] Ebd., S. 13.

[233] Christina von Braun verweist in ihren Arbeiten auf die enge Verknüpfung von Antijudaismus, Säkularisierung und Antisemitismus am Topos der „Rassenschande": „[…] Mit der Säkularisierung tritt an die Stelle der Kreuzigungsmetapher das ‚Sexualverbrechen' oder die ‚Rassenschande' – und hier liegt der eigentliche Schlüssel zur Bedeutung der Sexualbilder im rassistischen Antisemitismus. Aus dem ‚Corpus die' wird der ‚Volkskörper', und dessen symbolische Trägerin ist die einzelne Frau. Dem Juden aber wird – wie in der Passionsgeschichte – die Rolle zuteil, das ‚Opfer' der ‚Rassenschande' auszusetzen und damit zu ‚kreuzigen'." (ebd., S. 14). Von Braun sieht neben dem „Blut"-Motiv auch das christliche Keuschheit- und damit „Reinheitsideal" von rassischen Antisemiten adaptiert und im säkularen Kontext umgedeutet (vgl. ebd., S. 17).

[234] Ebd., S. 15.

Effeminieren des jüdischen Mannes

Wenngleich die Nationalsozialisten, wie eben dargestellt, vor allem die Vorstellung des frauenschändenden Juden propagierten, nutzten sie vereinzelt auch die Negativfigur des „verweiblichten, jüdischen Mannes". Ab dem 19. Jahrhundert hatten Theorien über die (angeblich) weiblichen Attribute des jüdischen Mannes, unter Anschluss an anthropologische und medizinische Diskurse, Verbreitung gefunden[235]. Diesen wissenschaftlichen Diskursen vorgelagert war wiederum die Tradierung antijudaistischer, nunmehr säkularisierter Stereotype.[236] Im Zuge der Säkularisierung sollte das „jüdische Andere", nunmehr begriffen als jüdische „Rasse", u.a. durch die Zuschreibung weiblicher Attribute sichtbar gemacht, darüber hinaus als irdische Verkörperung des Glaubenszweifels und der „Sünde" gekennzeichnet werden.[237] Das männliche, christliche „Ich" griff hierbei nicht von ungefähr auf tradierte Geschlechterzuschreibungen zurück:

„Nicht nur weil die Frau biologisch ‚anders' ist, sondern auch deshalb, weil sie im Christentum [...] das ‚Fleisch', die ‚Materie' verkörpert, der die männliche Idealität, Geistigkeit gegenüberge-

---

[235] Vgl. Hödl, Klaus: Genderkonstruktion im Spannungsfeld von Fremd- und Selbstzuschreibung. Der „verweiblichte Jude" im diskursiven Spannungsfeld im zentraleuropäischen Fin de Siècle. In: A.G. Gender-Killer (Hrsg.): Antisemitismus und Geschlecht. Von „effeminierten Juden", „maskulinisierten Jüdinnen" und anderen Geschlechterbildern. Münster 2005, S. 87 f. sowie vgl. Gilman, Sander L.: Freud, Race, and Gender. Princeton 1993, S. 42.

[236] Dazu schreibt u.a. von Braun: „[...] Für den Christen, der in einer ‚Glaubensgemeinschaft' lebt, stellt der Zweifel die größte Form der Anfechtung und Häresie dar. So delegiert er sie an den ‚ungläubigen' Juden, dessen Religion ihn auch tatsächlich lehrt, mit dem Zweifel zu leben, d.h. mit der Tatsache umzugehen, daß die Verheißung, die Ankunft des Messias, noch nicht ihre Erfüllung gefunden hat. [...]" (Braun, Christina von: Antisemitische Stereotype und Sexualphantasien. In: Jüdisches Museum der Stadt Wien (Hrsg.): Die Macht der Bilder. Antisemitische Vorurteile und Mythen. Wien 1995, S. 182).

[237] Vgl. ebd., S. 181 ff.

stellt wird. Durch die Zuschreibung von Weiblichkeit wird nun auch der „Jude' zu einer Gestalt aus Fleisch und Blut. [...]"[238].

Damit verschränkte sich die Vorstellung der (angeblich) durch Sinnlichkeit, Leiblichkeit und Triebhaftigkeit[239] gekennzeichneten Weiblichkeit in säkularen Diskursen mit der Vorstellung der jüdischen Männlichkeit. Ab dem ausgehenden 19. Jahrhundert wurden dem jüdischen Mann damit in Physis und Wesen als weiblich wahrgenommene Attribute zugeschrieben: Man attestierte den Juden im Allgemeinen nun etwa eine psychische Disposition, die das Auftreten von (zeitgenössisch als „Frauenkrankheit" wahrgenommen) Nervenleiden begünstigten[240] oder man sprach jüdischen Männern ihrer (angeblich naturbedingten) Physis wegen männliche Merkmale und Fähigkeiten ab.[241] Gilman ergänzt, dass der durch Beschneidung traditionell gekennzeichnete Körper des jüdischen Mannes zudem als „ein beschädigter männlicher Körper"[242] wahrgenommen wurde.

Franco Ruault ergänzt die Überlegung, dass der Körper des jüdischen Mannes einigen AntisemitInnen zugleich Sinnbild für ein erodierendes Patriarchat und die (empfundene) Infragestellung der männlichen Hegemonie nach 1918 war; so schien der effeminierte Jude „[...] zwar mit einem Rest des Patriarchen ausgestattet [...]"[243], durch die Zuschreibung weiblich codierter Attribute musste der Jude zugleich aber „[...] als Unterworfener im Kampf der Geschlechter, als verweiblichtes Neutrum [...]"[244] auftreten (vgl. auch Kap. 4.1.2, Abschnitt „Kontagionismus und ‚Imprägnätionstheorie'"). Hier offenbart

---

[238] Braun 1994, S. 9 f.

[239] Vgl. Braun: Antisemitische Stereotype und Sexualphantasien 1995, S. 189 f.

[240] Vgl. Hödl 2005, S. 88 f.

[241] Vgl. Ruault 2009, S. 184. So ließe etwa ein geringer Brustumfang jüdische Männer wehrdienstuntauglich werden (vgl. Hödl 2005, S. 87 ff.).

[242] Gilman, Sander L.: Der „jüdische Körper". Gedanken zum physischen Anderssein der Juden. In: Schoeps, Julius H.; Schlör, Joachim (Hrsg.): Bilder der Judenfeindschaft. Antisemitismus. Vorurteile und Mythen. München 1995. S. 169. Der Ritus der Beschneidung galt manchen AntisemitInnen damit als „verweiblichend" (vgl. Braun 1994, S. 10).

[243] Ruault 2009, S. 175.

[244] Ebd., S. 196.

sich, ähnlich wie an der Negativfigur des „jüdischen Rassenschänders", die Intention einer patriarchal strukturierten Gesellschaft, über den Entwurf judenfeindlicher Zerrbilder die Restitution männlicher Hegemonie in Form eines von deutschen Männern geführten Patriarchats zu fordern.

In einer „Gesellschaft gelebter Zweigeschlechtlichkeit"[245] war es ebendiese Vielzahl geschlechtlich codierter Fremdbilder, die die Juden als „deviant" kennzeichnen sollte, indem sich diese eben nicht klar dem Männlichen oder Weiblichen zuordnen ließen.[246] Diese Vorstellung einer Nichtpolarität der Geschlechter wurde gestützt durch das stereotyp gezeichnete, jüdische Aussehen in judenfeindlichen Darstellungen, welches – geschlechterübergreifend – eine typisch jüdische Physiognomie suggerieren sollte.[247] Auch dies war der idealisierten Virilität des „Deutschen" gegenübergestellt, die sich in Wesen und Physis klar vom Weiblichen abgrenzte.

Wurde das Jüdische, wie eben aufgezeigt, traditionell vor allem über die Figur des jüdischen Mannes sichtbar gemacht, waren jüdische Frauenfiguren in judenfeindlichen Darstellungen insgesamt deutlich seltener präsent.[248]

---

[245] A.G. Gender-Killer 2005, S. 61.

[246] Vgl. Gilman 1993, S. 83. Diese angebliche Nichtpolarität der Sexualcharaktere bei Juden wurde in zeitgenössischen Diskursen unter dem Begriff der „sexuellen Applanation" zu fassen versucht (vgl. u.a. Marcuse, Max: Gonochorismus. In: Ders. (Hrsg.): Handwörterbuch der Sexualwissenschaft: Enzyklopädie der natur- u. kulturwissenschaftlichen Sexualkunde des Menschen. Neuausgabe mit einer Einleitung von Robert Jütte. Berlin; New York 2001. S. 256 sowie vgl. o.V.: Rassenkunde des jüdischen Volkes. In: Fritsch, Theodor (Hrsg.): Handbuch der Judenfrage. Die wichtigsten Tatsachen zur Beurteilung des jüdischen Volkes. 31., völlig neu bearbeitete Auflage. Leipzig 1932, S. 31).

[247] Vgl. Gilman 1995, S. 167 ff.

[248] Vgl. u.a. Gehmacher 1998, S. 105.

Verkörperung einer devianten Weiblichkeit: Die Darstellung jüdischer Frauen

Die „schöne Jüdin"

Die Figur der „jungen, schönen Jüdin" war ein häufiges Motiv der europäischen Literatur und bildenden Kunst des 18. und 19. Jahrhunderts.[249] Wie Florian Krobb konstatiert, wandelte sich die Darstellung dieser Figur jedoch in der deutschsprachigen Erzählliteratur seit dem 17. Jahrhundert je nach Art der Wahrnehmung der Juden allgemein.[250] Krobb betont dabei, dass das Topos der „schönen Jüdin" von einer christlich-männlichen Außensicht geprägt, damit von Beginn sexuell konnotiert war.[251] Stereotyp gezeichnet als „dunkelhaarig, mandeläugig und orientalisch"[252], schien die Jüdin in ihrer Sinnlichkeit anziehend, aber – durch ebendiese sexuelle Attraktivität und ihre Zugehörigkeit zu einer anderen Religionsgemeinschaft – zugleich gefährlich für die Moral des männlichen Christen.[253] Traditionell am „Topos der „Topos der modisch-mondänen Dame"[254] sichtbar gemacht und damit

---

[249] Vgl. Kohlbauer-Fritz 1998, S. 109 sowie vgl. Braun: Antisemitische Stereotype und Sexualphantasien 1995, S. 191.

[250] Vgl. u.a. Krobb, Florian: Die schöne Jüdin. Jüdische Frauengestalten in der deutschsprachigen Erzählliteratur vom 17. Jahrhundert bis zum Ersten Weltkrieg. Conditio Judaica, Studien und Quellen zur deutsch-jüdischen Literatur- und Kulturgeschichte, Band 4. Tübingen 1993, S. 194.

[251] Vgl. ebd., S. 5. sowie S. 54.

[252] Kohlbauer-Fritz 1998, S. 116.

[253] Vgl. ebd., S. 111.
„[...] Jüdinnen verkörpern das christliche Sündenbild der aus ihr in der Genesis zugewiesenen Rolle – nach der sich die Frau dem Mann unterzuordnen hatte – ausbrechenden Frau. [...]" (Jakubowski, Jeanette: „Die Jüdin". Darstellungen in deutschen antisemitischen Schriften von 1700 bis zum Nationalsozialismus. In: Schoeps, Julius H.; Schlör, Joachim (Hrsg.): Bilder der Judenfeindschaft. Antisemitismus. Vorurteile und Mythen. München 1995, S. 196).

[254] Schmersahl, Katrin: Die Demokratie ist weiblich. Zur Bildpolitik der NSDAP am Beispiel nationalsozialistischer Karikaturen in der Weimarer Republik. In: Boukrif, Gabriele; Bruns, Claudia; Heinsohn, Kirsten; Lenz, Claudia; Schmersahl, Katrin;

als „das Gegenbild christlicher Ehevorstellungen und häuslicher Inti-
mität"[255] gezeichnet, setzten Jüdinnen gezielt ihre körperlichen Reize
ein, um sich u.a. sexuell hemmungslos auszuleben oder sich mithilfe
ihrer Anziehung auf Männer Vorteile zu verschaffen.[256]

Aus dieser an der Figur der „schönen Jüdin" sich knüpfenden
„Doppelung von Attraktion und Aversion"[257] ergab sich ein Überle-
genheitsgefühl, das der „christliche Deutsche als Vertreter der gesellschaftlichen Mehrheit"[258] der „schönen Jüdin" gegenüber – ihrer Reli-
gionszugehörigkeit und ihres „Geschlechts" wegen – potentiell verspü-
ren konnte. Nicht zuletzt ging die deutlich negativ konnotierte Darstellung der Jüdin ab Ende des 19. Jahrhunderts[259] „[…] Hand in Hand mit
der allgemein zunehmenden Misogynie um die Jahrhundertwende als
Reaktion auf die als Bedrohung empfundene erotische und intellektuel-
le Macht der Frau. […]"[260]; die emanzipiert gezeichnete Jüdin war
nunmehr die personifizierte Gefahr für den Erhalt männlich codierter
Handlungsräume.[261]

Nach 1900 verschwand das Stereotyp der „schönen Jüdin" nahezu
komplett, was Christina von Braun u.a. auf den erstarkenden Antisemitismus jener Zeit zurückführt[262] und damit u.a. auf die sexuelle Attraktivität der Figur verweist, die im Zuge des rassischen Antisemitismus
nunmehr unbetont bleiben sollte.

Weller, Katja (Hrsg.): Geschlechtergeschichte des Politischen. Entwürfe von Geschlecht und Gemeinschaft im 19. und 20. Jahrhundert. Geschlecht – Kultur – Gesellschaft, Band 10. Münster 2002, S. 154.

[255] Jakubowski 1995, S. 197.

[256] Vgl. ebd., S. 196. Attraktive Jüdinnen würden gezielt jene Christen, die Einfluss
besäßen, verführen und ehelichen („Estherpolitik") (vgl. Henschel 2008, S. 193).

[257] Krobb 1993, S. 3.

[258] Ebd., S. 19.

[259] Vgl. Kohlbauer-Fritz 1998, S. 110.

[260] Ebd.

[261] Vgl. Krobb 1993, S. 238.

[262] Vgl. Braun: Antisemitische Stereotype und Sexualphantasien 1995, S. 191.

Das „jüdische Mannweib"

Daneben hat das Aberkennen einer „schönen", weiblichen Physis durch Zuschreiben männlicher Attribute ebenfalls Tradition in judenfeindlichen Darstellungen.[263] Die Figur der männlich auftretenden, unattraktiv und ungepflegt gezeichneten Jüdin hatte sich seit dem Vormärz, ebenfalls als Reaktion auf weibliche Bestrebungen nach Emanzipation etabliert.[264] Dass jüdische Frauen in der öffentlichen Wahrnehmung also in traditionell männlich codierten Räumen agierten[265], wurde mithilfe des „Mannweibes" in einen negativen Kontext gesetzt, da diesem – in Wesen und Physis – nunmehr die ideale Weiblichkeit aberkannt wurde.

Die eben erfolgte Darstellung der Genese antisemitischer Sexualbilder schließt insofern an die diskursanalytische Prämisse dieser Arbeit an, als dass aufgezeigt werden konnte, dass das Feindbild des Jüdischen unter den Eindrücken jeweiliger gesellschaftlicher Entwicklungen und den Interessen unterschiedlicher, diskursgestaltender Subjekte immer erst konstruiert wurde und durchaus wandelte; ebenso konnte anhand des Kapitels die diskursive Verschränkung von Antisemitismus und Geschlechterdiskurs nachvollzogen werden. Inwiefern diese geschlechtlich codierten Fremdbilder des Jüdischen Eingang in die nationalsozialistische Presse der 1930er Jahre gefunden hat, soll an späterer Stelle im Rahmen der Presseanalyse nachvollzogen werden.

---

[263] Vgl. Krobb 1993, S. 76 f.

[264] Vgl. Jakubowski 1995, S. 203.

[265] Tatsächlich waren jüdische Frauen und Mädchen traditionell auch erwerbstätig (vgl. Krohn, Helga: Aufbruch in eine neue Gesellschaft? Erwartungen jüdischer Frauen an die deutsche Frauenbewegung und die Grenzen der Zusammenarbeit. In: Bereswill, Mechthild; Wagner, Leonie (Hrsg.): Bürgerliche Frauenbewegung und Antisemitismus. Tübingen 1998, S. 21 f.).

2.2.3 Die Genese der antisemitischen NS-Politik in den 1930er Jahren

Die Forschung zeichnete bereits ausführlich nach, wie sich die antisemitische Politik der Nationalsozialisten hin zu der systematisch umgesetzten Vernichtung, der so genannten „Endlösung" radikalisierte.[266] Die folgende Darstellung beschränkt sich daher, mit Blick auf den für die spätere Presseanalyse relevanten Untersuchungszeitraum, auf eine Darstellung der NS-Politik der 1930er Jahre, da sich die antisemitische Presseberichterstattung immer auch an den politischen Entwicklungen orientierte.[267]

Von der national zur international definierten „Judenfrage"

In den 1920ern und 1930ern definierten die Nationalsozialisten die „Judenfrage" primär auf nationaler Ebene, sodass sich die antisemitischen Maßnahmen zunächst auf Deutschland (und die nach und nach angegliederten Gebiete) beschränkten. Durch gezielte Maßnahmen, Diskriminierung und Entrechtung sollten die in Deutschland lebenden Juden so zur Auswanderung gedrängt werden. Das anfängliche Forcieren einer (erzwungenen) Emigration war zum einen außen- wie wirtschaftspolitischen Abwägungen geschuldet[268]. Auch könnte der frühe Kurs der Nationalsozialisten, Juden vor allem nach Palästina auszuweisen, angeknüpft haben an Diskurse des Zionismus': So war es den Nationalsozialisten möglich, mit Verweis auf die zionistischen Forde-

---

[266] Vgl. u.a. Browning, Christopher: Die Entfesselung der „Endlösung". Nationalsozialistische Judenpolitik 1939-1942. Mit einem Beitrag von Jürgen Matthäus. Deutsche Ausgabe. München 2003, S. 13.
[267] Vgl. u.a. Hagemann, Jürgen: Die Presselenkung im Dritten Reich. Bonn 1970, S. 120 f.
[268] Vgl. Nicosia, Francis R.: Zionism and Anti-Semitism in Nazi Germany. Cambridge u.a. 2008, S. 82 f.

rungen[269] die Emigration aller (auch der nicht-zionistischen) Juden aus Deutschland zu propagieren, um gleichzeitig in den 1930ern die Rechte der in Deutschland lebenden Juden zu beschneiden.[270]

Hatte die Parteiführung die „Judenfrage" in den Jahren 1930 bis 1932 noch zurückgestellt[271], differenziert Peter Longerich für die Folgejahre verschiedene Phasen der der systematischen Vernichtung vorgelagerten Judenverfolgung: die „Verdrängung der deutschen Juden aus dem öffentlichen Leben"[272] (1933 bis Ende 1934), ihre „Segregation und umfassende Diskriminierung"[273] (Ende 1934 bis Ende 1937) sowie die anschließende, „[u]mfassende Entrechtung und forcierte Vertreibung"[274] (Herbst 1937 bis September 1939). Die in den jeweiligen Phasen nach inhaltlich unterschiedlichen Schwerpunkten durchgeführten Maßnahmen gegen Juden waren wiederum, so Longerich, in antisemitischen Wellen organisiert, das heißt, zu bestimmen Zeitpunkten erfolgte eine Verdichtung von (auch außergesetzlichen) Maßnah-

---

[269] Die zionistische Bewegung hatte sich seit der zweiten Hälfte des 19. Jahrhunderts, vor allem in Mittel- und Osteuropa herausgebildet (vgl. ebd., S. 31.), als Reaktion auf den wachsenden, biologistisch argumentierenden Antisemitismus und in gleichzeitiger Ablehnung der Zionisten, sich zu assimilieren (vgl. ebd., S. 3.). In Deutschland gründete sich 1897 die „Zionistische Vereinigung für Deutschland" (ZVfD) (vgl. ebd., S. 31). 1917 erfolgte in Form der „Balfour-Deklaration" ein britisches Zugeständnis an zionistische Organisationen, in Palästina eine jüdische „Heimstätte" errichten zu können, diese Pläne fanden auch die Unterstützung der Weimarer Regierung (vgl. ebd., S. 46 ff.).

[270] Das 1933 zwischen der NS-Regierung und zionistischen Vereinigungen geschlossene „Haavara-Abkommen" legte Einzelheiten zur Emigration nach Palästina fest; es behielt bis 1939 Gültigkeit (vgl. ebd., S. 88.). Die (Zwangs-)Emigration der Juden war den Nationalsozialisten aber ohnehin nur solange als Option erschienen, als es (entgegen der Forderungen der Zionisten) keinen unabhängigen, jüdischen Staat geben sollte (vgl. Longerich 1998, S. 145) – Palästina stand nach dem Ersten Weltkrieg unter britischem Mandat (vgl. Nicosia 2008, S. 127), nur deshalb wurde es von den NationalsozialistInnen in dieser Phase als Destination einer Aussiedlung toleriert.

[271] Vgl. Longerich 1998, S. 21.

[272] Ebd., S. 23.

[273] Ebd., S. 65.

[274] Ebd., S. 153.

men gegen Juden, die eine entsprechende Aufbereitung durch Propaganda verlangte. Die erste antisemitische Welle datiert Longerich auf den Zeitraum nach der Reichstagswahl, vom März 1933 bis zum Sommer 1933[275]: Als angebliche Reaktion auf eine vom Ausland ausgehende, jüdische „Greuelpropaganda" gegen Deutschland[276], riefen SA und Parteiaktivisten zum Boykott gegen jüdische Geschäfte und Praxen auf, überdies wurden bis zum Sommer 1933 mehrere antisemitische Gesetze von der Parteiführung erlassen.[277] Im Frühjahr und Sommer 1935 wurde die zweite antisemitische Welle organisiert, deren Aktionen und Gesetze sich vor allem gegen jüdische Geschäfte und so genannte „Rassenschänder" richteten.[278] Die dritte Welle wurde im Oktober 1938 initiiert und fand ihren Höhepunkt in der „Reichspogromnacht".[279]

Bereits zwischen dem November 1938 und Januar 1939 hatten sich die Aussagen von NS-Politikern und -Presse gehäuft, dass man die Juden „vernichten" würde – Longerich vermutet, dass die Nationalsozialisten damit den Vertreibungsdruck auf die in Deutschland verbliebenen Juden erhöhen und zugleich die Aufnahme ebendieser durch andere Staaten erpressen wollte.[280] Im Kontext des (Vernichtung-)Krieges erfolgte die endgültige Verschiebung von der national zur international definierten „Judenfrage"[281]. im Oktober 1941 erfolgte schließlich der offizielle Auswanderungsstopp für alle europäischen

---

[275] Vgl. ebd., S. 25.

[276] Vgl. Historisches Glossar. In: Kulka; Jäckel (Hrsg.) 2004, S. 668. Tatsächlich organisierten sich 1933, offenbar als Reaktion auf die Ernennung Hitlers zum „Reichskanzler", in Großbritannien und den USA vereinzelt Boykotts deutscher Waren (vgl. Friedländer 1998, S. 32).

[277] Vgl. Longerich 1998, S. 26 ff. sowie S. 44 f.

[278] Vgl. ebd., S. 80 f. Diese zweite Phase betrachtet Longerich im Kontext der anvisierten „Neuformierung der Öffentlichkeit" (ebd., S. 77): Der Unmut der Bevölkerung über innenpolitische Veränderungen sollte mithilfe der Propaganda auf das Feindbild „Jude" verschoben werden (vgl. ebd.).

[279] Vgl. ebd., S. 190.

[280] Vgl. ebd., S. 220 f.

[281] Zu den Ursachen dieser Entwicklungen vgl. u.a. Browning 2003.

Juden[282], was dem Holocaust und der systematisch umgesetzten Vernichtung den Weg bereiten sollte.

Die Judenverfolgung der 1930er Jahre – Zwischen einem „Antisemitismus der Vernunft"[283] und inszenierter „Pogromstimmung"

Wie eben dargestellt, gingen außergesetzliche Maßnahmen und Gesetzeserlasse zur Segregation von Juden in der offiziellen NS-Politik der 1930er Jahre Hand in Hand; in Bezug auf die konkrete Umsetzung der Verfolgung kam es in den 1930er Jahren aber immer wieder zu Unstimmigkeiten, u.a. zwischen staatlichen und parteilichen Stellen.[284]

Hitler hatte 1919, sicher nicht ohne (innen-)politisches Kalkül, für einen so genannten „Antisemitismus der Vernunft"[285] plädiert, der sich in einer „planmäßigen gesetzlichen Bekämpfung und Beseitigung der Vorrechte des Juden"[286] manifestieren sollte. Auch beschrieben etwa

---

[282] Vgl. ebd., S. 529 f.

[283] Dokument 61: Brief Hitlers an Adolf Gemlich, München, 16. September 1919. In: Jäckel, Eberhard; Kuhn, Axel (Hrsg.): Hitler. Sämtliche Aufzeichnungen 1905-1924. Quellen und Darstellungen zur Zeitgeschichte; Bd. 21. Stuttgart 1980. S. 89 f.

[284] Vgl. Jahr, Christoph: Antisemitismus vor Gericht. Debatten über die juristische Ahndung judenfeindlicher Agitation in Deutschland (1879-1960). Frankfurt am Main 2011, S. 293.

[285] „Der Antisemitismus aus rein gefühlsmäßigen Gründen wird seinen letzten Ausdruck finden in der Form von Progromen [sic!]. Der Antisemitismus der Vernunft jedoch muß führen zur planmäßigen gesetzlichen Bekämpfung und Beseitigung der Vorrechte des Juden, die er zum Unterschied der anderen zwischen und lebenden Fremden besitzt (Fremdengesetzgebung). Sein letztes Ziel aber muß unverrückbar die Entfernung der Juden überhaupt sein. [...]" (Dokument 61: Brief Hitlers an Adolf Gemlich, München, 16. September 1919. In: Jäckel; Kuhn (Hrsg.) 1980, S. 89f.).

[286] Ebd. 1922 sagte Hitler: „[...] Die Judenfrage ist nach dem Beispiel Friedrichs des Großen zu lösen, der die Juden dort heranzog, wo er sie sich nützlich machen konnte, sie jedoch dort entfernte, wo sie schädlich wirken konnten. [...] Eine Lösung der Judenfrage muß kommen. Wenn sie mit Vernunft gelöst wird, so wird dies das Beste

die SS und das so genannte „Judenreferat" des „Sicherheitsdienstes" (SD), das maßgeblich für die Umsetzung der nationalsozialistischen Judenpolitik verantwortlich zeichnete[287], in den 1930ern eine „rationalistische Judenpolitik"[288], nach der die Judenentrechtung auf nationaler Ebene nach genauestem Abwägen wirtschafts- und außenpolitischer Wirkungen erfolgen[289] und einer (erzwungenen) Aussiedlung aus Deutschland so zuträglich sein sollte. Zu dieser „rationalistischen" Vorgehensweise gehörte, dass geltendes Recht in Hinblick auf die Innenpolitik strengstens beachtet würde; nur unter Berücksichtigung dieses politischen Kalküls ist nachzuvollziehen, weshalb – trotz faktischer Entrechtung der Juden in Deutschland – Gewalttätigkeiten gegen Juden bis zuletzt strafbar blieben.[290] Des Weiteren sah die „rationalistische" Linie vor, dass spontane Ausschreitungen und Pogrome (so genannte „Einzelaktionen", als vom Staat nicht angeordnete, lokal organisierte Ausschreitungen und Provokationen[291]) gegen Juden möglichst zu unterbinden waren[292]. Hitler hatte sich noch 1920 von so genannten

---

für beide Teile sein. [...]" (Dokument 452: Hitler im Gespräch mit Eduard August Scharrer, [München] Ende Dezember 1922. In: Jäckel; Kuhn (Hrsg.) 1980, S. 775).

[287] Vgl. Nicosia 2008, S. 112 f. Offenbar war die Umsetzung der antisemitischen Politik Heinrich Himmler bzw. der SS unterstellt: Nicht nur war der SD dieser angegliedert, Himmler war ab 1939 zudem „Reichskommissar für die Festigung deutschen Volkstums" (RKFDV) (vgl. Browning 2003, S. 74).

[288] Höhne, Heinz: Der Orden unter dem Totenkopf. Die Geschichte der SS. München 1976. S. 315.

[289] Vgl. ebd., S. 316 sowie vgl. Nicosia 2008, S. 117.

[290] Vgl. Jahr 2011, S. 285.

[291] Vgl. Historisches Glossar. In: Kulka; Jäckel (Hrsg.) 2004, S. 678.

[292] Interne Stimmungsberichte der Nationalsozialisten legten Zeugnis darüber ab, dass solche Aktionen oftmals ihre eigentliche Wirkung verfehlten und stattdessen Unmut in der Bevölkerung auslösten (vgl. u.a. Dokument 68: Regierungspräsident Minden. Bericht für November und Dezember 1934. Minden, 10.1.1935. In: Kulka; Jäckel (Hrsg.) 2004, S. 105. sowie vgl. Dokument 264: SD-Hauptamt. Bericht für 1.4.-15.4.1937. Berlin, 19.4.1937. In: Kulka; Jäckel (Hrsg.) 2004, S. 230 f.). Sie gefährdeten so – aufgrund ihrer fehlenden, gesetzlichen Legitimation – immer auch die „Staatsautorität" (Dokument 133: Stapostelle Regierungsbezirk Köln. Bericht für Juni 1935. Köln, 7.7.1935. In: Kulka; Jäckel (Hrsg.) 2004, S. 143).

„Gefühlsantisemiten"[293] distanziert, die gezielt „Pogromstimmung"[294] erzeugten. Der Begriff der „Gefühlsantisemiten" war, wie in Kapitel 2.1.2 bereits dargestellt, bezeichnend dafür, dass der NS-Staat Männer brauchte, die ausschließlich im Sinne der von der NS-Führung definierten „Vernunft" und damit kontrollierbar agierten.

Letztendlich sah die offizielle Umsetzung anders aus; konkret fanden gesetzliche wie de facto illegale Maßnahmen gegen Juden in den 1930ern Anwendung, was sicher in der „polykratische[n] Natur des NS-Regimes"[295] begründet war. Dies bedingte auch, dass sich die judenfeindliche NS-Politik, hin zur planmäßigen Vernichtung, radikalisieren musste.[296] Bezeichnenderweise war es u.a. der spätere „Reichspropagandaminister" Joseph Goebbels, der – entgegen der „rationalistischen" Prämisse – in der gezielten Agitation das wirksamste Mittel der Propaganda[297] sah und darüber durchaus einen so genannten „Radauantisemitismus"[298] provozieren wollte, der sich mithilfe pogromartiger und lokal organisierter Aktionen gegen Juden richten sollte. Longerich merkt in diesem Kontext an, dass die NS-Judenpolitik insgesamt sogar von ebensolchen „Einzelaktionen" profitierte, indem sie die Bevölkerung sich an neue Normen gewöhnen ließen[299] und diese dadurch nachfolgende, judenfeindliche Maßnahmen eher akzeptierte. Tatsächlich lässt sich das auch an der Ausrichtung der NS-Pressepropaganda nachvollziehen, die den „Radauantisemiten" trotz der offiziellen, „rationalistischen" Parteilinie eine Stimme gab.

---

[293] Dokument 91: Hitlers Diskussionsbeitrag auf einer NSDAP-Versammlung, München, 6. April 1920. In: Jäckel; Kuhn (Hrsg.) 1980, S. 119 f. sowie vgl. Dokument 96: Hitlers Rede auf einer NSDAP-Versammlung, München, 27. April 1920. In: Jäckel; Kuhn (Hrsg.) 1980, S. 128.
[294] Ebd.
[295] Browning 2003, S. 459.
[296] Vgl. ebd., S. 455.
[297] Vgl. Höhne 1976, S. 313. sowie vgl. Paul 1992, S. 50.
[298] Faludi 2013, S. 7.
[299] Vgl. Longerich 1998, S. 78.

3. Die Lenkung der Presse im NS-Staat[300]

Das Medium der Presse hatte sich – in Form von Zeitungen (Tagespresse), Zeitschriften und Illustrierten – in den Weimarer Jahren als das führende „Massenkommunikationsmittel"[301] etabliert. Bereits ab 1930 verzeichnete die nationalsozialistische Presse dabei einen deutlichen Aufschwung[302]. Ab 1933 forcierten die Nationalsozialisten den Aufbau einer „deutschen Volkspresse"[303], „[…] nur mehr von Deutschen gestaltet und […] deshalb der Ausdruck deutscher Seele und deutscher Kultur […]"[304]; nationalsozialistische wie auch nicht-nationalsozialistische Presse sollten so maßgeblich im Sinne von „Propaganda", also einer „systematisch geplanten Massenkommunikation"[305] angeleitet werden. Dies galt umso mehr, als dass die judenfeind-

---

[300] Im Folgenden soll der Begriff der „gelenkten" vor dem der „gleichgeschalteten Presse" Vorzug finden, um den – trotz der staatlichen Kontrolle der Presse vorhandenen – Handlungsräumen einzelner Schriftleiter u.ä. Rechnung zu tragen (vgl. o.V.: Maßnahmen und Instrumente der Presselenkung im Nationalsozialismus. In: Bohrmann, Hans (Hrsg.): NS-Presseanweisungen der Vorkriegszeit. Edition und Dokumentation, Bd. 1: 1933. München u.a. 1984, S. 23).
Die folgenden Ausführungen konzentrieren sich auf die Presselenkung der 1930er Jahre bezüglich einer judenfeindlichen Berichterstattung. Zum NS-Pressewesen im Allgemeinen empfiehlt sich u.a. die Lektüre von: Frei, Norbert; Schmitz, Johannes: Journalismus im Dritten Reich. 3., überarbeitete Auflage. München 1999.
[301] Storek, Henning: Dirigierte Öffentlichkeit. Die Zeitung als Herrschaftsmittel in den Anfangsjahren der nationalsozialistischen Regierung. Opladen 1972, S. 13.
[302] Vgl. Kübler, Hans-Dieter: Wirtschaftskrisen und kulturelle Prosperität. Die Presse von 1920 bis 1930. In: Faulstich, Werner (Hrsg.): Die Kultur der zwanziger Jahre. Paderborn 2008, S. 106.
[303] Amann, Max: Die nationalsozialistische deutsche Volkspresse. In: Institut für Zeitungswissenschaft an der Universität Berlin (Hrsg.): Handbuch der deutschen Tagespresse. 6. Auflage. Leipzig, Frankfurt am Main 1937, S. VIII.
[304] Ebd., S. XI.
[305] „Propaganda" wird in dieser Arbeit verstanden als „Form der systematisch geplanten Massenkommunikation, die nicht informieren oder argumentieren, sondern überreden oder überzeugen möchte. […]" (Bussemer, Thymian: Propaganda. Theoretisches Konzept und geschichtliche Bedeutung, Version: 1.0. In: Docupedia-Zeitgeschichte, 2.8.2013 [pdf]. URL: http://docupedia.de/zg/Propaganda (Stand:

liche NS-Politik in der medialen Öffentlichkeit aufbereitet und legitimiert werden musste.

3.1 Kontrollinstanzen und Personalpolitik ab 1933

Hatte die Weimarer Verfassung noch die Meinungsfreiheit in ihren Grundsätzen festgeschrieben und somit zu weiten Teilen eine pluralistische Presseberichterstattung ermöglicht, forcierten die Nationalsozialisten nach Hitlers „Machtergreifung" sogleich die Umstrukturierung des Pressewesens: Ab 1933 umfasste der ausdifferenzierte Kontrollapparat mit dem „Reichspropagandaleiter" (Dr. Joseph Goebbels[306]), dem „Reichspressechef der NSDAP" (Dr. Otto Dietrich) und dem „Reichsleiter für die Presse" (Max Amann) gleich drei Ämter, denen Kompetenzen der Presselenkung oblagen.[307] Die entsprechenden kontrollierenden Organisationen waren ab 1933 u.a. die Abteilung „Presse" des „Reichsministeriums für Volksaufklärung und Propaganda" bzw. die „Reichspropagandaämter" (als Landesstellen des RMVP), die „Reichspressestelle der NSDAP" sowie die „Reichspressekammer".[308]

7.3.2014). S. 1.). Ziel propagandistischer Agitation ist es demnach, „[...] bei den Empfängern eine bestimmte Wahrnehmung von Ereignissen oder Meinungen auszulösen, nach der neue Informationen und Sachverhalte in den Kontext einer ideologiegeladenen Weltsicht eingebettet werden [...]. [...]" (Ebd.).

[306] Goebbels war bereits seit 1929 „Reichspropagandaleiter" der NSDAP (vgl. Wulf, Joseph: Kultur im Dritten Reich. Bd. 1, Presse und Funk im Dritten Reich: eine Dokumentation. Frankfurt am Main; Berlin 1989, S. 84).

[307] Vgl. Frei; Schmitz 1999, S. 22. Letztendlich war es aber wohl Goebbels, dem die geistige Lenkung der Presse oblag, während Amann vor allem wirtschaftliche Macht innegehabt haben dürfte (vgl. Koszyk, Kurt: Deutsche Presse 1914 – 1945. Geschichte der deutschen Presse, Teil III. Abhandlungen und Materialien zur Publizistik, Bd. 7. Berlin 1972. S. 364).

[308] Vgl. Wulf 1989, S. 82 ff. Präsident der gesamten „Reichskulturkammer" war Goebbels, der Präsident der Abteilung der „Reichspressekammer" zunächst Max Amann, ab 1936 Dr. Otto Dietrich u.a. (vgl. Wulf 1989, S. 110).

Damit stellten Staat wie Partei zahlreiche Presseeinrichtungen. Die gesamte Presse erfasste ab 1933 eine Vorzensur, indem vor allem die verstaatlichte Nachrichtenagentur des „Deutschen Nachrichtenbüros"[309] (DNB) und das RMVP nur selektierte Nachrichten herausgaben[310]; darüber hinaus waren dem RMVP spätestens im Vorfeld des Krieges „zensurpflichtige" Berichte zu bestimmten Themen vor ihrer Veröffentlichung zur Prüfung vorzulegen.[311] Die gezielte Streuung von Informationen sollte zudem u.a. durch die zahlreichen, i.d.R. amtlichen Presse- und Informationsdienste gewährleistet werden, die von verschiedenen NS-Organisationen herausgegeben wurden; zudem griffen Maßnahmen wie Nachzensur und Publikationsverbote, um die Presse auf gewünschtem Wege anzuleiten.

Im Zuge der forcierten ökonomischen Konzentration der Presselandschaft[312] konnten nur wenige demokratische und konfessionelle Organe (u.a. der Außenwirkung im Ausland wegen) nach 1933 weiterhin publizieren[313]. Die Zulassung zur journalistischen

---

Der „Reichspressekammer" angegliedert waren der „Reichsverband der Deutschen Presse", der „Reichsverband der Deutschen Zeitungsverleger" und der „Reichsverband der Deutschen Zeitschriftenverleger" (vgl. Dokument: Dr. phil. Gerhard Menz: Der Aufbau des Kulturstandes, München/Berlin 1938, S. 49-51, gekürzt; in: Kölnische Zeitung vom 1.12.1933. In: Wulf 1989, S. 113).

[309] Das DNB war 1933/34 durch die Zusammenlegung des „Wolff'schen Telegraphischen Büros" und der „Telegrafen-Union" gebildet und zugleich verstaatlicht worden (vgl. Wilke, Jürgen: Presseanweisungen im zwanzigsten Jahrhundert. Erster Weltkrieg – Drittes Reich – DDR. Medien in Geschichte und Gegenwart, Bd. 24. Köln u.a. 2007, S. 118).

[310] Vgl. o.V.: Maßnahmen und Instrumente der Presselenkung im Nationalsozialismus. In: Bohrmann, Hans (Hrsg.): NS-Presseanweisungen der Vorkriegszeit. Edition und Dokumentation, Bd. 1: 1933. München u.a. 1984, S. 24.

[311] Vgl. „Zeitschriften-Dienst". 20. Ausgabe, 16.9.1939. Nr. 765, S.1 sowie vgl. „Zeitschriften-Dienst". Sonderbeilage zur 22. Ausgabe, 30.9.1939. Nr. 892, nicht paginiert.

[312] Existierten Anfang 1933 rund 4000 Zeitungen mit einer Gesamtauflage von 18,6 Millionen, waren es im Jahr 1944 977 Zeitungen mit einer Gesamtauflage von 25 Millionen (davon: 21 Mio. Parteipresse, 4 Mio. Privatpresse) (vgl. Koszyk 1972, S. 369).

[313] Vgl. Frei; Schmitz 1999, S. 35 sowie vgl. Reichel, Peter: Der schöne Schein des Dritten Reiches. Faszination und Gewalt des Faschismus. Dritte Auflage. München, Wien 1996, S. 174.

Tätigkeit wurde zunehmend restriktiert[314], die „Verknappung der sprechenden Subjekte"[315] mit Zugang zur Gestaltung der medialen Diskurse damit im Sinne der Nationalsozialisten durchgesetzt. Nicht nur war das Vermögen der kommunistischen und der sozialdemokratischen Presse bereits Mitte 1933 eingezogen worden, auch wurden z.B. Verlage wirtschaftlich wie personell „arisiert" und zu weiten Teilen dem parteieigenen Verlag Franz Eher Nachf. eingegliedert.[316]

Im Zuge dieser personellen Umstrukturierung des Pressewesens nach 1933 und der erlassenen Berufsverbote für zahlreiche JournalistInnen wurden die nunmehr „arisierten" Positionen zunehmend auch mit Frauen besetzt.[317] Dies galt allerdings nur für die Mitarbeit an Zeitschriften und Frauenpresse; mindestens bis zum Kriegsausbruch 1939 schrieben Frauen selten in tagesaktuellen oder politischen Medien.[318] Im „Handbuch der Zeitungswissenschaft" war 1940 zu lesen:

> „[...] *Die Arbeit der F.* [Frauen, Anm. L.B.] *im politischen Teil der Presse ist in den letzten Jahren naturgemäß stark zurückgegangen. Es gibt unter der großen Zahl der deutschen Schriftleiterinnen heute kaum noch politische Schriftleiterinnen. Dafür gehen die Bestrebungen mehr und mehr dahin, die*

Genannt seien an dieser Stelle u.a. die „Frankfurter Zeitung" (1934) (vgl. Dokument: „Die deutsche Presse und ihre Leser, in: Deutsche Presse vom 17.2.1934, S. 74-75, gekürzt. In: Wulf 1989, S. 37).

[314] Genannt sei an dieser Stelle das im September 1933 erlassene „Reichskulturkammergesetz", welches eine Zulassung zur Tätigkeit von Journalisten, Verlegern, Fotografen u.ä. an eine Mitgliedschaft in der „Reichspressekammer" koppelte (vgl. Koszyk 1972, S. 363 ff.). Diese Mitgliedschaft war nur durch Vorlage eines so genannten „Ariernachweises" möglich.
Jüdische Personen waren spätestens mit Erlass des „Schriftleitergesetzes" im Oktober 1933 von der journalistischen Tätigkeit und damit von der Gestaltung öffentlicher Diskurse ausgeschlossen (vgl. Frei; Schmitz 1999, S. 27 f.).

[315] Landwehr 2008, S. 73.

[316] Vgl. Wilke 2007, S. 115 ff.

[317] Vgl. Kinnebrock, Susanne: Frauen und Männer im Journalismus. Eine historische Betrachtung. In: Thiele, Martina (Hrsg.): Konkurrenz der Wirklichkeiten. Wilfried Scharf zum 60. Geburtstag. Göttingen 2005, S. 121 f.

[318] Vgl. ebd., S. 122.

der F. wesenseigenen Sparten allmählich nur noch durch Mit-
arbeiterinnen betreuen zu lassen. Die meisten Berufsjournalis-
tinnen stehen heute im festen Mitarbeiterverhältnis und schrei-
ben vor allem für die kulturpolitische Sparte. Das Hauptar-
beitsfeld der deutschen Schriftstellerin ist aber auch heute wie-
der die Zs. [Zeitschrift, Anm. L.B.] [...]"[319].

Offenbar wussten die Nationalsozialisten also um den propagandistischen Wert, auch Frauen in bestimmten Bereichen der NS-
Öffentlichkeit eine Stimme zu geben. Insgesamt blieben die Produktion politischer Presse und die daran geknüpfte Einflussnahme auf die
öffentliche Meinung in den 1930er Jahren aber vor allem männlichen,
nationalsozialistisch gesinnten Akteuren vorbehalten, während sich
Journalistinnen lediglich in „wesenseigenen Sparten"[320] und im Bereich der Zeitschriftenpresse äußern sollten.

3.2 Inhaltliche und sprachliche Lenkung juden-feindlicher Berichterstattung

Bereits während der so genannten „Kampfzeit" gab es parteiinterne
Differenzen, wie die Pressepropaganda im Allgemeinen zu gestalten
wäre: Setzten die Verfechter einer „argumentativen NS-Presse"[321]
„stärker auf politische Überzeugungsarbeit, und die Propagierung der
‚positiven' Ziele des Nationalsozialismus [...]"[322], machte sich die u.a.
von Goebbels befürwortete „Kampfpresse" vor allem die an Gefühle
appellierende Agitation zu eigen[323]. Diese Differenzen bargen immer

---

[319] Zander-Mika, Annaliese: Frau und Presse. In: Heide, Walther (Hrsg.): Handbuch
der Zeitungswissenschaft, Band 1. Leipzig 1940, S. 1167.
[320] Ebd.
[321] Paul 1992, S. 181.
[322] Ebd., S. 53.
[323] Vgl. ebd., S. 181 f.

auch die Frage nach der wirksamsten propagandistischen Umsetzung des Antisemitismus', wobei sich „Vernunfts-" und „RadauantisemitInnen" gegenüberstanden (vgl. Kap. 2.2.3). Mit der ab 1933 einsetzenden Umstrukturierung des Pressewesens erfolgte aber keinesfalls eine Vereinheitlichung der Ausrichtung der NS-Presse, vielmehr schien das Nebeneinander radikaler[324] „Kampfpresse" und gemäßigt auftretender Blätter dem judenfeindlichen Klima zuzuspielen.

Wohl aber sollte die umfassende Umstrukturierung des Pressewesens sicherstellen, dass auch die nichtnationalsozialistische Presse einheitlich und im Sinne der NS-Führung berichtete. Zur Kontrolle des Pressewesens differenzierte der NS-Apparat u.a. zwischen deutscher „Zeitungs-" und „Zeitschriftenpresse"[325].

3.2.1 Die Lenkung der Zeitungspresse

Zur Lenkung der Zeitungspresse hielt das RMVP seit Juli 1933 an jedem Werktag in Berlin eine „Reichspressekonferenz" für (auf Antrag und Überprüfung hin zugelassene[326]) Journalisten ab; daran nahmen

---

[324] Als „radikal" wird hier Presse verstanden, die sich ausschließlich der „Judenfrage" und damit antisemitischer Berichterstattung widmete. Neben dem „Stürmer" erschienen u.a. Theodor Fritsch' „Handbuch der Judenfrage" und die Zeitschrift „Hammer - Blätter für deutschen Sinn", der „Welt-Dienst" (ab 1933), „Der Judenkenner" (1935-'36) und „Die Judenfrage" (1937-1943) (vgl. Wulf 1989, S. 258 f.).

[325] Die Presseabteilung des RMVP etwa wurde 1938 untergegliedert in die Unterabteilungen „Inlandspresse", „Auslandspresse" und „Zeitschriftenpresse" (Vgl. Wilke 2007, S. 116).

Diese Trennung entsprach den Eigenheiten der beiden Medien, nach denen Zeitschriften entsprechend ihrem Erscheinungsturnus keiner (Tages-)Aktualität verpflichtet sind (vgl. Heinrich, Jürgen: Medienökonomie. Band 1: Mediensystem, Zeitung, Zeitschrift, Anzeigenblatt. 2., überarbeitete und aktualisierte Auflage. Wiesbaden 2001, S. 304).

[326] Vgl. o.V.: Maßnahmen und Instrumente der Presselenkung im Nationalsozialismus. In: Bohrmann, Hans (Hrsg.): NS-Presseanweisungen der Vorkriegszeit. Edition und Dokumentation, Bd. 1: 1933. München u.a. 1984, S. 33.

durchschnittlich 150 Journalisten der nationalsozialistischen, bürgerlich-konservativen und liberalen Presse teil.[327] Auf der Konferenz referierte i.d.R. der stellvertretende „Reichspressechef" als Leiter der Presseabteilung des RMVP[328] und trug Informationen von den Ministerien und der Reichskanzlei sowie entsprechende Anweisungen zur Thematisierung und Aufmachung an die Pressevertreter heran. Neben der „Reichspressekonferenz" fanden verschiedene ressortspezifische „Sonderkonferenzen" statt.[329]

Die auf der Pressekonferenz erteilten Anweisungen sollten für die Korrespondenten von höchster Relevanz sein[330], demzufolge liefern sie für die vorliegende Arbeit wertvolle Hinweise, wie die deutsche Tagespresse hin zu einer einheitlichen, antisemitischen Berichterstattung angeleitet werden sollte.[331] So sollte die Art der Presseberichterstattung offensichtlich mit der offiziell „rationalistischen" Ausrichtung der NS-Judenpolitik (vgl. Kap. 2.2.3) korrelieren und diese so legitimieren: Mehrfach ergingen an die Pressekorrespondenten Mitte der 1930er Anweisungen, nicht über die Konflikte in Palästina zwischen Arabern und Juden oder über die schwierigen Lebensverhältnisse der nach Pa-

---

[327] Vgl. Wilke 2007, S. 120 ff. Überliefert ist, dass die Presseanweisungen u.a. an Journalisten der „Frankfurter Zeitung", der „Hamburger Nachrichten", der „Schlesischen Zeitung" und der „Allgemeinen Zeitung, Chemnitz" ergingen (vgl. Bohrmann, Hans: Vorwort II. In: Ders. (Hrsg.): NS-Presseanweisungen der Vorkriegszeit. Edition und Dokumentation, Bd. 1: 1933. München u.a. 1984, S. 16 f.).

[328] Vgl. Wilke 2007, S. 124. Daneben referierten auch Mitglieder des Auswärtigen Amtes oder des Oberkommandos der Wehrmacht (vgl. Hagemann 1970, S. 34).

[329] Vgl. Hagemann 1970, S. 36.

[330] Vgl. o.V.: Maßnahmen und Instrumente der Presselenkung im Nationalsozialismus. In: Bohrmann, Hans (Hrsg.): NS-Presseanweisungen der Vorkriegszeit. Edition und Dokumentation, Bd. 1: 1933. München u.a. 1984. S. 41.

[331] Hierzu gehörte etwa die 1935 angeordnete Sprachregelung, das Wort „antisemitisch" bzw. „Antisemitismus" in der Presse zugunsten des Begriffes „antijüdisch" zurückzustellen, „[...] weil die deutsche Politik sich nur gegen die Juden, nicht aber gegen die Semiten schlechthin richtete. [...]" (Aufzeichnung zur Presseanweisung vom 22.8.1935, Signatur ZSg. 101/6/64/Nr. 1578, in: Bohrmann, Hans (Hrsg.): NS-Presseanweisungen der Vorkriegszeit. Edition und Dokumentation, Bd. 3/II 1935. München 1987, S. 522).

lästina emigrierten Juden zu berichten[332], um die Auswanderung weiterhin als Option aufzeigen zu können. Dass die Tagespresse i.d.R. keinen „Radauantisemitismus" provozieren sollte, schien sich auch darin widerzuspiegeln, dass das RMVP die Korrespondenten nach dem Erlass der „Nürnberger Gesetze" anwies, davon abzusehen, weitere (gesetzlich noch nicht gefasste) Maßnahmen gegen Juden zu erörtern[333]. Stattdessen sollten sie sich i.d.R. vielmehr auf den unkommentierten Abdruck der Gesetzestexte beschränken.[334] Ziel dieser Anweisungen war es, die Presse ein weitestgehend homogen ausgerichtetes, antisemitisches Meinungsbild transportieren zu lassen.[335] Zu diesem Zweck galt es auch die gesamte Presse in Bezug auf sprachliche Umsetzung, Bebilderung sowie Typografie[336] zu vereinheitlichen, um die Wahrnehmung der Leserschaft darüber lenken zu können. Dies galt umso mehr angesichts der in den Jahren 1933, 1935 und 1938 durchgeführten, antisemitischen Wellen (vgl. Kap. 2.2.3), da die gegen Juden erlassenen Maßnahmen und Gesetze eine entsprechende Aufbereitung

---

[332] Vgl. u.a. Aufzeichnung zur Presseanweisung vom 27.6.1936, Signatur ZSg. 101/7/409/Nr. 643, in: Bohrmann, Hans (Hrsg.): NS-Presseanweisungen der Vorkriegszeit. Edition und Dokumentation, Bd. 4/II 1936. München 1993, S. 685.

[333] Vgl. Aufzeichnung zur Presseanweisung vom 16.10.1935, Signatur ZSg. 101/6/144/Nr. 1733, in: Bohrmann, Hans (Hrsg.): NS-Presseanweisungen der Vorkriegszeit. Edition und Dokumentation, Bd. 3/II 1935. München 1987, S. 675 f.

[334] Vgl. u.a. Aufzeichnung zur Presseanweisung vom 16.11.1935, Signatur ZSg. 101/6/185, in: Bohrmann, Hans (Hrsg.): NS-Presseanweisungen der Vorkriegszeit. Edition und Dokumentation, Bd. 3/II 1935. München 1987, S. 761 ff.
Auch sollte unterbleiben, dass in der deutschen Presse über eine mögliche, *jüdische* Abstammung ausländischer Politiker o.ä. spekuliert würde (vgl. u.a. Aufzeichnung zur Presseanweisung vom 1.3.1935, Signatur ZSg. 101/5/68/Nr. 1150, in: Bohrmann, Hans (Hrsg.): NS-Presseanweisungen der Vorkriegszeit. Edition und Dokumentation, Bd. 3/I 1935. München 1987, S. 118).

[335] Vgl. u.a. Dokument 133: Stapostelle Regierungsbezirk Köln. Bericht für Juni 1935. Köln, 7.7.1935. In: Kulka; Jäckel (Hrsg.) 2004, S. 143.

[336] Genutzt wurden bis 1941 vor allem die „gebrochenen" Schriftarten (vgl. Koop, Andreas: NSCI – Das visuelle Erscheinungsbild der Nationalsozialisten 1920-1945. Zweite überarbeitete und erweiterte Auflage. Mainz 2012, S. 29 sowie vgl. S. 78 f.). Ab 1941 sollten die „gebrochenen" Schriften verstärkt durch Antiqua ersetzt werden (vgl. ebd., S. 87 sowie vgl. Hartmann, Silvia: Fraktur oder Antiqua. Der Schriftstreit von 1881 bis 1941. Frankfurt a. Main u. a. 1998, S. 245ff.).

durch die Propaganda erforderten. Jürgen Wilke kommt in seiner Inhaltsanalye der NS-Presseanweisungen zu dem Ergebnis, dass über jene erst im Jahr 1938 in größerem Umfang eine judenfeindliche Berichterstattung von der Presse eingefordert wurde[337], was zum einen mit der dritten, antisemitischen Welle zusammenlief. Zum anderen war eine propagandistische Auf- und Vorbereitung insbesondere der Ausschreitungen der als „spontan" inszenierten „Reichspogromnacht" unerlässlich, da diese de facto auf keinerlei Gesetzen fußten, damit von der „rationalistischen" NS-Judenpolitik abwichen und damit Gefahr liefen, von der deutschen Bevölkerung nicht akzeptiert zu werden.[338] Tatsächlich ergingen nach dem 9. November 1938 diverse Anweisungen an die Zeitungen, die Verbreitung antisemitischer Artikel zu forcieren und von Juden begangene Verbrechen fortan noch stärker herauszustellen.[339]

---

[337] Vgl. Wilke 2007, S. 153.

[338] Das erklärt, warum die Berichte über die Ausschreitungen der „Reichspogromnacht" in der Tagespresse „[...] [nicht] allzu gross aufgemacht werden [sollten, Anm. L.B.], keine Schlagzeilen auf der ersten Seite. Vorlaeufig keine Bilder bringen. Sammelmeldungen aus dem Reich sollen nicht zusammengestellt werden, [...]." (Aufzeichnung zur Presseanweisung vom 10.11.1938, Signatur ZSg. 102/13/18/22 (5), in: Bohrmann, Hans (Hrsg.): NS-Presseanweisungen der Vorkriegszeit. Edition und Dokumentation, Bd. 6/III 1938. September bis Dezember. München 1999, S. 1060)

[339] Vgl. Aufzeichnung zur Presseanweisung vom 28.11.1938, Signatur ZSg. 102/13/72/33 (10), in: Bohrmann, Hans (Hrsg.): NS-Presseanweisungen der Vorkriegszeit. Edition und Dokumentation, Bd. 6: 1938. September bis Dezember. München 1999, S. 1129. sowie vgl. Aufzeichnung zur Presseanweisung vom 15.11.1938, Signatur ZSg. 102/13/33/37 (7). In: Bohrmann, Hans (Hrsg.): NS-Presseanweisungen der Vorkriegszeit. Edition und Dokumentation, Bd. 6: 1938. September bis Dezember. München 1999, S. 1076.

Sonderregelungen für den „Stürmer"

Für die antisemitische Wochenzeitung galt offenbar eine Sonderregelung, die Streicher und seinen RedakteurInnen weitestgehend freie Hand bei der Ausgestaltung des Blattes zu geben schien. Daniel Roos schreibt, „Der Stürmer" hätte sich erst ab dem Jahr 1938, nach mehrfachen Rügen „von oben", „[...] sämtlichen für die Presse geltenden Bestimmungen zu unterwerfen und musste seinen unabhängigen Charakter, den das Blatt bislang genossen hatte, aufgeben. [...]"[340]. Inwiefern die NS-Führung den „Stürmer" tatsächlich von der Beachtung der Presseanweisungen entband, soll an späterer Stelle in der Presseanalyse nachvollzogen werden.

3.2.2 Die Lenkung der Zeitschriftenpresse

Die Publikation von Zeitschriften wurde an oberster Stelle über das RMVP-Referat „Zeitschriften" koordiniert[341]: Zur Lenkung der Zeitschriftenpresse fand u.a. ab Juni 1937 eine gesonderte „Reichszeitschriftenkonferenz" statt, für die das RMVP verantwortlich zeichnete.[342] Überdies gab die Presseabteilung des RMVP mit der „Zeitschriften-Information" – im Sinne einer Vorzensur – einen amtlichen, an Chefredakteure adressierten Pressedienst heraus.[343] 1939 wurde mit dem „Zeitschriften-Dienst" ein weiterer Informationsdienst eingerich-

---

[340] Roos, Daniel: Julius Streicher und „Der Stürmer" 1923-1945. Paderborn 2014, S. 328 f.
[341] Vgl. Hagemann 1970, S. 38.
[342] Vgl. u.a. Wilke 2007, S. 239.
[343] Vgl. ebd.

tet, über den den Hauptschriftleitern wöchentlich pressepolitische Anweisungen übermittelt wurden.[344]

Neben den Presseanweisungen und amtlichen Informationsdiensten fertigten verschiedene Partei- und Staatsstellen[345] Berichte an, die es u.a. den Presseverantwortlichen ermöglichten, auf Stimmungen innerhalb der Bevölkerung zu reagieren und ihre antisemitische Propaganda entsprechend auszurichten. Jene Berichte erstatteten etwa nach judenfeindlichen Aktionen Bericht über Reaktionen aus der Bevölkerung.[346] Nur unter der Berücksichtigung dieser wechselseitigen Verbindung von gesetzlicher Handhabe, Stimmungsberichten und innen- wie außenpolitischem Kalkül kann eine angemessene Analyse antisemitischer NS-Propaganda erfolgen.

---

[344] Vgl. Koszyk 1972, S. 413 f. Der Informationsdienst war von den Schriftleitern „streng vertraulich" zu behandeln, so sollte sichergestellt werden, dass die von obersten Staats- und Parteistellen angeleitete „Presselenkung" nicht publik und für die eigenen MitarbeiterInnen nicht offensichtlich würde:„Der ‚Zeitschriften-Dienst' ist nur zum persönlichen Gebrauch des ausdrücklich zugelassenen Hauptschriftleiters bestimmt. Er ist weder befugt, den ‚Dienst' seinen Schriftleitern und Mitarbeitern zu zeigen, noch ihnen überhaupt vom Vorhandensein dieser Informationsquelle Kenntnis zu geben. Vielmehr soll der Hauptschriftleiter seine auf den ‚Dienst' zurückgehenden Weisungen so weitergeben, als entsprängen sie seinen persönlichen Wünschen." (o.V.: „Wir erinnern:", in: „Zeitschriften-Dienst". Beilage zur 28. Ausgabe, ohne Datum, S. 6).
[345] Dies taten u.a. das RMVP-Referat „Propagandaerkundung" sowie das RSHA (vgl. Hagemann 1970, S. 59).
[346] Vgl. u.a. Dokument 252: SD-Hauptamt II 112. Zum Judenproblem. Berlin, Januar 1937. In: Kulka; Jäckel (Hrsg.) 2004, S. 216.

3.3 Grundsätze einer „wesensgemäßen Anrede des weiblichen Lesers"[347]

Traditionell versuchte die Presse die unterschiedlichen, (angeblich) geschlechtsspezifischen Bedürfnisse der männlichen und der weiblichen Leserschaft zu bedienen, so boten bereits vor 1933 etwa „Publikumszeitschriften" den Frauen eine „rollenspezifische Unterhaltung"[348]; in den 1920ern waren den (auch nationalsozialistischen) Tageszeitungen Frauenbeilagen oder gesonderte Frauenteile beigefügt.[349] Die Nationalsozialisten setzten wiederum offenbar, um Frauen zu erreichen, vor allem auf das Medium „Zeitschrift"; die Zeitschrift stünde „[…] von jeher der Frau am nächsten; Buch und Tagespresse haben kaum die gleiche Bedeutung im Frauenleben gehabt und werden sie wohl auch nie gewinnen. […]"[350]. Die Zeitschrift schien den Nationalsozialisten demnach geeignetes Medium, die weibliche Leserschaft zu erreichen, während es offenbar vor allem Männer waren, die durch Tagespresse adressiert und über tagespolitische Ereignisse informiert werden sollten. Zeitschriften – eben nicht dem Vermelden tagespolitischen Geschehens verpflichtet – konnten so gezielt weibliche Themen bedienen; „[…] so blieb das offen Politische in Frauenzeitschriften auch nach 1933 rar. […]"[351]. Arendt/Hering/Wagner ergänzen: „[…] Frauen sollten nur ein oberflächliches, vor allem völlig unkritisches politisches Wissen besitzen und dafür um so mehr ,gläubiges Vertrauen', ja eine geradezu irrationale Zuversicht in das Werk der in Hitler verkörperten politischen Führung. […]"[352]. Hildegard Passow, ihrer Zeit „Propagandaleiterin in der Abteilung für Frauenarbeit bei der

---

[347] Zander-Mika: Frau und Presse 1940, S. 1162.
[348] Heinrich 2001, S. 310.
[349] Vgl. Zander-Mika: Frau und Presse 1940, S. 1166.
[350] Dies.: Frauenzeitschriften. In: Heide, Walther (Hrsg.): Handbuch der Zeitungswissenschaft, Band 1. Leipzig 1940, S. 1177.
[351] Frei; Schmitz 1999, S. 74.
[352] Arendt; Hering; Wagner (Hrsg.) 1995, S. 58.

Reichsleitung der NSDAP", formulierte die gewünschte Ausrichtung einer nationalsozialistischen Frauenpropaganda 1932 mit den Worten:

> *„Da die Frau in ihren politischen Entscheidungen instinktiv und gefühlsmäßig stark beeinflußbar ist und die in einer Persönlichkeit verkörperte Idee ihr besonders verständlich ist, hat die N.S.-Frauenschaft die deutschen Frauen mit dem Werden und Wachsen der Idee in der Persönlichkeit des Führers vertraut zu machen. Wir müssen Hitler als den Mann der Wirklichkeit den Frauen vor Augen stellen; […]. […] Wir haben die Frauen an ihrem Verantwortungsgefühl für die Jugend und deren Zukunft zu packen und den stärksten Appell an ihre Mütterlichkeit zu richten. […]"*[353].

Offensichtlich war die Anlehnung an die imaginierte Geschlechterdifferenz, nach der Frauen „gefühlsmäßig" reagierten und entsprechend zu beeinflussen seien, auch verwies Passow auf Erziehungsverantwortung und insbesondere auf „Mütterlichkeit" als die wichtigsten Handlungssphären der Frau im NS-Staat. Damit war die „Wichtigkeit der persönlichen und wesensgemäßen Anrede des weiblichen Lesers"[354] für die NS-Pressearbeit herausgestellt, was u.a. implizierte, die weibliche Zielgruppe – unter Eindruck der Geschlechterzuschreibungen – vor allem „emotional-agitatorisch"[355] anzusprechen.

Das Medium der Zeitschrift erlaubte es wiederum, auf ausgewählte Textformen zurückzugreifen, um Themen entsprechend dem (angeblichen) Wesen der Frau aufzubereiten. Godele von der Decken konstatiert exemplarisch für die NS-Frauenliteratur, dass diese sich vor allem

---

[353] Dokument 176: „Vorschläge zur Propaganda unter den Frauen. Aus dem Referat von Hildegard Passow, der Propagandaleiterin in der Abteilung für Frauenarbeit bei der Reichsleitung der NSDAP, auf der 1. Tagung der Gauleiterinnen der NS-Frauenschaft in München am 20. März 1932". In: Arendt; Hering; Wagner (Hrsg.) 1995, S. 228.
[354] Zander-Mika: Frau und Presse 1940, S. 1162.
[355] Arendt; Hering; Wagner (Hrsg.) 1995, S. 58.

dokumentarischer und belletristischer Textformen[356] bediente; auch hätten häufig Gebrauchstexte, Volkssagen, und Märchen Verwendung gefunden, um eine weibliche Leserschaft zu erreichen.[357] Mithilfe solcher Textformen sollten offenbar „[…] ideologische oder politische Anliegen in Alltagssituationen übertragen und so auf emotionaler Ebene vermittel[t]"[358], die Leserinnen so mithilfe „indirekter Indoktrination"[359] erreicht werden. Darüber hinaus sollten Frauen gezielt an der Gestaltung der Propaganda beteiligt werden, da „[…] Fen [Frauen, Anm. L.B.] natürlich selbst am besten den Ton treffen müßten, der ihrem Geschlecht entspricht und dadurch am ehesten lesewerbend wirkt. […]"[360]. Tatsächlich gab die 1936 eingerichtete „Reichsfrauenführung" in den 1930er Jahren mit der „NS.Frauen-Warte", der „Frauenkultur im Deutschen Frauenwerk" und mit der „Deutschen Hauswirtschaft" gleich drei NS-Frauenzeitschriften heraus.[361]

Inwiefern all diese Prämissen einer geschlechterspezifischen Ansprache Eingang in die Gestaltung ausgewählter NS-Presse fanden, wird Gegenstand der vorliegenden Presseanalyse sein. Dieser vorangestellt, wird zunächst eine Untersuchung des jeweiligen pressehistorischen Kontextes der einzelnen Medien erfolgen, um u.a. feststellen zu können, welche Akteure an der Produktion der einzelnen Pressemedien beteiligt waren.

---

[356] Vgl. Decken 1988, S. 129. Von der Decken analysierte u.a. nationalsozialistische Frauenliteratur anhand von Belletristik, Gebrauchsliteratur, Essays und Haushaltsbüchern.

[357] Ebd., S. 113 ff. sowie vgl. Dammer 1981, S. 239.

[358] Decken 1988, S. 159.

[359] Ebd., S. 119 f.

[360] Zander-Mika: Frau und Presse 1940, S. 1162.

[361] Vgl. Hauptabteilung Presse/Propaganda: Deutsches Frauenschaffen. Jahrbuch der Reichsfrauenführung. Berlin 1941. In: Scholtz-Klink 1978, S. 84.

4. Deutsche Frauen und Mädchen als Zielgruppe antisemitischer NS-Propaganda: Vorstellung der zu untersuchenden Pressemedien

4.1 Pressemedium I: „Der Stürmer. Deutsches Wochenblatt zum Kampfe um die Wahrheit"

4.1.1 Zur Entwicklung der Wochenzeitung

Herausgeberschaft und Schriftleitung

Für die Gestaltung des „Stürmer" zeichnete maßgeblich Julius Streicher (1885-1946), Volksschullehrer, überzeugter Nationalsozialist und späterer Gauleiter von Franken[362], verantwortlich: Er initiierte

---

[362] Vgl. Pöggeler, Franz: Der Lehrer Julius Streicher. Zur Personalgeschichte des Nationalsozialismus. Frankfurt am Main u.a. 1991, S. 7.
Streicher engagierte sich nach dem Ersten Weltkrieg zunächst unter anderem in der völkisch-antisemitischen „Deutsch-Sozialistischen Partei" (vgl. Berendt, Erich F.: „Soldaten der Freiheit". Ein Parolebuch des Nationalsozialismus 1918-1925. Berlin 1935, S. 188), im Oktober 1922 gründete Streicher die Nürnberger NSDAP-Ortsgruppe (vgl. Zelnhefer, Siegfried: „Der Stürmer. Deutsches Wochenblatt zum Kampf um die Wahrheit." [2011]. URL: http://www.historisches-lexikon-bayerns.de/artikel/artikel_44465 (Stand: 24.3.2011). Seit 1932 vertrat er die NSDAP im Reichstag (vgl. Reuth, Ralf Georg (Hrsg.): Joseph Goebbels. Tagebücher 1924-1945. Erweiterte Taschenbuchausgabe. Band 2: 1930-1934. München 1999. Eintrag vom 5. August 1932, S. 679). 1929 wurde Streicher zum NSDAP-Gauleiter von

1923 die Gründung des Blattes, war bis zuletzt sein Herausgeber und zeitweise Hauptschriftleiter. Damit war „Der Stürmer" kein offizielles NS-Parteiblatt, sondern wurde bis zuletzt durch private Hand verlegt.[363]

Die Schriftleitung war in Nürnberg ansässig.[364] Die meisten, i.d.R. männlichen Redaktionsmitglieder des „Stürmer" der 1930er standen der NSDAP nahe oder waren – wie Streicher – Parteimitglieder in leitenden Positionen, darunter Karl Holz, Albert Forster und Fritz Fink.[365] Daneben sind Ernst Hiemer als zeitweiliger Hauptschriftleiter und Philipp Rupprecht als Zeichner und Illustrator des Blattes zu nennen.[366] Von 1934 bis 1938 war mit Jonas Wolk zudem ein so genannter „Volljude" unter dem Pseudonym „Fritz Brand" redaktionell für den „Stürmer" tätig.[367] Daneben schrieben – u.a. mit Christa-Maria Rock

---

Mittelfranken ernannt (vgl. Deutsches Historisches Museum (Kuhn, Stefan): Julius Streicher (1885-1946). URL: https://www.dhm.de/lemo/biografie/julius-streicher (Stand: 21.4.2015).), spätestens 1935 leitete er den Gau Franken (vgl. Personalbogen für die Beauftragten der NSDAP. im Gau Franken, 9. Dezember 1935. In: Parteikorrespondenz: Streicher, Julius (VBS 1/1120012383, Bestand Bundesarchiv)).

[363] Laut Impressum erschien „Der Stürmer" zunächst im Verlag „Wilhelm Härdel", 1934 kurzzeitig im Verlag „Hanns König", ab 1936 dann in Streichers „Stürmer"-Verlag.

[364] Vgl. Jochem 2006, S. 44.

[365] Holz vertrat Streicher zeitweise in dessen Position als Gauleiter von Franken (vgl. Degener, Herrmann A.L. (Hrsg.): Wer ist's? Unsere Zeitgenossen. Berlin, Leipzig 1935, S. 714). Daniel Roos stellt in seiner Arbeit ausführlich das Wirken Holz' an der Seite Streichers dar (vgl. Roos 2014). Forster schrieb v.a. Anfang der 1930er Jahre für den „Stürmer", ab 1935 war er Gauleiter von Danzig (vgl. Degener 1935, S. 426).
Fink war Landesleiter der Reichsschrifttumskammer im Gau Thüringen (vgl. Klee, Ernst: Das Kulturlexikon zum Dritten Reich. Wer war was vor und nach 1945. Überarbeitete Taschenbuchausgabe. Frankfurt am Main 2009, S. 138).

[366] Hiemers Name wurde seit 1936 im „Stürmer" gelistet. Er veröffentlichte im „Stürmer"-Verlag weitere antisemitische Publikationen (vgl. Klee 2009, S. 223).
Rupprecht fertigte unter dem Pseudonym „Fips" Karikaturen für den „Stürmer" an (vgl. Klee 2009, S. 138). Diese erschienen seit Ende 1925 regelmäßig auf dem Titelblatt. Rupprecht war seit 1929 Mitglied der NSDAP und gestaltete vereinzelt Wahlplakate für die Partei (vgl. Paul 1992, S. 157)

[367] Vgl. Abschrift Dr. Hanssen an den Gauleiter Adolf Wagner, Schreiben vom 27.5.1940 (Akte NS 6 885, Bestand Bundesarchiv).

und Dr. Johanna Lappenbusch – auch Frauen in den 1930er Jahren für den „Stürmer"[368], dennoch war die Redaktion und auch die Schriftleitung deutlich von Männern dominiert.[369] Dieser Eindruck bestätigte sich bei der Durchsicht der Ausgaben der späten 1930er: Die Autorenangaben dieser Jahrgänge verwiesen nunmehr ausschließlich auf männliche Redakteure.

Distribution und Auflage

Offenbar ging „Der Stürmer" aus dem 1920 gegründeten Pressemedium „Der deutsche Sozialist" bzw. „Deutscher Volkswille" sowie

---

Im Rahmen eines Parteiverfahrens musste Streicher 1940 auch Stellung zum Engagement Wolks für den „Stürmer" beziehen. Streicher argumentierte offenbar, „[…] daß Wolk eine Ausnahme unter den Juden sei, denn er hasse seine eigene Rasse. […]" (ebd.). Die tatsächlichen Motive Wolks müssen an dieser Stelle ungeklärt bleiben.
Wolk wurde 1941 im KZ Sachsenhausen interniert und 1942 schließlich in das Rigaer Ghetto deportiert (vgl. Bundesarchiv / Gedenkbuch Opfer der Verfolgung der Juden unter der nationalsozialistischen Gewaltherrschaft in Deutschland 1933-1945, URL: http://www.bundesarchiv.de/gedenkbuch/directory.html.de?result#frmResults, Stand: 14.1.2013).
[368] Rock publizierte 1935 das Buch „Judentum und Musik: mit dem ABC jüdischer und nichtarischer Musikbeflissener", in dem zahlreiche Künstler als *jüdisch* diffamiert wurden (vgl. Klee 2009, S. 445).
Rock und Lappenbusch sind sowohl in einzelnen „Stürmer"-Ausgaben als auch in der Redaktionskartei des „Stürmer" zu finden (vgl. Redaktionskartei „Der Stürmer" 1934-1943. Herausgegeben vom Archiv des Instituts für Zeitgeschichte München in Zusammenarbeit mit der Stadtbibliothek Nürnberg 1984. Bearbeitet von Sybille Claus (Mikrofiche, Bibliothek des Instituts für Zeitgeschichte Hamburg).).
In denselben Quellen wurde auch Adelheid Schöller genannt, deren Name aber offenbar ein Pseudonym für einen dem „Stürmer" aus Berlin zuarbeitenden Redakteur war (vgl. Roos 2014, S. 308)
[369] So wurden auch im Impressum ausschließlich Männer genannt. Streicher und später Ernst Hiemer fungierten als Hauptschriftleiter und zeichneten damit für die Zeitung verantwortlich. Daneben bekleideten u.a. Karl Holz, Theo Benesch und Georg Peßler als Schriftleiter wichtige Posten.

aus Differenzen innerhalb der Nürnberger NSDAP-Ortsgruppe hervor[370]: Streicher gab den „Stürmer", zunächst untertitelt mit „Nürnberger Wochenblatt zum Kampf um die Wahrheit", erstmals am 21.4.1923 und in Form eines Flugblattes[371] heraus. Jenes diente Streicher zunächst primär als Propagandamittel gegen lokalpolitische Gegner, erst in den Folgejahren bildete sich der Fokus auf antisemitischer Berichterstattung heraus[372]. Damit entwickelte sich „Der Stürmer" zu einem (wörtlich) „deutschen Wochenblatt", was zunächst im Raum Nürnberg, ab etwa 1933 reichsweit[373], ab Mitte der dreißiger Jahre schließlich auch im Ausland vertrieben wurde. In den 1930er Jahren wurde „Der Stürmer" schließlich als eine der „im Reichsverband der deutschen Zeitungsverleger zusammengeschlossenen politischen Wochenschriften"[374] geführt.

Die Zeitung erschien wöchentlich und war im handelsüblichen Verkauf i.d.R. für 20 Pfennig erhältlich. Daneben vertrieben vor allem in den 1930ern so genannte „‚Stürmer'-Gardisten" die Zeitung auf den Straßen, um gezielt LeserInnen und AbonnentInnen anzuwerben.[375] Zugleich vertrieb „Der Stürmer" über seinen Anzeigenteil kostenlos Werbematerial. Verstärkt in den 1930er Jahren wurden „Stürmer"-

---

[370] Vgl. Hart, Hermann: Judentum und Presse. Judenfeindliche Kampfpresse. In: Heide, Walther (Hrsg.): Handbuch der Zeitungswissenschaft, Band 2. Leipzig 1943, S. 2135;
Ausführlich zu den Entwicklungen der Nürnberger Ortsgruppe: Vgl. Roos 2014, S. 21 f.

[371] Vgl. Kübler 2008, S. 106.

[372] Vgl. Roos 2014, S. 26 f.

[373] Vgl. Bytwerk, Randall L.: Julius Streicher: the man who persuaded a nation to hate Jews. New York 1983, S. 176.

[374] Geführt als Wochenschrift „mit primär politisch-weltanschaulichem (nicht nachrichtenmäßigem) Inhalt" (O.V.: Verzeichnis der Wochenzeitungen mit politisch-weltanschaulichem und nachrichtenmäßigem Inhalt. In: Institut für Zeitungswissenschaft an der Universität Berlin (Hrsg.): Handbuch der deutschen Tagespresse. 6. Auflage. Leipzig, Frankfurt am Main 1937, S. 288).

[375] Zweifelsohne sollte deren Präsenz auch jüdische Menschen einschüchtern: Zu Weihnachten 1934 ließ der Verlag den „Stürmer" örtlich gezielt vor jüdischen Geschäften vertreiben (vgl. Dokument 68: Regierungspräsident Minden. Bericht für November und Dezember 1934. Minden, 10.1.1935. In: Kulka; Jäckel (Hrsg.) 2004, S. 105.

Schaukästen errichtet.[376] In hoher Auflagenzahl wurden zudem in unregelmäßigen Abständen „Sondernummern" publiziert. Nach 1933 hatten Streicher und die „Deutsche Arbeitsfront" überdies beschlossen, dass Betriebe den „Stürmer" entsprechend ihrer Belegschaft abzunehmen hatten.[377]

Vereinzelt wurden Ausgaben vor wie nach 1933 aufgrund von Beschwerden von verschiedenen Seiten gerichtlich beschlagnahmt oder kurzfristig verboten.[378] Um das Ansehen NS-Deutschlands im In- wie Ausland nicht zu gefährden, ließ Hitler mehrfach den Vertrieb antisemitischer Propaganda, etwa zu den Olympischen Spielen 1936, einschränken.[379]

Zur Auflagenhöhe des „Stürmer" werden in der Forschungsliteratur verschiedene Angaben gemacht.[380] Wulf, der sich auf Angaben des „Institutes für Zeitungswissenschaft" bezieht, nennt folgende Auflagenzahlen: 1935: 200.000, 1936: 704.183, 1939: 473.000, 1944

---

[376] Vgl. Bytwerk 1983, S. 163.

[377] Vgl. Zelnhefer 2011.

[378] Vgl. Showalter, Dennis E.: Little man, what now? Der Stürmer in the Weimar Republic. Hamden 1982. S. 203. Aus den auf der „Reichspressekonferenz" erteilten Presseanweisungen geht hervor, dass es in den 1930er Jahren mehrere, kurzzeitige Verbote des „Stürmer", etwa wegen Angriffen auf NSDAP-Politiker gab (vgl. u.a. Aufzeichnung zur Presseanweisung vom 20.7.1935, Signatur ZSg. 101/6/21, in: Bohrmann, Hans (Hrsg.): NS-Presseanweisungen der Vorkriegszeit. Edition und Dokumentation, Bd. 3/I 1935. München 1987. S. 442). Interessanterweise sollten diese kurzzeitigen Verbote des „Stürmer" durch die Presse nicht publik gemacht werden (vgl. u.a. Aufzeichnung zur Presseanweisung vom 22.7.1935, Signatur ZSg. 101/6/22, in: Bohrmann, Hans (Hrsg.): NS-Presseanweisungen der Vorkriegszeit. Edition und Dokumentation, Bd. 3/I 1935. München 1987, S. 444).

[379] Vgl. u.a. Longerich 1998, S. 116. So wurde 1936 wohl der Vertrieb des Hetzblattes in Berlin eingeschränkt (vgl. Roos 2014, S. 324).

[380] Die Auflagenhöhe schwankte laut Bytwerk scheinbar in den dreißiger Jahren zwischen 200.000 und 400.000 wöchentlichen Exemplaren; nach 1940 sank die wöchentliche Auflage wieder auf unter 200.000 Exemplare (vgl. Bytwerk 1983, S. 63). Angelika Heider hingegen nennt u.a. folgende Auflagenzahlen: 1920er: 2000 – 3000; 1933: über 20.000; 1944: etwa 400.000 Exemplare (vgl. Heider, Angelika: Stürmer, Der. In: Benz, Wolfgang; Graml, Hermann; Weiß, Hermann: Enzyklopädie des Nationalsozialismus. 3., korrigierte Auflage. Stuttgart 1998, S. 754).

(März): 398.000[381]; demnach war die Auflage vor allem in den 1930er Jahren hoch.

Die letzte, heute erhaltene Ausgabe des „Stürmer" erschien am 22. Februar 1945.[382]

Aufbau und Gestaltung

Der Umfang der „Stürmer"-Ausgaben variierte: Bestand eine Ausgabe im Jahr 1930 aus acht Seiten, belief sich die Seitenzahl ab Mitte 1935 auf zwölf Seiten.[383] Die Zeitung erschien in schwarz-weiß und war in den 1930er-Ausgaben nicht paginiert. Die Titelseite bediente über einen Leitartikel und eine großflächige Zeichnung bzw. Karikatur i.d.R. zwei Themen; ergänzt wurde die erste Seite durch ein kurzes Inhaltsverzeichnis sowie ein Impressum. Am Ende der Titelseite befand sich in den 1930er-Ausgaben, fettgedruckt und dadurch grafisch hervorgehoben, der von dem Berliner Historiker Heinrich von Treitschke geprägte Ausspruch „Die Juden sind unser Unglück"[384].

Die Zeitung war dreispaltig konzipiert. Die Ausgaben waren weitestgehend in gebrochener Typografie gehalten, vereinzelt erschienen Texte in Antiqua. Auf der zweiten Seite einer „Stürmer"-Ausgabe wurde die Titelgeschichte fortgesetzt; die folgenden Seiten füllten Berichte und Meldungen der „Stürmer"-Redaktion sowie LeserInnenzuschriften. Hierbei waren Artikelüberschriften vereinzelt durch rotfarbi-

---

[381] Vgl. Wulf 1989, S. 262.

[382] Vgl. Roos 2014, S. 381.

[383] Die so genannten „Sondernummern", die in unregelmäßigen Abständen neben den wöchentlichen Ausgaben gedruckt wurden, bestanden i.d.R. aus 16 Seiten.

[384] Treitschke hatte 1879 den Aufsatz „Unsere Aussichten" veröffentlicht und darin vor allem „nichtassimilierte", so genannte „Ostjuden" als Gefahr für die christlich-abendländische Kultur ausgemacht (Vgl. Treitschke, Heinrich von: Unsere Aussichten. In: Boehlich, Walter (Hrsg.): Der Berliner Antisemitismusstreit. Frankfurt am Main 1965, S. 9 ff.) Treitschke löste mit der Veröffentlichung den „Berliner Antisemitismusstreit" aus.

ge Markierung hervorgehoben.[385] Ergänzt wurden die Texte auf den ersten Seiten durch kleinere Karikaturen oder Fotografien, die i.d.R. von der Redaktion gesammelt und archiviert worden waren. In der gesamten Ausgabe ließen sich verschiedene antisemitische Parolen finden, die sich meist fettgedruckt am Seitenende befanden. Im hinteren Teil einer Ausgabe fanden die LeserInnen Buchtipps sowie Veranstaltungshinweise. Die letzten Seiten bestanden hauptsächlich aus Werbeanzeigen, vereinzelt fanden sich in den frühen Jahrgängen zwischen diesen auch Stellengesuche sowie Wohnungs- und vereinzelte Kontaktanzeigen.

4.1.2 Julius Streichers Antisemitismus: „Imprägnation" und „erodierendes Patriarchat"

Streicher nahm als Gründer, Herausgeber und zeitweiliger Hauptschriftleiter des „Stürmer" maßgeblich Einfluss auf die Gestaltung der Wochenzeitung. Mit dem „Stürmer" gab er nicht nur eine dezidiert judenfeindliche Zeitung heraus, ebenso initiierte Streicher als Gauleiter und überzeugter Antisemit in den 1930er Jahren so genannte „Einzelaktionen" gegen jüdische Bürger und war u.a. an „Arisierungen" jüdischen Besitzes rund um Nürnberg beteiligt.[386] 1933 übernahm er zu-

---

[385] Vgl. Roos 2014, S. 422.

[386] Vgl. Dokument 22: Regierungspräsident Unterfranken und Aschaffenburg. Bericht für die zweite Hälfte September. Würzburg, 7.10.1933. In: Kulka; Jäckel (Hrsg.) 2004, S. 56 f. sowie vgl. Bytwerk 1983, S. 39.
Roos beschreibt Streichers Wirken als Gauleiter anders: Streicher habe in seiner Position „Wert darauf" (Roos 2014, S. 288) gelegt, „dass die Juden in seinem Machtbereich keinem körperlichen Missbrauch ausgesetzt" (ebd.) wären, um damit dem Schaffen jüdischer „Märtyrer'" (ebd.) vorzubeugen zu können. Diese Behauptung leuchtet angesichts der Hetzpropaganda des „Stürmer", die u.a. Namen und Wohnanschriften von Juden veröffentlichte und damit gewalttätige Aktionen vonseiten der Bevölkerung in Kauf nahm, allerdings nicht ein. Auch lässt Roos offen, wel-

dem den Vorsitz des so genannten „Zentralkomitees zur Abwehr der jüdischen Greuel- und Boykotthetze"[387], welches reichsweit den Boykott jüdischer Geschäfte am 1.4.1933 organisierte. Antisemitische Agitation war demnach Mittelpunkt seines politischen wie publizistischen Engagements.

Mit Blick auf die spätere Presseanalyse ist des Weiteren zu konstatieren, dass seit jeher ein „Sexualantisemitismus"[388] im Fokus der antisemitischen Propaganda Streichers stand, dieser ließ ihn weitreichende Sexualverbote zwischen Juden und Nichtjuden einfordern. Die Forderung nach einer solchen Prohibition war zentraler Bestandteil des kontagionistischen Theorems, welches sich in Streichers Propaganda der 1920er und 1930er Jahre wiederfinden lässt: Die Kontagionisten[389] gingen, anders als die in der Tradition der Erbbiologen stehenden RassistInnen (vgl. Kap. 2.2.1), von einer „infektiösen" Wirkung des jüdischen Samens aus. Der Antisemit Artur Dinter hatte in seinem erstmals 1917 veröffentlichten Roman „Die Sünde wider das Blut" ebendieses Theorem popularisiert.[390] Demnach reiche ein einziger, vaginal erfolgter Samenerguss (bzw. eine Befruchtung durch einen jüdischen Mann)

---

che Maßnahmen Streicher denn ergriffen haben soll, um Juden in seinem Gau vor solchen Aktionen zu bewahren.

[387] Vgl. Deutsches Historisches Museum (Kuhn, Stefan): Julius Streicher (1885-1946). URL: https://www.dhm.de/lemo/biografie/julius-streicher (Stand: 21.4.2015).

[388] Henschel 2008, S. 10.

[389] Zu ihnen zählte Essner u.a. Hitler, Julius Streicher und Heinrich Himmler (vgl. Essner 2002, S. 344).

[390] Vgl. Essner 2002, S. 22 ff. In dem Roman gebärt seine Ehefrau dem Protagonisten Hermann Kämpfer „ein echtes Judenkind" (Dinter, Artur: Die Sünde wider das Blut. Ein Zeitroman. Vierzehnte Auflage. Leipzig 1920. S. 349.), obwohl beider Vorfahren „blonde Nordgermanen" (ebd.) waren; die Frau war in der Vergangenheit von einem jüdischen Mann geschwängert und so „vergiftet" worden: „[...] Es ist ein bedeutungsvolles und in der Tierzucht ganz bekanntes Rassegesetz, daß ein edelrassiges Weibchen zur edeln [sic!] Nachzucht für immer untauglich wird, wenn es nur ein einziges Mal von einem Männchen minderwertiger Rasse befruchtet wird. Durch eine solche aus unedlem männlichen Blute erzeugte Mutterschaft wird der ganze Organismus des edelrassigen weiblichen Geschöpfs vergiftet und nach der unedeln [sic!] Rasse hin verändert, so daß es nur noch imstande ist, unedle Nachkommen zur Welt zur bringen, selbst im Falle der Befruchtung durch ein edelrassiges Männchen. [...]" (ebd., S. 350).

aus[391], um den Blutkreislauf einer deutschen Frau zu beeinflussen und diese aufgrund einer „Präpotenz des jüdischen Blutes"[392] zukünftig nur noch Nachkommen mit jüdischen Bluts- bzw. Erbanteilen gebären zu lassen. Unter Benutzung der im Rassismus überhöhten Größe des „Blutes" würde damit – durch Einfluss des jüdischen Samens auf die „Erbmasse" – immer auch die Seele der deutschen Frau beeinflusst[393]; Streicher führte Anfang 1935 dazu aus:

> „[…] *Der männliche Samen wird bei der Begattung ganz oder teilweise von dem weiblichen Mutterboden aufgesaugt und geht so in das Blut über. Ein einziger Beischlaf eines Juden bei einer arischen Frau genügt, um deren Blut für immer zu vergiften. Sie hat mit dem ‚artfremden Eiweiß' auch die fremde Seele in sich aufgenommen. Sie kann nie mehr, auch wenn sie einen arischen Mann heiratet, rein arische Kinder bekommen, sondern nur Bastarde […]. Man nennt diesen Vorgang: ‚Imprägnation'.*"[394]

Denkbar ist, dass Streichers Bekenntnis zum kontagionistischen Theorem durch seine Sozialisation in einem katholischen Milieu begünstigt wurde[395], was sich wiederum darin begründen könnte, dass die (von den KontagionistInnen bis zum Eintritt in die „reinrassige" Ehe geforderte) Enthaltsamkeit zentrales Motiv auch der christlichen Lehre war[396]. Wohl werden auch Streichers Interesse an der „Naturheilbewe-

---

[391] Vgl. Henschel 2008, S. 38.

[392] Essner 2002, S. 36.

[393] Vgl. ebd., S. 55 ff. sowie S. 168 f.

[394] Streicher, Julius: Der Kampf geht weiter! In: Deutsche Volksgesundheit aus Blut und Boden, Heft 1 / 1935 [1935]. URL: http://www.ns-archiv.de/imt/m001-m200/020-m.php (Stand: 11.8.2011). Zitiert auch in: Essner 2002, S. 39.

[395] Wie Essner schreibt, befanden sich unter den KontagionistInnen tatsächlich „katholische Radikalantisemiten" (Essner 2002, S. 24). Streicher war bis zu seinem Austritt 1936 Mitglied der katholischen Kirche (vgl. Ruault, Franco: „Neuschöpfer des deutschen Volkes": Julius Streicher im Kampf gegen „Rassenschande". Beiträge zur Dissidenz, Bd. 18. Frankfurt am Main 2006. S. 139).

[396] Vgl. Braun: Antisemitische Stereotype und Sexualphantasien 1995, S. 184.

gung"[397] und sein Eintreten für eine so genannte „Volksgesundheit"[398] Faktoren gewesen sein, weshalb die Imagination eines den Frauenkörper „infizierenden", jüdischen Samens Anknüpfung an seinen Antisemitismus fand.

Bei geschlechterreflektierender Annäherung an die folgende Presseanalyse gewinnt die Betrachtung des am kontagionistischen Theorem ausgerichteten Antisemitismus' umso mehr an Relevanz, als dass er eine enge Verflechtung des Antisemitismus' mit der Vorstellung einer Geschlechterhierarchie aufweist: Indem das Theorem dem jüdischen Samen eine infektiöse, damit langreichende Wirkung auf den weiblichen Organismus attestierte, sahen die KontagionistInnen im Kontext der gelebten Heteronormativität allein Regularien für das Sexualverhalten der deutschen Frau und des jüdischen Mannes vor, nicht aber für die sexuelle Aktivität des deutschen Mannes, dessen Samen nicht infektiös wirke. Indem deutsche Frauen den KontagionistInnen zufolge nicht mit jüdischen, sondern ausschließlich mit deutschen Männern verkehren und diesen Nachwuchs gebären sollten, offenbarte sich damit zugleich der Hegemonialanspruch des deutschen Mannes. Gehmacher konstatiert, dass Frauen damit in solch sexualisierten Antisemitismus-Diskursen zum einen „als Objekte einer Konkurrenz unter Männern"[399], zum anderen aber auch „als jene schwache Stelle am ‚Volkskörper' vorgestellt [wurden], an der die ‚Vergiftung' in das ‚deutsche Volk' eindringen"[400] könne. Sie sieht damit das (sexuelle) Begehren des Mannes einerseits und die gegenüber der als „schwach" wahrgenommenen Frau gehegten Aggressionen im antisemitischen Diskurs „ineinander aufgelöst"[401]. Diese Überlegungen knüpfen an die Thesen Franco Ruaults an, der in Streichers antisemitischer Propagan-

---

[397] Vgl. Roos 2014, S. 478.

[398] Er gab u.a. von 1933 bis 1935 die o.g. Zeitschrift „Deutsche Volksgesundheit aus Blut und Boden, Gesundheitserziehung auf rassischer Grundlage" heraus (vgl. Ruault 2009, S. 101).

[399] Gehmacher, Johanna: Antisemitismus und die Krise des Geschlechterverhältnisses. In: Österreichische Zeitschrift für Geschichtswissenschaften. Antisemitismus. 3. Jahrgang, Heft 4 / 1992. Wien 1992, S. 437.

[400] Ebd., S. 438.

[401] Ebd.

da ebendieses Bestreben nach Restitution eines (von Juden und weiblichem Emanzipationsstreben befreiten) Patriarchats nachweist: Unter dem Eindruck der nach dem verlorenen Ersten Weltkrieg verstärkt empfundenen Krise des historischen Patriarchats wollten Antisemiten wie Streicher ebenjenes von jüdischen Einflüssen „reinigen", es zugleich gegen das Aufbegehren weiblicher Emanzipation immunisieren und dem deutschen Mann (u.a. über die alleinige, sexuelle Verfügungsgewalt) damit letztendlich die Herrschaft sichern.[402] Das Propagieren des kontagionistischen Theorems sollte diese Forderungen pseudo-wissenschaftlich stützen, propagiert wurden damit vor allem die Negativfiguren des jüdischen „Rassenschänders" und die der „artvergessenen" Frau.

Das kontagionistische Theorem verschwand vermutlich nach Erlass der „Nürnberger Rassengesetze" auf Medienebene aus dem antisemitischen Diskurs; der „Juden"-Begriff war nun gesetzlich gefasst und differenzierte nach erbbiologischen Prämissen, wer fortan als jüdisch galt – was die Theorie von einem infektiösen, jüdischen Samen „unsagbar" werden ließ. Tatsächlich erhielt die Presse im Oktober 1935 Anweisung, dass eine „Verbreitung dieser irrigen Anschauung [der Imprägnationslehre, Anm. L.B.] [...] nach dem Wunsch des Führers und Reichskanzlers unterbleiben"[403] sollte.

---

[402] Ausführlich dazu vgl. Ruault 2009, u.a. S. 21 ff. sowie vgl. ebd., S. 163. Bisweilen finden sich in der Forschungsliteratur Hinweise, die gar eine frauenfeindliche Einstellung Streichers vermuten lassen. Demnach hätte Streicher sich in der Öffentlichkeit abfällig über Frauen geäußert (vgl. Ruault 2006, S. 342), seine erste Ehefrau geschlagen und betrogen (vgl. u.a. Pätzold, Kurt: Julius Streicher. In: Ders.; Weißbecker, Manfred (Hrsg.): Stufen zum Galgen. Lebenswege vor den Nürnberger Urteilen. Leipzig 1996. S. 268 sowie vgl. Sigmund 2009, S. 55 f.).

[403] Aufzeichnung zur Presseanweisung vom 4.10.1935, Signatur ZSg. 102/1/83 (2), in: Bohrmann, Hans (Hrsg.): NS-Presseanweisungen der Vorkriegszeit. Edition und Dokumentation, Bd. 3/II 1935. München 1987, S. 645.
Im Oktober 1935 trat ein Vertreter des „Rassenpolitischen Amtes" in der „Reichspressekonferenz auf, ein anwesender Journalist notierte dessen Ausführungen wie folgt: „[...] So sei da z.B. die sogenannte Imprägnationslehre, das heisst, dass z.B. eine Arierin Jüdin werde, wenn sie mit einem Juden verkehre. Konsequent angewandt ergebe diese Theorie also auch umgekehrt, dass eine Jüdin Arierin werden könnte, was allerdings eine einfache Lösung der Judenfrage wäre. Die Imprägnationslehre sei nicht nur wissenschaftlich unhaltbar, sondern berge auch grosse politi-

„[…] manchmal bloße Pornographie […]"[404] – Kritik am „Stürmer"

Die bereits dargestellten, innerparteilichen Differenzen um die Ausrichtung der antisemitischen Pressepropaganda (vgl. Kap. 3.2) lassen sich am Fall des der „Kampfpresse"[405] zuzuordnenden „Stürmer" nachvollziehen. Anlass der Kritik war dabei offenbar nicht nur Streichers Nähe zum (spätestens ab 1935 offiziell abgelehnten) Kontagionismus, vor allem schien es die Gestaltung des „Stürmer" und dessen Fokus auf sexualantisemitischer Propaganda gewesen zu sein, die anderen NSDAPlern Anlass für Kritik boten[406]. Goebbels notierte 1935 in sein Tagebuch, Streichers Blatt sei „[…] ja manchmal bloße Pornographie. […]"[407]; auch evangelische Christen lehnten den „Stürmer" „aus sittlich moralischen Grundsätzen"[408] ab. Darüber hinaus nahmen führende Nationalsozialisten offensichtlich Anstoß an der Konstanz und Radikalität, mit der Streicher ein Vorgehen gegen Juden einforderte: Die dem „Radauantisemitismus" zuzuordnende Berichterstattung[409] zielte durch das stete Thematisieren der „Judenfrage" offensichtlich auf das Erzeugen einer „Pogromstimmung" ab, dies wiede-

---

sche Gefahren in sich. Sie gebe nämlich einmal den sogenannten Assimilations-Juden propagandistischen Auftrieb und den böswillig gesinnten Kreisen des Auslandes und den Reaktionären im Inland die Möglichkeit, den Rassengedanken als unsachlich und unwissenschaftlich abzulehnen. […]" (Aufzeichnung zur Presseanweisung vom 4.10.1935, Signatur ZSg. 102/1/83 (2), in: Bohrmann, Hans (Hrsg.): NS-Presseanweisungen der Vorkriegszeit. Edition und Dokumentation, Bd. 3/II 1935. München 1987, S. 644 f.).

[404] Reuth, Ralf Georg (Hrsg.): Joseph Goebbels. Tagebücher 1924-1945. Erweiterte Taschenbuchausgabe. Band 3: 1935-1939. München 1999. Eintrag vom 6. September 1935, S. 883.

[405] Paul 1992, S. 181.

[406] Vgl. Henschel 2008, S. 70 ff.

[407] Reuth, Ralf Georg (Hrsg.): Joseph Goebbels. Tagebücher 1924-1945. Erweiterte Taschenbuchausgabe. Band 3: 1935-1939. München 1999. Eintrag vom 6. September 1935, S. 883.

[408] Dokument 150: Stapostelle Regierungsbezirk Minden. Bericht für August 1935. Bielefeld, 4.9.1935. In: Kulka; Jäckel (Hrsg.) 2004, S. 154.

[409] Vgl. Ruault 2009, S. 49.

rum ließ sich i.d.R. nicht mit der offiziellen NS-Politik vereinen, die die Maßnahmen gegen Juden zeitweise bewusst zurückzustellen wusste (siehe Kapitel 2.2.3). Waren die Agitation Streichers und auch die Propaganda des „Stürmer" der NSDAP in der „Kampfzeit" offenbar noch willkommen und nützlich, äußerte sich Goebbels in den Folgejahren zunehmend kritisch.[410] In den 1930er Jahren, in denen es zunächst galt, die neuen Strukturen des NS-Staates zu konsolidieren und die Judenverfolgung nach dem „rationalistischen" Kalkül schrittweise zu verschärfen, schien Goebbels, nunmehr „Reichspropagandaminister", sich umso mehr an der radikalen Ausrichtung der Zeitung zu stören: „[...] Ich werde den ‚Stürmer' schon klein kriegen. Vor allem muß er den Ton ändern. [...]"[411]. Das so genannte „Judenreferat" des „Sicherheitsdienstes" (SD), der „rationalistischen" Judenpolitik verpflichtet, versuchte seinerseits Einfluss auf die „Stürmer"-Konzeption zu nehmen.[412] Auch Hitler sah sich veranlasst, im September 1935 zu intervenieren und in persönlicher Unterredung mit Streicher und

---

[410] Vgl. Roos 2014, S. 222. Goebbels hatte 1924, noch deutlich mit dessen „Radauantisemitismus" sympathisierend, über Streicher konstatiert: „[...] Berserker. Vielleicht etwas pathologisch. Aber er ist gut so. Auch die haben wir nötig. Für die Massen zu packen. [...]" (Reuth, Ralf Georg (Hrsg.): Joseph Goebbels. Tagebücher 1924-1945. Erweiterte Taschenbuchausgabe. Band 1: 1924-1929. München 1999. Eintrag vom 19. Aug. 1924, S. 135).
1929 notierte Goebbels unter dem Eindruck einer öffentlichen Rede Streichers notierte: „[...] Dieser bloße Antisemitismus ist zu primitiv. Er geht an fast allen Problemen vorbei. Der Jude ist nicht an allem schuld. Wir tragen auch Schuld, und wenn wir das nicht erkennen wollen, dann finden wir auch keinen Weg. [...]." (Reuth, Ralf Georg (Hrsg.): Joseph Goebbels. Tagebücher 1924-1945. Erweiterte Taschenbuchausgabe. Band 1: 1924-1929. München 1999. Eintrag vom 29. Juni 1929, S. 386).
[411] 1936 notierte Goebbels: „[...] Unterredung mit Holz [damaliger Schriftleiter, Anm. L.B] vom ‚Stürmer'. Ich geige ihm schwer die Meinung. Er hat Verständnis und ist sehr klein. Ich werde den ‚Stürmer' schon klein kriegen. Vor allem muß er den Ton ändern. [...]" (Reuth, Ralf Georg (Hrsg.): Joseph Goebbels. Tagebücher 1924-1945. Erweiterte Taschenbuchausgabe. Band 3: 1935-1939. München 1999. Eintrag vom 4. März 1936, S. 931). Solche Unterredungen mit „Stürmer"-Verantwortlichen ersuchte Goebbels mehrfach (vgl. ebd., Eintrag vom 27. Januar 1938, S. 1184).
[412] Adolf Eichmann suchte 1938 das Gespräch mit Ernst Hiemer, dem damaligen „Stürmer"-Hauptschriftleiter (vgl. Höhne 1976, S. 311 f.).

Goebbels eine (in den Quellen nicht weiter definierte) Überarbeitung des „Stürmer" zu fordern.[413] Dennoch schien die „Stürmer"-Redaktion – offenbar von Hitler protegiert – zumindest bis zum Jahr 1938, unabhängig von offiziellen Presseanweisungen, weitestgehend freie Hand bei der Gestaltung des Blattes gehabt zu haben[414].

Trotz aller Kritik und zunehmender, politischer Entmachtung[415] konnte Streicher den „Stürmer" bis 1945 herausgeben, was mit großer Wahrscheinlichkeit damit zusammenhing, dass er sich offenbar bis

---

[413] Vgl. Reuth, Ralf Georg (Hrsg.): Joseph Goebbels. Tagebücher 1924-1945. Erweiterte Taschenbuchausgabe. Band 3: 1935-1939. München 1999, Eintrag vom 11. Sept. 1935, S. 885.

[414] Vgl. Roos 2014, S. 328 f.

[415] Das Ansehen Streichers in der Partei schien gering zu sein: In den 1930er Jahren ergingen mehrfach Beschwerden an höhere Parteistellen, aus denen hervorgeht, dass Streicher Parteigenossen beschimpft und bedroht hätte (vgl. u.a. Schreiben der Reichspropagandaleitung, Unterabteilung Rednervermittlung an den Reichsorganisationsleiter der N.S.D.A.P., Herrn Gregor Strasser, 2. Dezember 1932. In: Parteikorrespondenz: Streicher, Julius (VBS 1/1120012383, Bestand Bundesarchiv)).
Das Ende der politischen Karriere Streichers wurde eingeläutet, als im Jahr 1939 eine Kommission unter dem Vorsitz Görings eingesetzt wurde, um die Missstände in Streichers Gau zu untersuchen; dabei spielten auch persönliche Fehden unter den Nationalsozialisten eine Rolle (ausführlich dazu: vgl. Roos 2014, S. 341 ff.). Streicher wurde anschließend als „Frankenführer" aus Nürnberg abgezogen, was einer politischen Entmachtung gleichkam, Hitler ließ ihn dennoch (zumindest formell) im Amt des Gauleiters (vgl. Hahn, Fred: Lieber Stürmer. Leserbriefe an das NS-Kampfblatt 1924 bis 1945. Eine Dokumentation aus dem Leo-Baeck-Institut. New York. Stuttgart 1978, S. 107).
Ab 1940 lebte Streicher zurückgezogen auf einem Gutshof bei Nürnberg, im Mai 1945 wurde er von den Alliierten in den österreichischen Alpen festgenommen (vgl. Deutsches Historisches Museum (Kuhn, Stefan): Julius Streicher (1885-1946). URL: https://www.dhm.de/lemo/biografie/julius-streicher (Stand: 21.4.2015)). Während der „Nürnberger Prozesse" musste sich Streicher vor dem „Internationalen Gerichtshof" verantworten. Im Fokus der Anklage stand dabei vor allem der „Stürmer", den der Gerichtshof als „Aufreizung zum Mord und zur Ausrottung" (Der Prozeß gegen die Hauptkriegsverbrecher vor dem Internationalen Gerichtshof Nürnberg. Nürnberg 1947, Bd. 1, S. 343.) einstufte. Aufgrund seiner Amtshandlungen als „Frankenführer" sowie seiner Hetze im „Stürmer" wurde Streicher im Oktober 1946 wegen seiner „Verbrechen gegen die Menschlichkeit" in Nürnberg hingerichtet.

zuletzt auf den Schutz Hitlers berufen konnte.[416] Auch stützte „Der Stürmer" – als radikale Stimme im antisemitischen Diskurs – grundsätzlich die Entwicklungen der NS-Politik.

Im Folgenden sollen nun Überlegungen angestellt werden, wen die antisemitische Zeitung mit ihrer Propaganda zu erreichen und antisemitisch zu mobilisieren gedachte. Dies wiederum soll Aufschluss geben über die Gestaltung und Konzeption des „Stürmer".

4.1.3 Überlegungen zur anvisierten Zielgruppe

Wahrscheinlich ist, dass die Zeitung mit ihrem dezidierten Schwerpunkt auf judenfeindlicher Berichterstattung vor allem Menschen mit latent oder manifest antisemitischen Orientierungen anzusprechen versuchte.[417] Tatsächlich adressierte „Der Stürmer" häufig

---

[416] Nicht nur hatte Streicher den Hitler-Putsch im Jahr 1923 als Propagandist unterstützt (vgl. Deutsches Historisches Museum (Kuhn, Stefan): Julius Streicher (1885 – 1946). URL: https://www.dhm.de/lemo/biografie/julius-streicher (Stand: 21.4.2015).) und war an der Seite Hitlers marschiert (vgl. Roos 2014, S. 73 f.), was ihm offenbar Hitlers Dank und Anerkennung einbrachte (vgl. Dokument 599, Hitler an Julius Streicher, München, 8. November 1923. In: Jäckel; Kuhn (Hrsg.) 1980, S. 1057 f. sowie vgl. Dokument 600: Hitler an Julius Streicher, München, 8. November 1923. In: Jäckel; Kuhn (Hrsg.) 1980, S. 1058); darüber hinaus verdankte Hitler ihm die 1925 erfolgte Angliederung der bis dato von Streicher geführten „Großdeutschen Volksgemeinschaft" an die nach dem Putsch zunächst verbotene NSDAP (vgl. Probst, Robert: Großdeutsche Volksgemeinschaft (GVG), 1924/25. In: Historisches Lexikon Bayerns [2011]. URL: http://www.historisches-lexikon-bayerns.de/artikel/artikel_44723 (Stand: 24.03.2011). sowie vgl. Jochmann, Werner (Hrsg.): Adolf Hitler. Monologe im Führer-Hauptquartier 1941-1944. Die Aufzeichnungen Heinrich Heims. Hamburg 1980. Nr. 71, Führerhauptquartier, 28./29.12.1941, H/Si., S. 157-161).

[417] „[...] Die Kausalrichtung der Beziehung zwischen Lektüre des ‚Stürmer' und Antisemitismus in der Zeit des *Dritten Reiches* dürfte hierbei wechselseitiger Natur gewesen sein: Personen mit antisemitischen Orientierungen nahmen diese Zeitung vermutlich eher zur Kenntnis als andere. Und wer sie häufiger las, dürfte in seinen

und explizit Nationalsozialisten bzw. NSDAP-Mitglieder[418] - also eine Zielgruppe, bei der eine antisemitische Orientierung anzunehmen war.

Darüber hinaus ist zu konstatieren, dass „Der Stürmer" sich als Vermittler einer antisemitischen „Aufklärung" verstand, es liegt daher nahe, dass das Zielpublikum zu diesem Zweck möglichst weit gefasst werden sollte. Durch die reichsweite Existenz von „Stürmer"-Schaukästen hätte jeder – unabhängig von Alter, Geschlecht, politisch-sozialem Milieu und Bildungshintergrund – das antisemitische Hetz-blatt lesen bzw. dessen Botschaften wahrnehmen können.[419] Showalter ergänzt, dass „Der Stürmer" vor allem Arbeiter und Bauern als Lese-rInnen gewinnen wollte[420].

Nach 1945 angestellte Forschungen zur Leserschaft des „Stürmer" belegen, dass es der Redaktion tatsächlich gelungen war, in ihrer An-sprache „sämtliche Trennungsinstanzen wie Klasse, Beruf und Ge-schlecht zu überwinden"[421]. Dabei war es wohl auch dem Fokus auf sexualantisemitischen Darstellungen geschuldet, dass die Zeitung

---

negativen Urteilen über Juden weiter bekräftigt worden sein. [...]" (Reuband 2008, S. 246).

[418] Vgl. o.V.: „Was sich Nationalsozialisten merken müssen", in: „Stürmer"-Nr. 30 / Juli 1935, S. 3.

[419] Vgl. Reuband 2008, S. 220.

[420] Vgl. Showalter 1982, S. 173.

[421] Ruault 2009, S. 221. sowie vgl. Reuband 2008, S. 221. Das „Institut für Demo-skopie" befragte nach 1945 1.915 Personen in offen formulierten Fragen zu den Themen „Nationalsozialismus" und „Judenverfolgung" (vgl. Reuband 2008, S. 218 f.). Der Sozialwissenschaftler Karl-Heinz Reuband versuchte anhand dieser empiri-schen Basis die Zusammensetzung der „Stürmer"-Leserschaft nach sozialen Gruppie-rungen zu rekonstruieren, indem er die Umfrageergebnisse einer Sekundäranalyse unterzog.

Wohl aber konstatiert Reuband, dass vor allem Personen „mit höherer Bildung" (ebd., S. 222.) „überproportional zu den Lesern des ‚Stürmer'"(ebd.) zählten, wäh-rend Personen mit „Volksschulbildung" nach 1945 seltener angaben, die Zeitung gelesen zu haben. Reuband wertet dies jedoch nicht notwendigerweise als Indiz für stärker verbreitete antisemitische Orientierungen in höheren Bildungsschichten. Vielmehr führt er dies zurück auf die allgemein stärker ausgeprägte Mediennutzung in höheren Bildungsgruppen sowie auf die Tatsache, dass Berufspositionen mit höhe-ren Bildungsanforderungen oftmals mit NSDAP-Mitgliedern besetzt waren und diese zur Zeitungsabnahme angehalten waren (vgl. ebd., S. 223).

Menschen erreichte, die den „Stürmer" – allein seines (primär antisemitischen) Inhaltes wegen – womöglich nicht gelesen hätten.[422]

Interessant ist überdies aus geschlechterreflektierender Perspektive und hinsichtlich der in dieser Arbeit zu untersuchenden Ansprache der weiblichen Leserschaft, dass die Zeitung tatsächlich wohl häufiger von Männern als von Frauen gelesen wurde.[423] Dies begründete sich womöglich im unterschiedlichen (sozialisationsbedingten) Leseverhalten der Geschlechter; denkbar ist auch, dass Frauen zu jener Zeit „[s]tärker als Männer auf Wohlanständigkeit im sittlichen Umgang hin sozialisiert"[424] worden waren und in der Konsequenz weniger zum Kauf bzw. zur Lektüre des Blattes animiert worden sein könnten.[425] Auch ist wahrscheinlich, dass die vorwiegend von Männern besetzte Redaktion eben durch den Fokus auf sexualantisemitischer Propaganda vor allen den Bedürfnissen des deutschen, heterosexuellen Mannes entsprechen und dessen Hegemonialanspruch im eigenen Interesse durch Propaganda festigen wollte. Dennoch merkt Dagmar Herzog zu Recht an, dass gerade die sexualantisemitische Propaganda sehr wohl auch Frauen eine „Vielfalt möglicher libidinöser Identifizierung"[426] bot; demnach waren deutsche Frauen – wie die Presseanalyse dezidiert nachvollziehen wird – eine anvisierte Zielgruppe der „Stürmer"-Propaganda[427].

Eine explizite Ansprache deutscher Mädchen (wie auch die der Jungen) hingegen erfolgte im „Stürmer" verhältnismäßig selten, was

---

[422] Vgl. ebd., S. 216. „Der Stürmer" diente „unverhohlen pornografischen Zwecken" (Herzog 2005, S. 50.), da „[...] die allgegenwärtige Erklärung, der Nationalsozialismus kämpfe gegen die Verderbtheit, eine gute Ausrede dafür lieferte, nackte Frauen abzubilden und die Aufmerksamkeit der Leute immer wieder auf die Sexualität zu lenken. [...]" (Herzog 2005, S. 51).

[423] Vgl. Reuband 2008, S. 222.

[424] Ebd.

[425] Vgl. ebd. „[...] Dass Frauen seltener als Männer den ‚Stürmer' lasen [...], muss freilich nicht notwendigerweise bedeuten, dass sie dessen Inhalten weniger oft als die Männer ausgesetzt waren. Womöglich gab es hier nicht selten einen indirekten Einfluss: vermittelt in der Alltagskommunikation über die Männer im Haushalt (sei es nun der Ehemann, der Vater oder Brüder). [...]" (Ebd., S. 246).

[426] Herzog 2005, S. 51.

[427] Vgl. Showalter 1982, S. 173. sowie vgl. Ruault 2009, S. 207.

vermuten lässt, dass Kinder und Jugendliche bis 21 Jahren keine primäre Zielgruppe der Zeitung waren. Die Erklärung dafür lag womöglich in der Fokussierung des sexualisierten Antisemitismus', der eine Ansprache einer solch jungen Zielgruppe – im Anschluss an Diskurse um die „Sittlichkeit"[428] – ausschloss.

4.2 Pressemedium II: „NS.Frauen-Warte. Die einzige parteiamtliche Frauenzeitschrift"

4.2.1 Zur Entwicklung der Zeitschrift

Die Herausgeberschaft

Die Produktion und Gestaltung der „NS.Frauen-Warte" war eng an die Organisation der NS.-Frauenschaft gekoppelt. Die NSF wurde zunächst von Elsbeth Zander geführt, die als „Reichsreferentin für Frauenfragen" der „Reichsleitung" unterstand.[429] 1933 löste Lydia Gottschewski Zander ab. In ihrer NSF-Führungsposition fungierten sowohl Zander als auch Gottschewski zugleich als Herausgeberin der „Frauenwarte", wie ein Abgleich der Impressumsangaben zeigt. Auch erschienen die ersten Hefte zunächst unter dem Titel „N.S. Frauen-Warte. Zeitschrift der N.S.-Frauenschaft (Deutscher Frauenorden)".

---

[428] Vgl. u.a. Klaus 1983, S. 157.
[429] Vgl. Stephenson, Jill: The Nazi Organisation of Women. London 1981. S. 50. Zander hatte 1923 den 1931 aufgelösten „Deutschen Frauenorden" (auch: „Frauenorden Rotes Hakenkreuz") gegründet, welcher 1926 als Frauenorganisation der NSDAP anerkannt wurde (vgl. Kompisch 2008, S. 49).

Ab den 1930ern wurde i.d.R. die „NSDAP.-Reichsleitung" (bzw. „Leitung der P.O." [„Parteiorganisation", Anm. L.B.] als Herausgeberin im Impressum geführt, vereinzelt mit dem Zusatz „Abteilung" bzw. „Hauptamt NS.Frauenschaft".[430] Jenes Hauptamt leitete offenbar die Arbeit der NSF an; als Leiter der NSF folgte nach Zander, Gottschewski und Gottfried Krummacher schließlich Erich Hilgenfeldt, der 1934 als neuer Leiter des „Hauptamtes NS.-Frauenschaft"[431] Gertrud Scholtz-Klink zur „Reichsfrauenführerin" berief.[432] Innerhalb des „Hauptamtes NS.-Frauenschaft" waren die Zuständigkeiten wiederum offenbar auf einzelne Abteilungen verteilt, mit Einrichtung der „Reichsfrauenführung" 1936 gingen die verschiedenen Abteilungen des „Hauptamtes NS.-Frauenschaft" in deren Kompetenzbereich über[433]. Die „NS.Frauen-Warte" wurde nunmehr als eine der „Zeitschriften der Reichsfrauenführung"[434] herausgegeben und erschien als parteiamtliche NS-Frauenzeitschrift im Verlag „NSDAP. Reichsleitung, N.S. Frauen-Warte".

---

[430] Die „Reichsleitung" war direkt Hitler und dessen Stellvertreter Rudolf Heß unterstellt und umfasste mehrere „Reichsleiter" mit unterschiedlichen Zuständigkeiten. Dem „Reichsorganisationsleiter" untergeordnet war seit 1932 das „Hauptamt NS.-Frauenschaft" (vgl. Koonz 1991, S. 141).

[431] Vgl. Degener 1935, S. 679.

[432] Scholtz-Klink wurde 1934 (formelle) Leiterin der NSF und des „Deutschen Frauenwerkes", zudem des „Frauenamtes der DAF", des „Deutschen Frauenarbeitsdienstes" und des „Reichsfrauenbundes vom Deutschen Roten Kreuz" (vgl. Degener 1935, S. 1435). Tatsächlich aber blieb Scholtz-Klink bis zuletzt in ihrem tatsächlichen Einfluss eingeschränkt: Sie war bei Entscheidungen von Hilgenfeldts Zustimmung abhängig (vgl. Koonz 1991, S. 216); auch fungierte sie lediglich als dessen „Stellvertreterin bei der Obersten Leitung der Parteiorganisation" (Kompisch 2008, S. 54), was verdeutlichte, dass die Entscheidungskompetenzen klar bei Hilgenfeldt lagen. Im März 1934 wurde die NSF laut Moser per Verordnung offiziell zu einer Gliederung der Partei, damit entfiel offenbar die Amtsleitung durch Hilgenfeldt und die NSF unterstand fortan direkt Heß (vgl. Moser 1988, S. 130).

[433] Vgl. „Organisationsplan der Reichsfrauenführung". In: Scholtz-Klink 1978, S. 70 f. Verantwortlich für die Pressearbeit der „Reichsfrauenführung" zeichnete Erika Kirmsse als Leiterin der Hauptabteilung „Presse / Propaganda" (vgl. Böltken 1995, S.133).

[434] Hauptabteilung Presse/Propaganda: Deutsches Frauenschaffen. Jahrbuch der Reichsfrauenführung. Berlin 1941. In: Scholtz-Klink 1978, S. 84.

Die Schriftleitung

Die Schriftleitung war laut Impressum in München ansässig und in allen 1930er-Jahrgängen ausschließlich mit Frauen besetzt. In den frühen Jahrgängen zeichneten u.a. Elsbeth Unverricht und Käte Auerhahn als Schriftleiterinnen verantwortlich, ab 1933 wies das Impressum Ellen Semmelroth als „verantwortliche Schriftleiterin" und Renate von Stieda als deren Stellvertreterin aus.[435] Gertrud Villforth wurde genannt als verantwortliche Sachbearbeiterin für den hauswirtschaftlichen und den Modeteil. Die Nationalsozialisten folgten damit offensichtlich der Prämisse, dass Frauen für Frauen publizieren sollten (siehe Kapitel 3.3). Zugleich war die Produktion der NS-Frauenzeitschrift jedoch in männliche Hierarchien eingefasst, indem die Schriftleitungen der gesamten, parteiamtlichen Presse ausschließlich von der (männlich besetzten) Parteileitung autorisiert wurden.[436]

Eine Durchsicht der Zeitschrift auf Autorenangaben legt die Annahme nahe, dass es neben den obengenannten Personen keine festen Redaktionsmitglieder gab, da nur wenige Namen regelmäßig und mehrfach erschienen. Als AutorInnen wurden durch die Jahre hinweg Männer wie Frauen angegeben, wobei der Anteil der von Autorinnen verfassten Artikel i.d.R. in den einzelnen Ausgaben leicht

---

[435] Eleonore (Ellen) Elisabeth Emilie Semmelroth, Jg.1902, war seit September 1930 Mitglied der NSDAP; später heiratete sie den SS-Hauptsturmführer Franz Paul Schwarz (vgl. Antrag zur Bearbeitung der Aufnahme als Mitglied der Reichsschrifttumskammer, Gruppe Lektoren, ausgefüllt von Eleonore Schwarz-Semmelroth, ohne Datum. In: Personenbezogene Unterlagen der Reichskulturkammer (RKK): Schwarz-Semmelroth, Ellen (R 9361-V/36439, Bestand Bundesarchiv)). Renate Margot Elmire von Stieda, Jg. 1908, (im Jahr 1938) ledig, war gelernte Volksbibliothekarin. Seit November 1929 war sie Mitglied der NSDAP, seit 1933 hatte sie Aufsätze für die „NS.Frauenwarte" und für die Frauenbeilage des „Völkischen Beobachters" verfasst (vgl. Fragebogen zur Bearbeitung des Aufnahmeantrages für die Reichsschrifttumskammer, ausgefüllt von Renate von Stieda am 3.12.1938. In: Personenbezogene Unterlagen der Reichskulturkammer (RKK): Stieda, Renate von (R 9361-V/11239, Bestand Bundesarchiv)).
[436] Vgl. Koszyk 1972, S. 383.

überwog. Der Fakt, dass die „NS.Frauen-Warte" in personeller Nähe zu der 1931 gegründeten und als „Eliteorganisation"[437] konzipierten „NS.Frauenschaft", die Frauen zu Führerinnen schulen sollte, herausgegeben wurde, legt zudem die Vermutung nahe, dass die redaktionelle Mitarbeit an der offiziellen NS-Frauenzeitschrift nur ebendiesen (potentiellen) NS-„Frauenführerinnen" vorbehalten war. Diese hierarchische Struktur suggeriert auch der Titel der Zeitschrift, umschreibt eine „Warte" doch i.d.R. einen höher gelegenen Beobachtungsposten. Tatsächlich waren die Artikel i.d.R. von Leiterinnen bzw. Mitarbeiterinnen der NS-Frauenorganisationen oder auch von promovierten Frauen unterzeichnet.[438] Als männliche Autoren traten in den 1930er-Heften mit Hans Schemm und Hans-Friedrich Blunck u.a. führende Nationalsozialisten auf.[439]

---

[437] Klinksiek 1982, S. 122. Die Mitgliedschaft war nur jenen Frauen möglich, die sich zuvor in der nationalsozialistischen Frauen- oder Mädchenarbeit, etwa beim BDM. verdient gemacht hätten (vgl. Dammer 1981, S. 220 ff.); die Parteimitgliedschaft war damit nicht mehr zwingende Voraussetzung für die Mitgliedschaft in der NSF (vgl. Klinksiek 1982, S. 116 ff.).

[438] Erwähnt seien an dieser Stelle als promovierte Autorinnen der 1930er-Ausgaben die Soziologin Dr. Sofia Rabe (vgl. Arendt; Hering; Wagner (Hrsg.) 1995, S. 341), Dr. Adele Petmecky sowie die Ärztin Dr. Johanna Haarer.
Diese Anlehnung an das „Führerprinzip" konstatierte Stephenson für die „Reichsfrauenführung" im Allgemeinen: „[…] In spite of the Party's general anti-intellectualism and its insistence that the Nazi women's organisations were for the mass of ‚Aryan' German women, not for a class-based or well-educated elite, Gertrud Scholtz-Klink found herself using graduates and professionally-qualified women in the senior positions of her organisation from the start. […]" (Stephenson 1981, S. 120).

[439] Schemm war seit 1928 Gauleiter von Oberfranken und ab 1933 Leiter des Gaues „Bayerische Ostmark"; 1933 bis 1935 war er bayerischer Staatsminister für Unterricht und Kultus (vgl. Arendt; Hering; Wagner (Hrsg.) 1995, S. 342).
Blunck war u.a. Altpräsident der Reichsschriftumskammer (vgl. Degener 1935, S. 142).

Distribution und Auflage

Die „NS.Frauen-Warte" erschien erstmals am 1. Juli 1932. Ab September 1933 führte die Zeitschrift mit dem Reichsadler und dem Hakenkreuz die offizielle Parteisymbolik auf dem Deckblatt; ab 1934 wies der Untertitel sie schließlich als „die einzige parteiamtliche Frauenzeitschrift" aus. Die „Frauen-Warte" erschien in den 1930er Jahren 14-tägig. Der Preis für ein Heft betrug im Inland zunächst 20 bzw. 25, ab Ende 1933 27 Pfennig.

Nach Angaben der Schriftleitung erschien die „Frauen-Warte" im Juli 1934 mit einer Auflage von 550.000 Stück[440]; im Jahr 1939 lag die Auflage bei etwa 1,5 Millionen.[441] Damit entwickelte sich die „NS.Frauen-Warte" in den 1930ern zur auflagenstärksten Frauenzeitschrift, offenbar begünstigt durch die niedrigen Heftpreise und die starke Abonnentenwerbung.[442] Die letzte Ausgabe der „NS.Frauen-Warte" erschien im Frühjahr 1945.

Aufbau und Gestaltung

Die nationalsozialistische Frauenzeitschrift erschien in Heftform und im A4-Format. Eine Ausgabe der 1930er Jahre fasste 24 bis 32 Seiten; die Ausgaben eines Jahrgangs waren durchgängig paginiert. Die Gestaltung blieb über die Jahre hinweg weitestgehend gleich: Die „Frauenwarte" erschien zunächst mit einer Umschlagseite; ab 1936

---

[440] Vgl. Schriftleitung: „Achtung!", in: „NS.Frauen-Warte", Heft 2 / Jg. 3, Juli 1934, S. 51.

[441] Vgl. Döhring; Feldmann 2004, S. 89 f. sowie vgl. Frei, Schmitz 1999, S. 72. Eine ähnliche Angabe findet sich bei Scholtz-Klink, nach der die Zeitschrift im zweiten Quartal 1938 eine Auflage von einer Million Exemplaren hatte (vgl. Hauptabteilung Presse/Propaganda: Deutsches Frauenschaffen. Jahrbuch der Reichsfrauenführung. Berlin 1938. In: Scholtz-Klink 1978, S. 83).

[442] Vgl. Frei; Schmitz 1999, S. 72.

zierte ein großflächiges, oftmals farbiges Bild- oder Fotomotiv ebendiese. Der Inhalt im Heftinneren war schwarz-weiß gehalten und zeigte
spätestens ab dem 6. Jahrgang zunehmend auch Fotografien und
Zeichnungen[443], Karikaturen hingegen äußerst selten. Die Seiten waren
i.d.R. zweispaltig konzipiert und in gebrochenen Schriften abgedruckt.
Zu lesen waren vor allem „[l]iterarische Beiträge"[444] wie Fortsetzungs-
romane, Gedichte und Novellen, des Weiteren Haushaltstipps und Re-
zepte, deutlich weniger hingegen tagespolitische und -aktuelle Beiträge. Auf den letzten Seiten waren Werbeanzeigen abgedruckt. Vereinzelt waren den regulären „Frauenwarte"-Heften Sonderbeilagen wie
der „Rezeptdienst" oder Bastel- und Schnittmusterbögen beigefügt.

4.2.2 Überlegungen zur anvisierten Zielgruppe

Als „Frauenzeitschrift" richtete sich die „NS. Frauen-Warte" vor
allem an weibliche Personen ab 21 Jahren. Der Fakt, dass die „Reichsfrauenführung" gleich drei Zeitschriften publizierte, legt die Vermutung nahe, dass die nationalsozialistische Frauenpresse unterschiedliche Zielgruppen bedienen sollte: Anders als die „Frauenkultur im
Deutschen Frauenwerk" und die „Deutsche Hauswirtschaft"[445], war die
„NS.Frauen-Warte" als „einzige parteiamtliche Frauenzeitschrift" aus-
gewiesen, ihr Bekenntnis zur Partei und zum Nationalsozialismus bereits im Titel evident. Dies wiederum lässt das Anliegen erkennen, die
dem NS gegenüber zumindest aufgeschlossenen Leserinnen zu informieren. Bisweilen sollte das Bewerben als „einzige parteiamtliche
Frauenzeitschrift" durch Zuschreiben eines „offiziellen Charakters"
sicher auch dem Prestige der Zeitschrift zuspielen. Daraus lässt sich

---

[443] Damit trug die Zeitschrift „Züge einer Illustrierten" (Arendt; Hering; Wagner
(Hrsg.) 1995, S. 58).
[444] Moser 1988, S. 14.
[445] Vgl. Hauptabteilung Presse/Propaganda: Deutsches Frauenschaffen. Jahrbuch der
Reichsfrauenführung. Berlin 1941. In: Scholtz-Klink 1978, S. 84.

erkennen, dass sich die „Frauen-Warte" an linientreue „Parteigenos-sinnen" richtete. Indem die Redaktion daneben explizit aber immer auch „Volksgenossinnen" adressierte, versuchte sie darüber hinaus, auch politisch nichtorganisierte Frauen zu erreichen.[446]

Anders als die Pressemedien der „Frauenkultur im Deutschen Frauenwerk" und der „Deutschen Hauswirtschaft" suggerierte bereits der Titel der „NS.Frauen-Warte", dass in der Zeitschrift keine thematische Eingrenzung der zu behandelnden Themen erfolgen, stattdessen umfassend – wie von einer überblickenden „Warte" – über für Frauen relevante Themen berichtet würde.

Trotzdessen die „NS.Frauen-Warte" sich in den 1930ern zur aufla-genstärksten Frauenzeitschrift entwickelte, lässt die Tatsache, dass die Auflagenzahl der Zeitschrift stets unter der offiziellen Zahl allein der NSF-Mitglieder[447] blieb, vermuten, dass die tatsächliche Reichweite der „einzigen parteiamtlichen Frauenzeitschrift" der NSDAP in der Realität gering blieb. Moser konstatiert, dass die Zeitschrift ihre Ziel-gruppe vor allem in „Frauen des Mittelstandes und der Arbeiter-schicht"[448] fand; Döhring/Feldmann ergänzen, dass vorwiegend Haus-frauen, Bäuerinnen und NS-Frauenschaften zu den Leserinnen gehör-ten[449].

---

[446] Vgl. Klinksiek 1982, S. 133 f. sowie vgl. Döhring; Feldmann 2004, S. 104.

[447] 1936 zählte die NSF rund 2 Millionen Mitglieder (vgl. Dammer 1981, S. 224), Ende 1938 lag die Mitgliederzahl im „Altreich" (sprich: ohne das „angeschlossene" Österreich) bei 2.294.677 Mitgliedern (vgl. Klinksiek 1982, S. 122).

[448] Moser 1988, S. 10.

[449] Vgl. Döhring; Feldmann 2004, S. 89.

4.3 Pressemedium III: „Das Deutsche Mädel"

4.3.1 Zur Entwicklung der Zeitschrift

Die Herausgeberschaft

Die NS-Mädchenzeitschrift erschien ab Februar 1933 zunächst unter dem Titel „Das Deutsche Mädel. Bundesbriefe des BdM" bzw. „Bundesbriefe des ‚Bund Deutscher Mädel' in der Hitlerjugend.". 1934 erfolgte die Umbenennung in „Das Deutsche Mädel. Die Zeitschrift des Bundes Deutscher Mädel in der HJ.".

Als Herausgeber fungierte im ersten Jahrgang Baldur von Schirach. Ab 1934 schrieb das Impressum den „Bund Deutscher Mädel in der HJ" als Herausgeber aus; die parteiamtliche NS-Zeitschrift für die weibliche Jugend wurde demnach im Umfeld des „BDM" bzw. der ihr übergeordneten „Reichsjugendführung"[450] produziert. Koordiniert wurde die Pressearbeit durch das Presse- und Propagandaamt der Reichsjugendführung.[451]

---

[450] Der BDM. wurde im Oktober 1931 offiziell der „Reichsleitung" der „Hitlerjugend" unterstellt (vgl. Jürgens 1996, S. 26 f.); ab 1932 unterstand der BDM. schließlich der „Reichsjugendführung der NSDAP" (vgl. Klaus 1983, S. 223). Dem „Reichsjugendführer" Baldur von Schirach (ab 1940: Artur Axmann) unterstellt waren die jeweiligen „Reichsreferentinnen" bzw. „Reichsleiterinnen des BDM." (in persona: Martha Aßmann, Lydia Gottschewski (1933), Trude Mohr (1934-1937, später verheiratete Bürkner), ab 1937 Jutta Rüdiger (vgl. Böltken 1995, S. 71 ff.)).

[451] Vgl. Pirich-Diederichs 1943, S. 2188. Als Presseabteilung einer NS-Organisation war das Amt offenbar nicht nur Otto Dietrich unterstellt (vgl. Wulf 1989, S. 121), sondern arbeitete auch eng mit dem RMVP zusammen (vgl. Dok. 83: Verfügung des Reichsjugendführers zur Zusammenarbeit der HJ mit dem Reichsministerium für Volksaufklärung und Propaganda, 22.10.1937. In: Jahnke; Buddrus 1989, S. 136).

Da die Zeitschrift in „Reichsausgaben" als auch in gesonderten Heften für einzelne Gaue herausgegeben wurde, wurde sie über verschiedene Verlage vertrieben.[452]

Die Schriftleitung

Im ersten Jahr des Erscheinens war die Schriftleitung mit unterschiedlichen Namen besetzt, demnach zeichneten 1933 nacheinander Lydia Gottschewsky (in ihrer Position als „Reichsreferentin des BDM."[453]), Irmgard von Maltzahn und Gerda Zimmermann als Schriftleiterinnen verantwortlich. Ab 1934 wurde Hilde Munske, BDM-Amtsreferentin im „Amt für Presse und Propaganda der Reichsjugendführung"[454], als Hauptschriftleiterin geführt. Die Zusammenstellung des „Jungmädelteils" verantwortete laut Impressum Lydia Schürer-Stolle, J.M.-Referentin der RJF.

Waren die Artikel des 1933er-Jahrgangs zunächst noch von BDM.-Gauführerinnen u.ä. geschrieben worden, erfolgte 1934 offenbar eine andere Ausrichtung, indem nun deutlich mehr Zuschriften und Artikel veröffentlicht wurden, die von (i.d.R. anonym bleibenden) „Mädel" aus dem gesamten „Reich" geschrieben wurden. Offenbar sollte diese Struktur zu Zwecken der Mobilisierung der Leserschaft die Botschaft vermitteln, dass die nationalsozialistische Jugend „von Jugend geführt"

---

[452] In den für diese Arbeit analysierten Ausgaben, die sich heute in den Archiven verschiedener Bundesländer befinden, finden sich Verweise auf den „Deutschen Jugendverlag, München" (1933), den Verlag „Niedersächsischer Beobachter Hannover" (1934/1935) und ab etwa 1936 auf den Verlag „Niedersächsische Tageszeitung GmbH, Hannover".
[453] Vgl. Kompisch 2008, S. 66.
[454] Vgl. Klaus 1983, S. 185.

würde[455], die Jugendlichen demnach auch bei der Pressearbeit aktiv werden könnten.[456]

Distribution und Auflage

Obwohl der BDM. seit 1930 existierte und es bereits in der Weimarer Republik NS-Jugendpresse gab[457], erschien die erste Ausgabe der NS-Mädchenzeitschrift erst im Februar 1933, was nahelegt, dass die Nationalsozialisten der organisierten Pressearbeit für die weibliche, jugendliche Zielgruppe erst unmittelbar nach der Einsetzung Hitlers als „Reichskanzler" Bedeutung beimaßen.[458] Tatsächlich war die Mobilisierung von Männern und männlichen Jugendlichen bis 1933 der NS-Führung wichtiger.[459] Ab 1933 aber setzte der Aufbau der „Hitlerjugend" zur „Staatsjugend" ein, was mit einer Umstrukturierung der Organisation und dem Anstieg der NS-Jugendpresse nach 1933 einherging[460].

Als offizielle Zeitschrift des BDM. erschien „Das Deutsche Mädel" ab Februar 1933 und im monatlichen Turnus. Die Hefte erschienen

---

[455] Vgl. Reese 1981, S. 167.

[456] Aufgrund der i.d.R. anonymisierten Autorenangaben lässt sich aber nicht nachprüfen, ob es sich bei den Berichten tatsächlich um Zuschriften von Leserinnen handelte oder ob eine Schriftleitung diese verfasste.

[457] Vgl. Dürrhauer, Silke: Hitlers Jugendpropaganda (2007): URL:http://www.bpb.de/politik/extremismus/rechtsextremismus/41726/hitlers-jugendpropaganda?p=all (Stand: 8.12.2014).

[458] Wohl aber gab es mehrere Zeitschriften, die bereits vor 1933 unter dem Titel „Das Deutsche Mädel" erschienen und womöglich Vorläufer der hier untersuchten Mädchenzeitschrift waren: So erschien in den 1920ern „Das deutsche Mädel. Blatt für den Bund deutscher Mädels innerhalb der Hitlerjugend", Chemnitz als Kopfblatt der HJ-Zeitschrift „Sturmjugend" (vgl. Pirich-Diederichs 1943, S. 2187), ab 1926 zudem „Das Deutsche Mädel. Mädelblatt des Großdeutschen Jugendbundes" (vgl. ebd., S. 2182).

[459] Vgl. Reese 1981, S. 164.

[460] Vgl. Reichsjugendführung 1938, S. 5. sowie vgl. Dürrhauer 2007.

zunächst zum 15. eines jeden Monats, ab 1935 zu Monatsbeginn. Der Preis betrug 20 Pfennig pro Ausgabe.

Vertrieben wurde die NS-Jugendpresse in den 1930ern „über den normalen Zeitschriftenmarkt, über Schulen und Berufsschulen oder über Abonnements"[461]. Überdies sollten die Mitglieder des BDM. für die Zeitschrift werben.[462] Die Auflage lag, den Angaben der Zeitschrift zufolge, im Januar 1936 bei 120.000 Stück[463], 1938/39 bei über 140.000[464]. Eingestellt wurde die Produktion der Zeitschrift vermutlich im Laufe des Krieges.[465]

Aufbau und Gestaltung

„Das Deutsche Mädel" erschien in den 1930er Jahren als 32-seitiges Heft, zunächst im A5-, spätestens ab 1934 im A4-Format. Die einzelnen Hefte waren pro Ausgabe paginiert und von einem Außenumschlag umgeben; das Deckblatt zierte ein i.d.R. ganzseitiges Foto- oder Bildmotiv und war ab etwa 1935 teilweise coloriert, ab Januar 1939 befand sich zudem der Reichsadler auf dem Deckblatt. Das Heft-

---

[461] Ebd.

[462] Vgl. u.a. o.V.: „Unsere Werbeaktion 1936", in: „Das Deutsche Mädel" / Jg. 1936, Jan. 1936, S. 8.

[463] Vgl. o.V.: „Wie unsere Zeitschrift entsteht", in: „Das Deutsche Mädel" / Jg. 1936, Jan. 1936, S. 7.

[464] Vgl. Pirich-Diederichs 1943, S. 2189. Dies deckt sich mit den Angaben Klaus', der die durchschnittliche Auflage mit 100.000 bis 150.000 Exemplaren beziffert (vgl. Klaus 1983, S. 185 f.).
Ein Hinweis, dass die Auflage im Laufe der 1930er gesteigert werden konnte, war zum einen die 1936 eingeführte Pflicht zur Mitgliedschaft in der HJ (vgl. Deutsches Historisches Museum: Dokument „Gesetz über die Hitlerjugend vom 1. Dezember 1936", Reichsgesetzblatt 1936 I S. 993: URL: http://www.dhm.de/lemo/html/dokumente/hjgesetz/index.html (Stand: 15.2.2013).), was auf einen vergrößerten Leserkreis hinweisen könnte; zudem war die Produktion der Jugendpresse nunmehr staatlich gefördert (vgl. Pirich-Diederichs 1943, S. 2188), was wahrscheinlich zusätzliche, finanzielle Mittel bereitstellte.

[465] Das Bundesarchiv Berlin z.B. führt Ausgaben bis 1943 in seinem Bestand.

innere war i.d.R. schwarz-weiß gehalten; auf der Innenseite des Au-ßenumschlags informierte ein kurzes Inhaltsverzeichnis. Es folgten Artikel, Liedtexte, Gedichte und ab Mitte 1933 auch zahlreiche, groß-flächige Fotografien. Zeichnungen und Karikaturen wurden hingegen kaum publiziert. Die Hefte waren meist zweispaltig konzipiert und in gebrochenen Schriften, weniger in Antiqua gedruckt.

Inhaltlich gliederte sich jede Ausgabe in zwei Teile: Der Großteil der Artikel richtete sich an BDM.-Mitglieder, während es i.d.R. eine oder wenige Doppelseiten gab, die von „Jungmädeln" gestaltet wurden oder sich dezidiert an ebendiese richteten. Auf den letzten Seiten fan-den sich Werbe- oder Stellenanzeigen, Literaturhinweise sowie die im Laufe der 1930er Jahre eingeführte Rubrik „Streiflichter".

4.3.2 Überlegungen zur anvisierten Zielgruppe

„Das Deutsche Mädel" richtete sich als „Zeitschrift des Bundes Deutscher Mädel in der HJ." (spätestens ab 1934) primär an – tatsäch-liche wie potentielle – Mitglieder des BDM. sowie des „Jungmädel-Bundes"[466], adressierte somit deutsche Mädchen im Alter von 10 bis 18 Jahren, um diese primär für einen (bis 1936 freiwillig zu erfolgen-den) Beitritt in die NS-Organisation mobilisieren zu können. Mit Gründung des BDM.-Werkes „Glaube und Schönheit" 1938 wurden auch dessen Mitglieder zur Zielgruppe.[467] Daneben waren Eltern wie ErzieherInnen[468] durch die Zeitschrift anzusprechen, galt es doch im-mer, den staatlichen Einfluss auf die Erziehung der weiblichen Jugend gegenüber dieser Zielgruppe zu legitimieren und Eltern wie Pädago-

---

[466] Vgl. Pirich-Diederichs 1943, S. 2189. Damit war die für die weibliche Jugend gestaltete NS-Presse im Vergleich zu der für Jungen herausgegebenen Presse deut-lich dünner aufgestellt (vgl. ebd., S. 2188 f.).
[467] Vgl. Klaus 1983, S. 185.
[468] Vgl. u.a. o.V.: „Wie unsere Zeitschrift entsteht", in: „Das Deutsche Mädel" / Jg. 1936, Jan. 1936, S. 7.

gInnen Erziehungshinweise für ihre Töchter bzw. Schülerinnen an die Hand zu geben. Ebenso waren Eltern eine Zielgruppe, da sie i.d.R. die Zeitschrift gezahlt haben dürften[469]. Martin Klaus konstatiert nach Abgleich der Auflagenzahlen und der Zahl der BDM.-Mitglieder, dass die tatsächliche Resonanz auf die Zeitschrift letztendlich aber gering gewesen sein muss.[470]

---

[469] Vgl. Dürrhauer 2007.
[470] Vgl. Klaus 1983, S. 185 f.

5. Eine Presseanalyse unter Anwendung der Untersuchungskategorie Geschlecht

Leitende Hypothese dieser Arbeit ist, dass die NS-Propaganda geschlechtsspezifische Formen von Antisemitismus zu bedienen versuchte, dass also die den Geschlechtern zugeschriebenen Bedürfnisse im Sinne einer mobilisierenden Ansprache Eingang in die Gestaltung der antisemitischen Propaganda fanden. Dies soll im Folgenden anhand der eben vorgestellten Pressemedien auf medialer Diskursebene nachgewiesen werden. In der Tradition der Diskursanalyse werden im Folgenden zunächst jene Aussagen aus den einzelnen Pressemedien herausgearbeitet, mittels derer das Weibliche bzw. Männliche entworfen wurde, um darüber hinaus eruieren zu können, welche geschlechtlichen Identitäten und welche geschlechtsspezifischen Bedürfnisse laut den einzelnen Medien „zugelassen", welche als „nicht normal" gekennzeichnet waren. Dies ist Voraussetzung für die Untersuchung des zweiten, hier relevanten Diskurses des Antisemitismus', waren jene diskursiv „zugelassenen", geschlechtsspezifischen Bedürfnisse doch in der antisemitischen Ansprache der weiblichen Zielgruppe im Sinne einer Mobilisierung eingebunden.

5.1 Untersuchung des Geschlechterdiskurses

5.1.1 Die Darstellung des Nationalsozialismus

Alle drei Pressemedien verstanden den nationalsozialistischen Staat als politische Führung der rassisch determinierten „Volksgemeinschaft", deren Mitglieder sich primär über ihre Identität als „Deutsche" definierten. Die Presseberichterstattung folgte hier der offiziellen Linie, dass das deutsche Volk aus mehreren „Rassen" bestünde, wobei Menschen „arischer" bzw. „nordischer" Rasse den Großteil der Bevölkerung darstellten.[471] Explizit kein Teil dieser rassisch gebundenen „Volksgemeinschaft" seien u.a. Juden, sie bildeten ein eigenes, aus verschiedenen, „minderwertigen" „Rassen" bestehendes Volk (vgl. Kap. 2.2.1).[472] Ergo sollte sich die „Volksgemeinschaft" zum einen durch den Ausschluss „andersrassiger" Menschen, zum anderen durch eine sich in der sozialen Praxis fortschreibende Geschlechterhierarchie festigen, was sich anhand der Darstellung des NS in den Pressemedien nachvollziehen lässt.

Analyse: „Der Stürmer"

Kritik an Demokratie und Kommunismus

Der dezidierte Fokus des „Stürmer" auf antisemitischer Berichterstattung bedingte, dass auf den Nationalsozialismus vor allem die Forderungen nach einem staatlich forcierten, antisemitischen Handeln projiziert wurden. Entsprechend vermittelte die Wochenzeitung den Nationalsozialismus vor allem in den Weimarer Ausgaben als einzige politische Alternative, da nur er die jüdische Gefahr erkannt und nur er

---

[471] Vgl. u.a. o.V.: „Der Jude und die deutsche Frau", in: „Stürmer"-Nr. 20 / Mai 1933, S. 3., vgl. u.a. Heß, Marta: „Die Bedeutung des Rassengedankens", in: „NS.Frauen-Warte", Heft 22 / Jg. 3, Apr. 1935, S. 683. sowie vgl. Bössenroth, Ingeborg: „Wahrt euer Volkstum!", in: „Das Deutsche Mädel" / Jg. 1933, Sept. 1933, S. 10.
[472] Vgl. u.a. Streicher, Julius: „Esra", in: „Stürmer"-Nr. 38 / September 1935, S. 1f., vgl. u.a. Dr. Frercks: „Wen soll man heiraten?", in: „NS.Frauen-Warte", Heft 17 / Jg. 4, Febr. 1936, S. 542. sowie vgl. Becker, Lotte: „Ausschnitte einer Palästinafahrt", in: „Das Deutsche Mädel" / Jg. 1936, Juli 1936, S. 4.

die „Verjudung" der deutschen Gesellschaft, wie sie in der Weimarer Republik stattgefunden habe, aufhalten könne.[473] Hitlers Ernennung zum Reichskanzler im Jahr 1933 wurde im „Stürmer" entsprechend als Beginn einer „nationalsozialistischen Revolution"[474] vermeldet: Die Zeitung schrieb, dass sich Deutschland unter Hitlers Führung nun endlich der „Judenfrage" annehmen und man sich seit 1933 offen im „deutschjüdischen Krieg"[475] befinden würde. Zur Diskreditierung abgelehnter Staatsformen – allen voran des Kommunismus' und der Demokratie – sowie politischer Gegner, griff „Der Stürmer" regelmäßig auf antisemitische Argumentationsmuster zurück[476]; Staaten wie die SU und die USA würden von Juden regiert. Insbesondere in der bolschewistischen SU würden – unter dem Einfluss der Juden – Folterungen, Verbrechen und Hungersnöte möglich[477]. Mithilfe einer globalen „Bolschewisierung" wollte das „Weltjudentum" laut „Stürmer" die eigene Herrschaft durch die Knechtschaft der Nichtjuden und durch die Zerstörung der Kulturen manifestieren[478] – was das Einschreiten eines nationalsozialistischen Deutschlands zum Wohle aller nichtjüdischen Völker und aller Kulturen so notwendig mache.

---

[473] Vgl. u.a. Titelkarikatur „Judenparteien", in: „Stürmer"-Nr. 37 / Jg. 8, Sept. 1930, S. 1.

[474] Vgl. u.a. Aufruf o.V.: „An die Stürmerleser!", in: Sondernummer 2 / Jg. 13, Aug. 1935, S. 14.

[475] Vgl. o.V.: „Der Deutschjüdische Krieg 1933 bis ?", in: „Stürmer"-Nr. 38 / Jg. 11, Sept. 1933, S. 2.

[476] Vgl. u.a. Titelkarikatur: „Der Jude wählt Hindenburg", in: „Stürmer"-Nr. 14 / Jg. 10, Apr. 1932, S. 1.

[477] Ab Ende 1936 richtete „Der Stürmer" eine neue Rubrik „Im Juden-Paradies. Erlebnisse eines deutschen Arbeiters in Sowjet-Russland" ein, in der – mittels der Textsorte des „Erlebnisberichtes" – ein authentisches Berichten über angebliche Verhältnisse in der SU suggeriert wurde.

[478] Demnach wolle der Jude u.a. „[...] das Familienleben zerstören, [...] das Volk belustigen, um das Denken zu verhindern, [...] die Körper durch Einimpfung von Ansteckungsstoff verschiedener Krankheiten schwächen; [...] den Haß und die Missgunst zwischen den sozialen Schichten hervorrufen; [...]." (W. Kreuz: „Bolschewisierung der Welt durch die Juden", in: „Stürmer"-Nr. 16 / Jg. 13, Apr. 1935, S. 5.).

Die männlich codierte Darstellung des nationalsozialistischen Staates

Der Nationalsozialismus war im „Stürmer" i.d.R. mit „männlichen" Attributen besetzt: Wie der deutsche Mann, sollte der nationalsozialistische Staat zur Tat schreiten, organisiert und aktiv, d.h. auch unter Anwendung von Gewalt gegen Juden vorgehen. Zumal „Der Stürmer" den NS als System verstand, an dem vor allem Männer aktiv in Politik und Öffentlichkeit partizipieren sollten: Informationen über politische Versammlungen, Protestkundgebungen u.ä. richtete die Zeitung explizit weitestgehend an Männer.[479] Das „Männlich"-Sein wurde so mit der Parteimitgliedschaft verknüpft, zugleich wurden die Partei und ihre politische Repräsentation als männlicher Handlungsraum gekennzeichnet: Fester Bestandteil des „Stürmer" waren Zitate oder Fotografien Hitlers. Gewürdigt wurden zudem Jahr für Jahr jene Männer, die sich im November 1923 am „Hitler"-Putsch zum Sturz der Weimarer Regierung beteiligt hatten; insbesondere erfuhren diejenigen eine Ehrung, die im Zuge des niedergeschlagenen Putsches ihr Leben verloren hatten – an ihnen skizzierte „Der Stürmer" alljährlich die idealisierte „Männlichkeit" „des Soldaten" (vgl. Kap. 5.1.3). Vereinzelt publizierte die Zeitung zudem Nachrufe auf „Alte Kämpfer" oder Porträtaufnahmen von Nationalsozialisten, die sich in den Dienst der Bewegung gestellt hatten.

Neben der nahezu ausschließlich auf männliche Repräsentanten zugeschnittenen Darstellung des Nationalsozialismus', transportierten vor allem Bilder und Karikaturen die allegorische Verknüpfung von Virilität und Nationalsozialismus, indem der NS-Staat meist an den Körper des Mannes (i.d.R. an den des als „Arbeiter"[480] oder „Soldaten" gekennzeichneten) gekoppelt war. In anderen Darstellungen fungierte der Nationalsozialismus – verbildlicht – als Werkzeug des deutschen

---

[479] Roos ergänzt hierzu, dass „Der Stürmer" (wohl in den frühen 1930ern) auch als „internes Mitteilungsblatt und Kommunikationsmittel der mittelfränkischen NSDAP" (Roos 2014, S. 149) fungierte.
[480] Vgl. u.a. Titelkarikatur „Arbeitertat", in: „Stürmer"-Nr. 18 / Jg. 11, Mai 1933, S. 1.

Mannes im Kampf gegen die Juden[481]. Hier knüpfte „Der Stürmer" bisweilen an Bilddiskurse an, die „Männlichkeit" als Symbol für „Vernunft und Autorität"[482] begriffen; zum anderen lehnten sich die im „Stürmer" abgedruckten Zeichnungen und Karikaturen zur Darstellung des nationalsozialistisch handelnden Mannes an die Bildsymbolik der Arbeiterbewegung an.[483]

Neben dieser Adaption tradierter Bildmuster machte der dezidierte Schwerpunkt des „Stürmer" auf antisemitischer Berichterstattung verständlich, warum die Wochenzeitung vor allem Personen würdigte, die sich über eine antisemitische Agitation „verdient" gemacht hatten; 1937 wurden vereinzelt Schreiben prominenter Nationalsozialisten gedruckt, in denen diese den „Stürmer" für die antisemitische „Aufklärung" lobten.[484] Dass führende Antisemiten jener Zeit i.d.R. Männer waren, mag wiederum begründen, warum prominente Nationalsozialistinnen in der Zeitung äußerst selten erwähnt wurden – obwohl ihre Erwähnung der integrativen Ansprache der weiblichen Zielgruppe im Sinne der Weiblichkeitskonstruktion von Nutzen hätte sein können. Wurden einzelne Frauen lobend erwähnt, hatten die sich fast ausschließlich in ihrer Judenfeindlichkeit im Sinne des „Stürmer" hervorgetan.[485] An diese Überlegungen schließt an, dass auch die nationalso-

---

[481] Vgl. u.a. Titelkarikatur „Rassenschutz", in: „Stürmer"-Nr. 25 / Jg. 16, Juni 1938, S. 1.

[482] Frietsch 2006, S. 28.

[483] Vgl. Paul 1992, S. 221. sowie vgl. Schmersahl 2002, S. 147. Katrin Schmersahl, die die NS-Bildpolitik der Weimarer Jahre untersuchte, ergänzt: „[…] In konservativen Kreisen galt der Mann als Verkörperung von Nation, Vaterland und Volksgemeinschaft. […] Die Nationalsozialisten konnten hier anschließen: Sie adaptieren konsequent das herrschende Männlichkeitsideal und verbanden dieses ikonographisch einerseits mit der Werbung um den Arbeiter und andererseits mit ihrer Selbstdarstellung als nationaler Befreiungskraft. […]" (Schmersahl 2002, S. 148).

[484] Vgl. u.a. Forster, Albert: „Der Gauleiter von Danzig schreibt", in: „Stürmer"-Nr. 27 / Jg. 15, Juli 1937, S. 3.

[485] So erschien im März 1933 ein kurzer, aber auffallend herzlich gehaltener Bericht über die bayerische Kunstfliegerin Liesl Schwab (vgl. o.V.: „Die rote Fliegerin", in: „Stürmer"-Nr. 9 / Jg. 11, März 1933, S. 5.). Schwab hatte sich in den frühen 1930er Jahren zu Propagandazwecken für die damals noch an die Macht strebende NSDAP engagiert und sich zudem zum Antisemitismus bekannt: Anfang der 1930er Jahre ließ sie den Schriftzug „Lest den Stürmer!" auf die Tragflächen ihres Flugzeugs

zialistischen Frauen- und Mädchenorganisationen – trotz der Tatsache, dass Frauen eine Zielgruppe der Zeitung waren – kaum Erwähnung fanden: Zwar informierte „Der Stürmer" in Form kurzer Meldungen über Termine etwa der Frauenorganisationen, doch weder versuchte die Zeitung mit sonderlichem Nachdruck, seine Leserinnen für einen Beitritt in jene Organisationen zu mobilisieren noch stellte er deren Tätigkeiten und Ziele in irgendeiner Form heraus. Lediglich kurze und selten publizierte Meldungen auf den letzten Seiten informierten die LeserInnen über Termine der einzelnen Organisationen, vereinzelt wurde über deren sozial-karitative Arbeit informiert. Die verhältnismäßig geringe Präsenz derartiger Berichte mag darin begründet liegen, dass „Der Stürmer" den Organisationen im Zuge der antisemitischen „Aufklärung", der sich das Blatt selbst primär verschrieben hatte, wenig Einfluss beimaß. Für diese Annahme spricht, dass etwa die „NS-Frauenschaft" dann thematisiert wurde, wenn ein entschlossenerer Antisemitismus von ihren Mitgliedern eingefordert wurde[486].

Insgesamt war der antisemitische Kampf des nationalsozialistischen Staates gegen die Juden als primär männlicher Handlungsbereich gekennzeichnet, auf Bildebene waren weibliche Figuren meist als umkämpftes Objekt in einer aktiv von männlichen Figuren (meist körperlich) ausgetragenen Auseinandersetzung präsent. Dies begründete sich offenbar nicht nur in tradierter Bildsymbolik, sondern auch in dem Interesse der Zeitungsmacher, ein judenfreies Patriarchat wiederherstellen zu wollen (vgl. Kap. 4.1.2):

---

auftragen, was Streichers Redaktion lobend erwähnte (vgl. o.V.: „Lisl Schwab", in: „Stürmer"-Nr. 38 / Jg. 9, Sept. 1931, S. 3).

[486] „[...] Eltern, Lehrer, Pfarrer, Frauenschaft- und B.d.M.-Führerinnen! Sagt euren Mädchen und Schülerinnen, wer der Jude ist! [...]" (O.V.: „Der Rassenschänder", in: „Stürmer"-Nr. 21 / Mai 1935, S. 4). 1936 ermahnte die Redaktion die NSF, jüdische Frauen und Mädchen aus ihren Reihen ausschließen (vgl. o.V.: „Die Jüdin in der Frauenschaft", in: „Stürmer"-Nr. 31 / Jg. 14, Juli 1936, S. 10).

Abb. 1: Titelkarikatur „O Du mein Österreich",
in: „Stürmer"-Nr. 23, Juni 1933.[487]

Diese Karikatur erschien im Juni 1933 auf dem Titelblatt des
„Stürmer", sie erschien damit in einer Phase der Machtkonsolidierung
des NS-Regimes in Deutschland. Zu sehen sind drei Figuren: Ein als
jüdisch gekennzeichneter Mann ist über eine arisch codierte[488] Frau
gebeugt, diese scheint im festen Handgriff des Juden hilflos, ihre lie-
gende Position lässt die sexuell-motivierten Absichten des jüdischen
Mannes erahnen. Ein Band um ihre Taille trägt die Aufschrift „Österreich". In diese eindeutig sexuell konnotierte Situation kommt ein
arisch codierter Mann hinzu, um den Juden von der Frau fortzuzerren.
Die Hakenkreuzbinde um seinen linken Oberarm sowie seine Positionierung vor einem sonnengleichen, damit Bewegung und Erneuerung

---

[487] Bildunterschrift: „Dulde länger nicht die Schand, mach vom Juden frei Dein
Land".
[488] Die NationalsozialistInnen sahen sich in der Tradition des (von ihnen idealisierten) Germanentums; entsprechend nutzen sie u.a. eine Selbstdarstellung anhand einer
arisch-germanischen Physiognomie (vgl. Koop 2012, S. 11 f.). Deutsche Figuren
waren im „Stürmer" entsprechend stets groß und schlanker Statur, hatten helle Augen
und helle Haare.

suggerierenden Hakenkreuz[489] weisen ihn als Nationalsozialisten aus. Seine Bewegung wirkt energisch, sein Griff an das Hemd des Juden fest und entschlossen. Im Kampf gegen die Juden werden 1933 die idealisierten, männlichen Attribute der Stärke und Entschlossenheit so an den Nationalsozialismus geknüpft, während die Republik Österreich anhand einer ohnmächtig wirkenden, vom Juden überwältigten, damit höchst passiven Frau verbildlicht wird. Solche Darstellungen adaptierten eine traditionelle Bildsymbolik, nach der der männliche Körper den „Staat", also die politischen Geschicke der Staatsführung verbildlichte, der weibliche hingegen als Allegorie auf den „Volkskörper" rezipiert wurde[490]. Über geschlechtliche Codierungen wurde so im „Stürmer" regelmäßig propagiert, dass der nationalsozialistische Staat (männliche Figuren) eingreifen müsse, um das deutsche Volk (weibliche Figuren) vor Juden zu schützen. Mithilfe solcher Darstellungen war es dem „Stürmer" möglich, gleich zwei Bedeutungsebenen zu bedienen, um seine LeserInnen antisemitisch zu mobilisieren: Über die Bildunterschrift wird im Juni 1933 (primär) der arisch codierte Mann aufgefordert, „sein Land" (Österreich), damit das deutsche bzw. „deutschstämmige" Volk durch aktives Handeln, sprich durch die Wahl des Nationalsozialismus bzw. Austrofaschismus vom *Juden* zu befreien. Zugleich wurde auf personalisierter Ebene vermittelt, dass im Österreich des Jahres 1933 jüdische Männer „Schand'" an „deutschblütigen" Frauen verübten, sie zu sexuellen Handlungen zwängen und sie vergewaltigten, darüber immer eine Vernichtung der „reinen Rassen" anstreben würden. Davor bewahren könnten die Frauen – so eine Botschaft der Zeichnung – nur der nationalsozialistische Staat bzw. „aufgeklärte", nationalsozialistische Männer, die diesen Staat führten. Über derart geschlechtlich codierte Darstellungen wurde der Nationalsozialismus in summa mit einem Männerideal verknüpft, welches Frauen zu beschützen und sich aktiv gegen den triebhaften Juden zu wehren vorgab.

---

[489] Zur Symbolik des Hakenkreuzes als tradiertes Lichtsymbol: vgl. Paul 1992, S. 167 f.

[490] Vgl. Frietsch 2006, S. 41. „[...] Der Gleichsetzung ‚der Frau' mit ‚dem Volkskörper' im NS lag die Vorstellung zugrunde, dass sich am Bild der Frau der Zustand einer Gesellschaft ablesen lasse. [...]" (Ebd., S. 53).

Offensichtlich appellierte die Zeitung hier zu Zwecken einer antisemitischen Mobilisierung auf zwei Ebenen an die Besitzansprüche
des hegemonialen, deutschen Mannes, der seine Verfügungsgewalt auf
territorialem Gebiet als auch über den Körper der deutschen Frau[491]
gegenüber dem Juden zu behaupten habe, um sein judenfreies Patriarchat wiederherstellen zu können. Für die weibliche Leserschaft ist
wiederum denkbar, dass solche geschlechtlich codierten Darstellungen
immer auch auf die Möglichkeit einer „libidinöse[n] Identifizierung"[492]
der Leserinnen spekulierten, wurden Frauen in solchen Abbildungen
doch offensichtlich sexuell von mehreren Männern begehrt, umkämpft
und zuletzt vom deutschen Mann beschützt. Durch diese Aufwertung
deutscher Männer sollten die Leserinnen womöglich zudem verinnerlichen, dass der Deutsche stets dem triebhaften, gewalttätigen Juden als
(Sexual-)Partner vorzuziehen sei, was wiederum der NS-
Bevölkerungs- und Rassenpolitik zutragen sollte.

Karikaturen und Zeichnungen, auf denen der NS-Staat allein durch
eine selbstbewusst auftretende oder aktiv handelnde Frau symbolisiert
wurde, waren hingegen vergleichsweise selten im „Stürmer" zu finden,
was die These stützt, dass „Der Stürmer" in erster Linie Männern einen
Subjektstatus zuschrieb und dass der nationalsozialistische Staat ebendiesen Männern die Wiederherstellung des Patriarchates ermöglichen
sollte. Dennoch gab es derartige Motive; schließlich sollten sich auch
deutsche Frauen – durch die Präsenz von Weiblichkeit in Wort und
Bild – mit der NS-Ideologie identifizieren können und so in den antisemitischen Diskurs des „Stürmer" integriert werden:

---

[491] Die im „Stürmer" ausschließlich hellhaarigen Frauenfiguren schienen sich an das
Nationalsymbol der „Germania" anzulehnen und appellierten in ihrer Passivität an
den Hegemonialanspruch deutscher Männer (vgl. Brandt, Bettina: Germania und ihre
Söhne. Repräsentation von Nation, Geschlecht und Politik in der Moderne. Historische Semantik, Bd. 10. Göttingen 2010. S. 55).
[492] Herzog 2005, S. 51.

Abb. 2: Titelkarikatur „Auferstehung",
in: „Stürmer"-Nr. 16, Apr. 1935.[493]

In diesem Fall ist das „auferstehende", sprich: das sich aus der
Knechtung durch die Friedensverträge befreiende NS-Deutschland
durch eine weibliche Figur verkörpert, die in ihrer Darstellung an Göttinnen der nordischen Mythologie erinnert. In üblicher Form knüpfte
die Darstellung an den sexualantisemitischen Diskurs an, deutet seine
Körpersprache doch darauf hin, dass der abgebildete, jüdische Mann
die vor ihm stehende Frauenfigur begehrt. Mithilfe des Rückgriffes auf
die geschlechtlichen Codierungen schien damit auch Deutschland bzw.
die Herrschaft über ebendieses vom Juden begehrt.

Eine weibliche Codierung wich zwar von der üblichen Darstellung
des Nationalsozialismus im „Stürmer" ab, eröffnete aber gerade durch
Anschluss an die tradierten Geschlechterzuschreibungen neue Deu-
tungsebenen: Das nationalsozialistische Deutschland schien nunmehr
passiv, nahezu friedfertig – anders als die männlichen Figuren übli-

---

[493] Bildunterschrift: „Verhöhnt, bespieen, dann an's Kreuz geschlagen – Und schein-
tot zu den Toten schon gelegt / Geschah an Dir das Wunder unserer Zeit – Die Fins-
ternis sie mußte frei Dich geben – / So schreitest Du der Welt zum Heil ins Leben".

cherweise, wirkt die abgebildete Frauenfigur in ihrer Körpersprache ruhig, das Schwert in ihrer Hand richtet sie nicht gegen den Juden, wie zum Schutz bringt sie es aber zwischen sich und den Juden. Die offensichtliche Anlehnung an das Christentum anlässlich des Osterfestes (u.a. durch die Begriffe „Auferstehung" / „an's Kreuz geschlagen" / „Heil") setzt das nationalsozialistische Deutschland zusätzlich mit dem Heiland gleich: Wie dieser einst durch Judas verraten, getötet und wiederauferstanden war, befreie sich nun auch Deutschland – versehen durch die Kraft des Nationalsozialismus und wörtlich: „der Welt zum Heil" – aus der internationalen und offenbar von Juden initiierten Knechtung. Dass ausgerechnet eine weibliche, passiv wirkende Figur als Allegorie auf das der Welt „Heil" bringende Deutschland gezeigt wurde, erlaubte den Anschluss an den Sexualantisemitismus: Nicht durch tätlichen Kampf sollten Frauen gegen Juden agieren, vielmehr war es ihr Sexualverhalten, über das Deutschland sich gegen Juden schützen und dadurch sein „Heil" erlangen könne. Das aktiv-aggressive Handeln gegen Juden, durchaus unter Anwendung von Gewalt war damit laut „Stürmer" den deutschen Männern vorbehalten, dennoch bezogen Darstellungen wie diese immer auch Leserinnen in den antisemitischen Diskurs ein, indem ihnen eine Verantwortung in der „Rassenfrage" zugeschrieben wurde (vgl. Kap. 2.2.2).

Nicht nur schrieb „Der Stürmer" Frauen wie Männern damit, zu Zwecken einer Mobilisierung, Verantwortung gegenüber der „Volksgemeinschaft" zu, überdies vermittelte die Zeitung mithilfe ihrer dialogischen Struktur[494], dass sie ihre Leserschaft in ihren Bedürfnissen wahrnähme, um sie darüber in die NS-„Volksgemeinschaft" integrieren zu können.

---

[494] Vgl. Przyrembel 2003, S. 195. So druckte die Redaktion regelmäßig Zuschriften und (angebliche) Erfahrungsberichte von „Stürmer"-LeserInnen ab, die z.T. in der Zeitung von Julius Streicher beantwortet wurden. Daneben fanden auch Spendenaufrufe, Stellengesuche und Kontaktanzeigen Platz im „Stürmer".

Die weiblich codierte Darstellung des „Anderen"

Der primär männlich codierten Darstellung des NS-Staates stellte „Der Stürmer" nicht nur eine weibliche Kennzeichnung des deutschen Volkes oder seiner Werte, welche es ebenfalls durch den NS-Staat zu beschützen galt[495], entgegen; vor allem auf Bildebene erfolgte eine Zuschreibung weiblicher Attribute an den politischen Gegner, an abgelehnte Staatsformen etc. Dieser Rückgriff auf geschlechtliche Codierungen ermöglichte, das von der Norm des Männlichen Abweichende mithilfe tradierter Vorstellungen von Weiblichkeit als „anders" und – im Kontext des Konzeptes männlicher Hegemonie – zugleich als unterlegen zu kennzeichnen. Wurden Frauenfiguren allegorisch auf Staaten angewandt, waren das im „Stürmer" i.d.R. Symbole für abgelehnte Staatsformen wie die Demokratie, die das „Volk" ungenügend vor den Juden schützen würden, entsprechend waren in diesen Fällen keine männlichen Figuren als Akteure eines NS-Staates abgebildet. Die Kritik des „Stürmer" an den (angeblichen) Verhältnissen in der Weimarer Republik äußerte sich entsprechend darin, dass die Titelkarikaturen häufig einzelne Frauenfiguren zeigten, die als untätig und hilflos gezeigt wurden und damit – so wurde es den LeserInnen suggeriert – potentielle Opfer jüdischer Übergriffe wären.

Mitte der 1930er griff „Der Stürmer" daneben mehrfach auf die Nationalallegorie der „Marianne" zurück, um die französische Republik zu diffamieren: Die „Marianne" war gezeichnet als eine verträumte, naive Frauenfigur, die – aufgrund ihres Wesens und bedingt durch die Absenz einer männlichen Figur – anfällig für die Beeinflussung durch Juden sei.[496] Vereinzelt verhöhnte „Der Stürmer" die Staatsform der

---

[495] Vgl. u.a. Titelkarikatur „Seltsame Auswirkung", in: „Stürmer"-Nr. 5 / Jg. 13, Jan. 1935, S. 1.

[496] Der Rückgriff auf die Nationalfigur ermöglichte es, komplexe Zusammenhänge „[...] in familiäre Verhaltensweisen [zu] übertragen [...]; zugleich werden sie aber auch weitgehend der sachlichen Kritik entzogen; die wirklichen Vorgänge werden vereinfacht, [...] die rationale Beurteilung entfällt zugunsten einer emotionalen Stellungnahme." (Grote, Bernd: Der deutsche Michel. Ein Beitrag zur publizistischen

Demokratie, indem er sie anhand einer als jüdisch codierten Frauenfigur darstellte, beispielhaft hierfür war folgende Karikatur aus dem Jahr 1937:

Abb. 3: Karikatur „Die Dame ohne Unterleib" /
Rubrik „FIPS-Zeitspiegel", in: „Stürmer"-Nr. 6, Febr. 1937.[497]

Bedeutung der Nationalfiguren. Dortmunder Beiträge zur Zeitungsforschung, Band 11. Dortmund 1967. S. 79).
Zugleich erlaubte der Rückgriff auf die (britischen und französischen, nicht *jüdisch* codierten) Nationalfiguren dem „Stürmer", Kritik an anderen Nationen zu üben, implizit aber zugleich an Diskurse um die angebliche „Rassenverbundenheit" zwischen Deutschen, Franzosen und Briten anzuknüpfen: Derartige Gedanken zu einer rassegebundenen Allianz der europäischen Völker und Staaten waren bereits nach dem Ersten Weltkrieg in völkischen Kreisen populär geworden (vgl. Essner 2002, S. 46).
[497] Bildunterschrift: „Fehlt einer Frau das Drum und Dran, Ist Hoffnung nur ein leerer Wahn."

Als Verkörperung der Demokratie dient eine Frauenfigur, die die typischen, antisemitischen Stereotype aufweist: Durch die markant gezeichnete Nase, ihr dunkles, gelocktes Haar, eine freizügige Bekleidung, ein durch Schmuck und Kosmetik unnatürlich herbeigeführtes Äußeres sowie durch das Symbol des Davidsterns werden antisemitische Stereotype beim Betrachter abgerufen und die Frauenfigur damit als jüdisch gekennzeichnet, dadurch bereits in einen negativen Kontext gesetzt. Darüber hinaus wirkt die Frauenfigur – im Vergleich zu der in der Zeitschrift genutzten Ikonografie der ideal gezeichneten, deutschen Frau (vgl. Kap. 5.2.1) – in keiner Weise attraktiv. Den BetrachterInnen wird die Figur als „Madame Demokratie", als „Dame ohne Unterleib" vorgestellt, zusätzlich wird über die Bildunterschrift kommentiert, dass dieser Frau „das Drum und Dran" fehle. Letzteres meint offensichtlich den weiblichen Unterleib, mit ihm absent sind die primären Geschlechtsorgane und damit die Möglichkeit auf Fruchtbarkeit. Im Zuge dessen wird die hier gezeigte Weiblichkeit nicht nur unfruchtbar, damit als von dem in der NS-Propaganda entworfenen „Idealen" abweichend dargestellt; mit dem Absprechen der Fruchtbarkeit wird gleichzeitig das Fortbestehen der Demokratie angezweifelt. Die Demokratie erfährt an dieser Stelle, indem sie zugleich weiblich und jüdisch gezeichnet ist, auf zweifache Weise eine Abwertung gegenüber dem männlich codierten NS-Staat.

Insgesamt bediente „Der Stürmer" also eine tradierte Geschlechterdifferenz, um „das Eigene" – den von deutschen Männern geführten, gegen die (imaginierte) jüdische Bedrohung handelnden, nationalsozialistischen Staat – gegenüber „dem Anderen", weiblich Konnotierten zu kennzeichnen und aufzuwerten. Hierzu arbeitete „Der Stürmer" stets gezielt mit dem Medium der Karikatur bzw. Zeichnung, um solche Codierungen massenwirksam umzusetzen. Damit verfolgte die Wochenzeitung zwei Anliegen: Zum einen judenfeindliche Botschaften massenwirksam zu verbreiten, zum anderen, die Ansprüche deutscher Männer auf gesamtgesellschaftliche Dominanz zu legitimieren und entsprechende Erwartungen sowie die Erfüllung ebendieser auf den NS-Staat zu projizieren. Während „Der Stürmer" sich damit vor allem an ein männliches Publikum wandte und dessen Bedürfnissen zu entsprechen schien, wies die Darstellung des Nationalsozialismus in der „NS.Frauen-Warte" im Vergleich dazu Unterschiede auf.

Analyse: „NS.Frauen-Warte"

Als parteiamtliche NS-Frauenzeitschrift trat die „Frauen-Warte" ebenfalls für ein nationalsozialistisches Deutschland ein; entsprechend kritisch urteilten die Artikel über die Weimarer Demokratie und die internationale Position Deutschlands nach dem Ersten Weltkrieg. Die Folgen des Versailler „Schanddiktat[s]"[498] für das deutsche Volk wurden in der Zeitschrift regelmäßig angeführt[499], daran reihten sich jene Artikel, die mit der Wahl des Nationalsozialismus eine „Befreiung" aus der Knechtung durch die internationalen Verträge suggerierten. Bei den letzten Reichstagswahlen der Weimarer Jahre wurden die Leserinnen gezielt angehalten, die NSDAP zu wählen und so das „Deutschland jüdisch-marxistischer Struktur"[500] abzuwählen; die Republik hätte dem Materialismus, Liberalismus und Intellektualismus[501] Platz gegeben, die allesamt den Zusammenhalt der volksgebundenen Gemeinschaft schmälerten. So galt es auch immer, den Leserinnen den Nationalsozialismus – oftmals in Abgrenzung zum „Bolschewismus"[502] – als optimale Lebensform zu vermitteln.

---

[498] Danzer, Dr. Paul: „Erbgut, Lebensraum und Kriegsgefahr", in: „NS.Frauen-Warte", Heft 13 / Jg. 6, Jan. 1938, Innenumschlag.

[499] Vgl. u.a. Danzer, Dr. Paul: „Erbgut, Lebensraum und Kriegsgefahr", in: „NS.Frauen-Warte", Heft 13 / Jg. 6, Jan. 1938, Innenumschlag.

[500] Zander, Elsbeth: „Die deutsche Frau wählt nationalsozialistisch!", in: „NS.Frauen-Warte", Heft 2 / Jg. 1, 15. Juli 1932, S. 27.

[501] Vgl. u.a. Bauer-Hundsdörfer, Lore: „Von der Unteilbarkeit des Lebens", in: „NS.Frauen-Warte", Heft 19 / Jg. 6, ohne Datum, S. 587.

[502] Vgl. u.a. Petmecky, Dr. Adele: „Flammenzeichen der jüdischen Weltrevolution", in: „NS.Frauen-Warte", Heft 15 / Jg. 6, Jan. 1938, S. 462 ff.

Schwerpunkt auf der Darstellung weiblicher Partizipation im NS

> *„[...] Ich stelle die Behauptung auf, daß die deutschen Frauen in vielen Fällen dem Nationalsozialismus aufgeschlossener gegenüberstanden wie die Männer, wenn er ihnen in der richtigen Form entgegengetragen wurde. Ihre Seele war noch nicht mit soviel Intellektualismus beschwert, denn die Frau läßt sich in erster Linie von den Gefühlskräften und nicht vom Verstand leiten. [...]"*[503].

Wie das Zitat verdeutlicht, bediente auch die „NS.Frauen-Warte" die Vorstellung einer Geschlechterdifferenz und sprach sich explizit gegen die Gleichberechtigung der Geschlechter aus[504], dennoch war die Darstellung des Nationalsozialismus in der NS-Frauenzeitschrift, anders als im „Stürmer", nicht ausschließlich männlich codiert. Stattdessen wurde die weibliche, politisch organisierte wie nichtorganisierte Partizipation an Aufbau und Erhalt des NS-Staates häufig und ausführlich herausgestellt[505], darüber wiederum ein entsprechendes Handeln von den Leserinnen eingefordert. Entsprechend präsent waren in Wort und Bild nicht nur Hitler, die „Reichsfrauenführerin" Gertrud Scholtz-Klink oder andere, führende Nationalsozialisten[506] - häufig bekamen auch nichtprominente Frauen in der Zeitschrift einen Platz. So wurden die Leiterinnen der NS-Frauenorganisationen, Gaufrauenschaftsleiterinnen u.ä. vorgestellt; darüber hinaus wurden

---

[503] Unterrichtsminister Schemm, Hans: „Die Aufgaben der deutschen Frauen in ihrem Volk", in: „NS.Frauen-Warte", Heft 6 / Jg. 2, 15. Sept. 1933, S. 162.

[504] „[...] Die gleichrechtlerische Angleichung der Frau an den Mann ist naturwidrig.[...]" (Koeberle-Schönfeldt, Charlotte: „Frauenrechte und Nationalsozialismus, in: „NS.Frauen-Warte", Heft 2 / Jg. 1, 15. Juli 1932, S. 27).

[505] Vgl. u.a. Günther, Erna: „Wir Frauen im Kampf um Deutschlands Erneuerung", in: „NS.Frauen-Warte", Heft 17 / Jg. 2, Febr. 1934, S. 507.

[506] Vgl. u.a. o.V.: „Der Führer spricht zu den deutschen Frauen", in: „NS.Frauen-Warte", Heft 8 / Jg. 4, Okt. 1935, S. 238. sowie vgl. u.a. Altgelt, Dr. S.: „Der Olympia-Film das Werk einer Frau", in: „NS.Frauen-Warte", Heft 5 / Jg. 5, Aug. 1936, S. 148 f.

häufig und ausführlich das Wirken lokaler NS-(Frauen-)Organisationen und ihre Verdienste herausgestellt.[507] Auch fanden sich regelmäßig anerkennende Artikel über deutsche Frauen, die etwa am „Reichsparteitag" teilgenommen oder am Aufbau der NS-Bewegung mitgewirkt hätten[508]. Berichte, die die Frauen gezielt zu einem Beitritt in die NS-Organisationen zu motivieren versuchten, fanden sich hingegen kaum, zumal die „NS.-Frauenschaft" ohnehin als Elite-, nicht als Massenorganisation konzipiert war; wohl aber sollten die (auch politisch nichtorganisierten) Frauen die durch die Zeitschrift verbreitete Ideologie verinnerlichen und auf ihr Wirken im Privaten und den ihnen zugestandenen Handlungsbereichen anwenden.

Der Nationalsozialismus wurde so als eine Gemeinschaft vermittelt, an der beide Geschlechter nach ihren (geschlechtsspezifischen) Kräften und Fähigkeiten partizipieren sollten[509]. Das Herausheben weiblichen Schaffens bedingte, dass die Vorstellung einer Geschlechterdifferenz von der Zeitschrift stets fortgeschrieben wurde, in conclusio wurde die männliche Führung des NS-Staates i.d.R. nicht angezweifelt, wenngleich es 1932/33 durchaus patriarchalkritische Positionen im Diskurs der Zeitschrift gab.

---

[507] Vgl. u.a. Semmelroth, Ellen: „Die Organisation der deutschen Frauen", in: „NS.Frauen-Warte", Heft 5 / Jg. 3, Aug. 1934, S. 130 ff. sowie vgl. o.V.: „Die Tagung der N.S.-Gau-Frauenschaftsleiterinnen in München", in: „NS.Frauen-Warte", Heft 8, 1932, S. 171-174.

[508] Vgl. Semmelroth, Ellen: „Wie ich den Reichsparteitag erlebte", in: „NS.Frauen-Warte", Heft 7 / Jg. 3, Sept. 1934, S. 204 f. sowie vgl. o.V.: „Aus der Bewegung", in: „NS.Frauen-Warte", Heft 6 / Jg. 2, 15. Sept. 1933, S. 158 ff.

[509] Vgl. u.a. Scholtz-Klink, Gertrud: „Die Stellung der Frau im neuen Deutschland", in: „NS.Frauen-Warte", Heft 5 / Jg. 3, Aug. 1934, S. 129.

Patriarchalkritische Diskurse 1932/33

Offenbar knüpfte die „NS.Frauen-Warte" in den frühen 1930er Jahren an bereits in der Kaiserzeit aufkommenden Diskurse „völkisch-nationale[r] Feministinnen"[510] an, wenn Autorinnen die Möglichkeit nutzten, in der Zeitschrift Forderungen nach weiblichem Einfluss in der Führung des kommenden NS-Staates zu äußern. Explizit grenzten sich die Verfasserinnen hier zu der bürgerlichen Frauenbewegung ab, die jüdisch geführt und daher von den falschen Idealen des Individualismus' und Materialismus' geleitet worden wäre[511].

Auch grenzte die „NS.Frauen-Warte" Weiblichkeit ganz bewusst zum Männlichen ab, um die „Eigenwertigkeit"[512] der Frau herausstellen und den Einfluss beider Geschlechter in der NS-Gesellschaft einfordern zu können; Patriarchalkritik meinte entsprechend in diesem Kontext, das Patriarchat dahingehend zu reformieren, dass die männliche Führung um weiblichen Einfluss ergänzt, nicht aber gänzlich ersetzt werden sollte. So war 1932 u.a. die Forderung nach einem Wandel in Europa zu lesen, indem sich „[…] die männerrechtliche Staatenführung, die männerrechtliche Wirtschaftsführung mit der mutterrechtlichen Lebensführung der Völker zu einer Einheit […]"[513] fügen müsse. So sollte weiblicher Einfluss auf „die kulturellen und erzieheri-

---

[510] Vgl. Streubel, Christiane: Frauen der politischen Rechten in Kaiserreich und Republik. Ein Überblick und Forschungsbericht. Rezension zu: Boukrif, Gabriele; Bruns, Claudia; Heinsohn, Kirsten; Lenz, Claudia; Schmersahl, Katrin; Weller, Katja (Hrsg.): Geschlechtergeschichte des Politischen. Münster 2002. URL: http://www.hsozkult.de/publicationreview/id/rezbuecher-1697 (Stand: 16.04.2016).
[511] Vgl. u.a. Passow, Hildegard: „Dr. Gertrud Bäumers Staatsgedanke und wir", in: „NS.Frauen-Warte", Heft 17 / Jg. 1, 1. März 1933, S. 387 ff. sowie vgl. dies.: „Frauenbewegung von gestern", in: „NS.Frauen-Warte", Heft 1 / Jg. 1, 1. Juli 1932, S. 3 f. Tatsächlich war dem „Bund Deutscher Frauenvereine" (als Dachverband der bürgerlichen Frauenbewegung) seit 1907 auch der „Jüdische Frauenbund" angegliedert (vgl. Krohn 1998, S. 37).
[512] Koeberle-Schönfeldt, Charlotte: „Frauenrechte und Nationalsozialismus, in: „NS.Frauen-Warte", Heft 2 / Jg. 1, 15. Juli 1932, S. 27.
[513] Schloßmann-Lönnies, L.: „Wohin treiben wir?", in: „NS.Frauen-Warte", Heft 7 / Jg. 1, 1. Okt. 1932, S. 148.

schen Belange"[514] des Staates (nicht aber darüber hinaus) gesichert werden.

Während sich also einzelne Autorinnen gegen ein „despotisches Patriarchat"[515], nicht aber gegen das Patriarchat per se aussprachen, fungierte die „NS.Frauen-Warte" 1932/33 als Sprachrohr auch völkischer Frauen.[516] So führte Sophie Rogge-Börner – in deutlicher Anlehnung an die Mutterrechtstheorie (vgl. Kap. 2.2.2) – im Januar 1933 die rechtliche Ungleichstellung der Geschlechter und die durch das Patriarchat gefestigte Dominanz des Mannes auf die einstige „Entartung"[517] in der germanischen Kultur zurück. Sie forderte:

> „[...] *Es geht jetzt alles darum, der todbringenden Entartung des Volkes dadurch ein Halt zu gebieten, daß die Selbstkräfte, die weiblichen Kräfte wieder miteingestellt werden in die verantwortliche Führung der Volksgemeinschaft. Unserem einseitig mannbestimmten Staate fehlt die andere Seele des germanischen Menschen, die Weibseele. In dieser Tatsache liegt die letzte Erklärung für alle deutsche Not: für unsere politische Ohnmacht, für unsere Wehrlosigkeit, für unsere pazifistische Knechtsgesinnung, für die sittliche Verkommenheit, für die wirtschaftliche Verelendung.* [...]"[518].

---

[514] Koeberle-Schönfeldt, Ch.: „Matriarchat?", in: „NS.Frauen-Warte", Heft 6 / Jg. 1, 15. Sept. 1932, S. 122. „[...] Der starke, gesunde Mann duldet kein Matriarchat. Er leidet aber auch kein despotisches Patriarchat, sondern wird die Ebene einer gesunden Einfluß-Abgrenzung finden, auf der Mann und Frau nebeneinander, jeder in seinem Bereich, [...] Aufbauarbeit am Volksganzen leisten. [...]" (ebd.).

[515] Koeberle-Schönfeldt, Ch.: „Matriarchat?", in: „NS.Frauen-Warte", Heft 6 / Jg. 1, 15. Sept. 1932, S. 122.

[516] Sowohl Sophie Rogge-Börner als auch Guida Diehl, Elsbeth Zander und Lydia Gottschewski schrieben 1932/33 für die NS-Frauenzeitschrift (vgl. Arendt; Hering; Wagner (Hrsg.) 1995, S. 22 f.). Ab Mitte der 1930er wurden völkische Texte in der NS-Öffentlichkeit seltener publiziert (vgl. Ziege 2002, S. 174.). da die völkische Bewegung im Laufe der 1930er vom NS weitestgehend „absorbiert" wurde (vgl. ebd., S. 18).

[517] Rogge-Börner, P. Sophie: „Neue Erkenntnisse", in: „NS.Frauen-Warte", Heft 14 / Jg. 1, 15. Jan. 1933, S. 315.

[518] Rogge-Börner, P. Sophie: „Neue Erkenntnisse", in: „NS.Frauen-Warte", Heft 14 / Jg. 1, 15. Jan. 1933, S. 314 f.

Solche patriarchalkritischen Artikel konnten 1932/33 in der offiziellen NS-Frauenzeitschrift publiziert werden, da die Kritik unter der Weimarer Regierung geäußert wurde, sich damit auf bestehende Verhältnisse bezog und sich so nutzen ließ, um einen nationalsozialistischen Staat zu beschwören, der ebenjenen Forderungen nach weiblicher Beteiligung gerecht zu werden vorgab. Auf diese Weise war es der „Frauen-Warte" von Beginn an möglich, über Patriarchalkritik eine weibliche Partizipation einzufordern, um im selben Zuge „Behauptungen" zu widerlegen, „[...] die N.S.D.A.P. werde die Frau aus jeder politischen Tätigkeit, aus dem öffentlichen Lebens überhaupt verbannen, [...]."[519]. Vielmehr sollten so die bestehenden Bedürfnisse der Frauen auf den kommenden NS-Staat projiziert werden, ohne das Patriarchat grundsätzlich in Frage zu stellen.

Trotz der „Machtergreifung" Anfang 1933 setzte sich der patriarchalkritische Diskurs in der „NS.Frauen-Warte" zunächst in einzelnen Artikeln fort: Autorinnen, die sich als Vertreterinnen einer „neuen Frauenbewegung"[520] verstanden, äußerten in der Zeitschrift weiterhin die Erwartung, führend an der Gestaltung von Staat und Gesellschaft partizipieren zu können, wenngleich die männliche Führung im Ganzen akzeptiert wurde:

> „[...] *Die Unterstellung* [der „neuen Frauenbewegung" unter männliche Führung, Anm. L.B.] *darf sich jedoch nur auf die oberste Führung beziehen. Erfolgt an allzuvielen Stellen die Einschaltung von männlichen Führungen, so entsteht die sehr ernst zu nehmende Gefahr, daß männliche Vorstellungen und männliche Wertungen in die Frauenbewegung hineingetragen werden. In diesem Falle kommt es sehr leicht zu einer völlig verkehrten und sinnwidrigen Anpassung an männliche Formen (z.B. das ‚Marschieren' von Frauen und Mädeln). Diese Gefahr muß klar erkannt werden. Wir müssen die Möglichkeit haben,*

---

[519] Bergemann, W.: „Die erste nat.-soz. Frauenschafts-Schulungstagung in Buer.", in: „NS.Frauen-Warte", Heft 1 / Jg. 1, 1. Juli 1932, S. 20.
[520] Vgl. Gottschewski, Lydia: „Eine neue Frauengeneration wächst heran", in: „NS.Frauen-Warte", Heft 23 / Jg. 1, 1. Juni 1933, S. 531 ff.

einen eigenen Stil herauszubilden, eigene, unserem Wesen ge-
mäße Formen des Miteinanderseins zu schaffen, einen Stil, der
ebenso echt weiblich wie echt nationalsozialistisch ist. […]"[521].

Lydia Gottschewsky machte mit diesem Artikel im Herbst 1933 unter Verweis auf die Geschlechterpolarität Forderungen geltend, dass die nationalsozialistische Frauenbewegung und die entsprechenden Organisationen maßgeblich von Frauen angeleitet werden müssten, was wohl auch als Reaktion auf ihre zuvor erfolgte Ablösung „Reichsleiterin der N.S. Frauenschaft" durch Gottfried Krummacher im September 1933[522] gedeutet werden kann.

Mit den politischen Entwicklungen nach der „Machtergreifung" und der Zentrierung der Macht um eine männliche Elite, verschob sich die Berichterstattung der „NS.Frauen-Warte", die anfangs patriarchalkritischen Stimmen ein Forum gewesen war und die diese mit der Machtkonsolidierung der Nationalsozialisten zunehmend aus dem Diskurs ausschloss. Offenbar sollte mit der Ernennung Gertrud Scholtz-Klink zur „Reichsfrauenführerin" im Jahr 1934 und mit dem Aufbau der Organisation der „Reichsfrauenführung" den Frauen im Sinne einer Mobilisierung suggeriert werden, sie würden im NS einflussreiche Machtkompetenzen innehaben.[523] Auch propagierte die Zeitschrift, der politische Einfluss von Frauen bzw. der der „Reichsfrauenführung" sollte sich auf weibliche Belange beschränken[524], was de facto

---

[521] Gottschewsky, Lydia: „Weibliches Führertum", in: „NS.Frauen-Warte", Heft 7 / Jg. 2, 1. Okt. 1933, S. 179.

[522] Vgl. Kompisch 2008, S. 51 f.

[523] Vgl. u.a. Böltken 1995, S. 37 f. Da von der ideologietreuen „Parteigenossin" Scholtz-Klink „keine eigenmächtigen, gegen Parteivorstellungen gerichteten Handlungen zu befürchten waren, wurde sie zur Propagandafigur ‚Reichsfrauenführerin' aufgebaut." (Dammer 1981, S. 219).

[524] „[…] Gewiß soll die nationalsozialistische Frauenführung nicht beiseite geschoben werden, sie beansprucht und erhält auch gern und selbstverständlich von Staat und Bewegung das Recht zugebilligt, maßgebend mitzuwirken an der Vorbereitung und Durchführung der Gesetze, die für Frauen- und Müttertum wichtig sind. Ihr Hauptwirken aber gilt der Erziehungsarbeit an den deutschen Mädchen und Frauen. […]" (Reichsinnenminister Pg. Dr. Frick, zit. in: „NS.Frauen-Warte", Heft 25 / Jg. 3, Juni 1935, S. 793).

immernoch unter der Kontrolle männlich besetzter Instanzen erfolgte. Fortan galt es, die auf wenige Räume beschränkten Handlungsmöglichkeiten von Frauen propagandistisch herauszustellen, um die kaum bestehenden Möglichkeiten zur politischen Einflussnahme von Frauen lediglich kompensieren zu können.

Mit derselben Intention wurde die „Gleichwertigkeit" der Geschlechter immer auch auf sprachlicher Ebene zu vermitteln versucht, indem Begrifflichkeiten, die traditionell mit männlichen Handlungssphären assoziiert wurden, geschickt auf Frauen angewandt wurden, wenn Frauen, die im Wahlkampf 1932 die NSDAP unterstützten, als „Kämpferinnen"[525] bezeichnet oder die Mädchen mit den Worten „Jungmädels an die Front"[526] motiviert wurden. Zu Zwecken der Mobilisierung stellte die Zeitschrift ihren Leserinnen so, wenn auch nur auf sprachlicher Ebene, den Zugang zu männlich codierten Sphären, damit eine „Gleichwertigkeit" in Aussicht.

Vermittlung politischer Inhalte

In summa stimmte die „NS.Frauen-Warte" also größtenteils und spätestens ab 1933 mit der offiziellen Parteilinie dahingehend überein, dass das Wirken auf staatlich-öffentlicher und politischer Ebene im NS-Staat männlichen Akteuren vorbehalten sein sollte. Daran schloss an, dass die Frauen zwar ausführlich zu frauenpolitischen Themen lesen konnten, sie i.d.R. aber nur knapp über aktuelle politische Geschehnisse, Gesetzeserlasse o.ä. informiert wurden[527]. Daneben offenbarte sich das Muster, dass die Zeitschrift außen- wie innenpolitische

---

[525] O.V.: „Grundsätze der N.S. Frauenschaft", in: „NS.Frauen-Warte", Heft 2 / Jg. 1, 15. Juli 1932, S. 26.

[526] Kühn, Anna-Luise: „Jungmädels an die Front!", in: „NS.Frauen-Warte", Heft 3 / Jg. 1, 1. Aug. 1932, S. 51.

[527] Ab 1933 bzw. 1934 gaben die Rubriken des „Politischen Rückblicks" und des „Nachrichtendienstes" - in selektierter und kommentierter Form - Auskunft über frauen-, personal- und wirtschaftspolitische Entwicklungen.

Inhalte durch eine Verknüpfung mit weiblichen Zuständigkeiten und Handlungsräumen relevant zu machen versuchte: Offenbar in Anlehnung an völkische Diskurse druckte die NS-Zeitschrift in großem Umfang vor allem Berichte, die das deutsche bzw. nordische Brauchtum, damit das deutsche Volk als solches – insbesondere durch die Auflagen des Versailler Vertrages – in seinem naturbedingten Schaffenswillen als eingeschränkt und in der Konsequenz als gefährdet erscheinen ließen. Unter regelmäßiger Anführung des Motivs, Deutschland sei nach 1918 ein „Volk ohne Raum"[528], wurde die expansive NS-Politik der späteren dreißiger Jahre propagandistisch vorbereitet, indem die Zeitschrift vor allem östliche Gebiete als kulturell verwahrlost und das Leben sogenannter „Volksdeutscher" in ebendiesen Gebieten als alltäglichen Kampf darstellte[529]. Im September 1937 war z.B. zu lesen:

„[…] *das Schicksal hat uns im Herzen Europas zu wenig Raum bestimmt. Wie kein anderes ist unser Volk über die Erde verstreut. […] Der Führer hat uns den Weg zu unserem Volke wieder freigemacht. Er hat uns auch die Achtung vor fremdem Volkstum gelehrt, wir wollen keinem fremden Volke sein Lebensrecht schmälern, aber wir wollen geschlossen hinter unseren Brüdern und Schwestern draußen stehen, die das Bewußtsein unserer Verbundenheit in ihrem Kampf um die Erhaltung deutscher Art und deutscher Sprache an der völkischen Außenfront so nötig brauchen wie das tägliche Brot."*[530]

Der Nationalsozialismus wurde den Leserinnen damit in seinem Anliegen einer internationalen „Kulturmission" vorgestellt, die über nationale Grenzen übergreifende, durch gemeinsames Brauchtum verbundene Gemeinschaft des deutschen Volkes zu erhalten und ihr ihren „Lebensraum" zu sichern, was wiederum die politischen Entwicklun-

---

[528] Vgl. u.a. Frobenius, Else: „Frauen jenseits der Grenzen", in: „NS.Frauen-Warte", Heft 20 / Jg. 2, Apr. 1934, S. 595.
[529] Vgl. u.a. Meyer, Erika: „Danzig in Not", in: „NS.Frauen-Warte", Heft 5 / Jg. 4, Sept. 1935, S. 138 f.
[530] V. Sch.: „Vorwort", in: „NS.Frauen-Warte", Heft 5 / Jg. 6, Sept. 1937, S. 129.

gen der expansiven NS-Politik rechtfertigen sollte.[531] Die Verknappung auf für die weibliche Leserschaft relevant zu machende, vor allem kulturelle Themen bedingte letztendlich, dass die Leserinnen nur oberflächlich über politische Entwicklungen informiert wurden. Um die Leserinnen dennoch für den NS zu mobilisieren, betonte die Zeitschrift nicht nur die Verantwortung, die die Frauen gegenüber der Gemeinschaft zu tragen hätten, überdies griff die Propaganda vereinzelt auf das tradierte Motiv des „Dolchstoßes" zurück.

Erinnerung an die weibliche Schuld am „Dolchstoß"

Durch die Bezugnahme auf die Kriegsniederlage 1918, die die weiblich codierte „Heimat", sprich: die deutschen Frauen durch ihre Unentschlossenheit und ihr Untätigsein, durch mangelnden Rückhalt für die Soldaten an der Front maßgeblich mitverschuldet hätten[532], eröffnete sich ein Topos um „weibliche Schuld" und „Verantwortung", der sich im Sinne einer Mobilisierung für den NS instrumentalisieren ließ: Nicht von ungefähr griff die NS-Frauenzeitschrift auf das Motiv des „Dolchstoßes" zurück, um im Wahlkampf der Weimarer Jahre weibliche Stimmen für die NSDAP einzuwerben, die Machtkonsolidierung der Partei ab 1933 zu unterstützen oder aber um Frauen im Vorfeld des Zweiten Weltkrieges erreichen. [533]

---

[531] Dr. H. Sch.: „Um Freiheit und Frieden", in: „NS.Frauen-Warte", Heft 9 / Jg. 7, 15. Okt. 1938, S. 271.

[532] Vgl. Süchting-Hänger, Andrea: Die Anti-Versailles-Propaganda konservativer Frauen in der Weimarer Republik – Eine weibliche Dankesschuld? In: Krumeich, Gerd (Hrsg.): Versailles 1919. Ziele – Wirkung – Wahrnehmung. Herausgegeben in Zusammenarbeit mit Silke Fehlemann. Schriften der Bibliothek für Zeitgeschichte, Bd. 14. Essen 2001. S. 302 ff.

[533] „[…] Wir wollen nicht wieder das alte Deutschland, in dem ein Zusammenbruch von 1918 vorbereitet werden konnte, […] in dem die Ahnungs- und Interesselosigkeit sehr vieler Frauen der planmäßigen Zersetzungsarbeit zu Hilfe kam. Vergessen wir nie, daß 1918 nicht die Front, sondern die Heimat versagte und lernen wir daraus, was not tut: Arbeit an uns selbst, Arbeit an den Anderen, die wir unermüdlich wach-

In Bezug auf die Darstellung des Nationalsozialismus ist an dieser Stelle damit vorerst zu konstatieren, dass die Redaktion der „NS.Frauen-Warte" Frauen als Teil der „Volksgemeinschaft" wahrnahm und ihren Fokus entsprechend darauf legte, den deutschen, auch politisch nichtorganisierten Frauen ihre Aufgaben und Pflichten als Mitglied ebendieser Gemeinschaft zu vermitteln.

Analyse: „Das Deutsche Mädel"

Wie in den anderen beiden Medien wurde die NS-Politik in „Das Deutsche Mädel" zu legitimieren versucht, die nach 1918 geschlossenen, internationalen Friedensverträge nicht anerkannt[534] und der NS gegenüber anderen Systemen, allen voran dem Kommunismus aufgewertet: Bereits 1936 hatte die Zeitschrift mit Verweis auf die Missstände in Russland das Einschreiten der westeuropäischen „Kulturwelt"[535] gefordert. Gezielt wurde in den 1930er Jahren die Angst vor einer weltweiten „Bolschewisierung"[536] geschürt, indem die Zeitschrift über die (angeblichen) Missstände im Osten, über Lebensmittelknapp-

---

rufen und aufrütteln müssen. [...]" (Stieda, Renate v.: „Die Forderung des Krieges", in: „NS.Frauen-Warte", Heft 2 / Jg. 2, 15. Juli 1933, S. 59.). sowie vgl. u.a. Wedel, Hasso v.: „Unsere Wehrmacht", in: „NS.Frauen-Warte", Heft 18 / Jg. 7, März 1939, S. 563.

[534] Vgl. u.a. I.v.M.: „Blutende Grenzen", in: „Das Deutsche Mädel" / Jg. 1933, Mai 1933, S. 7.

[535] Vgl. u.a. Petmecky, Dr. Adele: „Jugend im Sowjetparadies", in: „Das Deutsche Mädel" / Jg. 1936, Dez. 1936, S. 12. An anderer Stelle berichtete die Zeitschrift über eine „Rassenverbundenheit" der deutschen und englischen Jugend (vgl. Sperling, Elsbeth: „Mädel zweier verwandter großer Nationen", in: „Das Deutsche Mädel" / Jg. 1936, Sept. 1936, S. 17).

[536] Vgl. Hptm.: „Ferner Osten", in: „Das Deutsche Mädel" / Jg. 1937, Febr. 1937, S. 13 ff.

heit oder die unmenschliche Behandlung von Frauen und Kindern in sowjetischen Zwangsarbeitslagern berichtete.[537]

Als offizielle Zeitschrift des „Bundes Deutscher Mädel" widmete sich „Das Deutsche Mädel" aber in erster Linie der Darstellung des weiblichen Schaffens, genauer: des Schaffens der NS-Jugend- bzw. Mädchenorganisationen, für die es ganz gezielt Mitglieder zu werben galt. Hierbei versuchte die Zeitschrift, vor allem das Erleben von „Gemeinschaft" innerhalb der NS-Jugendorganisation positiv herauszustellen, um die jungen Leserinnen zu erreichen: Das Entwerfen einer klassenlosen „Gemeinschaft", die sich durch gleiche Ziele und die gleiche Gesinnung – eine „sozialistische Lebenshaltung"[538], damit gemeinschaftsorientiertes und uneigennütziges Handeln ihrer Mitglieder – auszeichne, sollte so als erstrebenswert vermittelt und die jungen Leserinnen ganz gezielt zum Beitritt in den BDM. motiviert werden. Mithilfe reichlich bebilderter Berichte über Ausflüge, Fahrten und Sportveranstaltungen einzelner BDM-Ortsgruppen[539], über Schulungslager und BDM.-Veranstaltungen wurde eine Gemeinschaft aus Mädchen entworfen, deren Mitgliedschaft – zum Zwecke einer Mobilisierung – durch den Verweis auf Gemeinschaftserleben und außerhäuslicher bzw. außerfamiliärer Betätigung überaus attraktiv gezeichnet wurde.[540] So brach die NS-Zeitschrift ganz bewusst mit traditionellen

---

[537] Vgl. u.a. Wrangell, Margarete von: „Unter dem roten Terror", in: „Das Deutsche Mädel" / Jg. 1936, Febr. 1936, S. 7 ff. sowie vgl. Klinger, Lieselotte: „Wer möchte mit ihnen tauschen?", in: „Das Deutsche Mädel" / Jg. 1938, Jan. 1938, S. 15 f.

[538] Mallmann, Margarete: „Für die politische Erziehung", in: „Das Deutsche Mädel" / Jg. 1935, Jan. 1935, S. 3.

[539] Vgl. u.a. Ein Mädel aus Oberland: „Hochlands Pressemädel in Sonne und Schnee", in: „Das Deutsche Mädel" / Jg. 1937, Febr. 1937, S. 8 f.

[540] Vgl. Kinz, Gabriele: Der Bund Deutscher Mädel. Ein Beitrag über die außerschulische Mädchenerziehung im Nationalsozialismus. Europäische Hochschulschriften: Reihe 11, Pädagogik, Band 421. 2., unveränderte Auflage. Frankfurt am Main u.a. 1991. S. 43.
So schloss ein Bericht eines Mädchens über ein BDM.-Sommerlager mit den Worten: „[...] Die Mädel begleiteten mich bis zum Bahnhof. Da dachte ich an den ersten Gang mit ihnen [...] ... und daran, daß es wundervoll ist, daß eine solche Gemeinschaft in Deutschland besteht, und daß wir alle viel mehr erleben können, als es unsere Eltern jemals taten! [...]" (o.V.: „Sommertage in Sonne und Wind", in: „Das Deutsche Mädel" / Jg. 1937, Aug. 1937, S. 3).

Vorstellungen von Weiblichkeit, um die jungen Leserinnen zu erreichen und diese aus der Einflusssphäre elterlicher Erziehung zugunsten eines staatlichen Zugriffes mithilfe der NS-Jugendorganisation lösen zu können. Darüber hinaus sollten die NS-Organisationen den Leserinnen als attraktive Möglichkeit zur Partizipation an Aufbau und Erhalt des nationalsozialistischen Staates vermittelt werden, indem ihnen ihre Pflichten, damit immer auch eine gesellschaftliche Verantwortung nahegelegt wurden: „[...] Wir sind eine politische Mädelgemeinschaft. Das Mädel unseres Bundes wird auf einer weltanschaulichen Grundlage zum Dienst an Deutschland verpflichtet. Das unterscheidet uns grundsätzlich von allen Organisationen, die vor uns bestanden. [...]"[541]. Diese Pflichterfüllung wurde an die den BDM.-Mitgliedern in Aussicht gestellte Möglichkeit auf Gemeinschaftszugehörigkeit geknüpft, wenn etwa Artikel davon berichteten, dass BDM.-Mitglieder 1933 gemeinsam „volkszersetzende" Bücher sammelten, um diese anschließend in einem feierlichen Rahmen zu verbrennen.[542] Die Botschaft, dass der NS der weiblichen Jugend Möglichkeiten auf Partizipation am gesellschaftlichen und politischen Leben bot, sollte durch den Aufbau der NS-Mädchenzeitschrift transportiert werden: Die meisten Texte wurden ganz bewusst als Erlebnisberichte von „Mädeln" vorgestellt.[543]

Bedingt durch den Fokus der Zeitschrift, über das Wirken des BDM. zu berichten, war die Darstellung des NS – ähnlich wie in der „NS.Frauen-Warte" – nicht ausschließlich männlich codiert; neben Berichten und großflächigen Fotoaufnahmen führender NS-Männer[544]

---

[541] Nagel, Christa: „Unser Wille – unsere Leistung", in: „Das Deutsche Mädel" / Jg. 1935, März 1935, S. 4.

[542] Vgl. o.V.: „Wie wir die volkszersetzenden Bücher verbrannten und dabei unseren Wimpel weihten", in: „Das Deutsche Mädel" / Jg. 1933, Juni 1933, S. 27.

[543] An anderer Stelle hieß es explizit: „[...] Es ist selbstverständlich, daß die innere und äußere Gestaltung und damit Verantwortung nicht irgendeinem Zeitungsverlag oder irgendeinem Schriftleiter überlassen ist, sondern in den Händen einer BDM.-Führerin liegt. [...]" (o.V.: „Wie unsere Zeitschrift entsteht", in: „Das deutsche Mädel" / Jg. 1936, Jan. 1936, S. 6).

[544] Vgl. o.V.: „Wenn unsere Führer sprechen", in: „Das Deutsche Mädel" / Jg. 1933, Juli 1933, S. 4-7. sowie vgl. Milentz, Anneliese: „Einmal den Führer sehen!", in: „Das Deutsche Mädel" / Jg. 1937, Apr. 1937, S. 18 f.

sowie Mitteilungen der „Reichsjugendführung" waren es vor allem weibliche Repräsentantinnen des NS-Staates, die in der Mädchenzeitschrift vorgestellt wurden oder als Autorinnen zu Wort kamen. Berichte von und über einzelne BDM.-Führerinnen, über die „Reichsreferentinnen des BDM." und prominente Sportlerinnen, aber auch Artikel über ganz gewöhnliche Mädchen und junge Frauen wie die Siegerinnen des „Reichsberufswettkampfes"[545], sollten suggerieren, dass Frauen und Mädchen – eben wegen ihrer Weiblichkeit – Verantwortung in der nationalsozialistischen „Volksgemeinschaft" trügen und dass sie, und das war für die Mobilisierung entscheidend, öffentlich Anerkennung erführen.

Insgesamt aber schrieb „Das Deutsche Mädel" – wie die anderen beiden Pressemedien – die Vorstellung einer Geschlechterdifferenz und die danach auszurichtenden Handlungsbereiche fort: So positionierte sich die Zeitschrift bereits in den frühen 1930er Jahren gegen die Forderungen nach Restitution eines Matriarchats und beschwor, dass im deutschen Volk „männliche und weibliche Wesenheit gleichermaßen vertreten sein"[546] müssten. Tages- wie innenpolitische Meldungen waren noch seltener als in der „NS.Frauen-Warte" zu finden, was verdeutlicht, dass solche Themen als nicht relevant für die weibliche Jugend erachtet wurden; die Zeitschrift informierte ihre Leserinnen lediglich über Entwicklungen in der Jugend- und Außenpolitik, wenngleich die Positionierung jener kurz gehaltener Berichte zur Außenpolitik auf den letzten Seiten einer Ausgabe[547] ebenfalls eine geringe Relevanz vermuten lässt. Zudem waren jene Artikel, wie in der „NS.Frauen-Warte", i.d.R. mit Darstellungen zum Zustand der Kultur bzw. mit Forderungen nach einem „zu wahrenden Deutschtum" im Ausland verwoben, um sie mit weiblich codierten Handlungssphären verknüpfen zu können und so ausgewählte politische Inhalte für die Zielgruppe relevant zu machen. Die Ablehnung der nach 1918 ge-

---

[545] Vgl. u.a. E.M.: „Hanna Reitsch", in: „Das Deutsche Mädel" / Jg. 1935, Sept. 1935, S. 10 f. sowie vgl. ch.: „Was wurde aus den Reichssiegerinnen 1936?", in: „Das Deutsche Mädel" / Jg. 1937, März 1937, S. 2 f.

[546] O.V.: „Die Tagung", in: „Das Deutsche Mädel" / Jg. 1933, März 1933, S. 5.

[547] Die entsprechenden Rubriken hießen „Ringendes Deutschtum", ab Mitte 1937 „Außendeutscher Bericht", ab 1938 schließlich „Blick in die Welt".

schlossenen Friedensverträge und die Forderungen nach mehr „Lebensraum" wurden so mit dem Verweis auf die kulturellen Leistungen des deutschen Volkes zu legitimieren versucht.[548] Zudem würdigte und porträtierte „Das Deutsche Mädel" häufig das kulturelle Schaffen der im Ausland[549] lebenden Deutschen, die durch ihr Tun den Fortbestand des „Deutschtums" wahren würden, überdies stellte die Zeitschrift, ähnlich der „NS.Frauen-Warte", immer auch die kulturellen Verdienste des Nationalsozialismus heraus.[550]

In summa erfolgte die Darstellung des Nationalsozialismus in der NS-Mädchenzeitschrift hauptsächlich dadurch, dass eine Gemeinschaft aus „gleichrassigen", gleichgeschlechtlichen (weiblichen), gleichaltrigen Mitgliedern innerhalb der übergeordneten „Volksgemeinschaft" entworfen wurde und diese den Bedürfnissen ihrer jungen, weiblichen Mitglieder zu entsprechen vorgab; die Zugehörigkeit zu ebendieser Gemeinschaft (und damit das Befriedigen ihrer Bedürfnisse) wurde den jungen Leserinnen durch den Eintritt in die jeweiligen NS-Organisationen in Aussicht gestellt.

Die in allen drei Medien durchweg positiv besetzte, nationalsozialistische „Volksgemeinschaft" sollte sich nach innen u.a. durch eine Geschlechterhierarchie, die die Vorstellung einer Polarität der beiden Geschlechter festschrieb, stabilisieren. Zu diesem Zweck waren im Geschlechterdiskurs der drei Pressemedien nur bestimmte weibliche Lebensformen „zugelassen".

---

[548] Über Polen hieß es Anfang 1933: „[...] dies [sic!] Land ist deutsch. Germanen haben hier gesessen, als man die Steinaxt schliff; germanisch blieben Warthe und Weichsel, als die Goten ihre nordischen Sitze verließen. Und später kehrten sie ins verslawte, versklavte Land zurück, kamen heim, brachten Gesittung und Religion, Sprache und Kunst, Wissenschaft und deutsche Art. Wird ihnen trotz der Not und Tod das Land gehören, ihnen und ihren Geschlechtern in alle Zeit und Ewigkeit? Es wird's! [...]" (Lüdtke, Franz: „Ostmarken", in: „Das Deutsche Mädel" / Jg. 1933, Mai 1933, S. 9 f.).

[549] Vgl. u.a. Kahle, Maria: „Bei deutschen Siedlern in Südamerika", in: „Das Deutsche Mädel" / Jg. 1935, März 1935, S. 17 ff.

[550] Vgl. u.a. Haller, Georg: „Die Bauten und Strassen Adolf Hitlers", in: „Das Deutsche Mädel" / Jg. 1937, Apr. 1937, S. 6 ff.

5.1.2 Die Darstellung von Weiblichkeit(en)

Analyse: „Der Stürmer"

Das höchste Ideal: Die Weiblichkeit der deutschen Mutter

Wie in Kap. 5.1 ausführlich dargestellt, machte „Der Stürmer" den antisemitischen Kampf eines von männlichen Kämpfern getragenen NS-Staates zum Schwerpunkt seiner Propaganda. Daran knüpft die Überlegung, dass die Zeitung ein von jüdischem Einfluss befreites Patriarchat zu legitimieren versuchte und ihre Propaganda damit notwendigerweise mit einem Sexualantisemitismus zusammenlaufen musste, was wiederum die Darstellung der idealen Weiblichkeit beeinflusste. Frauen und Mädchen sollten sich laut dem „Stürmer" der frühen 1930er Jahre auf das (künftige) Muttersein besinnen, nur das – und das Dasein als Ehe- und Hausfrau – sei ihr „Beruf"[551]. Die wenigen Zeichnungen, die deutsche Frauen außerhalb antisemitischer Darstellungen zeigten, transportierten dieselbe Botschaft.[552] Entsprechend adressierte das Blatt vor allem „rassenbewusste" Mütter; das Motiv der „deutschen Mutter" war in Bild[553] und Text omnipräsent und wurde gegenüber anderen Lebensformen aufgewertet:

---

[551] O.V.: „5. Mütterschule für alle Stände im Neulandhaus in Eisenach", in: „Stürmer"-Nr. 10 / Jg. 9, März 1931, S. 7.
[552] Vgl. u.a. Titelkarikatur „Heil dem Führer", in: Stürmer"-Nr. 16 / Jg. 11, Apr. 1933, S. 1.
[553] An die Stelle der bildlichen Darstellung der „deutschen" Familie trat entsprechend das Motiv „Mutter mit Kind(ern)" oder – seltener – das heterosexuelle Paar (vgl. u.a. Titelkarikatur „Ostern", in: „Stürmer"-Nr. 15 / Jg. 11, Apr. 1933, S. 1.).; vergleichsweise selten präsent war in Wort und Bild die Figur des (alleinerziehenden) Vaters (vgl. u.a. o.V.: „Der Hilferuf eines deutschen Vaters", in: „Stürmer"-Nr. 14 / Jg. 13, Apr. 1935, S. 8 sowie vgl. Fotografie „Vater klärt seinen Sohn in der Judenfrage auf", in: „Stürmer"-Nr. 2 / Jg. 15, Jan. 1937, S. 6).

„[…] Die Frau hat genau so viel Wert, als sie nicht Dirne ist. Wenn wir das positiv ausdrücken: Das einzige deutsche Frauenideal ist die reine Frau. […] Die selbstverständlichste Bindung der Frau an ihr Volkstum ist ihre Mutterfähigkeit, und ihr Persönlichkeitswert besteht darin, daß sie innerhalb oder außerhalb der Ehe diese Mutterfähigkeit heilig hält. Alles andere, Befähigungs-, Berufs- und Ausbildungsfragen sind demgegenüber Nebensächlichkeiten, die vom Zweckmäßigkeitsstandpunkt aus zu regeln sind. […]"[554].

Die Zeitung rekurrierte auf die tradierten Vorstellungen geschlechtsspezifischer Handlungsräume, wurden den Frauen doch primär die Felder der Mutterschaft, Kindererziehung und des Haushaltens zugewiesen. Auch verwies der Artikel durch Nutzung des Begriffes der „Mutterfähigkeit" darauf, dass das Dasein als Mutter nur bestimmten Frauen vorbehalten sein sollte – deutsche (auch unverheiratete) Mädchen und Frauen sollten sich für eine (spätere) Mutterschaft dadurch qualifizieren, dass sie ihre „Reinheit" bewahrten, sich also nicht mehreren Sexualpartnern hingeben und nicht mit „andersrassigen" Männern verkehren sollten. Diese Forderung nach „rassischer Reinheit" spiegelten vor allem die Karikaturen und Zeichnungen des „Stürmer" wider, zeigten diese vor allem Frauenfiguren, die in ihrer Physis mit hellen Augen, hellen Haaren und schlanker Statur als „nordisch" wahrgenommene Merkmale aufwiesen und damit eine „rassische Reinheit" verkörperten.

Rassisches bzw. antisemitisches Bewusstsein war damit elementarer Bestandteil des Frauenideals – hieran entwarf „Der Stürmer" eine der größten Verantwortungen der Frauen gegenüber ihrem Volk. Hier sah sich die Redaktion in der Pflicht, die Frauen „aufzuklären", da ihr emotionales Wesen die Frau das artfremde Wesen des Juden zwar spüren ließe, sie daraus ohne antisemitische „Aufklärung" allerdings keine

---

[554] Lappenbusch, Johanna: „Judentum und Frauenfrage", in: „Stürmer"-Nr. 48 / Jg. 13, Nov. 1935, S. 7.

angemessenen Weisungen für ihr Handeln ableiten könne, zumal „das Fremde" oftmals eine verführende Wirkung auf Frauen hätte[555]:

> „[...] *Andere Frauen verstehen deswegen den Stürmer nicht, weil sie im Herzen zu gut, zu unverdorben sind, als daß sie die Scheußlichkeiten der Juden, die der Stürmer enthüllt, zu glauben vermöchten. [...] An diese Frauen wendet sich der Stürmer! Diese Frauen fordern wir auf in ihren Mußestunden den Stürmer zu lesen. Studiert ihn von der ersten bis zur letzten Seite! [...]*"[556].

Dazu druckte die Zeitung vereinzelt Fotografien von den „Stürmer" lesenden, deutschen Müttern – die Lektüre des Hetzblattes wurde so gleichgesetzt mit dem antisemitischen „Aufgeklärtsein", welches deutsche Frauen vor Übergriffen durch jüdische Männer schütze.[557] Auf diese Weise sah sich die Redaktion in der Pflicht, jene „Aufklärung" deutscher Frauen zu übernehmen, die vonseiten der Ehegatten offenbar ausgeblieben war – hier wurde deutlich, dass „Der Stürmer" immer auch deutsche Männer in die Verantwortung nahm, ihren Ehefrauen den Antisemitismus zu vermitteln. Zu diesem Zwecke appellierte die Redaktion gezielt an das Hegemonialdenken der männlichen Leser, wenn sie sich mit folgenden Worten an die Frauen wandte: „[...] Oder wenn Ihr einen Mann haben solltet, der in der Judenfrage weniger weiß als Ihr selbst, dann haltet ihm allwöchentlich den Stürmer vor die Nase. Und wenn er dann noch nicht sehen will, dann sagt ihm ruhig, daß er ein Waschlappen ist. [...]"[558]. Zweierlei Intention offenbarte sich hier: Zum einen wurde von den deutschen Männern ein gewünschtes Handeln eingefordert, indem ihnen ein Ausschluss aus der Hegemonie und eine (von einer Frau artikulierte!) Schmähung als „Waschlappen" in Aussicht gestellt wurde; überdies kann der Artikel

---

[555] Schnitzer, Jost: „Fremdes Blut. Eine Mahnung an das deutsche Volk", in: „Stürmer"-Nr. 4 / Jg. 13, Jan. 1935, S. 2.

[556] Hiemer, Ernst: „Frau und Stürmer", in: „Stürmer"-Nr. 32 / Jg. 13, Aug. 1935, S. 2.

[557] Vgl. Fotografie, in: „Stürmer"-Nr. 13 / Jg. 14, März 1936, S. 8. sowie vgl. Karikatur „Schutz" / Rubrik „FIPS-Zeitspiegel", in: Nr. 31 / August 1938, S. 7.

[558] Hiemer, Ernst: „Frau und Stürmer", in: „Stürmer"-Nr. 32 / Jg. 13, Aug. 1935, S. 2.

auf Leserinnen so gewirkt haben, als hätte „Der Stürmer" ein Interesse daran, den Frauen zu einer bisher kaum erfahrenen Mündigkeit zu verhelfen. Autor Ernst Hiemer schrieb in demselben Artikel davon, die Frauen (wörtlich) „politisieren"[559], sie „aus ihrer anerzogenen politischen Gleichgültigkeit"[560] reißen zu wollen. Tatsächlich stand dahinter aber lediglich die Absicht, die Leserinnen für die „Judenfrage" zu sensibilisieren – den Frauen stand „Der Stürmer" nur zu solchen Zwecken und nur äußerst selten einen Subjektstatus zu.

Vereinzelt bediente „Der Stürmer" das Motiv der „deutschen Soldatenmutter", wenn er einzelne Witwen des Ersten Weltkrieges porträtierte[561] und sie dezidiert als „deutsche Frauen", damit als Karnation idealer Weiblichkeit kennzeichnete. Trotz der ausschließlichen Reduktion von Weiblichkeit auf „Fruchtbarkeit" und „Mutterfähigkeit", fanden aber weder der offizielle „Muttertag" noch die Verleihungen des „Ehrenkreuzes der Deutschen Mutter" nennenswerte Beachtung im „Stürmer" – vielmehr sah die Zeitung darin offenbar die naturgegebene Pflicht der Frau.

Die Weiblichkeit des „deutschen Mädel"

Wie eben dargestellt, definierte sich Weiblichkeit im Diskurs des „Stürmer" primär über Fruchtbarkeit, entsprechend gehörten Mädchen nicht zur primären Zielgruppe des „Stürmer" (vgl. Kap. 4.1.3). Dennoch wurde in den 1930er-Ausgaben eine ideale, deutsche Jugend entworfen, die – geschlechterübergreifend – die jüngeren Generationen umfasste. Mit dem Ziele der antisemitischen „Aufklärung" befürwortete „Der Stürmer" – neben der ideologiekonformen Erziehung durch

---

[559] Ebd.
[560] Ebd.
[561] Vgl. u.a. o.V.: „Eine deutsche Frau", in: „Stürmer"-Nr. 30 / Jg. 9, Juli 1931, S. 2 sowie vgl. o.V.: „Eine treue Stürmerleserin", in: „Stürmer"-Nr. 3 / Jg. 10, Jan. 1932, S. 5.

Elternhaus und Schule – die Erfassung in NS-Organisationen, um die junge Zielgruppe umfassend indoktrinieren und sie in ihrer Entwicklung beeinflussen zu können.[562] Regelmäßig appellierte die Zeitung an Eltern, vor allem ihre Söhne für die „Hitlerjugend" anzumelden; auch wurde die deutsche Jugend i.d.R. über männliche Figuren bebildert[563]. Die organisatorische Erfassung von Mädchen hingegen schien dem „Stürmer" zweitrangig, der „Bund deutscher Mädel" wurde entsprechend selten thematisiert. Gleichwohl ließ „Der Stürmer" nicht aus, auf das Schicksal des „deutschen Mädel" zu verweisen: „Befreit von Dünkel und von Klassenwahn, Der Freude und der Arbeit zugetan, Kennt es kein schönres Glück auf dieser Erden, Als Frau und Mutter deutscher Männer zu werden"[564]. Sollten deutsche Mädchen also der NS-„Volksgemeinschaft" als Arbeitskräfte zur Verfügung stehen[565], wurde zugleich auf ihr zukünftiges Dasein als Ehefrau und Mutter verwiesen.

Die im „Stürmer" entworfenen Weiblichkeitsideale erfuhren auf diese Weise nicht nur eine explizite Aufwertung, auch bezogen sie ihre Idealisierung durch die negative Darstellung alternativer Lebensformen.

---

[562] Vgl. u.a. Titelkarikatur „Deutsche Mädels", in: „Stürmer"-Nr. 2 / Jg. 15, Jan. 1937, S. 1.

[563] Vgl. u.a. Titelkarikatur „Deutsche Jugend", in: „Stürmer"-Nr. 20 / Jg. 14, Mai 1936, S. S. 1.

[564] Titelkarikatur „Deutsches Mädel", in: „Stürmer"-Nr. 35 / Jg. 16, Sept. 1938, S. 1.

[565] Vgl. u.a. A.D.: „Alarmruf der deutschen Jugend", in: „Stürmer"-Nr. 47 / Jg. 10, Nov. 1932, S. 6.

„Nichtzugelassene" Weiblichkeiten im „Stürmer"

Emanzipiert lebende Frauen

Heftige Kritik übte „Der Stürmer", mit Verweis auf bevölkerungspolitische Diskurse, grundsätzlich an der weiblichen Erwerbstätigkeit, an neuen Modetrends und an dem neuen Körperbewusstsein, an der politischen Partizipation von Frauen sowie an der Lockerung des „Abtreibungsparagraphen" 218 StGB im Jahr 1927. All dies hätte laut „Stürmer" dazu beigetragen, dass die Mutterschaft und mit ihr das völkische Bewusstsein unter der Weimarer Regierung zunehmend an Wert verloren hätte, individuelle Geltungssucht und selbstbestimmtes Handeln hingegen für viele Frauen leitend geworden wäre. So forderte die Zeitung 1931 eine Rückbesinnung der Leserinnen auf Landestrachten und deutsche Mode – nicht ohne zu bemerken, dass die internationalen Modetrends dem deutschen Wesen nicht entsprächen und ausschließlich die jüdische Modeindustrie an ihnen verdienen würde.[566] Des Weiteren druckte die Zeitung in den frühen 1930ern u.a. Kontaktanzeigen von Frauen, welche betonten, dass sie keinen „Bubikopf" hätten[567], um damit womöglich attraktiver auf potentielle, männliche Partner zu wirken, distanzierten sie sich damit doch offenkundig von der mit dem „Bubikopf" assoziierten, in der männlich dominierten Öffentlichkeit negativ konnotierten Weiblichkeit der „emanzipierten Frau" (vgl. Kap. 2.1.2). Neben ihrem am individuellen Genuss orientierten Lebensstil und ihrem äußeren Erscheinungsbild, geriet auch die Sexualität der emanzipiert lebenden Frauen in die Kritik: Die Emanzipation hätte demnach mit ihrer Forderung nach Gleichberechtigung der Geschlechter einen „modernen" Frauentyp hervorgebracht, der – jeglicher Hemmungen entledigt – „in seinem Liebes- und Sexualleben irgendwie nicht ganz normal ist, der jedenfalls nicht die Kraft zur Treue

---

[566] Vgl. u.a. Fontaine, Maria: „Deutsche Frauen!", in: „Stürmer"-Nr. 23 / Jg. 9, Juni 1931, S. 3.
[567] Vgl. Kontaktanzeigen, in: „Stürmer"-Nr. 14 / Jg. 11, Apr. 1933, S. 8.

hat. [...]"[568]. Glaubte man der „Stürmer"-Darstellung, beschränkte sich die „Emanzipation der Frau" auf das Erringen sexueller Freizügigkeit und damit sittlicher Verkommenheit, das hier angedeutete, sexuelle Verhalten der selbstbestimmt lebenden Frauen in der Weimarer Republik wurden so als „deviant", als „nicht normal" dargestellt – die Leserinnen sollten so für sich ebenfalls den außerehelichen Geschlechtsverkehr, die Empfängnisverhütung, Abtreibungen sowie späte Eheschließungen zugunsten einer fruchtbaren Ehe ablehnen. Die Idealisierung der deutschen Frau war damit auch immer an strenge Moralvorstellungen gebunden: Sittlichen Halt fände das weibliche Naturell in erster Linie in der („gleichrassigen") Ehe.

Die Kritik an der Weiblichkeit der „emanzipierten Frau" verband sich i.d.R. mit antisemitischer Argumentation, allen voran am Topos des Schwangerschaftsabbruchs. So schändeten jüdische Frauenärzte laut „Stürmer" systematisch die Körper deutscher Frauen und töteten deutschen Nachwuchs, während (meist) emanzipierte, antisemitisch nicht „aufgeklärte" Frauen dieses zuließen. Entsprechend präsent war im „Stürmer" der frühen 1930er Jahre die Negativfigur des „jüdischen Frauenarztes"[569]. Die 1927 eingeführte Lockerung des Paragrafen 218 StGB, die den Frauen de facto neues Recht auf Bestimmung über ihren Körper einräumte, wurde in eine Passivität der Frauen umgedeutet, die nunmehr den Übergriffen jüdischer Frauenärzte schutzlos ausgeliefert wären. Nur so – unter Aussparung der Selbstbestimmtheit – konnte der Topos der „Abtreibung" negativ besetzt und der weiblichen Leserschaft als Mittel eines von Juden geführten „Rassenkampfes" vermittelt werden.

„Rassisch hochwertige" Frauen, die sich auch bewusst gegen eigenen Nachwuchs entschieden, damit für die „Volksgemeinschaft" „unfruchtbar" blieben, gerieten so in die Kritik des „Stürmer" – dies lief schließlich auch mit einer Kirchenkritik zusammen.

---

[568] Lappenbusch, Johanna: „Judentum und Frauenfrage", in: „Stürmer"-Nr. 48 / Jg. 13, Nov. 1935, S. 7.
[569] Vgl. u.a. Titelkarikatur „Der neue Krieg dem keimenden Leben", in: „Stürmer"-Nr. 27 / Jg. 9, Juni 1931, S. 1.

Mit der im NS-Staat vorangetriebenen Entkonfessionalisierung des öffentlichen Lebens nahmen die bis dato erschienenen Berichte, die Christen judenfeindlich mobilisieren sollten[570], ab Mitte der 1930er im „Stürmer" ab. An ihre Stelle trat eine Berichterstattung, die eine Vereinbarkeit von NS-Ideologie und Kirche explizit ausschloss.[571] Diese Kirchenkritik erfolgte unter anderem durch die Zuschreibung einer „devianten" Sexualität an Kirchenvertreter. Eine Titelkarikatur aus dem Jahr 1936 übte offen Kritik an der asketischen Lebensweise katholischer Christen: Unter dem Titel „Unfruchtbar" waren zum einen eine Ordensschwester und ein männlicher Geistlicher abgebildet. Dieser Szene wird eine Annäherung zwischen einem jüdischen Mann und einer „artvergessenen" Deutschen gegenübergestellt; sie rauchen, die tief dekolletierte Frau konsumiert scheinbar Alkohol und wendet sich dem jüdischen Mann zu, der sie mit den Händen umfasst.

---

[570] Vgl. u.a. Fink, Fritz: „Kirche und Jude", in: „Stürmer"-Nr. 28 / Juli 1935, S. 2.

[571] 1936 war zu lesen, Staat und Kirche hätten in Bezug auf die „Judenfrage" „eine grundverschiedene Auffassung" (Fink, Fritz: „Das Alte Testament", in: „Stürmer"-Nr. 36 / Jg. 14, Sept. 1936, S. 2.); die Bibel (bzw. das Alte Testament) wurden darüber hinaus mit Verweis auf die zu wahrende Sittlichkeit als „[g]efährliche Jugendlektüre" (Eisenbeiß, Dr. Hanns: „Gefährliche Jugendlektüre", in: „Stürmer"-Nr. 43 / Jg. 15, Okt. 1937, S. 3.) bezeichnet.

Abb. 4: Titelkarikatur „Unfruchtbar“,
in: „Stürmer“-Nr. 30, Juli 1936.[572]

Die Symmetrie im Bildaufbau beider Illustrationen unterstreicht
eine abwertende Gleichsetzung zweier Lebensweisen, die im Grunde
gänzlich verschieden sind: Während die Nonne ihrem Volk aus religiösen Gründen keine Nachkommen gebärt, ist auch die vom Juden beeinflusste Frau offensichtlich von ihrer Bestimmung als Mutter abgerückt,
führt stattdessen einen ungesunden Lebensstil im Umfeld von Juden –
beide Frauen sind damit laut „Stürmer“ „der Volksgemeinschaft verloren“. Inwiefern die rechts abgebildete Frau „unfruchtbar“ sei, wird an
dieser Stelle im „Stürmer“ nicht erläutert und eröffnet damit zwei Deu-
tungsebenen: Zum einen kann sich die „Unfruchtbarkeit“ hier auf einen Lebensstil beziehen, in welchem unter jüdischem Einfluss Empfängnisverhütung und Abtreibungen praktiziert würden. Zudem kann
sich die Überschrift in rassischer Hinsicht auf den Nachwuchs beziehen, der aus „mischrassigen“ Verbindungen entstünde: Der Begriff der

---

[572] Bildunterschrift: „Der Kirche zu eigen / dem Satan verschworen / Und beide der
Volksgemeinschaft verloren“.

„Unfruchtbarkeit" negiert im eigentlichen Sinn die Existenz von Nachwuchs, meint in diesem Kontext aber, dass ein „rassisch minderwertiger" Nachwuchs geboren würde – diesem wurde so das Existenzrecht abgesprochen.

Gleichgeschlechtliche, damit ebenfalls biologisch unfruchtbare Beziehungen zwischen Frauen wurden hingegen in den untersuchten Jahrgängen kein einziges Mal thematisiert. Mit ihrer grundsätzlichen Aussparung waren bi-, homo- oder transsexuelle Frauen (ebenso wie Männer) keine explizite Zielgruppe des „Stürmer"; mit ihrer öffentlichen Verbannung aus der „Volksgemeinschaft" und der diskursiven Festschreibung der möglichst fruchtbaren, ausschließlich heterosexuellen Verbindung als „das Normale" war eine Diskriminierung dennoch implizit.

Die erwerbs- bzw. berufstätige Frau

Die Berufstätigkeit von Frauen lehnten die Nationalsozialisten aus ideologischen Gründen ab, da die weibliche Berufstätigkeit immer die (potentielle) Mutterschaft, darüber hinaus die finanzielle Potenz des deutschen (Ehe-)Mannes und die ihm zugeschriebenen außerhäuslichen Handlungssphären zu bedrohen schien. Dennoch waren die steigende Frauenerwerbsquote seit dem Ersten Weltkrieg eine Tatsache und erwerbstätige Frauen damit eine potentielle Wählergruppe, die die NS-Propaganda in den frühen 1930ern entsprechend wahrnehmen musste. Demzufolge war es Anliegen des „Stürmer", auch berufs- bzw. erwerbstätige Frauen und Mädchen zu adressieren und antisemitisch zu indoktrinieren. Entsprechend wurde die weibliche Berufstätigkeit im „Stürmer" der Weimarer Jahre keineswegs ausgespart, wohl aber i.d.R. negativ gezeichnet und den Leserinnen so als keine anzustrebende Lebensform vermittelt: Berichte über weibliche Erwerbstätigkeit verbanden sich meist mit einer antisemitischen Argumentation, indem die Zeitung die Erwerbstätigkeit mit einer Gefährdung durch sexuell motivierte Übergriffe durch jüdische Vorgesetzte gleichsetzte. Diese Gefahr schien für berufstätige Frauen und Mädchen umso größer, da sie – wie i.d.R. implizit vermittelt wurde – dem ehelichen bzw. elterlichen Haushalt und damit der Führung und dem Schutz des deutschen Mannes entzogen wären.[573] Somit versuchte Streichers Zeitung zum einen, Frauen und Mädchen noch vor der Berufswahl zu beeinflussen und u.a. durch das Bedienen antisemitisch motivierter Ängste gänzlich an einem Eintritt in die Erwerbstätigkeit zu hindern. Dieselbe Intention verfolgten offenbar Artikel, nach denen die NSDAP den Witwen verstorbener Parteigenossen finanzielle Absicherung durch „Sterbegeldversicherungen" in Aussicht stellte.[574] Die Erwähnung solcher sozialpolitischen Maßnahmen sollte wahrscheinlich integrativ wirken, dahinter verbarg sich aber das bevölkerungspolitische Kalkül, Frauen vorsorglich zu domestizieren und – selbst im Falle der Absenz des männlichen Versorgers – möglichst aus der eigenen Erwerbstätigkeit fernzuhalten.

Gleichzeitig sollten jene Frauen und Mädchen, die bereits einen Beruf ausübten, antisemitisch indoktriniert werden, so sollten deutsche Krankenschwestern ab Oktober 1933 keine jüdischen Patienten mehr behandeln.[575] Auch erschienen in den frühen 1930er Jahren mehrfach Karikaturen, auf denen sich deutsche Frauen als Angestellte gegen jüdische Vorgesetzte durch aktives Handeln, sprich: mithilfe körperlicher Gewalt zur Wehr setzten[576]. Solche Darstellungen attestierten der Berufstätigkeit von Frauen stets etwas Gefährliches, gleichzeitig wurden Frauen vor dem Juden gewarnt: Die Absenz des deutschen Mannes erforderte nunmehr ein aktives Handeln der deutschen Frau, um sich vor den Übergriffen des Juden zu schützen. Derartige Motive sich aktiv zur Wehr setzender Frauen wurden spätestens ab 1935 im „Stürmer" seltener publiziert: An ihre Stelle traten Darstel-

---

[573] Vgl. u.a. Titelkarikatur „Freiwild", in: „Stürmer"-Nr. 48 / Jg. 9, Nov. 1931, S. 1.

[574] Vgl. „Aufruf an alle Parteigenossen!", in: „Stürmer"-Nr. 2 / Jg. 9, Jan. 1931, S. 6.

[575] Vgl. o.V.: „Jüdin Moschie und die deutsche Krankenschwester", in: „Stürmer"-Nr. 42 / Jg. 11, Okt. 1933, S. 4.

[576] Vgl. u.a. Titelkarikatur „Ehrenbezeugung für Schmierfinke", in: „Stürmer"-Nr. 41 / Jg. 9, Okt. 1931, vgl. Titelkarikatur „Neue Zeit", in: „Stürmer"-Nr. 37 / Jg. 12, Sept. 1934, S. 1, sowie vgl. Titelkarikatur „Das neue Gesetz", in: „Stürmer"-Nr. 39 / Jg. 13, Sept. 1935, S. 1.

lungen passiv auftretender Frauen, die nur durch das Eingreifen des deutschen Mannes vor einer Vergewaltigung durch den männlichen Juden bewahrt würden. Das Ausüben von körperlicher Gewalt war ab dann ausschließlich als männliche Zuständigkeit gekennzeichnet.

Trotz einer steigenden weiblichen Erwerbstätigkeit und trotz der Tatsache, dass Frauen im Zuge der nationalsozialistischen Rüstungs- und Autarkiepolitik als Arbeitskräfte relevant wurden, blieb der Versuch einer umfassenden Mobilisierung weiblicher Arbeitskräfte im „Stürmer" aus, stattdessen markierte die Zeitung über die 1930er Jahre hinweg das Arbeitsleben stets als männlichen Handlungsraum und bekräftigte das Ideal des Mutterseins, um dem Mann den Anspruch auf Arbeitsplätze gegenüber den Frauen zuzusichern; eine den „Vierjahresplan" thematisierende Zeichnung aus dem Frühjahr 1937 zeigte entsprechend ausschließlich männliche Figuren bei der Arbeit.[577] Die Tätigkeit in Forschung, Handwerk sowie geistig schaffenden Berufsfeldern wurde hier ideologiekonform als männlich markiert, ohne dabei an dieser Stelle – propagandistisch geschickt – eine weibliche Erwerbstätigkeit explizit auszuschließen.

Frauen in männlich codierten Handlungssphären

Dass sich hegemoniale Männlichkeit immer erst in Abgrenzung u.a. zur Weiblichkeit formulieren und stabilisieren konnte, erklärt die Vehemenz, mit der „Der Stürmer" gegen Frauen polemisierte, die in männlich codierten Räumen agierten. Solch ein männliches Handlungsfeld hatte laut „Stürmer" die aktive Parteipolitik zu sein: Bereits in den Weimarer Jahren sprach sich die Zeitung offen gegen politisches Engagement von Frauen aus und adressierte „Parteigenossinnen"

---

[577] Vgl. Karikatur „Bei uns", in: Rubrik FIPS-Zeitspiegel, in: „Stürmer"-Nr. 9 / Jg. 15, Febr. 1937, S. 7.

nur äußerst selten, sie markierte die politische Partizipation somit als männlichen Handlungsraum.

Durch ihr Eindringen in ein solches männlich codiertes Handlungsfeld verloren die Frauen in den Berichten des „Stürmer" ihre Weiblichkeit. So berichtete „Der Stürmer" 1933 mehrfach über die bürgerliche Frauenrechtlerin Rosine Speicher. Diese hätte in ihrer Frauenzeitung die antisemitischen Maßnahmen der Nationalsozialisten kritisiert, weshalb die Zeitung Speicher des „Volksverrates" bezichtigte.[578] Die Zeitung sprach Speicher des Weiteren die idealisierte Weiblichkeit ab, indem sie das Wort „Hausfrau" bewusst in ironische Anführungszeichen setzte, um damit ihre weiblichen Fähigkeiten, darüber ihren Wert für die „Volksgemeinschaft" infrage zu stellen. Auch deutete das Blatt eine Verkehrung der Geschlechterrollen im Umfeld Speichers an: „[…] Wir wissen nicht, ob sie noch einen Mann hat. Hat sie noch einen, so tut er uns herzlich leid. Er hat sicherlich nichts zu lachen."[579]. Indem darüber spekuliert wurde, ob Speicher womöglich geschieden sei, wurde sie bereits auf dem Ideal der verheirateten, deutschen Frau exkludiert; daneben wurde die Dominanz von Speichers Ehemann infrage gestellt: Ein Mann, der in der Öffentlichkeit, in diesem Fall auch noch für eine dominante Ehefrau bemitleidet wurde, wurde damit ebenfalls aus dem Hegemonialen ausgeschlossen.

In summa waren Frauen wie Männer, die sich aus ihrer Überzeugung heraus öffentlich gegen den Nationalsozialismus und dessen antisemitische Maßnahmen aussprachen, im „Stürmer" kaum existent – ihre Diskurspositionen waren damit weitestgehend ausgeschlossen. Oder aber die Zeitung griff zu einem kritischen Kommentar und spe-

---

[578] Vgl. O.V.: „Skandal im Justizpalast", in: „Stürmer"-Nr. 21 / Jg. 11, Mai 1933, S. 1f.
1937 wurde die „Nürnberger Hausfrauenzeitung" verboten und Speicher als Herausgeberin in einem Konzentrationslager interniert (vgl. Kuhn, Annette: Die stille Kulturrevolution der Frau. Versuche einer Deutung der Frauenöffentlichkeit (1945 – 1947). In: Clemens, Gabriele (Hrsg.): Kulturpolitik im besetzten Deutschland 1945 – 1949. Historische Mitteilungen: Beiheft ; 10. Stuttgart 1994. S. 94).
[579] O.V.: „Skandal im Justizpalast", in: „Stürmer"-Nr. 21 / Jg. 11, Mai 1933, S. 2.

kulierte über einen jüdischen Einfluss, um den LeserInnen das eigene Urteil vorweg zu nehmen.[580]

Ebenso abgelehnt wie die (politische) Mündigkeit von Frauen wurde das Rekrutieren weiblicher Soldaten, wie die Zeitung am Beispiel sowjetischer und amerikanischer Frauenregimenter bekräftigte.[581] Aufgrund des Übertretens geschlechtlich codierter Grenzen durch Frauen, die aktiv in der Armee agierten bzw. am Kampfgeschehen partizipierten, wurden ihnen im „Stürmer" männliche, aber hier durchweg negative, weil „nicht-weibliche" Attribute zugeschrieben, sie schienen damit die (angeblich) naturgegebene Geschlechterdifferenz zu unterlaufen und wurden daher als Bedrohung auch für die Männlichkeit empfunden[582]. Nach den im Hegemonialkonzept gültigen Kodizes von „Männlichkeit" hatten Frauen (im Kriegsgeschehen) ausschließlich unbewaffnet und damit schutzbedürftig[583] zu sein. Durch bildliche Gegenüberstellungen mit der „deutschen Frau" wurde den bewaffneten oder marschierenden, ungepflegt und verroht wirkenden „Flintenweibern" zusätzlich die Weiblichkeit in Wesen und Aussehen abgesprochen[584].

---

[580] Eine Fotografie Marlene Dietrichs, die sich 1937 als amerikanische Staatsbürgerin vereidigen ließ, war wie folgt unterschrieben: „[…] Der viele Umgang mit Juden hat ihr ganzes Wesen undeutsch gestaltet. […] daß sie ihr Vaterland verrate!" (Fotografie „Die Vereidigung der Marlene Dietrich", in: „Stürmer"-Nr. 41 / Jg. 15, Okt. 1937, S. 5).

[581] Vgl. o.V.: „Sowjetrussische Frauenregimenter", in: „Stürmer"-Nr. 49 / Jg. 14, Dez. 1936, S. 9.

[582] Klaus Theweleit interpretierte die Vorstellung vom „Flintenweib" als männliche Phantasie von einer „kastrierenden Frau", die durch ihre Bewaffnung die Männlichkeit bedrohe – ihre Waffe fungiere dabei als Symbol einer „phallische[n] Potenz" (Theweleit, Klaus: Männerphantasien. Frauen, Fluten, Körper, Geschichte. Band 1. Reinbek bei Hamburg 1980. S. 80).

[583] Vgl. Werner 2013, S. 54.

[584] Vgl. Karikatur (ohne Titel) / Rubrik „FIPS-Zeitspiegel", in: „Stürmer"-Nr. 47 / Jg. 14, Nov. 1936, S. 7.

Teil der Kritik am System des Kommunismus' bzw. Bolschewismus war, dass „Der Stürmer" sein Frauenbild negativ zeichnete. Die Zeitung lehnte die im bolschewistischen Russland proklamierte Gleichstellung von Mann und Frau ab, da sie nicht den natürlichen Bedürfnissen der Frau entspräche: Durch das Auflösen der in der NS-Ideologie so betonten Geschlechtersphären würden Nichtjüdinnen im kommunistischen, vom Juden beeinflussten Russland zu „Allgemeingut" erklärt, die Ehe in der Folge ihren Wert verlieren und Frauen gewerbemäßig Prostitution betreiben[585]. Die Gleichstellung brächte es überdies mit sich, dass der „natürliche Wunsch" jeder Frau, Kinder zu bekommen und zu erziehen, aufgrund der Berufstätigkeit beider Geschlechter zu kurz käme[586]. Hinter solchen Darstellungen stand immer auch der Anspruch, die nach Geschlecht codierten Handlungsräume im nationalsozialistischen Staat zu wahren – somit wurde die NS-Geschlechterpolitik gegenüber dem bolschewistischen System aufgewertet.

Antisemitisch „unaufgeklärte" Frauen

Die Zeitung polemisierte u.a. gegen Frauen, die trotz oder wegen mangelnder „Aufklärung" Beziehungen zu Juden unterhielten, die 1935 etwa weiterhin in jüdischen Geschäften beschäftigt waren. Die Beziehung zwischen nichtjüdischen Arbeiterinnen und jüdischen Arbeitgebern wurde dann stets sexualisiert, um diese abwerten zu können: „[...] Sie haben nun auch alle Chancen, ihrem jüdischen Arbeit-

---

[585] Vgl. o.V.: „Alles gehört Allen", in: „Stürmer"-Nr. 43 / Jg. 13, Okt. 1935, S. 3. sowie vgl. o.V.: „Kommunistisches Eheleben", in: „Stürmer"-Nr. 51 / Jg. 14, Dez. 1936, S. 8 f.

[586] Vgl. A.P.: „Sowjetrußland ohne Maske", in: „Stürmer"-Nr. 30 / Jg. 14, Juli 1936, S. 3.

geber gelegentlich mit anderen ‚Reizen' dienen zu können. […]"[587]. Um den Druck auf die Leserschaft zu erhöhen, nicht mehr mit Juden zu verkehren, gab „Der Stürmer" Ausgabe für Ausgabe vor, die Deutschen genau zu beobachten und wählte zu diesem Zwecke mehrfach gezielt die Textsorte des „offenen Briefes". Im März 1935 schrieb Ernst Hiemer z.B. an eine deutsche Bäuerin:

> *„Liebe Bäuerin! Ich habe Dich schon oft in der Stadt gesehen. Schon von weitem kenne ich Dich an Deinem seidenen Kopftuch und der bunten Schürze. Erst gestern sah ich Dich wieder, als Du aus einem Judenramschgeschäft kamst. Du warst über und über mit Paketen beladen. Stimmts?? […] Du weißt, daß es Adolf Hitler war, der Dich und alle deutschen Bauern vor der Brandfackel des Kommunismus bewahrt hat. Du weißt aber auch, daß gerade die Juden unseren Führer am liebsten zum Teufel wünschten! Weißt du nun auch, daß Du mit Deiner Judenfreundschaft Adolf Hitler ins Gesicht schlägst? […]"[588].*

Der Brief wirkte wie eine Anklage; die direkte Ansprache der anonym bleibenden Frau durch mehrere Suggestivfragen sollte eindringlich wirken und zugleich alle einschüchtern, die sich in ähnlichen Situationen wie die Frau befanden. Diese sollte sich darauf besinnen, dass es Hitler bzw. der Nationalsozialismus gewesen wären, die die Interessen der Bauernschaft vor dem Kommunismus bewahrt hätten. Dementsprechend endete der Brief mit einem Appell an die Bäuerin, sich endlich wieder ihrer „Pflicht" als deutsche Frau bewusst zu werden und jüdische Geschäfte fortan zu meiden. Wenig später richtete „Der Stürmer" erneut einen „offenen Brief" an eine deutsche Frau, die ihr Dienstmädchen in jüdischen Geschäften einkaufen ließe. Auch in diesem Fall nannte Hiemer keine Namen, dennoch wusste er eine bedrohliche Stimmung zu inszenieren – so hätten laut er und die Frau „[…]

---

[587] O.V.: „Sind das deutsche Mädchen?", in: „Stürmer"-Nr. 10 / Jg. 13, März 1935, S. 2.
[588] Hiemer, Ernst: „Ein offener Brief!", in: „Stürmer"-Nr. 11 / Jg. 13, März 1935, S. 4.

erst vor einigen Wochen [...] im Kino nebeneinander"[589] gesessen. Solche Artikel dienten eindeutig der Einschüchterung all derer, die weiterhin Kontakte zu Juden pflegten.

Ein Desinteresse an der „antisemitischen" Aufklärung durch den „Stürmer" glaubte die Zeitung vor allem in gehobenen Kreisen auszumachen.[590] Es seien demnach vor allem bürgerliche Frauen, die 1938 - entgegen aller Propaganda – noch bei Juden kauften: „[...] Sicherlich sind es keine Arbeiter- und Handwerkerfrauen, denn die haben Rassestolz und gehen nicht zum Juden. Die Kunden der Judenfirma Aronheim bestehen fast ausschließlich aus ‚Damen der Gesellschaft'. [...]"[591].

Darstellung der Weiblichkeit der „artvergessenen Frau"

Extreme Ächtung erfuhren durch den „Stürmer" jene deutschen Frauen, denen vorgeworfen wurde, sexuell mit Juden zu verkehren. Im „Stürmer" wurde der Terminus „artvergessen" sogar auf deutsche Frauen angewandt, die – auch nichtsexuellen – Kontakt zu Juden unterhielten. Vereinzelt wurde zwischen Frauen, die sich trotz antisemitischer „Aufklärung" und zwischen Frauen, die wegen mangelnder „Aufklärung" (sexuell) mit Juden verkehrten, differenziert: Ungenügend „aufgeklärte" Frauen, die sich über die „rassische" Herkunft hätten hinwegtäuschen lassen bzw. die durch jüdische Verführung Opfer sexueller Übergriffe geworden wären, betitelte das Blatt meist als „Geschändete"[592], was offenbar auf die Vorstellung einer von Natur aus

---

[589] Ders.: „Ein offener Brief", in: „Stürmer"-Nr. 16 / Jg. 13, Apr. 1935, S. 8.

[590] Vgl. o.V.: „Die Schande von Heidelberg", in: „Stürmer"-Nr. 29 / Jg. 13, Juli 1935, S. 8. sowie vgl. o.V.: „Der Stürmer", in: „Stürmer"-Nr. 5 / Jg. 16, Febr. 1938, S. 3.

[591] Kr.: „Nochmals Aronheim in Krefeld", in: „Stürmer"-Nr. 12 / Jg. 16, März 1938, S. 9.

[592] Vgl. u.a. o.V.: „Der Brief einer Geschändeten", in: „Stürmer"-Nr. 5 / Jg. 16, Febr. 1938, S. 4.

gegebenen Passivität der Frauen rekurrierte. Von der öffentlichen Ächtung ausgenommen waren aber auch jene Frauen nicht.[593]

Massive Ächtung erfuhren hingegen insbesondere deutsche Frauen, die trotz „Aufklärung" Beziehungen zu Juden unterhielten, da sie sich bis zuletzt nicht ihrer Verantwortung gegenüber der „Volksgemeinschaft" bewusst und jedem „Rassenbewusstsein" zuwider handeln würden. Um ebensolche Menschen öffentlich diffamieren zu können, hatte „Der Stürmer" bereits Mitte 1933 eine Rubrik mit dem Titel „Am Pranger" eingeführt und ihnen mit „öffentlicher Schande", mit dem Ausschluss aus der „Volksgemeinschaft" gedroht:

> „Es gibt immer noch sogenannte deutsche Frauen und Mädchen, die dem Juden willig sind. Aufklärung allein bringt diese artvergessenen Weiber nicht auf den rechten Weg. Für sie hat der „Stürmer" ein letztes Mittel hervorgeholt. Er wird künftighin Frauenzimmer, die mit Juden verkehren, an den Pranger stellen. In Wort und Bild! Wenn das Blut jener Weiber sich nicht von selbst gegen den Juden kehrt, dann soll die Angst vor der öffentlichen Schande sie abhalten, mit Fremdrassigen sich einzulassen. [...]"[594].

Die Exklusion solch „artvergessener" Frauen aus dem Weiblichkeitsideal der „reinrassigen Mutter" erfolgte in diesem Artikel, indem sie in abwertender Funktion als „Weiber" und „Frauenzimmer" bezeichnet, ihnen zugleich ihr „Deutschsein" („sogenannte deutsche Frauen und Mädchen") aberkannt wurden. Der soziale Anpassungsdruck und vorbeugende Abschreckung wurde von der Zeitung hierbei bewusst geschürt, indem die LeserInnen regelmäßig zum Einsenden von Namen und Anschriften „artvergessener" Deutscher und „rassenschänderischer" Juden, damit explizit zu Denunziationen aufgefordert wurden.[595]

---

[593] Vgl. u.a. Titelkarikatur „Legion der Schande", in: „Stürmer"-Nr. 37 / Jg. 13, Sept. 1935, S. 1.

[594] O.V.: „Am Pranger", in: „Stürmer"-Nr. 30 / Jg. 11, Juli 1933, S. 4.

[595] Aufruf o.V.: „Nationalsozialisten! Deutsche Frauen und Männer!", in: „Stürmer"-Nr. 24 / Jg. 11, Juni 1933, S. 5.

Obwohl im „Stürmer" auch Frauen, die in den 1930er Jahren u.a. noch bei jüdischen Händlern einkauften, öffentlich „angeprangert" wurden, fokussierte sich die Propaganda des Blattes deutlich auf das Diffamieren sexueller Verbindungen – bereits vor Erlass der „Nürnberger Gesetze" 1935 hatte die Zeitung vehement ein Verbot so genannter „Mischehen"[596] gefordert. Im Fokus dieses Sexualantisemitismus' stand eindeutig die Polemik gegen Beziehungen zwischen deutschen Frauen und jüdischen Männern, da der sexuelle Kontakt mit „Fremdrassigen" vor allem über den weiblichen Körper Einfluss auf den Fortbestand der deutschen Blutgemeinschaft hätte, auch offenbarte sich in dieser Propaganda immer der Anspruch, im Sinne des männlichen Hegemonialdenkens Einfluss auf das weibliche Sexualverhalten zu nehmen (vgl. Kap. 4.1.2). Dass die „artvergessene" Frau durch ihr Sexualverhalten ebendiesen Hegemonialanspruch unterlief, erklärt die Vehemenz, mit der „Der Stürmer" insbesondere „artvergessene" Frauen attackierte: Einer namentlich genannten Frau wurde im Juni 1933 offen gedroht: „[…] Was ihr und dem Juden passiert, wenn sie nochmals dabei ertappt wird, kann sie sich selbst ausmalen."[597] An anderer Stelle drohte die Zeitung „artvergessenen" Frauen explizit mit Zuchthaus- oder Haftstrafen für begangene „Rassenschande"[598]. Diese Drohungen setzte die Zeitung selbst nach Erlassen der „Nürnberger Gesetze" fort, die in Fällen von „Rassenschande" eine gesetzliche Straffreiheit für (deutsche) Frauen vorsahen.

Um den Forderungen nach einem „rassebewussten" Sexualverhalten der deutschen Frauen Nachdruck zu verleihen und für die weibliche Zielgruppe zugleich relevant zu machen, griff „Der Stürmer" in den frühen 1930ern vereinzelt auf das Theorem des Kontagionismus' zurück, über welches propagiert wurde, dass selbst ein einmalig statt-

---

[596] Vgl. u.a. Schneider, Herbert: „Ehe zwischen Juden und Nichtjuden eine Rassenschande", in: „Stürmer"-Nr. 5 / Jg. 12, Febr. 1934, S. 4 sowie o.V.: „Verbietet die Mischehe", in: „Stürmer"-Nr. 31 / Jg. 13, Aug. 1935, S. 3.
[597] Aufruf o.V.: „Nationalsozialisten! Deutsche Frauen und Männer!", in: „Stürmer"-Nr. 24 / Jg. 11, Juni 1933, S. 5.
[598] Vgl. o.V.: „Am Pranger", in: „Stürmer"-Nr. 35 / Jg. 11, Aug. 1933, S. 5.

findender Geschlechtsverkehr mit einem Juden das „Blut" der Frau für immer „jüdisch verseuchen" würde[599]:

> „[…] *Keine Rassevermischung, keine Schändung hat schlimmere Folgen als die zwischen dem Angehörigen der niedrigen, widernatürlichen und minderwertigen jüdischen Köterrasse und der deutschen Frau. Auch wenn keine Befruchtung erfolgt, erleidet die Nichtjüdin einen in dieser Welt nicht wieder gutzumachenden seelischen und leiblichen Schaden. Ihr Blut ist verseucht, ihre Ehre ist dahin. […]"*[600].

Nicht nur sollten also öffentliche Denunziationen „artvergessener" Deutscher und der in Aussicht gestellte Verlust der „Ehre", sprich: der Ausschluss aus der „Volksgemeinschaft" die LeserInnen davon abhalten, überhaupt erst mit Juden zu verkehren. Durch den Rückgriff auf das kontagionistische Theorem entwarf „Der Stürmer" die Vorstellung von einer „Verseuchung", die Leib und Seele der Frau nach einmaliger „Rassenschande" für immer kennzeichnen würde:

> „[…] *Erloschen war das Leuchten ihrer Augen. Verschwunden der unbeschreibliche Glanz der Anmut, der über jedem jungen deutschen Mädchen liegt. Die Gesichtszüge waren schwammig geworden. Tot und leer war der Blick. Fahl die Gesichtsfarbe. Stumpf und gleichgültig das Benehmen und die Haltung. […] Ihre Seelen waren jüdisch geworden. Sie waren entraßt und entartet. […]"*[601].

Dahinter stand die auf Abschreckung abzielende Botschaft, dass Frauen durch ihr „artvergessenes" Tun lebenslang gekennzeichnet, der „Volksgemeinschaft" so als zu Ächtende erkennbar wären, sexuelle Kontakte zu Juden generell also nicht verheimlicht werden könnten. Hier führte „Der Stürmer" weiter aus, dass die begangene „Rassen-

---

[599] Vgl. u.a. Ernst Itzberner-Haldane: „Rasse / Krankheit / Charakter", in: „Stürmer"-Nr. 38 / Jg. 12, Sept. 1934, S. 3.
[600] Aufruf o.V.: „Nationalsozialisten! Deutsche Frauen und Männer!", in: „Stürmer"-Nr. 24 / Jg. 11, Juni 1933, S. 5.
[601] O.V.: „Die Opfer", in: „Stürmer"-Sondernr. 2 / Jg. 13, Aug. 1935, S. 8.

schande" der deutschen Frau die Möglichkeit nähme, je wieder durch den deutschen Mann begehrt und geachtet zu werden: Das Blatt warnte seine männlichen Leser, keine Frauen zu ehelichen, deren Seele und „Blut" einst vom Juden verunreinigt worden wäre.[602]

Diese Botschaft der durch den „andersrassigen" Geschlechtsverkehr unwiederbringlich veränderten Seele und Physis fand auch Niederschlag in der Bildpropaganda des „Stürmer". Die Darstellung „artvergessener" Frauen unterschied sich deutlich von der der deutschen, „rassenbewussten" Frau: Erstere waren i.d.R. freizügig bekleidet, trugen ihr Haar kurz geschnitten und rauchten, zu diesem an der äußeren Erscheinung skizzierten, moralischen Verfall kam die Darstellung als „Nichtmutter"[603]: Anders als die „reinrassige, deutsche Mutter", wäre die „Artvergessene" einer liebevollen Hinwendung zu ihren (Mischlings-)Kindern nicht fähig.[604] Überdies bliebe ihr – da der jüdische Mann niemals aufrichtige Liebe gegenüber einer Nichtjüdin empfinden könne – ein Leben als umsorgende Mutter und Ehefrau an der Seite eines Juden versagt. Insgesamt stellte „Der Stürmer" den „artvergessenen" Frauen damit ein trauriges Schicksal in Aussicht: In Seele und Körper „vergiftet", würden solche Frauen „meistens als Dirne"[605] enden, auch wählten sie angeblich häufig den Freitod.[606] Damit setzte „Der Stürmer" mit seiner fokussierten „Rassenschande"-Propaganda der gesetzlichen Straffreiheit für „Artvergessene" allerhand Folgen entgegen, um im Sinne einer Abschreckung antisemitisch auf Frauen und Mädchen einwirken zu können.

Artikel, die auf die Theorie der Imprägnation rekurrierten, um den Forderungen nach einer „rassenbewussten" Partnerwahl deutscher Frauen Nachdruck zu verleihen, wurden im „Stürmer" ab Mitte der 1930er Jahre aber seltener veröffentlicht, was auf eine „von oben" for-

---

[602] Vgl. o.V.: „Die Rassenschänder", in: „Stürmer"-Nr. 21 / Jg. 13, Mai 1935, S. 4.

[603] Vgl. u.a. Titelkarikatur „Judenfutter", in: „Stürmer"-Nr. 40 / Jg. 8, Okt. 1930, S. 1 sowie vgl. Titelkarikatur „Erledigt", in: „Stürmer"-Nr. 42 / Jg. 11, Okt. 1933, S. 1.

[604] Vgl. u.a. Titelkarikatur „Zwei Mütter", in: „Stürmer"-Nr. 34 / Jg. 11, Aug. 1933, S. 1.

[605] O.V.: „Am Juden verdorben", in: „Stürmer"-Nr. 15 / Jg. 11, Apr. 1933, S. 4.

[606] Vgl. u.a. o.V.: „Sie ging am Juden zugrunde", in: „Stürmer"-Nr. 8 / Jg. 10, Febr. 1932, S. 5.

cierte Verdrängung der Theorie aus dem antisemitischen Diskurs hinweist (vgl. Kap. 4.1.2).

Für die Darstellung von Weiblichkeit im „Stürmer" ist vorerst zu konstatieren, dass die Zeitung die ideale, deutsche Weiblichkeit primär über „reinrassige" Fruchtbarkeit bzw. über die so genannte „Mutterfähigkeit"[607] definierte; in der Folge wurden die Leserinnen nahezu ausschließlich als (zukünftige) Mütter wahrgenommen. Antisemitische „Aufgeklärtheit" und entsprechendes Handeln waren explizit Teil des entworfenen Weiblichkeitsideals, weshalb die Zeitung immer auch ausführlich deviante Weiblichkeiten, allen voran die der „artvergessenen Frau" darstellte, um das Ideal ex negativo vermitteln zu können.

Insgesamt wurden Texte und Bilder, die die ideale Weiblichkeit entwarfen und den Frauen und Mädchen konkrete Verantwortung über bestimmte Handlungsräume zuschrieben, im „Stürmer" vergleichsweise selten publiziert, was wiederum die These stützt, dass die Wochenzeitung mit ihrem dezidiert antisemitischen Fokus vor allem männliche Leser anzusprechen versuchte. Hier schließt an, dass die Zeitung negative Weiblichkeitsbilder offenbar auch bediente, um grundsätzlich kritische Forderungen an Frauen zu richten.

Die parteiamtliche Frauenzeitschrift „NS.-Frauen-Warte" hingegen zeichnete mehrere, positiv besetzte Weiblichkeiten und ging damit differenzierter auf die verschiedenen Lebensformen von Frauen im nationalsozialistischen Staat ein.

---

[607] Lappenbusch, Johanna: „Judentum und Frauenfrage", in: „Stürmer"-Nr. 48 / Jg. 13, Nov. 1935, S. 7.

Analyse: „NS.Frauen-Warte"

Das höchste Ideal: Die verheiratete Mutter

Die „Frauen-Warte" richtete sich als offizielle NS-Frauenzeitschrift ebenfalls primär an (künftige) Mütter; das Motiv der deutschen, also „rassisch hochwertigen" „Mutter" war in Wort und Bild in allen untersuchten Jahrgängen sehr präsent. Weiblichkeit wurde in diesem Kontext entsprechend über „Fruchtbarkeit" definiert; explizit wurden die Leserinnen so in die Verantwortung genommen, dem „Volkstod" durch mehr Geburten entgegenzuwirken.[608] Forderungen nach Fruchtbarkeit und einer entsprechenden Partnerwahl[609] verbanden sich in der „Frauen-Warte" mit erb- und „rassenhygienischen" Prämissen:

> „[...] *Für die körperliche und geistige Gesundheit des Volkes ist die deutsche Frau in höchstem Maße verantwortlich. Sie muß daher wie keine andere wissen und kennen die Gesetze der eigenen Art, der Rasse, der Blutsgemeinschaft als der Voraussetzung für alles völkische Leben. Die Frau muß wissen, daß nicht nur Adel, sondern noch mehr Rasse verpflichtet und daß wir mit all unserem Tun und Denken an die Rasse gebunden sind. Für die Wahl des Ehegatten sind dem deutschen Mädchen*

---

[608] Vgl. u.a. Dr. Schwab: „Gibt es einen Volkstod?", in: „NS.Frauen-Warte", Heft 5 / Jg. 1, 1. Sept. 1932, S. 100.
1934 hieß es noch, ungeachtet der späteren Expansionspolitik: „[...] Wir sind nicht mehr ein Volk ohne Raum, sondern in kurzem ein Raum ohne Volk. Wir kennen alle die Zahlen, die uns den Rückgang der Geburten in allen Schichten der Bevölkerung anzeigen. [...]" (Staemmler, Prof. M.: „Die Frauenschaft in der Rassenpflege", in: „NS.Frauen-Warte", Heft 18 / Jg. 2, März 1934, S. 538).
[609] Vgl. u.a. Schmalfuß, Hannes: „Welches Glück suchen wir?", in: „NS.Frauen-Warte", Heft 13 / Jg. 6, Januar 1938, S. 404. sowie vgl. Schütze-Böhm, Charl.: „Wie beginnt man Familienforschung?", in: „NS.Frauen-Warte", Heft 13 / Jg. 2, 1. Jan. 1934, S. 375.

die Erkenntnisse der Vererbungslehre und der Erbgesundheits-
lehre richtunggebend. [...]"[610].

Während „Der Stürmer" durch seine Adressierung von Frauen vor
allem Sexualkontakte zu Juden unterbinden wollte, führte die
„NS.Frauen-Warte" weitaus ausführlicher aus, was es für „erbgesunden" und „rassereinen" Nachwuchs zu beachten galt – und hob damit
propagandistisch die Verantwortung der Frauen gegenüber ihrem Volk
heraus. So forderte die Zeitschrift eine der physischen und psychischen
Gesundheit bewusste Lebensführung im Sinne der „Erbhygiene" ein,
die (künftigen) Mütter sollten bewusst Körperpflege und Sport betreiben und sich gesund ernähren.[611] Hierbei ließ die Zeitschrift nicht unbetont, dass ein solches Verhalten die Pflicht einer jeden Deutschen am
Volk darstellte, so hatte etwa die sportliche Ertüchtigung der deutschen
Frau (als künftige Mutter) immer auch der „Hebung der deutschen
Volkskraft"[612] zu dienen.

Stärker als „Der Stürmer", fasste die Frauenzeitschrift die Forderung nach Fruchtbarkeit explizit ein in die Bedingung, dass deutsche
Frauen verheiratet zu sein hatten: Durch Heirat könnte sich die deutsche Frau – beruflicher Verpflichtungen entbunden – ganz dem Dasein
als Mutter widmen und den weiblichen Aufgaben als Haus- und Ehefrau nachgehen. Daran an schlossen Mitte der 1930er Berichte, die für
eine Frühehe zwischen „reinrassigen", „erbgesunden" Partnern eintraten[613], um zum einen junge Mütter in körperlich guter Verfassung früh
gebären lassen zu können und um zum anderen möglichst viele Nachkommen einzelner Paare realisieren zu können. Die Kinderbetreuung

---

[610] Kultusminister H. Schemm: „Die Frau im jungen Staat", in: „NS.Frauen-Warte",
Heft 23 / Jg. 1, 1. Juni 1933, S. 535.
[611] Vgl. u.a. Strube, Fritz: „Gesundheitsgymnastik für die Frau", in: „NS.Frauen-
Warte", Heft 23 / Jg. 1, 1. Juni 1933, S. 542 f. sowie vgl. Dr. med. Erich Bruns: „Die
Bekämpfung des Alkohol- und Nikotinmißbrauchs und die deutsche Frau", in:
„NS.Frauen-Warte", Heft 19 / Jg. 6, ohne Datum, S. 599.
[612] Strube, Fritz: „Gesundheitsgymnastik für die Frau", in: „NS.Frauen-Warte", Heft
23 / Jg. 1, 1. Juni 1933, S. 543.
[613] Vgl. u.a. Petri, Dr. med. Else: „Gesundheitspflege der Frau vom rassenhygienischen Standpunkt", in: „NS.Frauen-Warte", Heft 10 / Jg. 3, Nov. 1934, S. 296.

und -erziehung war in der „Frauen-Warte" eine primär weiblich ge-kennzeichnete Zuständigkeit, die Zeitschrift gab ihrer Leserschaft Hinweise, wie die Frauen ihre Kinder zu erziehen hätten. Auch stützte sich die Bildmotivik der Zeitschrift vor allem auf Fotografien von Müttern mit (Klein-)Kind(ern) oder Säuglingen oder auf Aufnahmen von deutschen Kindern, während die Motive des „deutschen Vaters", der kompletten „deutschen Familie" oder des „kinderlosen Paares" verhältnismäßig selten publiziert wurden.

Rekurrierend auf das Mutterideal, wurde der „Muttertag" Jahr für Jahr großflächig in der Zeitschrift aufbereitet, vereinzelt wurde – mit derselben Forderung nach Fruchtbarkeit – gegen die Abtreibung „hochwertigen" Nachwuchses oder gegen die „temporäre Sterilisie-rung" angeschrieben.[614] Weitestgehend ausgespart blieb in der offiziellen Frauenzeitschrift aber die sexuelle Beratung der Leserinnen; die Artikel setzten i.d.R. bei den Themen Schwangerschaft und Muttersein an und ließen somit Themen rund um die Sexualität unerwähnt.[615] Damit folgte die „NS.Frauen-Warte" einem sexualkonservativen Dis-kurs, der die „Sittlichkeit" wiederherzustellen[616] und den Geschlechts-verkehr ausschließlich an Fortpflanzung zu koppeln gedachte, während Sexualität per se weitestgehend tabuisiert wurde.

---

[614] Vgl. u.a. Haarer, Dr. med. Johanna: „Mutter, wo bin ich hergekommen?", in: „NS.Frauen-Warte", Heft 23 / Jg. 6, ohne Datum, S. 732. sowie vgl. Petri, Dr. med. Else: „Gesundheitspflege der Frau vom rassenhygienischen Standpunkt", in: „NS.Frauen-Warte", Heft 10 / Jg. 3, Nov. 1934, S. 296.

[615] Vgl. u.a. B. Woerner: „Ein Kind wird erwartet", in: „NS.Frauen-Warte", Heft 2 / Jg. 2, 15. Juli 1933, S. 47 ff. sowie vgl. Schmidt, Magdalene: „Mutter sein heißt!", in: „NS.Frauen-Warte", Heft 15 / Jg. 1, 1. Febr. 1933, S. 341 f. Der Sexualakt bzw. die Befruchtung wurde nur verklausuliert, u.a. auf Rückgriff auf Begriffe der Flora und Fauna zur Sprache gebracht („den Keim zukünftigen Lebens zum Erblühen zu bringen") (Dr. Boehm: „Volk in Not", in: „NS.Frauen-Warte", Heft 4 / Jg. 2, 15. Aug. 1933, S. 96)).

[616] Vgl. Herzog 2005, S. 311. sowie vgl. u.a. Mittwoch, Angela: „Kampf um die Reinheit", in: „NS.Frauen-Warte", Heft 14 / Jg. 3, Dez. 1934, S. 426 und S. 428.

Die ehelose Mutter

Die Zeitschrift nahm auch ledige (sprich: noch unverheiratete) und geschiedene Mütter in ihrer Existenz wahr, um jene mit ihren Botschaften erreichen zu können. So forderten einzelne Artikel eine finanzielle Unterstützung eheloser Mütter oder dass die Diskriminierung lediger (deutscher) Mütter zurückgestellt werden müsste - nicht aber, ohne auf das Ideal der „verheirateten Mutter" zu verweisen[617]. Die Zeitschrift betonte, dass eine Eheschließung im Interesse der (i.d.R. nichtberufstätigen, damit erwerbslosen) Frau immer anzustreben sei; zugleich übte sie Kritik an jenen Männern, die, da unverheiratet, ihrer Verantwortung als Väter nicht nachkämen:

> „[...] *Sobald die uneheliche Geburt nicht mehr als etwas Ungewöhnliches, sondern etwa als ‚erwünscht' bezeichnet würde, würden bei sehr vielen Männern bestimmte Hemmungen fallen. Traurigerweise ist bekanntlich nur bei wenigen ehelosen Vätern das notwendige Verantwortungsbewußtsein gegenüber Mutter und Kind vorhanden. [...]*"[618].

Evident sind im obigen Beispiel erneut die sexualkonservativen Forderungen, anders als „Der Stürmer" wollte die „NS.Frauen-Warte" diese Forderungen explizit immer auch auf das sexuelle Verhalten deutscher Männer angewandt sehen.

---

[617] Vgl. Grunwald, Dr. med. Hanna: „Ledige Mütter", in: „NS.Frauen-Warte", Heft 22 / Jg. 2, Mai 1934, S. 662 ff.
„[...] Der Staat will rassisch wertvolle, körperlich und seelisch unbelastete Kinder aus der deutschen Familie und erblickt in diesen die beste Nachkommenschaft des deutschen Volkes. Die hilfreiche Unterstützung, die er durch seine Einrichtungen auch der ehelosen Mutter zukommen läßt, ist weder eine Anregung noch ein zukünftiger Freibrief; sie ist vielmehr als Folgeerscheinung die Bereitwilligkeit, den einmal vorhandenen Fall der Unehelichkeit im Interesse des Kindes und der Mutter nach Möglichkeit mit zu ordnen, [...]." (Rilke, Alice: „Die ehelose Mutter im nationalsozialistischen Staat", in: „NS.Frauen-Warte", Heft 9 / Jg. 6, Nov. 1937, S. 268).
[618] Ebd.

Daneben forderte die „NS.Frauen-Warte" eine verbesserte, rechtliche Stellung von Müttern im Falle einer Ehescheidung[619]. Ein Grund, der die Zeitschrift für eine Reformierung des Ehe- bzw. Ehescheidungsrechts eintreten ließ, war die finanzielle Abhängigkeit, in der sich verheiratete Frauen i.d.R. befanden. Diese könnte der Fruchtbarkeit des Paares schaden, da die Frau die Scheidung, trotz zerrütteter, emotionaler Verbindung, aus finanziellen Motiven meiden würde.[620] Unter Anschluss an Weimarer Diskurse um das „Zerrüttungsprinzip" forderte die NS-Zeitschrift, dass ein neu geregeltes Ehescheidungsrecht Frauen finanziell absichern müsste, um ihr – im Interesse der Bevölkerungspolitik – durch eine Scheidung eine neue, fruchtbare Verbindung zu ermöglichen.[621] In ihrer Adressierung eheloser Frauen folgte die „Frauen-Warte" damit ganz deutlich bevölkerungspolitischen Prämissen, indem den Leserinnen das Dasein als Mutter und Ehefrau als attraktiv und finanziell abgesichert vermittelt werden sollte; zugleich erfolgten die Forderungen bezüglich der Reformierung des Ehe- und Familienrechts im eigenen Interesse der (meist weiblichen) Zeitschriftenmacher, die ihre Position als Frau im NS-Staat gesichert sehen wollten.

Die Mutter (künftiger) deutscher Kämpfer: „Die Soldatenmutter"

Wenngleich in den 1930er-Ausgaben jene Artikel überwogen, die die Erziehung des weiblichen Nachwuchses thematisierten, bediente die nationalsozialistische Frauenzeitschrift – und das sehr viel häufiger als „Der Stürmer" – die Figur der „Soldatenmutter": Die Leserinnen

---

[619] Vgl. u.a. o.V.: „Das Recht der Mutter am Kind", in: „NS.Frauen-Warte", Heft 4 / Jg. 1, 15. Aug. 1932.

[620] Vgl. Mößmer, Dr. Ferdinand: „Die Rechtsstellung der Frau im künftigen deutschen Eherecht", in: „NS.Frauen-Warte", Heft 21 / Jg. 4, Apr. 1936, S. 664 f.

[621] 1938 wurde das Scheidungsrecht tatsächlich reformiert und u.a. das „Zerrüttungsprinzip" eingeführt (vgl. Czarnowski 1997, S. 84 ff.), die zugleich eingeführten Unterhaltsregelungen sicherten den Ehefrauen aber nur bedingt finanzielle Absicherung zu (vgl. ebd., S. 89).

wurden angehalten, ihren (weiblichen wie männlichen) Kindern „schon im frühesten Alter"[622] Gehorsam, Disziplin, Pflichtbewusstsein, Kameradschaftlichkeit[623] im Sinne einer „Abhärtung"[624] anzuerziehen.

Ihre Söhne hätten die Leserinnen nicht zu „verwöhnte[n] Muttersöhnchen"[625] zu erziehen, vielmehr wurde insistiert: „[...] Unsere mütterliche Aufgabe besteht auch mit darin, dem Vaterlande Männer zu geben, - keine Waschlappen. [...]"[626]. Die Söhne sollten also zu einer durch „Härte" und „Pflichtbewusstsein" codierten „Männlichkeit" erzogen werden, deren ideale Entsprechung sich in der Figur des „deutschen Soldaten" manifestierte: „[...] Wenn unsere Frauen ihre wehrpolitische Erziehungsaufgabe richtig erkennen, dann schaffen sie der Wehrmacht nämlich etwas ganz wichtiges: den passionierten Soldaten, der die Soldatenpassion mit der Muttermilch in sich aufgenommen hat. [...]"[627]. Zugleich machte die „NS.Frauen-Warte" deutlich, dass die mütterliche Erziehung durch den Einfluss der NS-Jugendorganisationen ergänzt werden müsste.[628]

Das Motiv der „deutschen Soldatenmutter" stellte den Müttern so immer – durch Gebären und Erziehen – eine Teilhabe am Schaffen der männlichen Soldaten und Söhne, damit an der Macht der hegemonialen Männlichkeit in Aussicht, darüber hinaus wurde das Motiv genutzt, um von den Frauen selbst ein „soldatisches Handeln" einzufordern: Die dem „Soldaten" zugeordneten Tugenden – Entschlossenheit zum Wohle der Gemeinschaft, Verzicht und Selbstlosigkeit, Tapferkeit –

---

[622] Gätjen, G.: „Wie erleichtere ich meinem Kinde den Gehorsam?", in: „NS.Frauen-Warte", Heft 4 / Jg. 1, 15. Aug. 1932, S. 88.
[623] Vgl. u.a. Lauxmann-Kinzelmann, Loni: „Mutter und Jungvolk", in: „NS.Frauen-Warte", Heft 7 / Jg. 2, 1. Okt. 1933, S. 186.
[624] O.V.: „Über die Pflege des Kleinkindes", in: „NS.Frauen-Warte", Heft 6 / Jg. 1, 15. Sept. 1932, S. 136.
[625] B. Woerner: „Wenn das Kind geboren ist", in: „NS.Frauen-Warte", Heft 4 / Jg. 2, 15. Aug. 1933, S. 104.
[626] Lauxmann-Kinzelmann, Loni: „Mutter und Jungvolk", in: „NS.Frauen-Warte", Heft 7 / Jg. 2, 1. Okt. 1933, S. 186.
[627] Lehmann, Major a.D. Otto: „Der Soldat im Dritten Reich", in: „NS.Frauen-Warte", Heft 4 / Jg. 6, Aug. 1937, S. 112 ff.
[628] Vgl. Lauxmann-Kinzelmann, Loni: „Mutter und Jungvolk", in: „NS.Frauen-Warte", Heft 7 / Jg. 2, 1. Okt. 1933, S. 186.

wurden anhand der Figur der „Soldatenmutter" auf deutsche Frauen übertragen[629], um von ebendiesen im Falle eines „Entbehrens" ihrer wehrpflichtigen Angehörigen oder im Falle eines Verlustes ein ähnliches Verhalten einzufordern – und um damit einem zweiten „Dolchstoß" vorzubeugen, an welchem auch deutsche Frauen laut der „NS.Frauen-Warte" Schuld trügen (vgl. Kap. 5.1.1). Die Leid- und Trauererfahrung deutscher Frauen während und nach dem Ersten Weltkrieg wurde für eine integrative Ansprache instrumentalisiert, indem öffentlich Anerkennung für jene Frauen eingefordert wurde, die einst ihre Söhne zu Soldaten erzogen und durch deren Tod als Kriegswitwen und Soldatenmütter Opfer erbracht, dieser aber vor allem in „stille[r] Trauer"[630] gedacht und damit „weibliche" Stärke bewiesen hätten.[631] Regelmäßig lobte die „NS.Frauen-Warte" auch die Ehefrauen oder Mütter früherer „Kämpfer" der NS-Bewegung für deren Stärke, mit der sie den persönlichen Verlust ertrügen – nicht ohne darauf zu verweisen, dass der Tod jener Männer der Gemeinschaft gedient, ihr „Opfertod" in der „Kampfzeit" den kommenden Generationen ein neues Leben in einer neuen Ordnung möglich gemacht hätte.[632] Auf ähnliche Weise sollten nunmehr auch die Frauen der 1930er Jahre ihren Beitrag für die „Volksgemeinschaft" leisten. Daran schloss jene Berichterstattung an, die es sich zum Ziel setzte, dem Wehrdienst, vor allem aber dem Tod einen Sinn zu geben[633], um die Leserinnen bereits

---

[629] Vgl. Fehlemann 2010, S. 228.

[630] Vgl. Haberstock, Clara: „Selbstvertrauen und Selbstdisziplin", in: „NS.Frauen-Warte", Heft 10 / Jg. 1, 15. Nov. 1932, S. 228.

[631] Vgl. Burchard-Longe, F.: „Die Kriegsgeneration der Frau und die Gegenwart", in: „NS.Frauen-Warte", Heft 11 / Jg. 3, Nov. 1934, S. 321. sowie vgl. Becker-Strube, Marie Luise: „Frauen hinter der Front", in: „NS.Frauen-Warte", Heft 20 / Jg. 3, März 1935, S. 422 f.

[632] Vgl. u.a. Keßler, Hanns: „Den unbekannten Kämpferinnen", in: „NS.Frauen-Warte", Heft 7 / Jg. 6, Okt. 1937, S. 198. sowie vgl. Wehner, Josef Magnus: „Der Sinn des 9. November", in: „NS.Frauen-Warte", Heft 9 / Jg. 2, Nov. 1933, S. 242.

[633] Vgl. Schrönghamer-Heimdal, F.: „ICH und ES. Gedanken über den Tod", in: „NS.Frauen-Warte", Heft 10 / Jg. 1, 15. Nov. 1932, S. 221 f. sowie vgl. Reinhart, Elisabeth: „Totenkult", in: ebd., S. 222 f. „Der Dienst mit der Waffe ist ein nationaler Ehrendienst. Nicht jeder kann ihn leisten, nicht jeder darf ihn leisten. Wer zu seiner Ableistung einberufen wird, ist auserwählt und zur höchsten Würde des deutschen

in den 1930ern auf mögliche, kommende (Kriegs-)Verluste vorzube-
reiten.[634]

Die Hausfrau: „[D]er unbestrittene Diktator des Wirtschaftsmark-tes"[635]

Neben der Kindererziehung war auch die Führung des Haushaltes
in der „NS.Frauen-Warte" eindeutig als weibliche Zuständigkeit markiert. Fester Bestandteil einer Ausgabe der 1930er Jahre waren Koch-
und Backrezepte, Einrichtungs- und Reinigungstipps sowie generelle
Hinweise für sparsames Haushalten.[636] Einigen Ausgaben waren zudem Schnittmusterbögen beigefügt, die die Leserinnen beim Schnei-
dern von Kleidung anleiten sollten.

Gezielt versuchte die offizielle NS-Frauenzeitschrift im Sinne einer
Verbrauchslenkung auf die Leserinnen als Hausfrauen einzuwirken,
um darüber die Nachfrage an den Wirtschaftsmarkt im Sinne der NS-
Ideologie beeinflussen zu können.[637] In den frühen 1930er Jahren appellierte die Zeitschrift, offenbar unter Eindruck der Weltwirtschafts-
krise, an ihre Leserinnen, keine ausländischen Waren mehr zu kaufen
sowie Warenhäuser und Einheitspreisgeschäfte zu meiden[638]; beilie-

---

Mannes erhoben. Der Wehrdienst kann daher niemals als ein Opfer gewertet werden,
das der junge Deutsche seinem Volke bringen muß, […]." (Stumpfe, Dr. Fritz: „Unser Junge wird Soldat", in: „NS.Frauen-Warte", Heft 6 / Jg. 7, Sept. 1938, S. 185).

[634] Vgl. Fehlemann 2010, S. 240 ff.

[635] Auerhahn, Käthe: „Das Warenhaus - der Untergang des deutschen Mittelstandes",
in: „NS.Frauen-Warte", Heft 3 / Jg. 1, 1. Aug. 1932, S. 56.

[636] Vgl. u.a. Unverricht, Elsbeth: „Ein Zimmer und Küche …", in: „NS.Frauen-
Warte", Heft 1 / Jg. 1, 1. Juli 1932, S. 12 f. sowie vgl. o.V.: „Wie verwendet man
übrig gebliebene Strumpfschäfte?", in: „NS.Frauen-Warte", Heft 9 / Jg. 1, 1. Nov.
1932, S. 213.

[637] Vgl. u.a. Horn, Erna: „Die Hausfrau als Rechenkünstlerin", in: „NS.Frauen-
Warte", Heft 2 / Jg. 2, Juli 1933, S. 49 f.

[638] Vgl. u.a. Rabe, Dr. Sofia: „Deutsche Hausfrauen – kauft deutsche Waren!", in:
„NS.Frauen-Warte", Heft 1 / Jg. 1, 1. Juli 1932, S. 14 f.

gende Prospekte wiesen die Leserinnen zudem auf deutsche Firmen und Geschäfte hin. Die deutschen Hausfrauen wurden so in die Verantwortung genommen, durch ihr Handeln die nationale Wirtschaft zu stärken; vereinzelt übte die Zeitschrift scharfe Kritik am früheren Kaufverhalten der Frauen, hätte dieses doch maßgeblich zum Zusammenbruch des deutschen Einzelhandels nach 1929 beigetragen.[639] Um jenen Forderungen Nachdruck zu verleihen, suggerierte die Zeitschrift den Hausfrauen eine Verantwortung, gar eine Macht, derer sie sich bewusst werden müssten: „[...] Die Frau ist die Einkäuferin für die Familie und der unbestrittene Diktator des Wirtschaftsmarktes. [...]"[640]. Hier wurde die Kaufkraft der Hausfrauen propagandistisch geschickt gleichgesetzt mit einem uneingeschränkten Machtbefugnis; ganz offensichtlich sollten die tatsächlich bestehenden Machtdefizite der Frauen im NS-Staat durch die propagierte volkswirtschaftliche Verantwortung[641] kompensiert werden, um Frauen für die Botschaften der „NS.Frauen-Warte" empfänglich zu machen. Unter Eindruck der angestrebten, wirtschaftlichen Autarkie wurden Hausfrauen damit zu einer wichtigen Zielgruppe der Propaganda, weshalb auch die „Frauen-Warte" die Verdienste der Hausfrauen im Zuge des „Vierjahresplans" herauszustellen wusste.[642]

Positionierung zur weiblichen Erwerbstätigkeit

Das Propagieren des Daseins als verheiratete, deutsche Mutter schloss eine Erwerbstätigkeit deutscher Frauen in den frühen 1930er Jahren aus dem Weiblichkeitsideal zunächst aus. Dementsprechend positionierte sich die NS-Frauenzeitschrift deutlich gegen die Erwerbs-

---

[639] Vgl. Auerhahn, Käthe: „Das Warenhaus – der Untergang des deutschen Mittelstandes", in: „NS.Frauen-Warte", Heft 3 / Jg. 1, 1. Aug. 1932, S. 56.
[640] Ebd.
[641] Vgl. Moser 1988, S. 57.
[642] Vgl. Barnbeck, Anneliese: „Unsere Mitarbeit am Werk des Führers", in: „NS.Frauen-Warte", Heft 21 / Jg. 5, Apr. 1937, S. 657.

tätigkeit von deutschen Müttern sowie verheirateter Frauen und plädierte stattdessen für den – so wörtlich – „Hausfrauenberuf"[643]. Die
Erwerbstätigkeit war in den frühen 1930er-Ausgaben als männliche
Domäne gekennzeichnet: „[...] Bei allen Berufen, die die Frau ausübt,
kann es sich um nichts anderes handeln, als um Mitarbeit mit dem
Mann. [...]"[644]. Diese Trennung von geschlechtsspezifischen Handlungsräumen versuchte die Zeitschrift immer auch mithilfe eines Ver-
weises auf das weibliche Wesen zu legitimieren, so hätte die Frau doch
„[...] durch ihre natürliche Veranlagung Zeiten geringerer körperlicher
und seelischer Leistungsfähigkeit [...]"[645]. Dadurch, dass aber der
Mann seinem Wesen nach zur schaffenden Arbeit fähig sei, sollte er
durch seinen Erwerb seiner Ehefrau ein Dasein als Mutter (und Hausfrau) ermöglichen, was sich in den frühen 1930ern etwa mit der Forderung nach einer höheren Entlohnung männlicher Arbeitskräfte oder
einem reformierten ehelichen Güterrecht verband.[646] Das im Mai 1932
erlassene „Gesetz über die Rechtsstellung der weiblichen Beamte", das
gegen so genannte „Doppelverdiener" wirkte und Entlassungen verheirateter Frauen aus dem öffentlichen Dienst vorsah, wurde in der offiziellen NS-Frauenzeitschrift ohne jeglichen kritischen Kommentar vor-

---

[643] Vorwerck, Dr. Else: „Die neue Gestalt der Hausfrau", in: „NS.Frauen-Warte",
Heft 18 / Jg. 2, März 1934, S. 531.
[644] Thym, Ursula: „Frauen im Beruf", in: „NS.Frauen-Warte", Heft 6 / Jg. 1, 15. Sept.
1932, S. 133.
[645] Bauer-Hundsdörfer, Lore: „Von der Unteilbarkeit des Lebens", in: „NS.Frauen-
Warte", Heft 19 / Jg. 6, ohne Datum, S. 587. An anderer Stelle hieß es: „[...] Denn
die Frau ist in erster Linie Gefühlsmensch und wird infolgedessen bei Ausübung
ihres Berufes immer innere Widerstände zu überwinden haben. [...]" (Thym, Ursula:
„Frauen im Beruf", in: „NS.Frauen-Warte", Heft 6 / Jg. 1, 15. Sept. 1932, S. 133).
[646] „[...] Erst bei ausreichender, familienerhaltender Entschädigung der Mannesarbeit
wird der Vater wieder zum wirtschaftlichen Träger seines Familientums und gewährleistet vollkommene Erziehung und Entwicklung des Nachwuchses mit Hilfe der
sorgenfrei gemachten Mütter." (Blume, Evamaria: „Weniger Mütterlichkeitsromantik!", in: „NS.Frauen-Warte", Heft 16 / Jg. 2, Febr. 1934, S. 475).
Zum ehelichen Güterrecht hieß es: Stünde man der Ehefrau ein „Recht der wirtschaftlichen Selbständigkeit" (Rabe, Dr. Sofia: „Die Stellung der Frau im ehelichen
Güterrecht", in: „NS.Frauen-Warte", Heft 6 / Jg. 1, 15. Sept. 1932, S. 135) zu, würde
man diese noch eher von dem Ergreifen einer Erwerbstätigkeit abhalten können, da
ihr so eine finanzielle Unabhängigkeit vom Gatten möglich sei (vgl. ebd.).

gestellt.[647] In der darauffolgenden Ausgabe sprach sich die Zeitschrift schließlich explizit gegen „Doppelverdienerinnen" aus.[648] Wie üblich, griffen die Nationalsozialisten auch in diesem Kontext auf den Verweis, „[…] daß auf bestimmten Gebieten, namentlich im Bereiche der Jugendfürsorge und Jugendpflege, zum Teil auch in dem des Unterrichts […]"[649] weiterhin weibliche Arbeitskräfte benötigt würden, zurück, um die tatsächlich bestehenden Defizite der (politischen) Mitgestaltung der Frauen kompensieren zu können. Zugleich versuchte Reichsinnenminister Frick, die Tragweite der Gesetzgebung gegen weibliche Beamte zu relativieren, da diese nur nach genauer Prüfung und bei langfristiger, finanzieller Absicherung, nicht aber „grundsätzlich"[650] aus dem öffentlichen Dienst abgezogen werden sollten. So blieb eine kritische Auseinandersetzung mit im NS-Staat vollzogenen Maßnahmen gegen weibliche Erwerbstätige in der „Frauen-Warte" aus.[651]

Somit machte die Mehrheit der Artikel der frühen 1930er-Ausgaben deutlich, dass die eigentliche Berufung der Frauen im Mutterdasein läge.[652] Dennoch musste die Zeitschrift auf die tatsächlichen

---

[647] Vgl. o.V.: „Das neue Beamtinnen-Gesetz", in: „NS.Frauen-Warte", Heft 1 / Jg. 1, 1. Juli 1932, S. 24.

[648] Vgl. Koeberle-Schönfeldt, Charlotte: „Frauenrechte und Nationalsozialismus, in: „NS.Frauen-Warte", Heft 2 / Jg. 1, 15. Juli 1932, S. 28.

[649] Reichsinnenminister Dr. Frick: „Ein für unsere Frauen bahnbrechender Erlaß des Schutzherrn des „Deutschen Frauenwerks", in: Beilage, „NS.Frauen-Warte", Heft 9 / Jg. 2, 1. Nov. 1933, ohne Seiten.

[650] Ebd.

[651] Entsprechend unkritisch informierte die Zeitschrift 1935 über das „Ehestandsdarlehen" (vgl. Amberg, Karl; Martin, Heinrich: „Bekomme ich ein Ehestandsdarlehen?", in: „NS.Frauen-Warte", Heft 19 / Jg. 3, März 1935, Innenumschlag und S. 596.) und vermeldete 1934 nur knapp, dass die Zulassung zum Studium für Frauen prozentual stark begrenzt wurde (vgl. E.S.: „Politischer Rückblick", in: „NS.Frauen-Warte", Heft 15 / Jg. 2, Febr. 1934, Innenumschlag.). Das Studium sollte der Frau ohnehin kein „Selbstzweck" (Scholz, Dr. phi. Lucie: „Nationalsozialismus und Studentin", in: „NS.Frauen-Warte", Heft 5 / Jg. 2, 1. Sept. 1933, S. 118) sein; vielmehr sollten Absolventinnen ihr Wissen zum Wohle der Gemeinschaft einsetzen, um anderen „Führerin, Kameradin, Gefährtin" (ebd.) zu sein.

[652] Vgl. u.a. Zander, Elsbeth: „Aufruf an die deutschen Frauen!", in: „NS.Frauen-Warte", Heft 3 / Jg. 1, 1. Aug. 1932, S. 49.

Entwicklungen der Erwerbstätigkeit reagieren und erwerbstätige Frauen als Zielgruppe wahrnehmen, um sie in den frühen 1930er Jahren für den Nationalsozialismus gewinnen zu können. Dies macht verständlich, warum erwerbstätige Frauen, „[...] denen es nicht vergönnt war, zu heiraten und Mutter zu werden [...]"[653], aufgrund ihrer (durch Nichtverheiratung oder biologische Unfruchtbarkeit bedingten) Kinderlosigkeit von Beginn an als „berufstätige Volksgenossin[nen]"[654] ihren Platz in der Zeitschrift bekamen, sofern ihre Erwerbstätigkeit im Rahmen der weiblichen Fähigkeiten erfolgte und der „Volksgemeinschaft" nützte.[655] Hierbei erlaubte das regelmäßig wiederkehrende Motiv des Idylls des Schaffens in ländlicher Umgebung den Anschluss an Diskurse des ‚Antiurbanismus'; neben Berichten über den durch eine Naturverbundenheit ausgezeichneten Alltag von „Landfrauen" oder Bäuerinnen wurde u.a. in der Rubrik „Großstadtbilder" ein negatives Bild des städtischen, angeblich hektischen und damit gesundheitsschädigenden Lebens entworfen, ländliche Arbeit damit positiv herausgestellt.[656] Bestimmte Berufe wie „das Richteramt, die Chirurgie, die Politik"[657] sowie das Militär[658] wollte die „NS.Frauen-Warte" hingegen ausschließlich von männlichen Arbeitskräften besetzt sehen. Auch verwies die Zeitschrift in den 1930er Jahren immer wieder darauf, dass der Schritt in die Erwerbstätigkeit nicht etwa in freier Willensentscheidung der Frau, sondern vielmehr in finanzieller Motivation, genauer: in der Absenz eines finanziell potenten Ehemannes oder Vaters begründet

---

[653] Stieda, Renate v.: „Der Werktag der verheirateten Arbeiterin", in: „NS.Frauen-Warte", Heft 5 / Jg. 2, 1. Sept. 1933, S. 115.

[654] O.V.: „Grundsätze der N.S. Frauenschaft", in: „NS.Frauen-Warte", Heft 2 / Jg. 1, 15. Juli 1932, S. 26.

[655] Vgl. u.a. Rabe, Dr. Sofia: „Die Aussichten der berufstätigen Frau im Nationalsozialistischen Staat", in: „NS.Frauen-Warte", Heft 3 / Jg. 1, 1. Aug. 1932, S. 69. sowie vgl. Schilfarth, Else: „Die berufstätige Frau", in: „NS.Frauen-Warte", Heft 16 / Jg. 2, Febr. 1934, S. 475 ff.

[656] Vgl. u.a. Unverricht, Elsbeth: „Ländliche Berufe", in: „NS.Frauen-Warte", Heft 3 / Jg. 1, 1. Aug. 1932, S. 70 f.

[657] Thym, Ursula: „Frauen im Beruf", in: „NS.Frauen-Warte", Heft 6 / Jg. 1, 15. Sept. 1932, S. 133.

[658] Vgl. Straßer, Gregor: „Aufruf!", in: „NS.Frauen-Warte", Heft 2 / Jg. 1, 15. Juli 1932, S. 25.

sei[659]: „[...] solange Tausende von Männern ehelos bleiben und damit auch Tausende von Frauen zur Ehelosigkeit verurteilen, muß diesen Frauen auch das volle Recht auf einen Beruf zustehen. [...]"[660]. Die Zeitschrift nahm die Männer also erneut als (künftige) Ehemänner in die Verantwortung und appellierte hier geschickt an das männliche Hegemonialdenken, da es zu jener Zeit auch im Interesse der Männer liegen musste, Frauen aus der Erwerbstätigkeit fernzuhalten. An anderer Stelle kündigte die Zeitschrift 1933 an, dass der nationalsozialistische Staat alleinstehende Frauen finanziell unterstützen würde.[661]

Auch zollte die NS-Frauenzeitschrift – quasi als Gegennarrativ zur Schuld untätiger, deutscher Frauen am „Dolchstoß" – jenen Frauen Respekt, die im Ersten Weltkrieg etwa Kriegshilfsdienst geleistet hätten[662], um jene Frauen in diesem Fall durch Aufwertung für die NS-Propaganda empfänglich zu machen. Eine solche Anerkennung weiblichen Schaffens während und nach dem Weltkrieg forderte die Zeitschrift demonstrativ und mit recht selbstbewussten Worten auch von deutschen Männern ein, wenn es hieß:

„[...] *Und der tüchtigste Mann wird zugeben müssen, daß sie ihr Handwerk verstand und ihre Sache gut machte. Der Einwurf der Männer, daß es unter den Frauen keine Genies gebe, [...] ist reichlich kurzsichtig, denn die Genies sind auch unter den Männern nicht gerade häufig. [...] Und man sollte nie vergessen, daß die Genies unter den Männern von Frauen erzogen worden sind,*

---

[659] „[...] Es wird immer noch das Schicksal zahlreicher Frauen sein, auf eigene Kraft gestellt ihren Lebensunterhalt verdienen zu müssen. In diesem Falle steht der Frau Recht und Schutz ihrer Existenz zu. [...]." (Rabe, Dr. Sofia: „Die Aussichten der berufstätigen Frau im Nationalsozialistischen Staat", in: „NS.Frauen-Warte", Heft 3 / Jg. 1, 1. Aug. 1932, S. 69).
[660] Schilfarth, Else: „Die berufstätige Frau", in: „NS.Frauen-Warte", Heft 16 / Jg. 2, Febr. 1934, S. 475 f.
[661] Vgl. F. v. Roeder: „Die alleinstehende Frau und ihre Versorgung", in: „NS.Frauen-Warte", Heft 5 / Jg. 2, 1. Sept. 1933, S. 119 f.
[662] Vgl. u.a. Passow, Hildegard: „Frauenbewegung von gestern", in: „NS.Frauen-Warte", Heft 1 / Jg. 1, 1. Juli 1932, S. 3. sowie vgl. o.V.: „Der Heimatdienst der Frauen im Weltkrieg", in: „NS.Frauen-Warte", Heft 3 / Jg. 5, Juli 1936, S. 71 f.

daß sehr oft zu 50 Prozent in ihrer großen Leistung sich mütterliches Erbteil kundtut. [...]"[663].

Auffallend ist auch hier, dass die „NS.Frauen-Warte" den Wert weiblicher Arbeit am Maßstab des Männlichen maß und dabei die „Gleichwertigkeit" weiblicher Arbeit herauszustellen versuchte. Zugleich erfolgte erneut der Rückgriff auf das Mutterideal, um Anerkennung durch Männer einzufordern – hätten Frauen als Mütter doch immer Anteil am Sein und an den Leistungen des (hegemonialen) Mannes.

Im Zuge des „Vierjahresplans" nahmen die Artikel, die sich mitunter kritisch zur weiblichen Erwerbstätigkeit positioniert hatten, Mitte der 1930er zugunsten von Berichten über Frauen in kaufmännischen, hauswirtschaftlichen, ländlichen und sozialen Berufen[664] ab, die Präsenz der Figur der „erwerbstätigen Frau" damit deutlich zu. Unter dem Verweis auf weibliche, nunmehr aber deutlich erweiterte Tätigkeitsfelder (in Schulen, der Rechtsberatung, ärztlichen Praxen und Krankenhäusern[665]) vermittelte die NS-Zeitschrift die Erwerbstätigkeit im Jahr 1937 schließlich als Bereicherung für jede Frau:

> *„Wir sind stolz darauf, arbeiten zu dürfen. Niemanden von uns würde heute noch der Gedanke kommen, daß Arbeit schände. Wir haben 15 lange Jahre [zwischen 1918 und 1933, Anm. L.B.] die Schrecken drohender Arbeitslosigkeit durchgemacht; da haben wir die Arbeit lieben gelernt. [...] sie erfüllt uns, macht uns froh und zufrieden, dankbar, selbstbewußt und sicher. [...]"*[666].

---

[663] Thym, Ursula: „Frauen im Beruf", in: „NS.Frauen-Warte", Heft 6 / Jg. 1, 15. Sept. 1932, S. 132.

[664] Vgl. u.a. Schinz, M.: „Frauenberufe", in: „NS.Frauen-Warte", Heft 16 / Jg. 4, Jan. 1936, S. 504 ff.

[665] Vgl. o.V.: „Hausgehilfin – ein Beruf für unsere Mädel", in: „NS.Frauen-Warte", Heft 8 / Jg. 6, Okt. 1937, S. 227.

[666] O.V.: „Hausgehilfin – ein Beruf für unsere Mädel", in: „NS.Frauen-Warte", Heft 8 / Jg. 6, Okt. 1937, S. 227.

Stärker als „Der Stürmer", versuchte die Zeitschrift in diesen Jahren Frauen als Arbeitskräfte zu mobilisieren, entgegen früherer Diskurse schloss das nun auch Mütter und verheiratete Frauen (als zukünftige Mütter) mit ein; 1937/38 erschienen Artikel, die darüber informierten, dass auch die Empfängerinnen von „Ehestandsdarlehen", sprich: verheiratete Mütter, eine Arbeit aufnehmen sollten, da die Massenarbeitslosigkeit in Deutschland überwunden sei und Fachkräfte benötigt würden.[667] Daran schlossen Ende der 1930er Berichte, die ausführlich über staatliche Maßnahmen zum gesetzlichen Schutz berufstätiger Frauen und Mütter informierten[668]. Hier sollte die Doppelbelastung zwischen Familie und Arbeit zu propagandistischen Zwecken relativiert, mögliche Zweifel der Leserinnen am Eintritt in die Erwerbstätigkeit ausgeräumt werden.[669]

Die Kulturträgerin

Der Begriff der „Kultur" rekurrierte in der „NS.Frauen-Warte" auf Vorstellungen der Existenz verschiedener „Rassen", die ihnen eigene „Kulturen" besäßen und damit die unterschiedlichen „Völker" determinierten: „[...] Die Formengestaltung des geistigen Lebens eines Volkes nennen wir eben seine Kultur. [...] Als Ausgang und Wurzel aller Kultur hat der Führer von jeher die Rasse bezeichnet. [...]"[670]. Den Leserinnen wurde die „Rasse" damit als Indikator der „Kultiviertheit" vermittelt, der Mensch „nordischer Rasse" wurde dabei als „Leis-

---

[667] Vgl. Dr. Stumpf: „Ehestandsdarlehen und Arbeitserlaubnis", in: „NS.Frauen-Warte", Heft 16 / Jg. 6, Febr. 1938, S. 505.

[668] Vgl. u.a. Molitor, Hildegard: „Zum gesetzlichen Schutz der berufstätigen Frau und Mutter", in: „NS.Frauen-Warte", Heft 16 / Jg. 7, Febr. 1939, S. 503 und S. 516.

[669] Vgl .u.a. Bemm, Hildegard: „Neues Brauchtum in der NS.-Frauenschaft", in: „NS.Frauen-Warte", Heft 13 / Jg. 6, Jan. 1938, S. 402.

[670] Schultze-Naumburg, Prof. Dr. Dr. h.c.: „Nationalsozialistische Kulturpolitik", in: „NS.Frauen-Warte", Heft 4 / Jg. 1, 15. Aug. 1932, S. 73.

tungsmensch"[671], als körperlich und geistig schaffend typisiert. Das einstige, germanische und das deutsche Volk bestünde laut „Frauen-Warte" zum großen Teil aus Menschen der „nordischen Rasse"[672]; implizit war damit die Selbststilisierung als „schaffendes", weil der „Leistung" verpflichtetes „Kulturvolk" und ein entsprechender, „rassisch" begründeter Ethnozentrismus gegenüber allen „nichtnordischen" Völkern. Die deutsche Frau stünde damit in der Tradition des „nordischen Frauentums", welches u.a. dem Wirken in häuslicher Sphäre und dem Leben in Einehe verpflichtet gewesen wäre.[673] Daneben ließ ihre „Reinrassigkeit" die „nordische" Frau im Diskurs der „NS.Frauen-Warte" zum Ideal von „Weiblichkeit" werden[674], da nur das „Reinhalten" der „Rasse" den Fortbestand der nordischen Anteile garantiere.

An dieses Ideal des „nordischen Frauentums" knüpfte die Figur der „deutschen Kulturträgerin"; durch das Aufzeigen völkischer Traditionslinien wurden deutsche Frauen in die Verantwortung genommen, nordisches Brauchtum weiterzuführen und durch entsprechendes „rassenbewusstes" Handeln den Fortbestand jener in der Tradition nordischer Völker stehenden „Kultur" und darüber die Existenz des „deutschen Volkes" zu sichern.[675] Der Figur der „Kulturträgerin" war damit zugleich eine enorme Aufwertung immanent, wurden deutsche Frauen doch qua „Rasse" als Mitglied einer „rassisch hochwertigen", kulturell schaffenden und als einer an Brauchtum reichen Gemeinschaft wahrgenommen. Auch waren es Frauen, die hier bewusst als handelnde Subjekte in die Verantwortung genommen wurden, geistig und kultu-

---

[671] Clauß, Ludwig Ferdinand: „Der Sinn der nordischen Bewegung", in: „NS.Frauen-Warte", Heft 6 / Jg. 4, Sept. 1935, S. 167.

[672] Vgl. Stieda, Renate v.: „Neue Gesichtspunkte im deutschen Geschichtsdenken", in: „NS.Frauen-Warte", Heft 8 / Jg. 2, 15. Okt. 1933, S. 212.

[673] Vgl. u.a. Kath, Dr. Lydia: „Die Frau im altnordischen Volksleben", in: „NS.Frauen-Warte", Heft 16 / Jg. 2, Febr. 1934, S. 465 ff. sowie vgl. Gentzkow, Liane von: „Nordisches Frauentum", in: „NS.Frauen-Warte", Heft 1 / Jg. 6, Juli 1937, S. 1 f.

[674] Vgl. u.a. Rath, Dr. Lydia: „Die Frau im altnordischen Volksleben", in: „NS.Frauen-Warte", Heft 16 / Jg. 2, 15. Febr. 1934, S. 465 ff.

[675] Die Leserinnen sollten ihren Kindern u.a. das Runenalphabet vermitteln (vgl. u.a. Hausmann, Dora: „Lehrt eure Kinder die bilderreichen Reste deutscher Kultur deuten!", in: „NS.Frauen-Warte", Heft 8 / Jg. 2, 15. Okt. 1933, S. 220).

rell wirkend aktiv zu werden. Entsprechend fanden sich in jeder Ausgabe der „NS.Frauen-Warte" zahlreiche Artikel zu kulturellen Themen; Städte und Regionen wurden ausführlich porträtiert, das Brauchtum einzelner „deutscher Stämme" vor- und das Verdienst so genannter „Volksdeutscher" am Erhalt deutscher Kultur im Ausland herausgestellt[676]. Kunstwerke deutscher KünstlerInnen wurden besprochen und Berichte über Holz- und Scherenschnitte sowie Fotografien von Landschaftsaufnahmen i.d.R. großflächig bebildert. Daneben waren Gedichte, Volkslieder, Zeichnungen sowie Buch-, Kunst- oder Filmbesprechungen fester Bestandteil der Zeitschrift. Im Sinne einer integrativen Ansprache wurde häufig das kulturelle Schaffen weiblicher Akteure vorgestellt[677]. Evident war somit die Botschaft, dass deutsche Frauen durch entsprechende Lebensführung ihren Beitrag gegen die (wörtlich) „Unkultur"[678] zu leisten und sich „artgemäß" zu verhalten hätten; um die Verantwortung der Frau herauszustellen, wurde bewusst auch an den damals gültigen Geschlechterdiskurs angeschlossen, wenn es etwa hieß: „[…] Wir müssen auch für schöne, deutsche Tänze im Tanzsaal Sorge tragen. Hier liegt eine rechte Frauenaufgabe vor uns. Hier ist die Frau die Führende. […]"[679]. Auch über das Topos der Mode sollte ein ideologiekonformes Verhalten der Frauen eingefordert werden; Frauen sollten sich der neuesten Modetrends erwehren und sich stattdessen ihrer „Art" entsprechend kleiden[680], die Kleidung ide-

---

[676] Vgl. u.a. o.V.: „Humor der deutschen Stämme", in: „NS.Frauen-Warte", Heft 17 / Jg. 6, Febr. 1938, S. 528 ff. sowie vgl. Frobenius, Else: „Frauen jenseits der Grenzen", in: „NS.Frauen-Warte", Heft 20 / Jg. 2, Apr. 1934, S. 595 f.

[677] Vgl. u.a. Koeppen, Anne Marie: „Eine deutsche Künstlerin", in: „NS.Frauen-Warte", Heft 6 / Jg. 2, 15. Sept. 1933, S. 150 ff.

[678] Diehl, Guida: „Wider die Unkultur im Tanz", in: „NS.Frauen-Warte", Heft 2 / Jg. 1, 15. Juli 1932, S. 33.

[679] Ebd.

[680] So bewarb die Zeitschrift u.a. Trachtenmode (vgl. u.a. Koeppen, Annemarie: „Tracht und Kleid der Frau im neuen Deutschland", in: „NS.Frauen-Warte", Heft 26 / Jg. 4, Juni 1936, S. 850 f.). Semmelroth schrieb 1933: „[…] der heute im Werden begriffene neue deutsche Mensch sehnt sich naturgemäß auch nach einer Kleidung, die seiner inneren Haltung und seinem heutigen Lebensgefühl entspricht. […]" (Semmelroth, Ellen: „Neue Wege zur deutschen Modegestaltung", in: „NS.Frauen-Warte", Heft 9 / Jg. 2, Nov. 1933, S. 260).

alerweise sogar, mithilfe der beiliegenden Schnittmusterbögen, selbst anfertigen. Der Erhalt und die Ausgestaltung der Kultur des deutschen Volkes waren damit zu weiten Teilen – wenn auch nicht ausschließlich – weiblich codiert.

Christliche Bräuche, Traditionen und Werte waren laut den frühen Ausgaben der „NS.Frauen-Warte" Teil der deutschen Kultur[681]; stärker betonte die Zeitschrift jedoch die traditionelle Bindung des deutschen Volkes an kulturelle Bräuche der „nordischen Rasse" bzw. des germanischen Volkes.[682] Die ab Mitte der 1930er Jahre forcierte Entkonfessionalisierung des öffentlichen Lebens trug die Zeitschrift über entsprechende Artikel mit.[683]

Die Weiblichkeit des „deutschen Mädel"

Mädchen wie Kinder waren keine primäre Zielgruppe der Frauenzeitschrift, vielmehr sollten (zukünftige) Mütter und Erzieherinnen adressiert werden, damit diese im Sinne der NS-Ideologie auf die ihnen

---

[681] Vgl. u.a. Auerhahn, Käthe: „Reichshilfswoche der N.S.-Frauenschaft", in: „NS.Frauen-Warte", Heft 9 / Jg. 1, 1. Nov. 1932, S. 197. Auch die NS-Frauenschaft bekannte sich 1932 in ihren Grundsätzen noch explizit zur „Erhaltung des christlichen Glaubens" (o.V.: „Grundsätze der N.S. Frauenschaft", in: „NS.Frauen-Warte", Heft 2 / Jg. 1, 15. Juli 1932, S. 26).

[682] So sollten die Leserinnen ihren Weihnachtsbaum 1937 mit Runenschmuck versehen (vgl. o.V.: „Wir schmücken unsern Weihnachtsbaum sinnvoll", in: „NS.Frauen-Warte", Heft 12 / Jg. 6, Dez. 1937, S. 366 ff.).

[683] Vgl. u.a. o.V.: „Konfessionelle Mütterschulung ist zu verhindern" / Rubrik „Unser Nachrichtendienst", in: „NS.Frauen-Warte", Heft 5 / Jg. 4, Sept. 1935, S. 147. An anderer Stelle distanzierte sich die Zeitschrift vom christlichen Weiblichkeitsideal und der christlichen Lehre, „[...] die einer keuschen Seele, die fern allen Bindungen des menschlichen Lebens steht, Würde und Achtung gibt, die sie einer guten Mutter mit vielen Kindern nicht gewährt, [...]." (Bauer-Hundsdörfer, Lore: „Von der Unteilbarkeit des Lebens", in: „NS.Frauen-Warte", Heft 19 / Jg. 6, ohne Datum, S. 587).

anvertrauten Mädchen einwirken könnten.[684] Artikel, die die Erziehung der weiblichen Jugend thematisierten, waren daher durchaus präsent. Hier offenbarten sich die ideologischen, geschlechtsspezifischen Zuschreibungen: Die deutschen Mädchen sollten im Rahmen ihrer Weiblichkeit ausgebildet werden[685] und so ihren Dienst an der Gemeinschaft leisten. Bereits in den frühen 1930er Jahren befürwortete die „NS.Frauen-Warte" eine dem weiblichen Wesen angemessene Berufsausbildung sowie die Einführung einer „Arbeitsdienstpflicht" für Mädchen[686]. Daneben sollten die Mädchen sich für die NS-Bewegung einsetzen, 1932 etwa „Wahlpropaganda" für die NSDAP betreiben.[687] 1938 informierte die „NS.Frauen-Warte" mit der Intention der Mobilisierung über das „hauswirtschaftliche Pflichtjahr" für Mädchen bzw. unverheiratete Frauen bis 25 Jahren.[688]

Das Motiv der Fruchtbarkeit, welches die ideale Weiblichkeit der Frau kennzeichnete, wurde – vermutlich aufgrund der Einbindung in sexualkonservative Diskurse – weitestgehend ausgespart, wenn auch das Dasein als Mutter stets perspektivisch aufgezeigt wurde: Entsprechend wurden die Leserinnen angehalten, ihre Kinder sexuell aufzuklären[689]; auch sollte das Mädchen den Beruf explizit nur bis zu seiner Verheiratung ausüben.[690] Um das Sexualverhalten deutscher Mädchen möglichst früh in einer der Sittlichkeit und Fortpflanzung verpflichte-

---

[684] Vgl. u.a. Kühn, Anna-Luise: „Jungmädels an die Front!", in: „NS.Frauen-Warte", Heft 3 / Jg. 1, 1. Aug. 1932, S. 51. sowie vgl. o.V.: „Die Erziehungsgrundsätze des neuen Deutschlands", in: „NS.Frauen-Warte", Heft 22 / Jg. 5, Apr. 1937, S. 692.

[685] Vgl. Wulff, Dr. A.: „Neue Wege der Mädchenbildung", in: „NS.Frauen-Warte", Heft 16 / Jg. 4, Jan. 1936, S. 503.

[686] Vgl. u.a. Schoen, Irmgard: „Weiblicher Arbeitsdienst im Dienste der Volksgemeinschaft", in: „NS.Frauen-Warte", Heft 2 / Jg. 2, 15. Juli 1933, S. 40 f.

[687] Vgl. Kühn, Anna-Luise: „Jungmädels an die Front!", in: „NS.Frauen-Warte", Heft 3 / Jg. 1, 1. Aug. 1932, S. 51.

[688] Vgl. Berghaus, Irmgard: „Zur Beseitigung aller Unklarheiten über: Das hauswirtschaftliche Pflichtjahr für Mädchen", in: „NS.Frauen-Warte", Heft 1 / Jg. 7, Juli 1938, S. 27.

[689] Vgl. u.a. Plattner, Elisabeth: „Storchenmärchen und Volksverbundenheit", in: „NS.Frauen-Warte", Heft 9 / Jg. 3, Okt. 1934, S. 262 f. sowie vgl. Polligkeit, Dora: „Sexuelle Erziehung", in: „NS.Frauen-Warte", Heft 14 / Jg. 3, Dez. 1934, S. 435 f.

[690] Vgl. Bauer-Hundsdörfer, Lore: „Jeder Einzelne wird gebraucht", in: „NS.Frauen-Warte", Heft 16 / Jg. 6, Febr. 1938, Innenumschlag und S. 489.

ten Bindung regulieren zu können, befürwortete die „NS.Frauen-Warte" zudem die Einführung der „Frühehe".[691]

Hinsichtlich der Kompetenzfrage über die Erziehung der weiblichen Jugend zwischen BDM und NSF (vgl. Kap. 2.1.2), positionierte sich die „Frauen-Warte" insgesamt selten und eher implizit, indem sie den „Jugendgruppen" von NSF und DFW mehr Berichte widmete[692] und ihnen damit mehr Relevanz zuschrieb. Die Erziehung im (durchaus ebenfalls positiv gezeichneten) BDM wollte die Redaktion durch die anschließende Sozialisation in der NSF ergänzt sehen: „[...] Während der BDM. die Mädel zur Kameradschaft und Selbstdisziplin erzieht, wird das Jugendgruppenmitglied in die Aufgaben der Frau eingeführt. [...]"[693].

Insgesamt nahm die NS-Frauenzeitschrift – im Vergleich zum „Stürmer" – deutlich mehr weibliche Lebensformen wahr, zeigte in der Konsequenz mehr Räume auf, in denen Frauen im Rahmen ihrer Weiblichkeit als Subjekte auftreten könnten; vereinzelt forderte die Redaktion diese Räume mit überraschend deutlichen Worten überhaupt erst ein. Gleichzeitig aber ließ die Propaganda, wie die des „Stürmer", nur bestimmte Lebensformen zu, die Leserinnen sollten auf diese Weise in ihrem Handeln zugunsten des NS-Staates angeleitet werden und nur bestimmte Bedürfnisse in der NS-Öffentlichkeit geltend machen können. Symptomatisch hierfür ist u.a., dass Themen, die Frauen im Alltag tatsächlich interessiert haben dürften, in der Zeitschrift weitestgehend tabuisiert waren – Themen wie Sexualität, Fragen zu Schwangerschaft und körperlichen Veränderungen oder eine Beratung zu Problemen in der Ehe blieben unerwähnt. Auch gab es keine feste Rubrik für Leser-

---

[691] Vgl. u.a. Lingner, Erika: „Wen soll man heiraten?", in: „NS.Frauen-Warte", Heft 14 / Jg. 4, Dez. 1935, S. 447.

[692] Vgl. u.a. Helga Thrö: „Die kulturellen Aufgaben unserer Jugendgruppen", in: „NS.Frauen-Warte", Heft 19 / Jg. 6, ohne Datum, S. 594 f.

[693] Schulemann, Erika: „Entscheidend ist die Leistung", in: „NS.Frauen-Warte", Heft 6 / Jg. 7, Sept. 1938, S. 172.
„[...] Der heranwachsende BDM. ist die gegebene Quelle, aus der die NS-Frauenschaft ihren Nachwuchs schöpft. [...]" (Mantler, Inge: „Jugend in Nürnberg", in: „NS.Frauen-Warte", Heft 7 / Jg. 6, Okt. 1937, S. 200).

zuschriften, was ebenfalls verdeutlicht, dass die Redaktion keinen Austausch mit ihrer Leserschaft suchte, sondern dieser eine Lebensweise vorzugeben gedachte.

„Nichtzugelassene" Weiblichkeiten in der „NS.Frauen-Warte"

Emanzipiert lebende Frauen

Die Kritik an der Weimarer Republik äußerte sich i.d.R. in einer Negativzeichnung der in ihr möglich gemachten weiblichen Lebensformen; im Fokus stand dabei meist der Geburtenrückgang bzw. das unfruchtbare Sexualverhalten deutscher Frauen.[694] Die AutorInnen beklagten in den frühen 1930er Jahren die „Verwilderung der erotischen Sitten"[695] sowie die „Entweiblichung des Weibes"[696], weil die Frauen unter dem Eindruck der Weimarer Verhältnisse das Dasein als Mutter zurückstellten, um einem unfruchtbaren, lustorientierten Sexualverhalten und egoistisch motivierten Lebensstil zu frönen. Mit scharfen Worten attackierte die Zeitschrift den „Weibchentyp"[697] als „Todfeindin nordischen Frauentums"[698], „[...] dessen Gedanken egozentrisch um das eigne Persönchen kreisen, um Erotik, um Luxus, um Sensationen, um das mondäne Leben [...]"[699]; diese Entwicklungen der Vorstellung von „Weiblichkeit" gingen zurück auf jüdischen Einfluss,

---

[694] Vgl. u.a. O.V.: „Ursachen des Geburtenrückganges", in: „NS.Frauen-Warte", Heft 13 / Jg. 2, 1. Jan. 1934, S. 377.

[695] Blume, Evamaria: „Weniger Mütterlichkeitsromantik!", in: „NS.Frauen-Warte", Heft 16 / Jg. 2, Febr. 1934, S. 475.

[696] Hartz, Erich von: „Die Frau in der Weltenwende", in: „NS.Frauen-Warte", Heft 1 / Jg. 1, 1. Juli 1932, S. 1.

[697] Gentzkow, Liane von: „Nordisches Frauentum", in: „NS.Frauen-Warte", Heft 1 / Jg. 6, Juli 1937, S. 3.

[698] Ebd.

[699] Ebd.

der sowohl die Frauenbewegung als auch die Befürworter der Frauen-emanzipation in ihrem Wirken geprägt hätte.[700] An anderer Stelle wurde das Erscheinungsbild der emanzipiert auftretenden Frau abwertend als „vermännlichte[r] Frauentypus"[701] beschrieben, um durch eine solche Negativzeichnung eine traditionelle Weiblichkeit von den Leserinnen einzufordern. Kritik übte die Frauenzeitschrift auch an dem neuen Körperbewusstsein „emanzipierter" Frauen, welches mit körperlicher und sittlicher, damit negativ konnotierter Freizügigkeit gleichgesetzt wurde.[702] Der Fokussierung auf Ideale der äußeren, auch künstlich herbeigeführten Schönheit stellte die Zeitschrift das Paradigma der „Natürlichkeit"[703] entgegen. Vereinzelt trat die Absicht explizit zutage, den Frauen so die Angst vor den körperlichen Veränderungen durch Schwangerschaft und Geburt zu nehmen[704], darüber ihren Gebärwillen zu fördern:

„[…] *Ist eine Frau durch die Spuren der Mutterschaft wirklich einmal äußerlich weniger ansprechend geworden, so achten und ehren wir sie für das Opfer, das sie damit gebracht hat. […] Denn die Zeichen der Mutterschaft sind nichts anderes als die Kriegsverletzungen der Frau – hat doch der Führer selbst in einer seiner großen Reden den Einsatz und die Opfer, die eine Frau bei der*

---

[700] Vgl. Passow, Hildegard: „Frauenbewegung von gestern", in: „NS.Frauen-Warte", Heft 1 / Jg. 1, 1. Juli 1932, S. 4. sowie vgl. Hitler, Adolf, zit. nach: O.V.: „Die Rede des Führers auf dem Frauenkongreß", in: „NS.Frauen-Warte", Heft 7 / Jg. 3, Sept. 1934, S. 210.

[701] E. Tessel: „Frauensport – Wettkampfsport?", in: „NS.Frauen-Warte", Heft 5 / Jg. 2, 1. Sept. 1933, S. 125.

[702] Vgl. Dr. Sch.: „Entwürdigung der Frau", in: „NS.Frauen-Warte", Heft 8 / Jg. 1, 15. Okt. 1932, S. 175.

[703] Vgl. u.a. Hoffmann, Klär: „Unser Ziel heißt harmonische Schönheit", in: „NS.Frauen-Warte", Heft 19 / Jg. 6, ohne Datum, S. 592 f. sowie vgl. Haarer, Dr. med. Johanna: „Von wahrer und falscher Schönheitspflege", in: „NS.Frauen-Warte", Heft 13 / Jg. 6, Jan. 1938, S. 407.

[704] Vgl. u.a. Meentzen, Charlotte: „Schadet die Mutterschaft der Schönheit?", in: „NS.Frauen-Warte", Heft 14 / Jg. 2, Jan. 1934, S. 417.

Geburt ihrer Kinder bringt, verglichen mit den Leistungen der Männer an der Front. [...]"[705].

Hier wurde die körperliche Leistung der Frau, ein Kind zu gebären, enorm aufgewertet durch den Vergleich zum Wirken des Soldaten an der Front, der Gebrauch militaristischen Vokabulars („Opfer", „Kriegsverletzungen", „Einsatz") unterstrich diese propagierte Gleichwertigkeit der deutschen Mutter zum männlichen Hegemonialbild des Soldaten.

Bereits in den Weimarer Ausgaben forderte die Zeitschrift von seinen Leserinnen eine Rückbesinnung auf „Empfängnis und Mutterschaft"[706] ein; Geschlechtsverkehr sollte an eine emotional begründete Verbindung zu einem Mann gekoppelt sein, um Fruchtbarkeit und Sittlichkeit miteinander verknüpfen zu können: „Die Zeugung und Erziehung von gesunden Kindern stellt eine sittliche und heilige Pflicht jeder Ehe dar. [...]"[707]. Die bewusst gewählte Kinderlosigkeit deutscher Frauen setzte die „NS.Frauen-Warte" mit Egoismus gleich – da diese sich bewusst gegen viele Kinder entschieden, um anderen Aktivitäten nachgehen zu können[708] –, so sollte an die Verantwortung gegenüber der „Volksgemeinschaft" appelliert werden.

Nichtheterosexuelle Lebensformen

Durch die idealisierte Kopplung von Weiblichkeit an Fruchtbarkeit und die diskursive Festigung der Heteronormativität, die Mann und

---

[705] Haarer, Dr. med. Johanna: „Von wahrer und falscher Schönheitspflege", in: „NS.Frauen-Warte", Heft 13 / Jg. 6, Jan. 1938, S. 407.

[706] Hartz, Erich von: „Die Frau in der Weltenwende", in: „NS.Frauen-Warte", Heft 1 / Jg. 1, 1. Juli 1932, S. 2.

[707] Stumpf, Dr. Fritz: „Der Führer hilft der kinderreichen Familie!", in: „NS.Frauen-Warte", Heft 23 / Jg. 6, ohne Datum, S. 748.

[708] Vgl. Prof. M. Staemmler: „Die Frauenschaft in der Rassenpflege", in: „NS.Frauen-Warte", Heft 18 / Jg. 2, März 1934, S. 538.

Frau als die alleinige, weil per „Geschlecht" sich ergänzende Verbindung propagierte[709], war die Nichtanerkennung nichtheterosexueller Lebensformen durch Nichtbenennen auch der Berichterstattung der „NS.Frauen-Warte" immanent, wenngleich eine explizite Kritik an ebendiesen in der Zeitschrift, anders als im „Stürmer", nicht erfolgte.

Die Frau im Bolschewismus

Die Kritik am System des Bolschewismus' wurde in den 1930er-Ausgaben vor allem anhand einer Polemik gegen Sowjetrussland geäußert; die dort herrschenden, „[…] jüdische[n] Sowjetmachthaber"[710] benötigten zur Konsolidierung ihrer Macht Menschen, die „frei von allen religiösen, moralischen und sittlichen Bindungen"[711] seien. Die „NS.Frauen-Warte" prangerte die (angeblichen) sittlichen Missstände in der SU an und verwies auf die schlechte Position der Frauen im Bolschewismus, „[…] daß man die Frauen dort vermännlicht und ihnen ihr Muttertum lächerlich und verzerrt macht. […]"[712]. Nur ein faschistischer bzw. nationalsozialistischer Staat würde dem Wesen der Frau durch ein Hochhalten der Institution Ehe entsprechen und könne sie „vor Elend und Versklavung bewahren"[713], wie sie sie im Bolschewismus erführe. In einem (angeblichen) Erlebnisbericht berichtete eine deutsche Frau, die im Russland der frühen 1930er den – so wörtlich – „wahren Kommunismus"[714] kennengelernt hätte, von den dortigen

---

[709] Vgl. u.a. Russell, Juga: „Die Ehe als nationales Problem", in: „NS.Frauen-Warte", Heft 1 / Jg. 1, 1. Juli 1932, S. 2.
[710] Petmecky, Dr. A.: „Ehe und Familie in der Sowjet-Union", in: „NS.Frauen-Warte", Heft 10 / Jg. 5, Okt. 1936, S. 292.
[711] Ebd.
[712] Schloßmann-Lönnies, L.: „Wohin treiben wir?", in: „NS.Frauen-Warte", Heft 7 / Jg. 1, 1. Okt. 1932, S. 148.
[713] C.K.S.: „Das Frauenparadies", in: „NS.Frauen-Warte", Heft 8 / Jg. 1, 15. Okt. 1932, S. 176.
[714] O.V.: „Als deutsche Frau in der Sowjet-Hölle", in: „NS.Frauen-Warte", Heft 17 / Jg. 1, März 1933, S. 399.

Missständen; sie selbst hätte dort – angesichts der unhygienischen und verwahrlosten Zustände sowie der Armut – ihr eigenes Ungeborenes abtreiben lassen müssen[715]. Überdies hätte sich ihr Mann, ein deutscher Kommunist, in Russland von ihr zugunsten einer anderen Frau scheiden lassen, sodass sie nun – aufgrund der mangelnden, rechtlichen Absicherung in der SU – als geschiedene Frau keinerlei Ansprüche geltend machen könnte.[716] Der (angebliche) Erfahrungsbericht, der eine „Wahrheit", weil: Erlebtes suggerieren sollte, schließt mit den Worten: „[…] Und jetzt weiß ich, daß der Kommunismus, genau so, wie er Rußland zerstörte, genau so, wie er meine Familie und mein Leben zerstörte, die ganze Welt zerstören wird, wenn er sich überall durchsetzen könnte."[717]

„Erbkranke" Frauen

Aus dem Ideal der „deutschen, fruchtbaren Mutter" waren auch jene Frauen exkludiert, denen eine Erbkrankheit attestiert worden war – dies betonte die „NS.Frauen-Warte" deutlich stärker als der primär antisemitisch berichtende „Stürmer". Laut der NS-Frauenzeitschrift würde die Fruchtbarkeit der „erbkranken Frau" den Fortbestand des deutschen Volkes gefährden und war deshalb zu unterbinden. Ebenso wurden die Leserinnen regelmäßig in die Verantwortung genommen, ihren Ehemann (und damit: ihren Sexualpartner) nach erbhygienischen Prämissen zu wählen. Bereits 1932 veröffentlichte die NS-

---

[715] „[…] Ich selbst wollte zwar gerne ein Kind haben, aber ich hätte doch in Rußland nicht gewußt, wie ich es hätte ernähren sollen und wie ich es hätte kleiden sollen. Kaufen kann man nichts, weil es zu teuer ist. Und das Essen, mit dem wir uns ernähren mußten, wäre für ein kleines Kind der Tod gewesen. Sollte ich wohl mein Herzblut in die Welt setzen, um dann sehen zu müssen, wie es verhungerte? […]" (O.V.: „Als deutsche Frau in der Sowjet-Hölle", in: „NS.Frauen-Warte", Heft 17 / Jg. 1, März 1933, S. 398).
[716] Vgl. ebd., S. 399.
[717] Ebd.

Frauenzeitschrift Artikel, die das Einführen einer staatlich gelenkten „Erbgesundheitspflege"[718] befürworteten; auch sollte die Maßnahme der „streng eugenischen Sterilisierung (nicht Kastration)"[719] ergriffen werden. Entsprechenden Zuspruch fand der Erlass des „Gesetzes zur Verhütung erbkranken Nachwuchses" 1934[720], welches gesetzlich „Erbkrankheiten" definierte und Eingriffe unter Zwang ermöglichte, welche in der Zeitschrift aber unerwähnt blieben. Neben der üblichen, „rassenhygienischen" Argumentation führte eine Autorin in diesem Kontext zudem ins Feld, dass die Erziehung eines erbkranken Kindes eine Belastung für die Mutter sei, die sich aber aufgrund ihrer emotionalen Bindung dem kranken Kind verpflichtet fühlte.[721] Damit wurde bereits die später planmäßig durchgeführte „Euthanasie", also die gezielte Tötung so genannten „lebensunwerten Lebens" geschickt in den Kontext der Erb- bzw. Rassenhygiene gerückt; an anderer Stelle sprach sich Marta Heß als „Mitarbeiterin am Rassenpolitischen Amt der NSDAP." gegen „ein falsches Mitleid"[722] gegenüber so genannten „Lebensunfähigen" aus, die man in der Vergangenheit künstlich am Leben gehalten und ihnen darüber hinaus die Fortpflanzung ermöglich hätte[723]. Im Jahr 1934 folgten mehrere Artikel, die den Gesetzeserlass zur eugenischen Sterilisierung thematisierten und positiv besprachen[724]; die Risiken des Eingriffes sowie der Zwangscharakter des Gesetzes fanden in der „NS.Frauen-Warte" hingegen keinerlei Erwäh-

---

[718] Vgl. u.a. Prof. Günther: „Die Notwendigkeit einer staatlichen Erbgesundheitspflege", in: „NS.Frauen-Warte", Heft 15 / Jg. 1, 1. Febr. 1933, S. 337 ff.
[719] Dr. Schwab: „Soziale und eugenische Notizen", in: „NS.Frauen-Warte", Heft 8 / Jg. 1, 15. Okt. 1932, S. 175.
[720] Vgl. u.a. Heß, Marta: „Das Gesetz zur Verhütung erbkranken Nachwuchses", in: „NS.Frauen-Warte", Heft 2 / Jg. 4, Juli 1935, S. 35 f.
[721] Vgl. Oste, Frau Dr. M. v. d.: „Mütter erbkranker Kinder", in: „NS.Frauen-Warte", Heft 10 / Jg. 3, Nov. 1934, S. 298 und S. 300.
[722] Heß, Marta: „Die Bedeutung des Rassengedankens", in: „NS.Frauen-Warte", Heft 22 / Jg. 3, Apr. 1935, S. 682.
[723] Vgl. ebd.
[724] Vgl. o.V.: „Christentum und Sterilisierung", in: „NS.Frauen-Warte", Heft 18 / Jg. 2, März 1934, S. 537.

nung.[725] Um den Forderungen nach einer staatlich geführten Erbgesundheitskontrolle Nachdruck zu verleihen, waren jene Berichte entsprechend ergänzt um Fotoaufnahmen, die „erbkranke" und gesunde Kinder gegenüberstellten („Nicht länger So! / Nur noch So!"), und um eine Aufstellung der Kosten, die für die Versorgung jener Kinder entstünden.[726]

Eugenische, positive wie negative Maßnahmen fanden in der NS-Frauenzeitschrift eine Fürsprecherin[727], wobei die Darstellung im Sinne einer integrativen Ansprache der weiblichen Zielgruppe vor allem Positives betonte: In einer fiktiven Erzählung berichtete die Zeitschrift 1937 von einem heiratswilligen Paar, welches einzelne Stationen der „Erbgesundheitspflege" durchlief, um ein so genanntes „Ehegesundheitszeugnis" ausgestellt zu bekommen.[728] In der „Frauen-Warte" endete die Erzählung mit einem positiven Ausgang, das deutsche Paar erhielt das „Ehetauglichkeitszeugnis", konnte somit heiraten und schließlich „erbgesunde" Kinder bekommen. Ausgespart wurde gezielt das Schicksal jener, denen Obengenanntes im nationalsozialistischen Staat verwehrt blieb; der Leserin wurden damit ausschließlich positive Aspekte der NS-„Erbhygiene" vermittelt.

---

[725] „[…] Unter Sterilisation auf operativem Wege verstehen wir die Unfruchtbarmachung der Ausführungsgänge der Keimdrüsen, d.h. die Durchschneidung des Samenleiters beim Manne und der Eileiter bei der Frau. Die operative Sterilisierung beim Mann ist ein harmloser Eingriff und bei der Frau dank der heutigen Technik ein Eingriff ohne weiteres Risiko. [...]" (Dr. med. Schwab: „Gedanken zum Sterilisationsgesetz", in: „NS.Frauen-Warte", Heft 13 / Jg. 2, Jan. 1934, S. 381).

[726] Vgl. Fotografien, in: „NS.Frauen-Warte", Heft 13 / Jg. 2, Jan. 1934, S. 381.

[727] Vgl. u.a. Wagner, Dr. Emmy: „Fürsorgerin und Arzt im Zwiegespräch", in: „NS.Frauen-Warte", Heft 13 / Jg. 2, 1. Januarheft 1934, S. 382 f. sowie vgl. Dr. Frerks: „Das Gesetz der Natur", in: „NS.Frauen-Warte", Heft 15 / Jg. 6, Jan. 1938, Innenumschlag.

[728] Vgl. Altgelt, Ingeborg: „Wir wollen ein gesundes Volk sein und bleiben", in: „NS.Frauen-Warte", Heft 8 / Jg. 6, Oktober 1937, S. 232 f. und S. 242.

Anders als im „Stürmer", wurde in der „NS.Frauen-Warte nur äußerst selten in expliziter Form ein antisemitisches Verhalten eingefordert, wenngleich jenes der fokussierten Idealzeichnung deutscher
Weiblichkeit stets immanent war. Nur selten wurden Artikel wie der
folgende veröffentlicht, die Kritik an dem Verhalten deutscher Frauen
gegenüber Juden übten:

> „[…] *Sehr viele Frauenärzte und Geburtshelfer sind Juden.*
> *Außer als Hautärzten scheinen sie sich besonders als Frauen-*
> *ärzte zu gefallen. Leider habe ich auch immer feststellen kön-*
> *nen, daß sich die Frauen zum größten Teil ohne Bedenken und*
> *ganz urteilslos diesen Juden anvertrauen und ihnen vor deut-*
> *schen Ärzten den Vorzug geben. […] Immer wieder hörte ich*
> *[…], daß sie den Frauen weismachten, die Frau von heute kann*
> *eine Geburt nicht mehr so aushalten, wie einst ihre Mutter, sie*
> *ist durch die fortgeschrittene ‚Kultur' so geschwächt, daß sie*
> *irgend einer künstlichen Beihilfe bedarf. […] Ich war immer*
> *wieder erstaunt, wie sich die Frauen bereden ließen, an ihre*
> *eigene Minderwertigkeit zu glauben. […] Statt stolz darauf zu*
> *sein, daß sie die ihnen von der Natur vorgeschriebenen Funkti-*
> *onen als körperlich tüchtige und gesunde Frau erfüllen konn-*
> *ten, will die eine die andere an Minderwertigkeit übertreffen.*
> *[…] Es ist wohl die höchste Zeit, daß […] die deutschen Frau-*
> *en aus den Händen jüdischer Ärzte, die mit raffiniertester Ge-*
> *schäftstüchtigkeit an der Rassenverschlechterung arbeiten,*
> *übergehen in die Hände wirklich deutscher Ärzte."*[729].

Mit der Negativfigur des „jüdischen Arztes", der durch sein Wirken am weiblichen Körper die Degeneration „nichtjüdischer Rassen"

---

[729] Schwester M. St.: „Deutsche Frau, hüte dich vor jüdischen Ärzten", in:
„NS.Frauen-Warte", Heft 10 / Jg. 1, 15. Nov. 1932, S. 230 f.

vorantreibe, knüpfte der Artikel überdies an bestehende Vorurteile und Diskurse an.

Rekurrierend auf die in der „NS.Frauen-Warte" reproduzierten Geschlechtersphären, war es daneben das Haushalten bzw. Einkaufen, bei dessen Ausführung deutsche Frauen antisemitisch zu handeln hätten. Hier sah die Zeitschrift zu Beginn des Jahres 1938 Anlass zur Kritik, da noch immer zu viele Frauen gedankenlos oder gar heimlich jüdische Geschäfte aufsuchten.[730] Gewandt an die „sorgenvolle, kinderreiche Familienmutter"[731], hieß es weiter:

> „[...] *Auch dein Kassenzettel, der auf das jüdische Geschäft lautet, ist eine Waffe gegen dein Volk – gegen deine Familie – gegen deine Ehre! Du verrätst die Volksgemeinschaft, wenn du das von ihrer Arbeit erworbene Geld hinträgst zu denen, die es letzten Endes in den Dienst gegen dies dein Volk stellen!* [...]"[732].

So forderte die Redaktion vereinzelt, dass sich Frauen ihrer Verantwortung gegenüber der „Volksgemeinschaft" bewusst werden und keine jüdischen Geschäfte unterstützen sollten, da diese mithilfe ebendieses Geldes gegen Deutschland agieren würden.

Anders als im „Stürmer", blieben Deutsche, die dem „rassebewussten" Verhalten nicht entsprachen, in der „NS.Frauen-Warte" aber unbenannt und eine Diffamierung konkreter Einzelpersonen damit zurückgestellt, was offenbar darin begründet war, dass die Zeitschrift im Sinne einer Mobilisierung vor allem „Frauenbilder mit positivem Bezug"[733] propagierte.

Hier schloss an, dass eine Diffamierung so genannter „artvergessener" Frauen äußerst selten erfolgte und das Thema der „Rassenschande" (unter Beteiligung deutscher Frauen) in der offiziellen NS-Frauenzeitschrift in expliziter Form kaum bedient wurde – die Omni-

---

[730] Vgl. Wich, Jo von: „Immer noch nicht selbstverständlich?", in: „NS.Frauen-Warte", Heft 15 / Jg. 6, Jan. 1938, S. 483.

[731] Ebd.

[732] Ebd.

[733] Döhring; Feldmann 2004, S. 103.

präsenz des Idealbildes der „deutschen Mutter" sowie die daran ge-
koppelte „Reinrassigkeit" schlossen den sexuellen Kontakt zu Juden
implizit ohnehin aus. Das Berichten über tatsächlich existierende Fälle
von „Rassenschande" hätte überdies bedeutet, dass die Zeitschrift ein
nichtideales Verhalten deutscher Frauen hätte thematisieren müssen,
was offenbar nicht im Interesse der Redaktion lag. Vielmehr hoffte die
Zeitschrift, „präventiv" auf ihre Leserinnen einwirken zu können, indem sie von ihr ein „rassenbewusstes" Handeln einforderte und so
„mischrassige" Verbindungen zu verhindern versuchte. So positionierte sich die Zeitschrift seit Erscheinen deutlich gegen die Schließung so
genannter „Mischehen", indem sie an den „Rasseninstinkt" ihrer Leserinnen appellierte[734]: „[...] Die Frage der rassischen Mischehe sollte in
Zukunft gar nicht mehr besprochen zu werden brauchen, und das Gefühl für Reinerhaltung der Rasse sollte im natürlichen Bewußtsein des
Deutschen fest verankert sein. [...]"[735]. Auch wurde suggeriert, deutsche Frauen würden in „Mischehen" nicht ihr Glück finden: „[...] jede
Rasse hat ihre eigene Seele. Nur gleiche Seelen werden einander verstehen. [...]"[736].

An die geringe Thematisierung der „Rassenschande" schloss an,
dass auch der Erlass der „Nürnberger Gesetze" in der NS-
Frauenzeitschrift nur geringfügig Erwähnung fand (vgl. Kap. 5.2.2):
So konnte die Zeitschrift zum einen eine ausführliche Besprechung der
Sexualverbote vernachlässigen, was an den sexualkonservativen Diskurs anzuschließen schien, zum anderen musste sie der Existenz „artvergessener" Frauen damit keine allzu große Relevanz zuschreiben.

---

[734] Vgl. u.a. Russell, Juga: „Die Ehe als nationales Problem", in: „NS.Frauen-Warte",
Heft 1 / Jg. 1, Juli 1932, S. 2.
[735] Dr. Bierbaum: „Eugenische Eheberatung", in: „NS.Frauen-Warte", Heft 2 / Jg. 4,
Juli 1935, S. 37.
[736] Reichsausschuß für Volksgesundheit: „Zehn Gebote für die Gattenwahl", in:
„NS.Frauen-Warte", Heft 10 / Jg. 3, Nov. 1934, S. 295.
An anderer Stelle war zu lesen: „[...] Unausbleibliche Spannungen und unheilvolle
Veranlagung der Nachkommen infolge ungünstiger Kombinationen ließen eine un-
verhältnismäßig große Anzahl dieser disharmonischen Mischehen aus elementaren
biologischen Gründen zerbrechen. [...]" (Dr. Bierbaum: „Eugenische Eheberatung",
in: „NS.Frauen-Warte", Heft 2 / Jg. 4, Juli 1935, S. 37).

War die Figur der „artvergessenen Deutschen" in der „NS.Frauen-Warte" damit kaum präsent, wurde ein deviantes Verhalten vereinzelt an nichtdeutschen Frauen sichtbar gemacht, die etwa in Frankreich mit schwarzen oder jüdischen Männern „mischrassige" Kinder zeugten.[737] Auch zu früheren, nordischen Kulturen war zu lesen: „[…] Todesstrafe oder Verkauf in die Knechtschaft drohten der Ehrvergessenen (‚aus der Art Geschlagenen'), die sich uneingedenk ihrer hohen Aufgabe, Zukunftsträgerin ihres Volkes zu sein, mit Sklaven einließ. […]"[738]. Damit wurden das Ideal der „reinrassigen" Nachkommen bekräftigt und die Leserinnen stets in die Verantwortung genommen, ohne dass sich die Ausführungen auf die NS-Gesellschaft der 1930er Jahre bezogen.

Resümierend nahm auch die „NS.Frauen-Warte" die „verheiratete, deutsche Mutter" als höchstes Ideal, daneben – im Vergleich zum „Stürmer" – aber als Frauenzeitschrift auch deutlich mehr weibliche Lebensformen wahr, um auf diese Weise Frauen in unterschiedlichen Lebenssituation erreichen und für den NS mobilisieren zu können. Die Redaktion legte dabei ihren Fokus auf die Konstruktion der „rasserei-nen" „Volksgemeinschaft" und propagierte infolgedessen in erster Linie Frauenbilder, „auf die sich positiv bezogen"[739] wurde. Döhring / Feldmann sehen das vor allem darin begründet, dass die „NS.Frauen-Warte" bewusst auf eine „Erziehung zur Anpassung"[740] über ebenjene Idealbilder abzielte. Damit wurden „nichtideal" gezeichnete „Weiblichkeiten" weniger betont, gleichzeitig waren sie aber durch jene Aussparung „dem Normalen" enthoben und damit abgewertet.

---

[737] Vgl. Pfeiffer, Dr. Otto: „Land ohne Jugend", in: „NS.Frauen-Warte", Heft 2 / Jg. 4, Juli 1935, S. 40 f. sowie vgl. Semmelroth, Ellen: „Wir stellen aus in Paris", in: „NS.Frauen-Warte", Heft 9 / Jg. 6, Nov. 1937, S. 272 ff.

[738] Merschberger, Dr. Gerda: „Die Stellung der nordischen Frau in Brauchtum und Recht", in: „NS.Frauen-Warte", Heft 15 / Jg. 7, Jan. 1939, S. 464.

[739] Döhring; Feldmann 2004, S. 103.

[740] „[…] Um […] politisch organisierten und nichtorganisierten Frauen nationalsozialistisches Gedankengut nahezubringen, hatte nicht die Ausgrenzung von Frauen Vorrang, sondern die Erziehung zur Anpassung. […]" (ebd., S. 104.). Ferner schreiben Döhring/Feldmann: „[…] Anscheinend fühlte sich die Reichsfrauenführung in Bezug auf das vermittelte Frauenbild so unantastbar, daß die Nutzung abgelehnter Bilder nicht nötig war. […]" (ebd., S. 116).

Überdies ist denkbar, dass die weiblich besetzte Redaktion (sowohl im Sinne einer integrativen Ansprache der Leserschaft als auch in eigenem Interesse) mithilfe ihrer Propaganda Aktionsräume für Frauen innerhalb der NS-Gesellschaft schaffen wollte, dies wiederum bedingte, dass „das Weibliche" in der Zeitschrift nahezu ausschließlich positiv besetzt war, um auf diese Weise an öffentlichen, i.d.R. von männlichen Subjekten bestimmten Diskursen partizipieren und den Frauen durch positives Herausstellen von „Weiblichkeit" eine gesellschaftliche Aufgabe und Anerkennung in ebendiesen Diskursen zuschreiben zu können. Dieser Gedanke wird besonders deutlich, wird „Der Stürmer" zum Vergleich herangezogen: Dieser versuchte in seiner Propaganda vor allem dem Hegemonialanspruch des deutschen Mannes zu entsprechen, folglich fanden auch Frauenbilder mit negativem Bezug häufig in den Darstellungen Verwendung.

Analyse: „Das Deutsche Mädel"

Die Weiblichkeit der Frau: Die (Soldaten-)Mutter und „die Frau des Weltkrieges"[741]

Das ideale Frauenbild war auch in „Das Deutsche Mädel" durch Verheiratung[742] und Mutterschaft gekennzeichnet und wurde häufig am Motiv der „Soldatenmutter" sichtbar gemacht: Jenes Motiv eignete sich zum einen, um entsprechende Handlungsanweisungen an (künftige) Mütter heranzutragen, zum anderen konnte an der Figur der „Sol-

---

[741] Mallmann, Margarete: „Für die politische Erziehung", in: „Das Deutsche Mädel" / Jg. 1935, Jan. 1935, S. 2.

[742] „[...] Uns deutschen Mädeln erscheint die Ehe als schönste Aufgabe und Erfüllung unseres Daseins. [...]" (Klinger, Lieselotte: „Wer möchte mit ihnen tauschen?", in: „Das Deutsche Mädel" / Jg. 1938, Jan. 1938, S. 16).

datenmutter" die ideale, autoritätsbewusste Jugend skizziert werden („[...] Denn jede gute Mutter verlangt von ihrem Sohne die Härte als den einzigen Dank für all die Schmerzen, die sie um ihn trug. [...]"[743]).

Da die „Reichsjugendführung" aber Wert darauf legte zu betonen, dass der NS-Staat den Mädchen eine der Mutterschaft vorgelagerte Jugendphase durchleben ließe (vgl. Kapitel 2.1.2), wurde das Idealbild der Frau – im Vergleich zu den anderen beiden Pressemedien – in der Propaganda der Zeitschrift zugunsten der Darstellung der für die junge Zielgruppe sicherlich attraktiveren, jugendgemäßen Weiblichkeit des „deutschen Mädel" zurückgestellt. Wohl aber wurde das Dasein als Mutter den jungen Leserinnen als Perspektive für einen späteren Lebensabschnitt aufgezeigt: Demnach sollte der BDM. die deutschen Mädchen in Anbetracht ihrer „mütterlichen Pflichten"[744] durch ideologische Schulungen, durch Sport zu körperlicher wie geistiger Gesundheit und zu Sittlichkeit"[745] erziehen und damit der (späteren) Fruchtbarkeit im Rahmen einer Ehe den Weg ebnen; mit perspektivischer Auslagerung der fruchtbaren Weiblichkeit waren Themen der Sexualerziehung oder -aufklärung in der Mädchenzeitschrift aber kein Thema. Stattdessen legte die BDM.-Zeitschrift – im Sinne, ihre jungen Leserinnen anzusprechen – Wert darauf zu betonen, dass sich Mädchen wie Frauen in den Dienst der „Volksgemeinschaft" zu stellen, sich damit explizit außerfamiliär und außerhäuslich zu engagieren hätten:

> „[...] *Zweierlei warf man uns* [dem BDM., Anm. L.B.] *vor: daß wir die Mädel ihren mütterlichen Pflichten entzögen, und daß wir das Mädel ihrer Familie entfremden. Beides ist unwahr. Wir haben uns als Vorbild die deutsche Mutter genommen,* [...]. *Wir erkannten ihre Pflichten an: Hüterin der Familie, Erzieherin der Kinder und Kameradin des Mannes zu sein.*

---

[743] „[...] Am hehrsten und hellsten unter allem Volk ragt jene Mutter, die ihre Söhne hart und ihre Töchter klar erzog, sie opfern lehrte und zum Dienste wies, [...]" (L.G.: „Zum Tag der Mutter", in: „Das Deutsche Mädel" / Jg. 1933, Mai 1933, S. 3).

[744] Mallmann, Margarete: „Für die politische Erziehung", in: „Das Deutsche Mädel" / Jg. 1935, Jan. 1935, S. 2.

[745] O.V.: „Die Tagung", in: „Das Deutsche Mädel" / Jg. 1933, März 1933, S. 6.

*Aber auch die Frau des Weltkrieges wurde uns Vorbild, und
darin liegt das Entscheidende. Es reicht nie aus, wenn das Opfer einer Frau nur dem engen Kreis der Familie gehört; auch
ihr oberstes Prinzip muß Deutschland sein. [...]*"[746].

Vorbild war der Zeitschrift also „die Frau des Weltkrieges", die
selbstlos ihren Dienst in „[...] Fabriken und Kontoren, auf Feldern und
Aeckern, an allen Arbeitsstätten der Männer"[747] geleistet, daneben ihre
Familien umsorgt hätte. Ähnlich wie die „NS.Frauen-Warte" in den
ersten Jahren ihres Erscheinens, trat auch die Mädchenzeitschrift in
den 1930er Jahren vereinzelt für einen stärkeren, weiblichen Einfluss
in Politik und Kultur ein[748], um ihren Leserinnen Möglichkeiten auf
Partizipation im NS suggerieren zu können.

Anders als die anderen beiden Medien, die die Kindererziehung
primär als eine Verantwortung und Aufgabe der Frauen wahrnahmen,
wollte „Das Deutsche Mädel" die mütterliche Erziehung dezidiert
durch eine Sozialisation im BDM. ergänzt sehen[749]. Um ein entsprechendes Verhalten von den Eltern einfordern zu können, wurde nicht
nur an der selbstlos handelnden, ihre Kinder zum Wohle der Gemeinschaft „freigebenden" „Soldatenmutter" ein Weiblichkeitsideal entwor-

---

[746] Mallmann, Margarete: „Für die politische Erziehung", in: „Das Deutsche Mädel" /
Jg. 1935, Jan. 1935, S. 2.
[747] O.V.: „Das unbekannte Heer", in: „Das Deutsche Mädel" / Jg. 1936, März 1936,
S. 1.
[748] So berichtete die Zeitschrift 1935 etwa mit deutlich sympathisierenden Worten
von der Stellung der Frau in Amerika: „[...] So gibt es nicht nur Frauen in allen Berufen, die eigentlich besser dem Manne vorbehalten sein sollten, sondern darüber
hinaus kennt Amerika auch weibliche Minister, hohe Beamtinnen und zahlreiche
Frauenvereine, die einen sehr starken politischen, wirtschaftlichen und kulturellen
Einfluß ausüben, der bis zur Verankerung ihrer Wünsche und Ziele in Gesetzesform
führt. Wenn man in irgendeinem Lande von einer ‚befreiten' Frau sprechen kann in
Hinblick auf ihre Gleichberechtigung mit dem Manne, so ist dies in Amerika der
Fall. [...]" (o.V.: „Die junge Amerikanerin", in: „Das Deutsche Mädel" / Jg. 1935,
Dez. 1935, S. 14).
[749] Vgl. u.a. Schürer-Stolle, Lydia, JM.-Referentin der RJF.: „Wie stehen die Eltern
zu uns?", in: „Das Deutsche Mädel" / Jg. 1936, Okt. 1936, S. 19.

fen, auch zitierte die Zeitschrift im Jahr 1937 etwa aus dem Brief einer Mutter, die sich positiv zum Angebot des BDM. äußerte:

> „[...] *Ich glaube, daß kaum ein jugendliches Unternehmen so durchdacht und diszipliniert durchgeführt wird, wie diese Fahrten und Lager. Glaub', Mutter, gerade der Schlaf im Stroh nach gesundem Marsch oder nach kräftigen Leibesübungen ist der tiefste, der beste. Die Stählung des Körpers und der Seele aber gibt eine wertvolle Ergänzung der elterlichen Erziehung. Unsere Kinder werden seelisch nicht belastet, sondern lernen Kameraden aus allen Volksschichten kennen, lernen das Eigene schätzen und lernen Verständnis für die Umwelt. [...]*"[750].

Tatsächlich waren die Familie als soziale Institution sowie die Mutter als Identifikationsfigur der Mädchen in der BDM.-Zeitschrift kaum repräsentiert; Priorität kam eindeutig der Berichterstattung über die Sozialisation innerhalb des BDM. zu, was der Attraktivität der NS-Organisationen zuspielen und den staatlichen Zugriff auf die Jugend legitimieren sollte. Auch sah sich die Redaktion mehrfach veranlasst, Vorwürfe zu entkräften, der BDM. würde „das Mädel ihrer Familie entfremden"[751]. Entsprechend wurde auch der „Reichsjugendführer" Baldur von Schirach den (jungen wie erwachsenen) Leserinnen vorgestellt: Ein im Juni 1937 publizierter, zweiseitiger Bericht mit dem Titel „Baldur von Schirach und seine Familie" zeigte eine großflächige Fotoaufnahme von Schirachs nebst Ehefrau, darauf wendet sich der NS-Politiker dem gemeinsamen, kleinen Sohn zu, umfasst ihn liebevoll mit den Händen. In dem Artikel hieß es: „[...] Die deutschen Eltern waren glücklich, den Mann im Kreise seiner Familie zu sehen, dem sie alle ihre Mädel und Jungen anvertraut haben. [...]"[752]. Eine solche Darstellung des „Reichsjugendführers" sollte ihn in seiner Position bestätigen,

---

[750] Bergmann, Käte von: „Eine Mutter schreibt: Nur nicht so ängstlich!", in: „Das Deutsche Mädel" / Jg. 1937, Aug. 1937, S. 15.

[751] Mallmann, Margarete: „Für die politische Erziehung", in: „Das Deutsche Mädel" / Jg. 1935, Jan. 1935, S. 2.

[752] O.V.: „Baldur von Schirach und seine Familie", in: „Das Deutsche Mädel" / Jg. 1937, Juni 1937, S. 24.

schien er als Vater und Ehemann doch für familiäre Werte zu stehen und ebendiese Werte auch in seiner Arbeit mit der ihm unterstellten Jugend anzuwenden, was wiederum das Vertrauen der Eltern gegenüber der NS-Jugendorganisationen einwerben sollte. Auch das Herausstellen der Tatsache, dass von Schirach 1937 im Alter von dreißig Jahren die NS-Jugendorganisation führte, sollte ihn für die Arbeit und Ausbildung der jüngeren Generationen qualifizieren.

Weibliche Erwerbstätigkeit

Gemäß der NS-Ideologie positionierte sich auch „Das Deutsche Mädel" zunächst ablehnend zu der Erwerbstätigkeit verheirateter Frauen und Mütter. Wie die „NS.Frauen-Warte", sprach sich „Das Deutsche Mädel" zwar in den frühen 1930ern für eine Erwerbstätigkeit lediger Frauen in weiblichen Berufen aus, wollte einer breiten, weiblichen Erwerbstätigkeit aber mit einer möglichst frühen Verheiratung entgegenwirken und begrüßte entsprechend u.a. die Einführung des „Ehestandsdarlehens".[753] Frauen sollten nur dann erwerbstätig sein, sofern sie unverheiratet blieben und der Erwerb ihren Lebensunterhalt sichern müsse.[754]

Im Kontext der ab Mitte der 1930er Jahre forcierten Rüstungswirtschaft wurde eine andere Positionierung zu Zwecken der Mobilisierung verfügbarer Arbeitskräfte notwendig, Anfang 1939 war in „Das Deutsche Mädel" nunmehr von einer umfassenderen Mobilisierung weiblicher Arbeitskräfte zu lesen, nicht ohne an die eigentlichen, weiblichen Aufgaben zu erinnern: „[...] Wir wollen in unserem Arbeitseinsatz [...] der Frau [...] nur solche Arbeitsplätze zuweisen, welche die

---

[753] Vgl. Leers, Dr. Johann von: „Die berufstätige Frau", in: „Das Deutsche Mädel" / Jg. 1935, Febr. 1935, S. 9.
[754] Vgl. I.v.K.: „Mädel am Werk", in: „Das Deutsche Mädel" / Jg. 1936, Febr. 1936, S. 16 f.

Erfüllung ihrer Aufgaben als Hausfrau und Mutter nicht gefährden. [...]"[755].

Die Weiblichkeit des „deutschen Mädel"

Sportliche Aktivität und berufliche Ausbildung

Die Weiblichkeit des (ledigen und/oder nichtvolljährigen) „Mädel" definierte sich im Diskurs der BDM.-Zeitschrift vor allem über eine der Mutterschaft vorgelagerte Jugendphase, die körperliche Ertüchtigung in einem außerfamiliären Rahmen, Gesundheitsführung und eine Berufsbildung nach weiblichen Kompetenzen einschloss. Die sportliche Betätigung im Rahmen des BDM. war in jeder Ausgabe der Zeitschrift präsent und i.d.R. großflächig bebildert mit Aufnahmen von Mädchen bei Tanz, Gymnastik, Leichtathletik oder Skisport. Die Möglichkeit auf sportliche, außerhäusliche Betätigung muss auf die Leserinnen attraktiv gewirkt haben, doch stand dahinter immer die Intention, dem NS-Staat körperlich und geistig gesunde Mädchen und künftige Mütter zu schaffen. So bot der Sport im BDM. den Mädchen nicht nur individuell erfahrenes „Erlebnis", sondern war auch immer an die Forderung einer zu erbringenden „Leistung" geknüpft.[756]

Neben dem Herausstellen der Möglichkeit auf sportliche Betätigung lag ein weiterer Fokus des „Deutschen Mädel" auf Berichterstattung über Beruf und Berufsausbildung der weiblichen Jugend. Im frühen Diskurs der BDM.-Zeitschrift sollten Mädchen bis zu ihrem 21.

---

[755] gb.: „Die Frau im deutschen Arbeitsleben", in: „Das Deutsche Mädel" / Jg. 1939, Jan. 1939, S. 2 f.
[756] Vgl. u.a. o.V.: „Hast Du das Leistungsabzeichen?", in: „Das Deutsche Mädel" / Jg. 1935, März 1935, S. 12. sowie vgl. Schneidewind, Liselotte: „Olympiakämpferinnen zum Start bereit", in: „Das Deutsche Mädel" / Jg. 1936, Aug. 1936, S. 14 ff.

Lebensjahr oder bis zu ihrer Verheiratung[757] beruflich ausgebildet und als Arbeitskräfte in entsprechenden Bereichen eingesetzt werden. Mit dem Ziel, die Leserinnen mobilisieren zu können, berichtete die Zeitschrift umfangreich über den weiblichen Arbeitsdienst, porträtierte Teilnehmerinnen des „Reichsberufswettkampfes" und informierte über das weibliche „Pflichtjahr".[758] In der Rubrik „Mädel am Werk" stellte die Zeitschrift einzelne Betriebe und Berufe für Mädchen vor[759]; überdies schaltete sie ab Mitte der 1930er auf den letzten Seiten Anzeigen zu „Unterricht und Ausbildung". Dies sollte den Leserinnen suggerieren, dass sie bei der Wahl ihres Berufes bzw. des ihrer Tochter freie Hand hätten.[760] Ungeachtet dessen, vermittelte die Zeitschrift die Berufstätigkeit der weiblichen Jugend als Pflicht zur „Leistung"[761] und an der Gemeinschaft, dies wurde im Kontext des „Vierjahresplanes" noch deutlicher betont:

---

[757] Vgl. I.v.K.: „Mädel am Werk", in: „Das Deutsche Mädel" / Jg. 1936, Febr. 1936, S. 16 f.

[758] Vgl. u.a. Mohr, Trude: „Freiwilliger Arbeitsdienst für Mädel", in: „Das Deutsche Mädel" / Jg. 1933, März 1933, S. 22. sowie vgl. Obergauführerin Erna Pranz: „Das weibliche Pflichtjahr", in: „Das Deutsche Mädel" / Jg. 1938, März 1938, S. 1.

[759] „[…] Man unterscheidet bei der Arbeit der weiblichen Jugend grundsätzlich zwischen artnaher und artfremder Betätigung. Eine artnahe Frauenarbeit ist beispielsweise zunächst alle Hausarbeit, die Kinderpflege, Kranken- und Wohlfahrtspflege, der Beruf der Lehrerin und Aerztin. Darüber hinaus finden sich dann artverwandte Berufe, wie die Näherin, Putzmacherin, Friseuse, mit gewissen Einschränkungen auch die Verkäuferin, um nur einige zu nennen. Völlig wesens- und artfremd aber sind als Frauenberufe weibliche Maschinenarbeiter, Dreher, Steinarbeiter usw. Grundsätzlich also gilt es danach, die Berufstätigkeit der Mädel nur auf solche Gebiete zu lenken, die ihrem Wesen und ihren Veranlagungen in körperlicher und geistiger Beziehung entsprechen. […]" (I.v.K.: „Mädel am Werk", in: „Das Deutsche Mädel" / Jg. 1936, Jan. 1936, S. 14).

[760] „[…] Das heißt nicht, daß die Mädel durch eine Behörde zu einem bestimmten Beruf gezwungen werden. Die Berufswahl soll nach wie vor Sache der Eltern und der Mädel sein. […]" (gb.: „Die Frau im deutschen Arbeitsleben", in: „Das Deutsche Mädel" / Jg. 1939, Jan. 1939, S. 2 f.).

[761] Vgl. u.a. A.M.: „Arbeitsschutz – Leistungssteigerung", in: „Das Deutsche Mädel" / Jg. 1937, Jan. 1937, S. 8.

„[...] Die Berufsarbeit des Mädels wird heute nicht als Geld-
quelle angesehen, sondern als Forderung der deutschen Wirtschaft
an das Mädel. Jedes Mädel, das heute nicht mithilft aufzubauen,
gehört nicht in eine Gemeinschaft; denn heute wird um das Leben
dieser Gemeinschaft willen jede Arbeitskraft gebraucht. [...]"[762].

Bezugnehmend auf dieses neue Pflichtbewusstsein der deutschen, im NS sozialisierten Jugend[763], sollte die Berufsausbildung und -ausübung der Mädchen nicht nur ausschließlich in weiblich codierten Bereichen erfolgen, auch machte die Gewichtung der Berichte deutlich, dass „Das Deutsche Mädel" die Mädchen vor allem als Arbeiterinnen, primär in der Landwirtschaft einsetzen wollte.[764] Mehrfach wurde betont, dass der NS-Staat vor allem „die Arbeit [...] der Hände"[765] benötigte, während eine akademische Förderung der Jugend deutlich seltener besprochen wurde. Mit Einführung des Wehrgesetzes 1935 wurden u.a. mit dem Luftschutz und Sanitätsdienst zusätzliche Tätigkeitsfelder für die Mädchen propagiert.[766]

Insgesamt brach „Das Deutsche Mädel" mit seiner Forderung nach außerhäuslicher Betätigunh mit traditionellen Vorstellungen, wie Mädchen zu sozialisieren seien; daran schloss an, dass die häuslichen Pflichten, die die Mädchen trotz aller NS-Propaganda weiterhin zu

---

[762] Kownatzki, Hilde: „Deine Leistung gehört Deutschland", in: „Das Deutsche Mädel" / Jg. 1937, Febr. 1937, S. 2 f.

[763] „[...] Es ist nicht mehr die Jugend der Bars und Tanzdielen, es sind nicht mehr die an den Straßenecken herumlungernden, zigarettenqualmenden Nichtstuer, - nicht mehr die Jugend, die keine Autorität und Ehrfurcht kannte, der nichts mehr heilig war, nicht mehr die Jugend, die keinen anderen Gott kannte als sich selbst und ihren eigenen schrankenlosen Genuß. Der Führer hat uns nicht nur ein neues Deutschland geschenkt, er hat uns auch in ihm ein neues Volk und eine neue Jugend beschert. [...]" (o.V.: „Neue Aufgaben – neue Pflichten", in: „Das Deutsche Mädel" / Jg. 1937, Jan. 1937, S. 2).

[764] Vgl. u.a. Kownatzki, Hilde: „Bei den Landjahrmädeln", in: „Das Deutsche Mädel" / Jg. 1937, Jan. 1937, S. 24 f.).

[765] I.v.K.: „Mädel am Werk", in: „Das Deutsche Mädel" / Jg. 1936, Jan. 1936, S. 15.

[766] Vgl. o.V.: „Auch wir stehen im Dienst", in: „Das Deutsche Mädel" / Jg. 1935, Nov. 1935, S. 8 ff.

erfüllen hatten, in der BDM.-Zeitschrift kaum betont wurden, um sich zu Zwecken der Mobilisierung von der traditionellen Weiblichkeit bzw. der Weiblichkeit der Frau abzugrenzen. Rubriken mit Rezeptvorschlägen, wie die „NS.Frauen-Warte" sie führte, fanden sich in der Mädchenzeitschrift beispielsweise nicht.

Mehrfach sah sich die Zeitschrift veranlasst, diesen Kurs des BDM. gegenüber kritischen Stimmen der in- und ausländischen Presse zu verteidigen.[767] Offenbar vermengte sich der Vorwurf, der BDM. begünstige durch seine Erziehung eine „Verbengelung‘"[768] der weiblichen Jugend, mit der Kritik, dass die Mädchen nun in Bereichen tätig werden konnten, die traditionell nicht dem weiblichen Wirken zugeschrieben worden waren. Entsprechend bekräftigte die Zeitschrift mehrfach, die Weiblichkeit wahren zu wollen und stieß sich daran, dass etwa die ausländische Presse das Auftreten der uniformtragenden und marschierenden BDM.-Mitglieder als Indiz einer „militärischen Erziehung‘"[769] (im Original in ironischen Anführungszeichen) wertete:

> „[...] *in der Vorstellungswelt des Durchschnittsausländers entsteht allmählich von dem deutschen Mädel und der deutschen Frau das Bild einer bis an die Zähne bewaffneten Amazone, die mit dem Gebrauch modernster Kriegswerkzeuge vertraut und dem eigentlichen weiblichen Wesen vollkommen entfremdet ist,* [...]."[770].

Damit kennzeichnete die Zeitschrift den Dienst an der Waffe eindeutig als männlichen Handlungsraum[771] und proklamierte aufs Neue,

---

[767] Vgl. u.a. Fischer, Irmgard: „Ausländerinnen erleben den BDM.", in: „Das Deutsche Mädel" / Jg. 1937, Sept. 1937, S. 9.
[768] Hering; Schilde 2004, S. 23.
[769] Zoglmann, Siegfried: „Mit Maschinengewehr und Handgranate!", in: „Das Deutsche Mädel" / Jg. 1939, Febr. 1939, S. 10.
[770] Ebd.
[771] Weiter distanzierte sich der Autor von dem Ziel der „militärischen Erziehung" der weiblichen Jugend, indem er Kritik an der militärischen Ausbildung der Frauen in Ländern wie Russland und England übte: „[...] Ueber den militärischen Wert oder Unwert dieses Beginnens [der militärischen Ausbildung, Anm. L.B.] braucht man sich wohl nicht zu unterhalten. Interessieren könnte nur, ob die Frau als solche dadurch gewinnt, indem man sie zum handgranatenwerfenden Weib oder zur säbelum-

dass die Angebote des BDM. dem „weiblichen Wesen" entspräche. Die sich ab Mitte der 1930er wandelnde Ausrichtung der Erziehung durch den BDM, die sich zunehmend dem traditionellen Weiblichkeitsbild annäherte[772], trug die Zeitschrift so bis auf Weiteres mit, ohne die Neuausrichtung allzu sehr zu betonen, da der BDM. andernfalls sehr wahrscheinlich einen Teil dessen verloren hätte, was seine Attraktivität in den frühen 1930ern ausgemacht hatte.

Tatsächlich reproduzierte die Zeitschrift in summa die Vorstellung einer naturgegebenen Weiblichkeit, so habe die Erziehung durch den BDM. immer auch der (wörtlich) „Eigenart"[773] des „deutschen Mädel" zu entsprechen und dürfe „nicht jungenhaft"[774] sein. Auf diese Weise wurde die Weiblichkeit des „Mädel" nicht nur – qua Alter – in Abgrenzung von der der deutschen Frau herausgestellt, sondern auch – qua Geschlecht – von der Männlichkeit und der Erziehung der männlichen Jugend. Dies implizierte wiederum, dass der NS-Staat sich der jungen Generation in ihren (geschlechtsspezifischen) Bedürfnissen annehmen würde, was einer enormen Aufwertung gleichkam.

Die Kulturträgerin

Daneben nahm „Das Deutsche Mädel" – ähnlich wie die „NS.Frauen-Warte" – das Bewahren der deutschen Kultur als eine Aufgabe der Frauen und Mädchen wahr:

„[...] *Wir* [der BDM., Anm. L.B.] *wollen die deutsche Frau wieder zu dem machen, was sie in allen germanischen Ländern von*

gürteten Operettenfigur macht. Aber auch hier dürfte die Antwort nicht schwer fallen. [...]" (ebd., S. 11).
[772] Vgl. u.a. Reese 1989, S. 57.
[773] U.a. Mallmann, Margarete: „Für die politische Erziehung", in: „Das Deutsche Mädel" / Jg. 1935, Jan. 1935, S. 3.
[774] O.V.: „Mit der Reichsreferentin des BDM durch Sachsen", in: „Das Deutsche Mädel" / Jg. 1936, Mai 1936, S. 12.

jeher war: Hüterin der Ehre und Reinheit ihres Volkes, Priesterin am heiligen Feuer des Glaubens, der Selbstzucht und Sitte und Bildnerin und Wahrerin des Besten, was wir auf Erden haben: unserer blutsgebundenen, volksverwurzelten, eigenen Kultur. So werden wir die jungen Menschen unserer Gefolgschaft erziehen. […]"[775].

Entsprechend häufig publizierte die NS-Zeitschrift Liedtexte, Erzählungen oder auch Kunstbesprechungen, stellte regionale Bräuche aus Deutschland vor und gab den Leserinnen ausführliche und i.d.R. bebilderte Anleitungen für Bastel- oder handwerkliche Arbeiten.[776] Die Zeitschrift begriff dabei die „Kultur" als konstitutives Merkmal eines in der Tradition des Christentums, mehr aber noch in der Tradition der Germanen stehenden „Volkes": „25 fremde Völker umgeben den deutschen Lebensraum. Wir brauchen deshalb ein deutsches Volk, das sich seines Blutes, seiner Sprache, seiner Art und seines Brauchtums bewußt ist. An dieser Volkwerdung haben wir mitzuarbeiten. Denkt immer daran, Mädel!"[777]. Hierbei galt es also, das (wörtlich) „Deutschtum" durch Handeln und Ausgestaltung des Lebens zu wahren. Wie in der „NS.Frauen-Warte" wurde dies vor allem am Topos der Mode sichtbar gemacht: Mode begriff die Zeitschrift demnach nicht als Möglichkeit zur Selbstverwirklichung, sondern sie sollte vor allem der „Art" der deutschen Mädel entsprechen und dabei, an volkswirtschaftlichen Prämissen der Gemeinschaft orientiert, ausgewählt und möglichst selbst gestaltet werden.[778] Allgemein sollten sich die Mädchen –

---

[775] Stolberg, Marieberta zu: „Das Erlebnis von Weimar", in: „Das Deutsche Mädel" / Jg. 1933, April 1933, S. 5.

[776] Vgl. u.a. o.V.: „Deutsche Kunst", in: „Das Deutsche Mädel" / Jg. 1937, Sept. 1937, S. 14 ff. sowie vgl. Keiler, Ilse, Obergau Berlin: „Jungmädel bauen Heimmöbel", in: „Das Deutsche Mädel" / Jg. 1936, Febr. 1936, S. 26 ff.

[777] O.V.: „25 fremde Völker", in: „Das Deutsche Mädel" / Jg. 1934, Nov. 1934, S. 30.

[778] Vgl. o.V.: „Wege zur deutschen Mode", in: „Das Deutsche Mädel" / Jg. 1937, Jan. 1937, S. 10 f.

darin waren sich alle drei Pressemedien einig – dem Ideal der Natür-lichkeit[779] verpflichtet fühlen.

„Nichtzugelassene" Weiblichkeiten in „Das Deutsche Mädel"

Der BDM. wurde in „Das Deutsche Mädel" als „politische Mädelgemeinschaft"[780] vermittelt, die das Heranwachsen tüchtiger, deutscher Mädel und zukünftiger Mütter ermöglichte, diesen aber zu-gleich Pflichten zuwies. Dieser „Dienst" an der Gemeinschaft war es, über den „Das Deutsche Mädel" das Wesen der NS-Jugend positiv herauszustellen und überdies von (früheren) nicht-nationalsozialistischen Jugendorganisationen abzugrenzen versuchte. Hingegen kritisierte die Zeitschrift Weiblichkeiten, die sich ihrer Pflichten als weibliche Jugend nicht bewusst wären: Kritik wurde allen voran am „kleinbürgerliche[n] ‚Gretchen'-Typ voller häuslichen Tu-genden [...]"[781] und an der „höheren Tochter" geübt, die ausschließlich im Kreise ihrer Familie sozialisiert würden, sich außer Haus nicht en-gagierten und die sich politisch nicht bekannten.[782] Überdies äußerte die Zeitschrift mehrfach Kritik an schönheitsorientierten, „jungen Da-men" und am gebildeten „Blaustrumpf"', denen eigennützige und da-

---

[779] Vgl. u.a. Ein Kieler Jungmädel: „Nicht so'n aufgetakeltes Fahrzeug", in: „Das Deutsche Mädel" / Jg. 1936, Nov. 1936, S. 21 sowie vgl. o.V.: „Streiflichter. Lippen-stift und Uniform?", in: „Das Deutsche Mädel" / Jg. 1939, Jan. 1939, S. 31.

[780] Nagel, Christa: „Unser Wille – unsere Leistung", in: „Das Deutsche Mädel" / Jg. 1935, März 1935, S. 4.

[781] H.M.: „Weder ‚Gretchen' noch ‚Walküre'", in: „Das Deutsche Mädel" / Jg. 1938, Juni 1938, S. 1.

[782] Vgl. o.V.: „Mädelschrifttum – gestern und heute", in: „Das Deutsche Mädel" / Jg. 1936, Jan. 1936, S. 2. sowie vgl. L. Sch.-St.: „Jungmädel herhören!", in: „Das Deut-sche Mädel" / Jg. 1936, Jan. 1936, S. 17.

mit falsche Ideale zugeschrieben wurden.[783] Ebenso sprach sich die
NS-Zeitschrift gegen jenes Weiblichkeitsbild aus, welches von katholischer Seite an die Mädchen herangetragen wurde und die Enthaltsamkeit propagierte: „[...] Nicht die natürliche und verantwortungsvolle
Stellung der Frau und Mutter ist erstes Lebensziel. [...] Gott hat die
Mädchen erschaffen, damit sie in den Himmel kommen. Heiraten ist
gut – ins Kloster gehen ist besser. [...]"[784].

Weiblichkeit im Kommunismus

Wie in den anderen, beiden Medien, verband sich auch in „Das
Deutsche Mädel" häufig die Kritik am System des Kommunismus'
bzw. Bolschewismus' mit einer Diskreditierung der darin „zugelassenen" Weiblichkeiten. Die im Kommunismus praktizierte Gleichberechtigung hätte die Frauen einem „unerhörten Arbeitszwang"[785] unterworfen und sie so ihrer natürlichen Weiblichkeit, genauer: ihrer Berufung
als Mutter entfremdet.[786] Mit ähnlicher Kritik positionierte sich die
Zeitschrift gegen die militärische Ausbildung von Frauen und deren
Sozialisation zu „Mannweiber[n]"[787]. Bereits die Erziehung der Jugend
erfolge nach ebendiesen, falschen Idealen, so könnten

„[...] *die 16- bis 18jährigen Mädchen, die durch die kom-
munistische Schule gegangen sind, weder nähen noch kochen*

---

[783] Vgl. o.V.: „Streiflichter. Junge Dame – tief gebräunt", in: „Das Deutsche Mädel" /
Jg. 1937, Nov. 1937, S. 31 f. sowie vgl. o.V.: „Streiflichter. Ein Wort zur ‚jungen
Dame', in: „Das Deutsche Mädel" / Jg. 1935, Nov. 1935, S. 31.
[784] O.V.: „Streiflichter", in: „Das Deutsche Mädel" / Jg. 1936, Jan. 1936, S. 31.
[785] J.v.K.: „Russische Jugend", in: „Das Deutsche Mädel" / Jg. 1935, Mai 1935, S.
22.
[786] Vgl. Klinger, Lieselotte: „Wer möchte mit ihnen tauschen?", in: „Das Deutsche
Mädel" / Jg. 1938, Jan. 1938, S. 15.
[787] Klinger, Lieselotte: „Wer möchte mit ihnen tauschen?", in: „Das Deutsche Mädel" / Jg. 1938, Jan. 1938, S. 16. sowie vgl. Zoglmann, Siegfried: „Mit Maschinengewehr und Handgranate!", in: „Das Deutsche Mädel" / Jg. 1939, Febr. 1939, S. 11.

*[...]; dafür aber sind sie sehr auf Draht in allen sportlichen
und technischen Dingen [...]. Die Schülerin Nina [...] will
Baumeisterin werden und hat tiefe Abscheu vor der Gründung
einer Familie. [...] Vorderhand muß sich freilich [...] Ninas
Vater mit den Kleidern seines bolschewistischen Töchterchens
beschäftigen und die Knöpfe annähen.... [...]"*[788].

Mithilfe des Umkehrens der im NS nach Geschlecht getrennten
Zuständigkeiten kennzeichnete der Artikel die Zustände in Sowjetrussland als „nicht normal", was zugleich die Botschaft einschloss, dass
deutsche Mädchen sehr wohl nähen und kochen können sollten.

Insgesamt wurde das Leben der Frau im kommunistischen Sowjetrussland den Mädchen als unwürdig, die Gleichberechtigung der Geschlechter im Kommunismus als Illusion vermittelt:

> „[...] *So sieht die ‚Freiheit' der Frau aus:
> ‚Gleichberechtigung' mit dem Manne, d.h. eine unmenschliche
> Belastung, unsagbare Unterdrückung und tiefstes Elend –
> Mannweiber im Heeresdienst und einige wenige geputzte
> ‚Intellektuelle', die Frauen der jüdischen Herrscherclique. [...]
> Immer wieder muß es den Frauen in aller Welt gesagt und ein-
> gehämmert werden, welch ein elendes Leben die Frauen in der
> Sowjetunion führen, und welch eine Gefahr den Frauen aller
> Länder vom Bolschewismus droht. Und das alles unter der Pa-
> role ‚Befreiung der Frau!'"*[789]

Über solche Artikel wurde die Gleichberechtigung – von der Autorin bewusst in ironische Anführungszeichen gesetzt – im Kommunismus infrage gestellt, gebe diese den Frauen doch mehr Aufgaben als
Rechte, entspräche dabei aber in keiner Weise der natürlichen Weiblichkeit. Überdies ließe sich die vom Kommunismus proklamierte

---

[788] O.V.: „Streiflichter. Ergebnisse sowjetrussischer Mädel-‚Erziehung'.", in: „Das
Deutsche Mädel" / Jg. 1937, Aug. 1937, S. 32.
[789] Klinger, Lieselotte: „Wer möchte mit ihnen tauschen?", in: „Das Deutsche Mädel" / Jg. 1938, Jan. 1938, S. 16 f.

Gleichstellung der Geschlechter nicht mit den von den Nationalsozialisten propagierten Moralvorstellungen vereinen, Eheschließungen und Scheidungen würden in Sowjetrussland aufgrund eines sonderbaren Eherechts „schnell und ohne große Formalitäten"[790] abgehandelt, Frauen von mehreren Männern gar als Sexualpartnerin „geteilt"[791].

Bei allen Unterschieden in den Weiblichkeitsentwürfen war den drei Pressemedien gemein, dass sie das Weibliche dadurch zu definieren versuchten, dass Männlichkeit als Differenzkategorie zur Weiblichkeit eingesetzt wurde, Weiblichkeit damit als notwendige Ergänzung zum Männlichen in der Ausgestaltung der nationalsozialistischen Gesellschaft aufgezeigt wurde, um die weibliche Leserschaft mobilisieren zu können.

5.1.3 Die Darstellung von Männlichkeit(en)

Analyse: „Der Stürmer"

Das höchste Ideal: Der antisemitisch handelnde, „deutsche Kämpfer" bzw. Soldat

Das aktive Handeln war im „Stürmer" ein elementarer Bestandteil des ideal gezeichneten deutschen Mannes: In seinem schaffenden Wesen hatte der Deutsche Einfluss auf sein Umfeld zu nehmen und dieses durch Aktion – im Sinne der NS-Ideologie und zum Wohle der über-

---

[790] Ebd., S. 16.
[791] Vgl. Diedrich, Anni: „Spanien so und so", in: „Das Deutsche Mädel" / Jg. 1936, Nov. 1936, S. 14.

geordneten Gemeinschaft – zu gestalten. Als Karnation dieser Schaffensfähigkeit machte die Zeitung in Bild und Text vor allem deutsche Arbeiter, Soldaten (bzw. den Partei-„Kämpfer") und Bauern aus[792]. Auch suggerierte bereits der Titel der Zeitung ein solch aktives Handeln des einzelnen Mannes: Nicht nur wurde bezeichnenderweise die männliche Singular-Form gebraucht, darüber hinaus stand die Bezeichnung „Stürmer" für „Tatkraft und Eindringlichkeit"[793].

Bewusst stellte die Zeitung das Wirken all jener Männer heraus, die sich als so genannte „Alte Kämpfer" früh in den Dienst der Nationalsozialisten gestellt, dabei ihr Leben gegeben hätten (vgl. Kap. 5.1.1). Auf diese Weise wurden deutsche Männer nicht nur explizit in die Pflicht genommen, für ein nationalsozialistisches Deutschland zu kämpfen; darüber hinaus mussten etwaige Ängste und Zweifel der Leserschaft durch Propaganda ausgeräumt werden, entsprechend diskursiv eingebunden war über die Jahre hinweg eine Sinnstiftung rund um den Tod, die sich vor allem in einem Gedenken für die einst für die NS-Bewegung und die im Ersten Weltkrieg Gefallenen manifestierte.[794] Dem Tod des nationalsozialistischen „Kämpfers" bzw. Soldaten wurde so eine immense Bedeutung zugeschrieben, um ihn für die Kämpfenden selbst, aber auch für die Hinterbliebenen vorbeugend akzeptierbar zu machen.

Darüber hinaus verband sich in den „Stürmer"-Darstellungen die Wahrnehmung des Mannes als das aktiv-handelnde Geschlecht mit der Forderung nach einem entschieden antisemitischen Vorgehen: Im Kontext des Sexualantisemitismus' obläge dem Mann damit vor allem die Verantwortung, Frauen vor den Übergriffen des jüdischen Mannes zu beschützen. Über eine Gruppe von Männern, die 1933 bei einem Übergriff eines Juden auf eine deutsche Frau nicht eingegriffen hätten, schrieb Streichers Blatt: „[...] Keiner findet sich, der dem perversen

---

[792] Vgl. u.a. Roos 2014, S. 427.
[793] Ebd., S. 22. Die Zeitung diente ihrem Herausgeber in den ersten Jahrgängen dazu, vor allem lokalpolitische Gegner zu diskreditieren. Demnach begründete sich der Name der Zeitung laut Streicher wohl darin, dass er mithilfe seiner Presse „die rote Festung stürmen" (Zit. nach: ebd.) wollte.
[794] Vgl. u.a. Titelkarikatur „Blutschuld", in: „Stürmer"-Nr. 47 / Jg. 11, Nov. 1933, S. 1.

Juden an die Gurgel springt. Herr Gott muß das ein verkommenes Gesindel sein! Wer da zusieht, ist ein geborener Lump, der nicht wert ist, daß ihn der deutsche Boden trägt. […]"[795]. Das Ausüben von körperlicher Gewalt, allen voran gegen Juden, war damit deutlicher Bestandteil der hegemonialen Männlichkeit.

Im Kontext des vom „Stürmer" propagierten Sexualantisemitismus' ist überdies denkbar, dass die Zeitung – unter der Vorstellung, deutsche und jüdische Männer würden im „Rassenkampf" sexuell um deutsche Frauen konkurrieren – den Frauen Kriterien für die Wahl des (Geschlechts-)Partner vorzugeben gedacht, um so die damals gültige Hegemonie des deutschen Mannes stabilisieren zu können. Auf Textebene wurde dieser i.d.R. mit positiven Attributen besetzt und dadurch attraktiv gezeichnet, das Alte, Kranke und/oder Kraftlose wurde dabei generell ausgespart. Diese Aufwertung des Deutschen (wie der Deutschen im Allgemeinen) setzte sich auf Ebene der Zeichnungen und Karikaturen fort: Als „arische" Verkörperung ästhetisiert, war der Mann stets blond, helläugig, gepflegt, von großer, kräftiger Statur und offenbar in vollem Besitz seiner körperlichen Kräfte. In Ästhetik und Wesen wurde am attraktiv gezeichneten, deutschen Mann damit das Gegenbild zum Juden entworfen – die direkte Gegenüberstellung beider Männer war nicht von ungefähr häufiges Motiv der „Stürmer"-Karikaturen.[796] Anders als der Deutsche, war der Jude – unter Anschluss an traditionelle, antisemitische Bildstereotype – kleiner Statur und i.d.R. körperlich deformiert, er trug eine Sehhilfe und einen ungepflegten Bart. Solche Darstellungen zielten immer darauf ab, symbolisch auf die durch eine „rassische Hochwertigkeit" determinierte Zusammengehörigkeit der Deutschen zu verweisen und dem deutschen Mann durch eine ihm in Wesen und Physis zugeschriebene Attraktivität die sexuelle Dominanz, damit zugleich die Hegemonie des deutschen Mannes – gegenüber jüdischen, qua Rasse „marginalisierten" Männern und „untergeordneten" Männlichkeiten – zu sichern.

---

[795] O.V.: „Jud Wolff der Sadist von Freiburg", in: „Stürmer"-Nr. 22 / Jg. 11, Juni 1933, S. 3.
[796] Vgl. u.a. Karikatur (ohne Titel), in: „Stürmer"-Nr. 39 / Jg. 13, Sept. 1935, S. 8.

Untergeordnete Männlichkeiten

Deutsche „Judenknechte"

Deutsche Männer, die nicht entschlossen genug gegen Juden handelten oder Beziehungen zu Juden unterhielten, wurden im „Stürmer" als „Judenknechte"[797] diffamiert. Der Begriff wurde nahezu ausschließlich auf deutsche Männer angewandt, um an deren Dominanzansprüche zu appellieren, widersprach das Dasein als „Knecht", noch dazu unter den Juden, jedem Hegemonialdenken deutscher Männer. So verband sich die Kritik an der laut „Stürmer" unzureichend antisemitisch handelnden Weimarer Gesellschaft mit der Darstellung einer geknechteten, damit devianten Männlichkeit, die sich in Aussehen und Wesen an die Nationalfigur des „Michel" anzulehnen schien. Verkörperte der „Michel" traditionell deutsche Eigenschaften wie „Ungeschicklichkeit, Verträumtheit, Tüchtigkeit, Geradheit"[798], wurde seine Figur im „Stürmer" genutzt, um an die hegemoniale Männlichkeit des Nationalsozialisten zu appellieren:

---

[797] U.a. Rock, Christa-Maria: „Judenknechte", in: „Stürmer"-Nr. 47 / Jg. 13, Nov. 1935, S. 5.

[798] Grote 1967, S. 72. Die Nationalfigur des „Michel" war spätestens seit Mitte des 19. Jahrhundert bei in- und ausländischen Medien populär geworden, um die „Deutschen" in Zeichnungen und Karikaturen darzustellen (Ebd., S. 35).

Abb. 5: Titelkarikatur „Youngdeutschland",
in: „Stürmer"-Nr. 8, Febr. 1931.[799]

Die an die Ikonografie des „Michel" angelehnte Figur sollte „Youngdeutschland" verkörpern, also jene deutsche Republik, der nach
dem Ersten Weltkrieg verschiedene Reparationszahlungen oblagen.
Vollstreckt werden die einzelnen Auflagen der Friedensverträge durch
einen als jüdisch gekennzeichneten Mann; er fügt dem ausgezerrt wir-
kendem „Michel" (damit: Deutschland nach 1918) diverse Wunden zu.
Der Deutsche lässt sich – trotz seiner offensichtlichen, körperlichen
Erschöpfung – von dem Juden quälen, statt sich zur Wehr zu setzen.
Über die Figur des „Michel" äußerte sich im „Stürmer" so immer auch
eine Kritik an der Weimarer Republik und ihrer Regierung, die eine
solche – von Juden initiierte – „Knechtung" zuließen. Dennoch verwies die bildliche Darstellung des „Michel" – er war i.d.R. körperlich
gesund, groß und blond gezeichnet – auf die ideale, „arische" Körperlichkeit, damit auf die „rassische" Hochwertigkeit der deutschen Ge-

---

[799] Bildunterschrift: „Nur so weitermachen er hält es immer noch aus".

sellschaft, die jedoch – laut „Stürmer" – durch eine antisemitische Einstellung ergänzt werden müsse. Auch im oben genannten Beispiel ist die Stärke des Deutschen präsent, so hielte der „Michel" die zahlreich zugefügten Schmerzen und Wunden „immer noch aus" – ein Appell an die eigentliche Stärke Deutschlands.

Ab 1933 wurde die deutsche Gesellschaft, sprich der NS-Staat schließlich kaum noch durch die Figur des „Michel" bzw. durch antisemitisch untätige Deutsche, sondern fast ausschließlich durch die Figur eines entschlossenen, starken, männlichen Antisemiten dargestellt, dessen Physis seine geistige und körperliche Dominanz unterstreichen sollte (vgl. Kap. 5.1.1.).[800] „Der Stürmer" wollte sich damit als Befürworter des nationalsozialistischen Staates – unter Rückgriff auf die strukturelle Kategorie des „Geschlechts" – auch symbolisch von der Weimarer Republik abgrenzen. Die Kritik an so genannten „Judenfreunden" blieb aber auch in den „Stürmer"-Ausgaben ab 1933 nicht aus.

Partner jüdischer Frauen

Obwohl der Sexualantisemitismus wichtiger Bestandteil des „Stürmer" war, war die (sexuelle) Beziehung eines Deutschen zu einer jüdischen Frau vergleichsweise selten Gegenstand der Propaganda. Deutlich seltener als deutsche Frauen, wurden deutsche Männer in die Verantwortung genommen, ihr „Blut" nicht „mit dem minderwertigen Lebenssaft des Juden"[801] zu vermischen. Über einen Mann, der sich von seiner deutschen Freundin trennte, um eine Jüdin zu ehelichen, schrieb das Blatt, er müsse „[...] Judenblut in seinen Adern haben. Denn nur das verwandte Blut kann es sein, das ihn zu einer Jüdin hin-

---

[800] Vgl. u.a. Karikatur „Deutsche Kraft", in: „Stürmer"-Nr. 25 / Jg. 13, Juni 1935, S. 5.

[801] O.V.: „Wieder ein Fall von Rassenschande", in: „Stürmer"-Nr. 10 / Jg. 13, März 1935, S. 5.

zog. [...]"[802]. Dass ein Deutscher sich aus Liebe zu einer Jüdin hingezogen fühlte, schloss „Der Stürmer" generell aus.

Das Anliegen, deutsche Männer vor sexuellen Kontakten zu Juden zu warnen, schien dem „Stürmer" insgesamt weniger relevant, als mit derselben Intention deutsche Frauen und Mädchen anzusprechen. Womöglich sah die Redaktion weniger Bedarf, die männliche Leserschaft antisemitisch „aufzuklären", da sie Männer (idealerweise) durch ihre Partizipation am öffentlichen und parteipolitischen Geschehen hinreichend mit der Ideologie versorgt sah. Auch sahen die 1935 erlassenen „Nürnberger Gesetze" Strafen für Männer vor, was offenbar Abschreckung genug sein sollte, während deutsche Frauen straffrei bleiben sollten (vgl. Kap. 2.1.2) – „Der Stürmer" wollte dieser Straffreiheit offenbar mit radikaler Propaganda etwas entgegensetzen, um auf die weibliche Leserschaft einwirken zu können. Des Weiteren mag die geringe Thematisierung sexueller Kontakte zu Jüdinnen im kontagionistischen Theorem begründet gewesen sein, wonach der deutsche Mann – anders als die Frau, die den jüdischen Samen empfinge – durch den sexuellen Kontakt mit einer Jüdin nicht „verseucht", durch ebendiese fortbestehende „Reinheit" des Mannes der Fortbestand des deutschen Volkes nicht gefährdet sei. Daran schließt die Vermutung, dass „Der Stürmer" das Sexualverhalten des deutschen, heterosexuellen Mannes im Sinne der Hegemonie möglichst wenig einzuschränken gedachte, war die sexuelle Potenz und dessen Dominanz gegenüber „untergeordneten" und „marginalisierten" Männern um Sexualpartnerinnen doch konstitutiv für dessen Hegemonie.

---

[802] O.V.: „Judenknecht Liegel", in: „Stürmer"-Nr. 40 / Jg. 11, Okt. 1933, S. 2.

Als eine der im Hegemonialkonzept untergeordneten „Männlichkeiten" war die männliche Homosexualität im „Stürmer" kaum Thema. Vielmehr wurde i.d.R. nur dann auf sie verwiesen, wenn es das Judentum zu beschreiben galt:

> „[...] *Zu den schmutzigsten und widerlichsten Sexualverbrechen zählen die Verfehlungen gegen den § 175. Diese Verbrechen sind in ihrer Auswirkung auf die ganze Nation so grauenhaft, so katastrophal, daß sie gar nicht streng genug bestraft werden können. Menschen, die solche Verbrechen begehen, gehören ausgerottet mit Stumpf und Stiel! Es ist festgestellt, daß weitaus die meisten Sexualverbrecher dieser Gattung Juden sind. [...] Für diese Zwecke suchen sie nichtjüdische Männer und Knaben aus! [...] Der Jude weiß, daß ein Mann, der einmal von diesem Uebel [sic!] belastet ist, seinem Volke für immer verloren ist. [...] Ein Volk, das einmal von der Fäulnis des gleichgeschlechtlichen Verkehrs angefressen ist, siecht allmählich dahin. [...]*"[803].

Die Möglichkeit der Existenz einer homosexuellen Orientierung des deutschen Mannes wurde damit im „Stürmer" weitestgehend negiert, vielmehr seien homosexuelle Handlungen auf den (äußeren) Einfluss durch Juden zurückzuführen. In der Auslebung ihrer als deviant gekennzeichneten Sexualität als auch in ihrem Hass gegen alles Nichtjüdische würden jüdische Männer homosexuelle Annäherungen gezielt nutzen, um deutsche Männer und bevorzugt Jungen in Moral und Sitte zu „verderben"[804] – und damit auch immer deren Anspruch auf Partizipation an der Hegemonie, darüber das Bestehen des Patriarchats in Gefahr zu bringen. Im Falle homosexueller Verbindungen machte „Der

---

[803] H.: „Jüdische Knabenverderber", in: „Stürmer"-Nr. 13 / Jg. 14, März 1936, S. 1.
[804] Vgl. u.a. H.: „Knabenverderber Mansbach in Frankfurt a.M.", in: „Stürmer"-Nr. 20 / Jg. 16, Mai 1938, S. 3.

Stürmer" i.d.R. damit einen jüdischen Mann als aktiven Verführer aus, entsprechend häufig fanden die Begriffe des jüdischen „Knaben-" bzw. „Männerverderbers"[805] Verwendung.

Angesichts der üblichen Darstellung von Männlichkeit im „Stürmer" ist auffällig, dass deutsche Männer in diesem Kontext von Homosexualität nun nahezu „verführbar", also alles andere als aktiv-entscheidend erschienen. Tatsächlich vertraten einzelne Nationalsozialisten die Position, dass Männer von Natur aus bisexuell veranlagt seien und daher insbesondere im Jugendalter leicht zu homosexuellen Handlungen zu verführen seien[806]. Dem wollte offenbar die „Stürmer"-Propaganda entgegenwirken, indem die Zeitung für harte Strafen gegen Homosexuelle eintrat („[…] gehören ausgerottet mit Stumpf und Stiel! […]"[807]). Der deutsche Mann sollte seinem Subjektstatus und seinen Anspruch auf Hegemonie idealerweise festschreiben, indem er Geschlechtsverkehr ausschließlich mit Frauen praktizierte und seine Produktivität in Fruchtbarkeit umsetzte.

Auf Bildebene wurden die Homosexualität bzw. homosexuelle Handlungen weitestgehend ausgespart, sie blieben damit „unsichtbar" und wurden zugleich dem „Normalen" enthoben.[808] Vereinzelt versuchte das Blatt Mitte der 1930er Jahre die katholische Kirche zu diskreditieren, indem man ihren Vertretern das Ausleben gleichgeschlechtlicher Sexualkontakte zuschrieb.[809]

Während die Darstellung von Männlichkeit insgesamt im „Stürmer" durchaus zentral war und vor allem mit der Forderung nach antisemitischem Handeln verknüpft war, fand sie in der NS-Frauen- und

---

[805] Vgl. u.a. Hiemer, Ernst: „Satan vor Gericht", in: „Stürmer"-Nr. 52 / Jg. 14, Dez. 1936, S. 1 f.

[806] Vgl. Herzog 2013, S. 36.

[807] H.: „Jüdische Knabenverderber", in: „Stürmer"-Nr. 13 / Jg. 14, März 1936, S. 1.

[808] Eine der wenigen Ausnahmen bildete die Titelkarikatur „Soll es so weit kommen?" (in: „Stürmer"-Nr. 9 / Jg. 10, März 1932, S. 1), die einen *jüdischen* Mann in inniger Umarmung mit einem „Bolschewisten" zeigte.

[809] Vgl. Karikatur „Bloßgestellte Kuttenträger" / Rubrik „FIPS-Zeitspiegel", in: Nr. 25 / Juni 1937, S. 7. sowie vgl. Karikatur „Aus dunklen Gegenden", / Rubrik „FIPS-Zeitspiegel", in: Nr. 28 / Juli 1937, S. 7.

auch in der Mädchenzeitschrift nur selten ausführliche Erwähnung, lag deren Fokus doch auf der Darstellung weiblichen Schaffens im NS. Wohl aber wurde Männlichkeit durchaus als Differenzkategorie eingesetzt, um die Leserinnen wiederum in ihrer Weiblichkeit anzusprechen.

Analyse: „NS.Frauen-Warte"

Das höchste Ideal: Der Soldat, Ehemann und Vater

Der deutsche (also: „reinrassige" und „rassenbewusste") Mann trat in der offiziellen NS-Frauenzeitschrift der 1930er Jahre ebenfalls heterosexuell, im Sinne des Nationalsozialismus und in männlich codierten Bereichen handelnd auf. Als Ideal entworfen war auch in der „Frauen-Warte" die „Männlichkeit" des „Soldaten" bzw. „Kämpfers"[810]: Die Figur wurde häufig bebildert und den Teilnehmern des „Hitler-Putsches" wurden Jahr für Jahr im November heroisierende Artikel gewidmet. An diese Heroisierung knüpfte eine moralische Entlastung der nationalsozialistischen „Kämpfer": Wurde Gewalt in der „Frauen-Warte" erwähnt, wurde diese ausschließlich Kommunisten o.ä. zugeschrieben[811]. Anders als im „Stürmer", wurde das Ausüben körperlicher Gewalt deutscher Männer gegen u.a. Juden in der Zeitschrift damit selten betont.

Trotz der Präsenz der Figur des Soldaten versuchte die Frauenzeitschrift möglichen Ängsten der weiblichen Leserschaft zu begegnen, indem sie die Möglichkeit eines Krieges in den 1930er-Ausgaben weitestgehend auslagerte. So war im Kontext der Wiedereinführung der Wehrpflicht 1935 unter Anschluss an rassenhygienische Diskurse zu

---

[810] Vgl. u.a. o.V.: „Mütter, Bauern, Soldaten…", in: „NS.Frauen-Warte", Heft 20 / Jg. 6, ohne Datum, S. 624.
[811] Vgl. u.a. Passow, Hildegard: „Rückblick auf das Jahr 1933", in: „NS.Frauen-Warte", Heft 13 / Jg. 2, Jan. 1934, S. 371 f. sowie vgl. Waldschütz, Gertrud: „Saat", in: „NS.Frauen-Warte", Heft 9 / Jg. 6, Nov. 1937, S. 260.

lesen, der NS-Staat würde keinen Krieg anstreben, da dieser „dem Volk gerade die wertvollsten jungen Männer entreißt"[812].

In seinem Dasein als das „schaffende Geschlecht" sollte der deutsche Mann die Frau primär als „Mutter" stützen und ergänzen; dies tat er laut „Frauen-Warte" als Vertreter nationalsozialistischer Politik, als (künftiger) Soldat bzw. „Kämpfer", als Arbeiter oder Bauer, aber immer auch als Ehemann und Vater gemeinsamer Kinder. Das Schaffen des Mannes schloss dezidiert die Ausübung eines Berufes ein: Nicht nur entspräche die außerhäusliche Tätigkeit dem Wesen des Mannes[813], auch schrieb die Zeitschrift dem Mann so explizit eine finanzielle Verantwortung zu, über die dieser der Frau das Dasein als (nicht-erwerbstätige) Mutter ermögliche und sichere.

Die Frauenzeitschrift nahm Männer nicht nur als Versorger ihrer Familien in die Verantwortung, ebenso häufig rekurrierte der Entwurf idealer Männlichkeit in der Frauenzeitschrift auf den Sittlichkeitsdiskurs, nach dem der (ausschließlich heterosexuelle) Geschlechtsverkehr der Fruchtbarkeit, damit der Monogamie und Familiengründung verpflichtet sein sollte.[814] Ein entsprechendes, der Sittlichkeit verpflichtetes Verhalten forderte die Zeitschrift damit – anders als „Der Stürmer" – explizit auch vom männlichen Geschlecht ein:

> „[...] *Die katastrophale Auflockerung unseres Geschlechtslebens in der Nachkriegszeit hat selbst in ungezählten unserer besten Männer den Willen zur Familiengründung getötet. Wozu Lasten, Mühen, Entbehrungen eines ehelichen Hausstandes auf*

---

[812] Reichsinnenminister Pg. Dr. Frick, zit. in: „NS.Frauen-Warte", Heft 25 / Jg. 3, Juni 1935, S. 792.

[813] „[...] Der Beruf ist der Lebensmotor, die Herzmuskel im Leben des Mannes des 20. Jahrhunderts. Der Blutkreislauf ist unterbunden, wenn man ihm diesen Beruf nimmt. [...]" (Fiebig, Irma: „Die Gefährtin des Arbeitslosen", in: „NS.Frauen-Warte", Heft 7 / Jg. 1, 1. Okt. 1932, S. 151).

[814] Vgl. u.a. Dr. Sch.: „Entwürdigung der Frau", in: „NS.Frauen-Warte", Heft 8 / Jg. 1, 15. Okt. 1932, S. 175.

sich nehmen, wenn man ohne Verantwortung den allein noch erstrebten Genuß haben konnte? [...][815].

Die regelmäßig artikulierten Forderungen nach Einführung der Frühehe sollten laut „NS.Frauen-Warte" explizit beide Geschlechter in die Verantwortung eines der Sittlichkeit und der Fortpflanzung verpflichteten Sexualverhaltens nehmen[816], auch sollten die Männer ihrer Verantwortung als Vater nachkommen. Die oben zitierte Autorin appellierte an Mütter, ihre Söhne auch zur (wörtlich) „Vaterschaft" zu erziehen und ihnen Achtung vor dem Schaffen der Schwester, Mutter, Ehefrau zu lehren.[817] Über solche Artikel forderte die „NS.Frauen-Warte" – deutlicher als „Der Stürmer" – von deutschen Männern eine Achtung vor der ideal besetzten Weiblichkeit und eine Anerkennung weiblichen Wirkens[818], aber auch dessen Pflichterfüllung in der sozialen Rolle des Vaters ein.

Analyse: „Das Deutsche Mädel"

Wie in den anderen beiden Medien zeichnete sich die hegemoniale Männlichkeit auch im Diskurs des „Deutschen Mädel" durch kämpferische bzw. soldatische Tugenden aus[819], Jahr für Jahr wurden in den

---

[815] Dölling, Maria Helene: „Erziehung – auch zur Vaterschaft", in: „NS.Frauen-Warte", Heft 22 / Jg. 2, Mai 1934, S. 669.

[816] Vgl. u.a. Lingner, Erika: „Wen soll man heiraten?", in: „NS.Frauen-Warte", Heft 14 / Jg. 4, Dez. 1935, S. 447.

[817] Vgl. Dölling, Maria Helene: „Erziehung – auch zur Vaterschaft", in: „NS.Frauen-Warte", Heft 22 / Jg. 2, Mai 1934, S. 668 f.

[818] Vgl. u.a. SS-Untersturmführer Dr. A. Dabel: „Die Frau und die SS.", in: „NS.Frauen-Warte", Heft 27 / Jg. 5, Juni 1937, S. 853.

[819] Vgl. u.a. Boor-Friedrich, Charlotte de: „Deutsche Frauen in der Kampfzeit", in: „Das Deutsche Mädel" / Jg. 1937, Nov. 1937, S. 4 f.

November-Ausgaben beispielsweise die Teilnehmer des „Hitler-Putsches" als „Helden"[820] gewürdigt. Dennoch verzichtete die Zeitschrift, wie die „NS.Frauen-Warte" weitestgehend auf eine konkrete Darstellung der von deutschen Männern angewandten Gewalt, etwa gegen Juden.

In der NS-Mädchenzeitschrift wurde Männlichkeit in erster Linie anhand der männlichen Jugend sichtbar gemacht, so war es der Redaktion möglich, Männlichkeit als Differenzkategorie auf die Weiblichkeit des „Mädel" anzuwenden, ohne dabei Themen wie Sexualität und Fruchtbarkeit zu berühren. In den deutschen Jungen sah die Zeitschrift die künftigen, „politischen Soldaten"[821], die in Fabriken, in der Politik oder als Offiziere für die „Volksgemeinschaft" tätig werden sollten. Entsprechend hatte die Erziehung der männlichen Jugend zu erfolgen: „[...] In unseren Augen, da muß der deutsche Junge der Zukunft schlank und rank sein, flink wie ein Windhund, zäh wie Leder und hart wie Kruppstahl. [...]"[822] – körperliche Gesundheit, Entschlossenheit und Härte schienen hier wegweisend. Offenbar um die junge Generation in ihrer „Männlichkeit" herauszufordern, schilderte Trude Mohr eine Erinnerung an eine Bahnfahrt 1914:

„[...] *Und der einzige Sohn saß* [nach seiner Einberufung, Anm. L.B.] *mit blasser Nase in einer Ecke auf einer Kiste und hätte am liebsten geheult vor Angst. Das war so der Spießbürger! Hatte ich eine Wut! Ich war man bloß ein Mädel – aber ich wär gleich mitgegangen. [...]"*[823].

Der deutsche Junge fürchtet den Einsatz an der Front, das deutsche Mädchen „wär gleich mitgegangen", um den Dienst an der Waffe zu leisten und um – dem deutschen Jungen ebenbürtig – in einem männ-

---

[820] Sperling, Elsbeth: „Ihr lebt in uns!", in: „Das Deutsche Mädel" / Jg. 1935, Dez. 1935, S. 10.

[821] O.V.: „Streiflichter. Mauerblümchen ,von heute'", in: „Das Deutsche Mädel" / Jg. 1938, Nov. 1938, S. 31.

[822] O.V.: „Starke Jugend in harter Hand", in: „Das Deutsche Mädel" / Jg. 1935, Okt. 1935, S. 1.

[823] Mohr, Trude: „Krieg!", in: „Das Deutsche Mädel" / Jg. 1933, Aug. 1933, S. 3.

lich codierten Handlungsraum zu agieren. Männliche Figuren traten in „Das Deutsche Mädel" also auch dann auf, wenn es galt, der weiblichen Jugend eine Gleichwertigkeit und damit auch eine Mündigkeit gegenüber dem männlichen Geschlecht zu suggerieren.[824]

5.1.4 Zwischenfazit – Verortung der drei Pressemedien im Geschlechterdiskurs

Die bisherigen Erkenntnisse resümierend, ist herausgearbeitet worden, dass die Pressemedien Bilder von Weiblichkeit entwarfen, die bestimmte weibliche Lebensformen als ideal, andere als unpassend kennzeichnete. Über diese kolportierten Leitbilder sollten nur bestimmte Lebensformen als „normal" zugelassen sein, in deren Rahmen wiederum nur bestimmte Bedürfnisse von Frauen und Mädchen hatten artikuliert und geltend gemacht werden können. So sollte den Leserinnen die Richtung für ein weibliches Handeln in der NS-Gesellschaft gewiesen werden.

In ihren Entwürfen idealer Weiblichkeit war allen drei Pressemedien gemein, dass sie die Möglichkeit auf Ausleben der ideal gezeichneten Weiblichkeiten an das Vorhandensein hochwertiger „rassischer" Anteile, sprich: an ein „Deutschsein" koppelten. Damit war der Zugang zur jeweiligen, idealen Weiblichkeit als Privileg gekennzeichnet, welches ausschließlich deutschen Frauen und Mädchen vorbehalten war. Unter anderem diese Exklusivität wiederum war es, die die Leserinnen mobilisieren sollte, an der idealen Weiblichkeit durch eine ent-

---

[824] So schilderte die Zeitschrift u.a., dass „Jungmädel" ihr Engagement im „JM.-Bund" gegenüber ihren Brüdern verteidigten, die jenes zuvor belächelt hätten (vgl. Eine sächsische Jungmädelführerin: „„Ihr kleinen Mädchen…"", in: „Das Deutsche Mädel" / Jg. 1936, Apr. 1936, S. 21 sowie vgl. Ein Nordmark-Jungmädel: „Das ‚liebe Bruderherz'", in: „Das Deutsche Mädel" / Jg. 1938, Nov. 1938, S. 21).

sprechende Lebensführung zu partizipieren und dieses Privileg auszuleben.

Darüber hinaus nahmen alle drei untersuchten Pressemedien ihre
Leserinnen als Mitglieder der „Volksgemeinschaft" in die Verantwortung, sie rekurrierten dabei zu weiten Teilen auf tradierte Vorstellungen von Weiblichkeit, um bestimmte Handlungssphären für die weibliche Zielgruppe relevant zu machen. Hierzu wurde Männlichkeit in
allen Medien als Differenzkategorie eingesetzt, die Vorstellung einer
naturgegebenen Differenz der Geschlechter sowie die Gültigkeit der
um die Figur des Soldaten zentrierten, männlichen Hegemonie damit
reproduziert. Darüber hinaus setzte „Der Stürmer" Männlichkeit gezielt als Dominanzkategorie ein: Es waren fast ausschließlich Männer,
die „Der Stürmer" als aktiv handelnde Subjekte wahrnahm, die den
NS-Staat durch ihr Handeln auszugestalten vermochten; Frauen hingegen wurden vor allem als begehrte (Sexual-)Objekte in dem von Männern ausgetragenen „Rassenkampf" dargestellt. Damit trat im „Stürmer" deutlich der männliche Hegemonialanspruch zutage. Die NS-
Frauen- und die NS-Mädchenzeitschrift hingegen betonten – durch das
Herausstellen weiblicher Verdienste und Zuständigkeiten im privaten
wie öffentlichen Raum – die „Gleichwertigkeit" der Geschlechter und
forderten Anerkennung für das weibliche Schaffen im NS-Staat ein. In
der Untersuchung des Geschlechterdiskurses wurde somit deutlich,
dass „Der Stürmer" die Hegemonie des deutschen Mannes durch Fortschreiben der Geschlechterdifferenz sowie Verdrängung jüdischen
Einflusses fortschreiben wollte, während die NS-Frauenzeitschrift,
insbesondere im Vorfeld der „Machtergreifung", durchaus auch solchen Stimmen Platz gab, die forderten, die NS-Gesellschaft dahingehend zu reformieren, dass etwa die gesellschaftlichen Aktionsräume
von Frauen erweitert werden sollten (ohne dass die Zeitschrift die
durch Männer ausgeübte, gesamtgesellschaftliche Dominanz im NS-
Staat grundsätzlich anzweifelte), Frauen für ihr Wirken vor allem aber
Anerkennung vonseiten der Männer erfahren sollten. Indem die offiziellen Parteiorgane „NS.Frauen-Warte" und „Das Deutsche Mädel"
öffentlich für eine solche Anerkennung eintraten und damit – durchaus
mündig – Forderungen an Männer stellten, sollte der NS in seiner Gesamtheit gegenüber den Leserinnen als attraktiv gezeichnet werden.

Insgesamt lassen sich somit unterschiedliche Entwürfe von Weiblichkeiten in den einzelnen Medien erkennen. Die Pressepropaganda war dahingehend gleich ausgerichtet, dass die Mutterschaft bzw. das Dasein als physisch und psychisch gesunde Mutter „rassisch hochwertiger" Kinder als das höchste Ideal deutscher Frauen vermittelt wurde; auch für die Mädchen wurde das Muttersein als künftige Perspektive, wenn auch unter Aussparung jeglicher Form von Sexualaufklärung, aufgezeigt. Das Dasein als Mutter war damit verknüpft, dass die deutschen Frauen idealerweise verheiratet, damit durch den Erwerb des Ehemannes finanziell versorgt und in häuslicher Sphäre tätig zu sein hatten. In der Folge schrieben alle drei Pressemedien den Geschlechterdiskurs in den frühen 1930er Jahren dahingehend fort, dass Frauen in den ihnen aufgrund ihres Wesens traditionell zugeschriebenen Räumen der Familienführung bzw. Erziehung und des Haushaltens wirken sollten. Mädchen hingegen sollten sich außerhäuslich für die „Volksgemeinschaft" engagieren. Des Weiteren war allen drei Pressemedien gemein, dass sie die von ihnen propagierten Weiblichkeitsideale an der offiziellen NS-Politik ausrichteten und z.B. an die Bedürfnisse der Wirtschaft ab Mitte der 1930er anpassten.

Während „Der Stürmer" jedoch die Weiblichkeit der Frau ausschließlich über Fruchtbarkeit definierte und daran die größte Verantwortung deutscher Frauen inszenierte, sich also weitestgehend auf die ideale denn reale Situation von Frauen in der NS-Gesellschaft bezog, nahm demgegenüber insbesondere die „NS.Frauen-Warte" als parteiamtliche Frauenzeitschrift weibliche Lebensformen wie die der ledigen Mutter oder der erwerbstätigen Frau wahr, um Leserinnen in ebensolchen Lebenssituationen anzusprechen, sie so ebenfalls für die Propaganda empfänglich machen und ihnen einen Platz in der NS-„Volksgemeinschaft" zuweisen zu können. Indem „Der Stürmer" den Begriff der Weiblichkeit in seinen Darstellungen primär auf Fruchtbarkeit und Mutterschaft verengte, ließ die Zeitung deutlich weniger weibliche Bedürfnisse als „normal" im Geschlechterdiskurs zu, folglich hätten Frauen und Mädchen, ginge es nach dem „Stürmer", deutlich weniger Ansprüche und Bedürfnisse geltend machen können, wollten sie nicht von der Idealkonstruktion von Weiblichkeit abweichen – ein weiteres Indiz, dass „Der Stürmer" in seiner Propaganda vor allem dem Hegemonialdenken seiner männlichen Leser entsprechen wollte. Hingegen schienen sowohl die Frauen- als auch die Mädchenzeitschrift jenen Raum, in denen Mädchen und Frauen aktiv werden sollten, mithilfe einer umfassenden Berichterstattung zu weiblichem Schaffen im NS, i.d.R. mit Bezug auf positive Leitbilder deutscher Weiblichkeit deutlich zu erweitern – was die Leserinnen durchaus als Aufwertung ihrer Rolle in der nationalsozialistischen Gesellschaft rezipieren sollten, wurden Frauen und Mädchen doch gezielt als eigenständig agierende Subjekte wahrgenommen, denen es möglich sein sollte, durch ihr Wirken als „Soldatenmutter" oder „Kulturträgerin" in der NS-Gesellschaft partizipieren zu können und dafür öffentliche Anerkennung zu erfahren. Auch gaben die beiden Pressemedien mittels der ausführlichen Berichte zu frauen- bzw. mädchenpolitischen Themen vor, ihre weibliche Leserschaft in ihren, je nach Lebenssituation ausgebildeten Bedürfnissen wahrzunehmen und diesen entsprechen zu wollen. In Anbetracht dieser unterschiedlichen Positionierung der Pressemedien im Geschlechterdiskurs der 1930er Jahre ist zudem zu vermuten, dass die jeweiligen Redaktionsmitglieder und Herausgeber die Medien in ihrem Interesse, d.h. auch unter dem Eindruck der von ihnen aufgrund einer geschlechtsspezifischen Situation ausgebildeten Bedürfnisse gestaltet haben dürften, was u.a. daran sichtbar wird, dass etwa die weiblichen Redakteure der „NS.Frauen-Warte" die Zeitschrift anfangs durchaus nutzten, um frauenpolitische Forderungen zu stellen.

Resümierend ist mit diesem ersten Teil der Analyse deutlich geworden, dass der Geschlechterdiskurs der 1930er Jahre auf Ebene der Pressemedien verschiedene Bilder von Weiblichkeit zuließ, sich die einzelnen Presseorgane entsprechend mit unterschiedlichen Forderungen an Weiblichkeit in ebendiesem Diskurs positionieren konnten.

Mit den hier aufgezeigten Entwürfen von Weiblichkeit war der Rahmen vorgegeben, in dem Frauen und Mädchen in den 1930ern antisemitisch angesprochen werden sollten. Im Folgenden ist zu untersuchen, wie präsent der Antisemitismus in den drei Pressemedien tatsächlich war und welche Formen die antisemitische Propaganda, mit Hinblick auf die jeweiligen Zielgruppen, konkret annahm.

5.2 Untersuchung des antisemitischen Diskurses

5.2.1 Die Gestaltung antisemitischer Propaganda im „Stürmer"

Positionierung zur nationalsozialistischen Judenpolitik

Die Analyse des „Stürmer" im Spiegel der antisemitischen NS-Politik bestätigt, dass das Hetzblatt offenbar tatsächlich eine Sonderrolle in der deutschsprachigen Presselandschaft der 1930er Jahre einnahm: Die für die Presse angeordneten und die am „Antisemitismus der Vernunft" orientierten Anweisungen, die zu bestimmen Zeitpunkten geschlossene Propagandawellen in Gang setzen sollten (vgl. Kap. 3.2), schienen für den „Stürmer" nicht verpflichtend. Vielmehr provozierte die Zeitung permanent Übergriffe gegen jüdische Menschen, indem in- wie ausländische Entwicklungen und Konflikte konsequent auf die zu lösende „Judenfrage" reduziert, darüber hinaus ausschließlich von Juden verübte Verbrechen thematisiert wurden. Dadurch, dass „Der Stürmer" sich auf eine antisemitische Berichterstattung konzentrierte, schrieb die Zeitung der „Judenfrage" permanent eine Relevanz zu. Die Wochenzeitung hatte es sich zum Ziel gesetzt, ihre LeserInnen für die so genannte „Judenfrage" zu sensibilisieren, die ein Zusammenleben von Deutschen und Juden – nach Definition des „Stürmers" kategorisch ausschloss: Juden wurden im „Stürmer" ausschließlich mit negativen Attributen besetzt, im Anschluss an gängige Stereotype ohne Ausnahme als StraftäterInnen oder LügnerInnen dargestellt. Zum einen bedrohe der jüdische Einfluss die deutsche Kultur und fördere damit eine Degeneration des deutschen Volkes.[825] Noch häufiger aber stellte die Zeitung das (angeblich) kriminelle Wesen der Juden heraus: Diese wären zum einen wegen ihres „Blutes" faul, hinterhältig und unmoralisch, zudem erziehe der Talmud sie zum Hass gegen Nichtjuden, was ihnen Legitimation für Straf- und Gewalttaten gegen Nichtjuden wäre.[826] Immer wieder fanden sich im „Stürmer" Artikel, in denen Meineid, Wucher, Kinderschändung und „Sittlichkeitsverbrechen" als spezifisch jüdische Taten ausgemacht wurden.[827] Auch wurde immer wieder in Form detaillierter Schilderungen an (angebliche) Ritualmorde erinnert, so hätten sechs Juden im Jahr 1773 einem deutschen Händler bei lebendigem Leib die Haut abgezogen.[828] Daneben griff „Der Stürmer" regelmäßig und detailliert den jüdischen Ritus des Schächtens[829] und Fälle von Tierquälerei auf, um die (angebliche) jüdische Brutalität, die Unkultiviertheit und den mangelnden Respekt vor Lebewesen zu belegen: Berichte über Juden, die lebende Katzenjunge in der Toilette heruntergespült hätten[830], sollten Abscheu hervorrufen und Antisemitismus auf emotionaler Ebene vermitteln. Zwar wurden Juden u.a. über eine Witze-Rubrik durchaus auch verspottet und lächerlich gemacht, die Betonung ihrer Gefährlichkeit hatte aber Priorität, um etwaige Gefühle wie Mitleid zu unterbinden.[831] Unterstützt wurde dies durch regelmäßige Appellative, gegenüber Juden kein Mitleid zu zeigen[832], was immer auch auf die weibliche Leserschaft abgezielt haben dürfte, da dieser ein besonders emotionales Wesen zugeschrieben wurde. Ins-

---

[825] Vgl. u.a. Rock, Christa-Maria: „Jüdische Gefahr für die deutsche Volksmusik", in: „Stürmer"-Nr. 32 / Jg. 13, Aug. 1935, S. 7.

[826] Vgl. u.a. o.V.: „Razzia in Warenhäusern. Juden verkaufen schlechtes Fleisch an Nichtjuden", in: „Stürmer"-Nr. 13 / Jg. 11, März 1933, S. 4. sowie vgl. o.V.: „Jude und Talmud", in: Sondernummer 2 / Jg. 13, Aug. 1935, S. 2.

[827] Vgl. Hiemer, Ernst: „Jüdisches Verbrechertum", in: „Stürmer"-Nr. 27 / Jg. 13, Juli 1935, S. 1f.

[828] Vgl. o.V.: „Der Judenmord", in: „Stürmer"-Nr. 6 / Jg. 16, Febr. 1938, S. 5.

[829] Vgl. u.a. „So schächtet der Jude", in: „Stürmer"-Nr. 28 / Jg. 16, Juli 1938, S. 6 f.

[830] Vgl. o.V.: „Tierquäler Benjamin", in: „Stürmer"-Nr. 34 / Jg. 13, Aug. 1935, S. 6.

[831] Vgl. Rick, Detlef: Zwang zur „Volksgemeinschaft". Die nationalsozialistische „Volksgemeinschaft" – eine realisierte Utopie?. In: Poley, Stefanie (Hrsg.): Rollenbilder im Nationalsozialismus – Umgang mit dem Erbe. Bad Honnef 1991. S. 244.

[832] Vgl. u.a. R.M.: „Falsches Mitleid", in: „Stürmer"-Nr. 3 / Jg. 12, Jan. 1934, S. 2.

gesamt blieb „Der Stürmer", wie Roos treffend resümiert, „ein Sammelbecken für antisemitische Beiträge aller Art"[833]. Indem die Redaktion stets darauf verwies, ausschließlich die „Wahrheit" über Juden zu berichten, versuchte sie so von vornherein etwaigen Zweifeln der Leserschaft an den „Stürmer"-Darstellungen entgegenzuwirken.[834]

Laut „Stürmer" sei es oberstes Ziel der Juden, eine Weltherrschaft zu errichten, um alle nichtjüdischen Völker unterwerfen oder gar vernichten zu können, eine solche Herrschaft praktizierten die Juden bereits in Russland mithilfe des Bolschewismus'.[835] Bereits in den frühen 1930ern hatte die Zeitung die Angst vor einem erneuten, von Juden initiierten Weltkrieg zu schüren versucht, indem sie den Juden vorwarf, gegen Deutschland zu hetzen und dieses wirtschaftlich zu boykottieren, um es international isolieren und in der Folge leichter unterwerfen zu können.[836]

Unter Betonung jener Gefahr, die von der jüdischen „Rasse" ausginge, forderte die Zeitung bereits in den Weimarer Ausgaben immer wieder konkrete gesetzliche Maßnahmen gegen Juden, legitimierte die vom NS-Staat ergriffenen Maßnahmen zur gesellschaftlichen und wirt-

---

[833] Roos 2014, S. 314.

[834] Vgl. u.a. o.V.: „An alle, die am Stürmer mitarbeiten wollen", in: „Stürmer"-Nr. 4 / Jg. 9, Jan. 1931, S. 3.

[835] Vgl. u.a. o.V.: „Wie es den Priestern in Sowjetjudäa ergeht", in: „Stürmer"-Nr. 41 / Jg. 12, Okt. 1934, S. 4.
Die negativ besetzte Verknüpfung von Antisemitismus und Bolschewismus hatte vor allem unter dem Eindruck der russischen Oktoberrevolution 1917 in Deutschland Verbreitung gefunden. „[...] Ein Grund hierfür war die auffällige Präsenz von Politikern jüdischer Herkunft im sich formierenden Machtapparat der Bolschewiki. [...]" (Fehlemann 2010, S. 84 f.).
Unter Eindruck eines zu jener Zeit wachsenden Nationalismus' in Deutschland, erhielt die Verknüpfung von Kommunismus und Antisemitismus zusätzlich Relevanz, da sich weder der Kommunismus noch die Existenz von Juden mit der angestrebten Herausbildung eines „Nationalcharakters" verbinden ließen (vgl. Niedermüller, Peter: „Der Kommunist". In: Schoeps, Julius H.; Schlör, Joachim (Hrsg.): Bilder der Judenfeindschaft. Antisemitismus. Vorurteile und Mythen. München 1995. S. 276).

[836] Vgl. u.a. o.V.: „Die Juden wollen einen neuen Weltkrieg", in: „Stürmer"-Nr. 38 / Jg. 13, Sept. 1935, S. 7. sowie vgl. o.V.: „Der Völkerbund. Ein Werkzeug in der Hand Alljudas", in: „Stürmer"-Nr. 26 / Jg. 11, Juni 1933, S. 4.

schaftlichen Marginalisierung als „Notwendigkeit" angesichts der jüdischen Bedrohung und begrüßte die Verabschiedung antisemitischer Gesetze.[837] Daran schloss an, dass die Zeitung ausführlich über die antisemitische Gesetzgebung der 1930er Jahre berichtete, wenngleich sie diese im Sinne der Propaganda ausschließlich positiv besprach und die alltägliche Diskriminierung durch Verhaftungen, „Arisierungen" u.ä. unerwähnt ließ, um bei der Leserschaft keine Zweifel am Vorgehen der AntisemitInnen aufkommen zu lassen. Auf Berichte ausländischer Medien, die die fortschreitende Entrechtung jüdischer Menschen in NS-Deutschland öffentlich machten, reagierte „Der Stürmer" zwar, er sprach ihnen jedoch jede Glaubwürdigkeit ab – den Juden ginge es in Deutschland Ende der 1930er Jahre noch immer ausgesprochen gut.[838] Entsprechende Artikel waren dann etwa überschrieben mit den Worten „Wie Deutschland für die Juden sorgt"[839].

Vereinzelt forderte die Zeitung in den 1930er Jahren gar ein noch schärferes Vorgehen gegen Juden ein und griff den NS-Gesetzen bisweilen vor. Dass die Zeitung bereits 1935 beispielsweise mehrfach über unhygienische Zustände in jüdisch geführten Geschäften[840] berichtete oder Mitte der 1930er vor allem über ihren Anzeigenteil zum

---

[837] Vgl. Hiemer, Ernst: „Keine Judenanwälte mehr!", in: „Stürmer"-Nr. 45 / Jg. 16, Nov. 1938, S. 1f.
Die „Reichspogromnacht" rechtfertigte die Zeitung als geschlossene Reaktion des deutschen Volkes auf *jüdische* Machenschaften, um den Ausschreitungen damit nachträglich Legitimation zu verschaffen: „[...] Noch in der Nacht vom 9. auf 10. November demonstrierten die Massen vor jüdischen Geschäften und den Prunkwohnungen jüdischer Volksaussauger. Es war unvermeidlich, daß dabei etliche Schaufensterscheiben zerbrochen wurden und die eine oder andere jüdische Herrschaftswohnung an ihrem strahlenden Glanze Einbuße erleiden mußte. Daß die jüdische Auslandspresse aus diesen Geschehnissen die ‚grauenhaftesten Judenverfolgungen' konstruierte, war vorauszusehen. [...]" (Hiemer, Ernst: „Ist die Judenfrage gelöst?", in: „Stürmer"-Nr. 48 / Jg. 16, Dez. 1938, S. 1).
[838] Vgl. u.a. o.V.: „Juden als Nutznießer am nationalsozialistischen Aufbau", in: „Stürmer"-Nr. 4 / Jg. 17, Jan. 1939, S. 8.
[839] Vgl. Hiemer, Ernst: „Wie Deutschland für die Juden sorgt", in: „Stürmer"-Nr. 42 / Jg. 15, Okt. 1937, S. 3.
[840] Vgl. o.V.: „Katzen in der Judenmetzgerei", in: „Stürmer"-Nr. 24 / Jg. 13, Juni 1935, S. 2. sowie vgl. o.V.: „So sieht es in jüdischen Metzgereien aus!", in: „Stürmer"-Nr. 34 / Jg. 13, Aug. 1935, S. 6.

Boykott jüdischer Geschäfte aufrief, zielte zweifelsohne auf eine soziale wie wirtschaftliche Isolation ab – noch bevor die offizielle NS-Politik ab 1938 die systematische Verdrängung der Juden aus der deutschen Wirtschaft forcieren sollte.

„Der Stürmer" und die „Lösung der Judenfrage"

Die Radikalität, mit der „Der Stürmer" gegen Juden vorgehen wollte, lässt sich auch an der Positionierung zur „Judenfrage" nachzeichnen: Unterstützte „Der Stürmer" in den frühen Jahrgängen zunächst im Rahmen der national definierten „Judenfrage" die Umsiedlung von Juden nach Palästina oder auf die Insel Madagaskar[841], ließ die Zeitung auf sprachlicher Ebene immer auch den Gedanken einer Vernichtung in seine Propaganda einfließen. Eine Karikatur zeigte im Juli 1931 einen als deutsch codierten Mann, der mit beiden Händen an einem Strick zieht und so einen als jüdisch gekennzeichneten Mann an einem Galgen hängt.[842] Dass man – wörtlich – jüdische „Geldverschieber hochgehen lassen"[843] möge, implizierte mit der Bildmotivik zweifelsohne das Relativieren von Gewalt gegen Juden bis hin zu deren Ermordung. Ein anderer Autor forderte im Dezember 1933, „Alljuda" müsse „vernichtet werden"[844]. Das Ende der Existenz der jüdischen „Rasse" wurde demnach bereits in frühen „Stürmer"-Berichten in den antisemitischen Diskurs eingebracht, dennoch versäumte „Der Stürmer" 1931 nicht zu betonen, dass die „Judenfrage"

---

[841] Vgl. u.a. Rock, Christa-Maria: „Die Judenfrage", in: „Stürmer"-Nr. 47 / Jg. 13, Nov. 1935, S. 2. sowie vgl. Streicher, Julius: „Madagaskar", in: „Stürmer"-Nr. 1 / Jg. 16, Jan. 1938, S. 1f.

[842] Vgl. Karikatur „Aufwärtsbewegung", in: „Stürmer"-Nr. 29 / Jg. 9, Juli 1931, S. 3.

[843] Ebd.

[844] F.F.: „Juda liegt auf der Lauer", in: „Stürmer"-Nr. 49 / Jg. 11, Dez. 1933, S. 4.

„auf gesetzmäßigem Wege"[845] und explizit ohne Anwendung von „Pogromen" gelöst werden würde.

Der Wandel in der NS-Politik, die die „Judenfrage" zunehmend als international zu lösendes Problem definierte und damit eine „Umsiedlung" mehr und mehr ausschloss, lässt sich auch im „Stürmer" nachvollziehen: Forderungen nach einer „Umsiedlung" verschwanden nunmehr aus der Zeitung, stattdessen forderte Karl Holz Ende 1938 die nichtjüdischen Völker auf zu begreifen, dass „der Jude nicht ‚auch ein Mensch', sondern ein Bazillus ist. Ein Schmarotzer, ein Schädling, ein Tunichtgut, ein Krankheitserreger, der im Interesse der Menschheit beseitigt werden muß."[846]. Durch den Einsatz der Ungeziefermetaphorik, den Vergleich zu Parasiten und Krankheitserregern sollten die Juden von den LeserInnen als entmenschlicht und gefährlich wahrgenommen werden, was den LeserInnen die Abgrenzung und damit die Akzeptanz antisemitischer Maßnahmen erleichtern sollte.

Antisemitischer Sprachgebrauch

Wurden die Deutschen als Karnation der „höchsten" Rasse beschrieben und entsprechend adressiert, sprachen die „Stürmer"-Juden „anders", sie sahen „anders" aus und hießen „anders": Jüdische Figuren wurden mittels einer als „jiddisch" gekennzeichneten Figurenrede gekennzeichnet, um sie auch auf sprachlicher Ebene aus der deutschen Gemeinschaft auszuschließen. An derselben Stelle setzte die NS-Namenspolemik an, die auch „Der Stürmer" für seine Propaganda nutzte: Als jüdisch rezipierte Spott- und Fantasienamen fanden ebenso Verwendung wie eine stereotypisierende Benutzung alttestamentarischer Namen, nach der jüdische Frauen im „Stürmer" z.B. nahezu aus-

---

[845] O.V.: „Das Judenpogrom der Nationalsozialisten", in: „Stürmer"-Nr. 17 / 18 / Jg. 9, Mai 1931, S. 3.
[846] Holz, Karl: „Der Bazillus", in: „Stürmer"-Nr. 38 / Jg. 16, Sept. 1938, S. 2.

nahmslos „Sara", „Rebekka" oder „Esther" hießen.[847] Darüber hinaus nutzte „Der Stürmer" in stereotypisierender und ausschließlich pejorativ besetzter Funktion regelmäßig die Kollektivsingularformen „Alljuda" bzw. „der Jude", wodurch die LeserInnen nicht mehr zwischen einzelnen Juden differenzieren, sondern sie generell qua Rasse als „Gefahr" wahrnehmen sollten. Mit derselben Intention wurde der Namenszusatz „Jud" verwendet, um Personen „rassisch" und damit negativ zu kennzeichnen.[848]

Einsatz antisemitischer Bildpropaganda

Insbesondere mithilfe großflächiger Karikaturen wurden Juden im „Stürmer" in Anlehnung an tradierte, antisemitische Stereotype bewusst überzeichnet. Karikaturen und Zeichnungen waren ein häufig genutztes Mittel des „Stürmer", weil sie – anders als Fotografien – nicht einer abzubildenden Realität bedürfen. Auch die abgedruckten Fotografien wurden von der Redaktion bewusst so ausgewählt, dass sich als jüdisch rezipierte, physische Merkmale i.d.R. in den Abbildungen wiederfanden[849], jüdische Menschen erschienen im „Stürmer" ausnahmslos mit dunklem, krausem Haar, ihre Nase und Mundpartie waren überzeichnet.

Darüber hinaus setzte die Zeitung das Medium der Fotografie gezielt ein, um einzelne jüdische Menschen oder so genannte „Judenfreunde" öffentlich zu diffamieren:

---

[847] Die 1939 gesetzlich eingeführten, zusätzlichen Vornamen für *Juden* hatte „Der Stürmer" bereits Ende 1936 gefordert (vgl. o.V.: „Judennamen", in: „Stürmer"-Nr. 37 / Jg. 14, Sept. 1936, S. 4).

[848] Vgl. Schmitz-Berning 1998, S. 327 f.

[849] Vgl. u.a. E.H.: „Woran erkennt man Juden und Mischlinge?", in: „Stürmer"-Nr. 44 / Jg. 13, Okt. 1935, S. 5.

Abb. 6: „Stürmer"-Nr. 52, Dez. 1933 [Ausschnitt].

Wie in diesem Beispiel versuchte „Der Stürmer" die (angeblich) von den Juden ausgehende Gefahr für das deutsche Volk mithilfe der Diffamierung einzelner Menschen im unmittelbaren Umfeld der Leserschaft sichtbar zu machen: Neben einer Porträtaufnahme und einer ausführlichen Schilderung des Verbrechens, das dem jüdischen Mann zur Last gelegt wurde, nannte „Der Stürmer" Namen wie Wohnort des Mannes – und gab den LeserInnen damit die Möglichkeit, Selbstjustiz zu üben. Die Handlungsaufforderung an die (männliche) Leserschaft, selbst aktiv gegen Juden vorzugehen, setzte sich darin fort, dass „Der Stürmer" erwähnte, der Mann wäre bisher für seine Taten nicht bestraft worden. Dies war lediglich ein Beispiel, wie das Hetzblatt einen „Radauantisemitismus", eine Pogromstimmung in der Bevölkerung provozieren wollte.

Fokus auf sexualantisemitischen Darstellungen: Kampf gegen die „Rassenschande"

Wie bereits ausführlich dargestellt, bezog „Der Stürmer" seine Wirkung vor allem aus der Thematisierung eines Sexualantisemitismus', den die Redaktion mithilfe einer „Kombination von antijüdischer Hasspropaganda und ordinärer Pornografie"[850] aufzubereiten wusste. So war es möglich, die judenfeindliche Propaganda an Diskurse um Sexualität anzuschließen und vor allem Botschaften für die deutschen Leserinnen, die im „Stürmer" ja primär in ihrer Fruchtbarkeit und „Mutterfähigkeit" wahrgenommen wurden, zu formulieren.

Dass das Thema der „Rassenschande" derart im Fokus der Zeitung stand, begründete sich wohl zuallererst in der Nähe Julius Streichers zu der Theorie der Imprägnation, die seinen Antisemitismus (zumindest in den frühen 1930er Jahren) deutlich prägte. In dem Denken, das „Blut" der deutschen Frau wäre durch den einmaligen Geschlechtsverkehr mit einem Juden auf ewig „verseucht", schien jenen AntisemitInnen das Verbot ebensolcher sexueller Kontakte für den Erhalt des deutschen Erbgutes, damit die Regulierung des Sexualverhaltens der deutschen Frau umso dringlicher:

> „[…] *Du weißt, daß Rassemischungen immer minderwertige Bastarde ergeben. Du weißt aber auch, daß diese Bastarde für die Folge nur Bastarde zeugen können. [...] Selbst Jahrhunderte vermögen den verderblichen Einfluß einer einzigen Judenehe nie vollkommen aufzuheben. […] Neue Mischehen verunreinigen das deutsche Blut! […] Ein einziges artvergessenes Weib kann ganze Völker unglücklich machen! Deutsche Mutter! Verstehst Du nun, warum der ‚Stürmer' die heilige Pflicht hat die deutschen Frauen so oft zu mahnen: ‚Laßt Euch nicht mit Juden ein! Die Juden sind Euer Verderben!'* […]"[851].

---

[850] Roos 2014, S. 411.
[851] Hiemer, Ernst: „Ein offener Brief", in: „Stürmer"-Nr. 18 / Jg. 13, Mai 1935, S. 8.

In nahezu jeder Ausgabe appellierte „Der Stürmer" über solche Artikel und unter Anwendung der Imperativ-Form an das „Rassebewusstsein" deutscher Mädchen und Frauen und knüpfte daran seine Forderungen, dass diese (sexuell) nicht mit Juden verkehren sollten: Eine Titelkarikatur „Frauen" vom Januar 1933, die eine weiße, hellhaarige, damit „nordisch" codierte Frau mit Kind im Arm zeigt, war mit den Worten untertitelt: „Des Volkes Zukunft wird durch Euch geboren, wer sich dem Juden gibt, geht seinem Volk verloren"[852]. An anderer Stelle schrieb Jost Schnitzer: „[…] Ich betone, daß meine Ausführungen wesentlich der deutschen Frau gelten. Denn sie ist es, die sich heute noch, wenn auch vielfach unbewußt, als schützendes Bollwerk vor den Juden stellt. […]"[853]. Über solche, teils durchaus aufwertenden Darstellungen wurde die Leserin in die Verantwortung genommen, sich zum Wohle, sprich: im Sinne des Fortbestandes ihres Volkes zu verhalten und (sexuell) nicht mit jüdischen Männern zu verkehren, um dem Volk keinen „mischrassigen" Nachwuchs zu gebären. Durch den Kontakt zu Juden würden die Frauen hingegen ihr „Blut" für immer „verunreinigen", damit dem „Volk verloren" gehen – Frauen und Mädchen wurde damit – im Sinne einer Abschreckung – der Verlust ihrer „Ehre" durch Ausschluss aus der „Volksgemeinschaft" in Aussicht gestellt.

Um die weibliche Leserschaft in ihrem Sexualverhalten beeinflussen zu können, rekurrierte die Zeitung in ihren Artikeln der frühen 1930er Jahre mehrfach auf das kontagionistische Theorem, daneben bediente „Der Stürmer" (z.T. tradierte) antisemitische Sexualbilder, um den Juden qua „Rasse" ein deviantes Sexualverhalten zuschreiben zu können. Allen voran galt es der Zeitung besonders, den jüdischen Mann als unattraktiv zu zeichnen, um – im Kontext der Heteronormativität – vor allem die Leserinnen in ihrem Sexualverhalten beeinflussen zu können.

---

[852] Titelkarikatur „Frauen", in: „Stürmer"-Nr. 1 / Jg. 11, Jan. 1933, S. 1.
[853] Schnitzer, Jost: „Fremdes Blut. Eine Mahnung an das deutsche Volk", in: „Stürmer"-Nr. 4 / Jg. 13, Jan. 1935, S. 2.

Der Gebrauch antisemitischer Sexualbilder

Der „jüdische Rassenschänder"

> „[…] *Eine typisch jüdische Eigenschaft ist die Gier nach der deutschen Frau. Besonders nach der Frau, die hochgewachsen, hellblond und helläugig ist. Diese zu schänden und sich ihm und seinen Lastern dienstbar zu machen, ist dem Juden höchster Triumph. Der Jude weiß, die deutsche Frau ist die Gebärerin der deutschen Kinder, die Trägerin der deutschen Zukunft. Er weiß, wenn er ihren Leib schändet und besudelt, so schändet und besudelt er damit auch ihre Nachkommenschaft. Der Jude weiß, daß dieser Makel nimmer wegzulöschen ist und daß er sich vererbt von Geschlecht zu Geschlecht. […]*"[854].

Wie in den vorangegangenen Kapiteln dieser Arbeit dargestellt, begriff „Der Stürmer" die „Judenfrage" als einen Kampf zwischen den Rassen, wobei dieser Kampf vonseiten der Juden gezielt mithilfe der Zeugung „mischrassigen" Nachwuchses ausgetragen würde. Damit negierte „Der Stürmer" zugleich, dass jüdische Männer gegenüber deutschen Frauen aufrichtig empfinden könnten, vielmehr würden sie deutsche Mädchen und Frauen lediglich als Objekte im sexualisierten „Rassenkampf" wahrnehmen. Die Männlichkeit des Juden wurde als „anormal" gekennzeichnet, indem „Der Stürmer" ihr einen extrem ausgeprägten Sexualtrieb und den Juden per se eine sexuelle Frühreife zuschrieb.[855] Entsprechend erschienen Woche für Woche im „Stürmer"

---

[854] O.V.: „Erich Liepmann. Der Talmudjude und die blonde Frau", in: „Stürmer"-Nr. 8 / Jg. 11, Febr. 1933, S. 2.

[855] Vgl. o.V.: „Der Jude und die deutsche Frau", in: „Stürmer"-Nr. 20 / Jg. 11, Mai 1933, S. 3f.
Mithilfe des Vorwurfs der „Frühreife" versuchte die Redaktion, 1934 die Entfernung jüdischer Kinder und Jugendlicher aus deutschen Schulen zu fordern: „Menschen mit nordischem Bluteinschlag werden spät reif. Was gut werden soll, braucht seine

Berichte über jüdische Männer, die deutsche Frauen oder Mädchen „geschändet" hätten. Ganz bewusst nutzte die Zeitung in solchen Berichten den Begriff des „Schändens", um jegliche sexuellen Handlungen mit jüdischen Männern negativ zu konnotieren und um darüber hinaus auf die sexuelle Gewalt zu verweisen, die der jüdische Mann in seiner rassisch motivierten, sadistischen Triebhaftigkeit an deutschen Frauen und Mädchen ausüben würde. So war es der Zeitung zugleich möglich, das Verbot der „Rassenschande" für die weibliche Leserschaft unmittelbarer erscheinen zu lassen, drohten der „artvergessenen" Frau nicht nur der Verlust der „Ehre", sondern darüber hinaus auch Schaden an Leib und Seele. Regelmäßig berichtete Streichers Blatt über von Juden verübte Vergewaltigungen, physische Gewalt und (Ritual-)Morde an Frauen und Mädchen.[856] Selbst an geistig behinderten Nichtjüdinnen würden sich Juden vergehen.[857] Körperliche Schäden wurden der „artvergessenen" Frau auch dadurch in Aussicht gestellt, dass die jüdische „Rasse" aufgrund ihres ausgeprägten Sexualverhaltens häufig Geschlechtskrankheiten[858] aufweise.

„Der Stürmer" entwarf so die Negativfigur des jüdischen Mannes, die auch für die weibliche Leserschaft von Relevanz sein sollte:

„[...] Der Jude empfindet der deutschen Frau oder dem deutschen Mädchen gegenüber nicht einen Funken Achtung, nicht ei-

---

Weile. [...] Diese Juden sind ihren deutschen Mitschülern in der körperlichen und damit in der geschlechtlichen Entwicklung um Jahre voraus. Sie wissen um Dinge und beschäftigen sich mit ihnen, an die der gleichaltrige deutsche Junge noch gar nie gedacht hat. Der deutsche Junge sieht in dem Mädel, das mit ihm in der gleichen Klasse sitzt, die Gespielin, die er gelegentlich ärgert und fühlen läßt, daß er der Stärkere ist. Der frühreife Judenbub mustert die Mitschülerinnen seiner Klasse mit Augen, aus denen das erwachte Tier lauert. [...]" (O.V.: „Norbert Frank", in: „Stürmer"-Nr. 46 / Jg. 12, Nov. 1934, S. 4).

[856] Vgl. u.a. o.V.: „Das geschändete Kind", in: „Stürmer"-Nr. 4 / Jg. 13, Jan. 1935, S. 1. sowie vgl. o.V.: „Der Jude Eisen. Er schlägt eine Nationalsozialistin zu Boden", in: „Stürmer"-Nr. 49 / Jg. 11, Dez. 1933, S. 4.

[857] Vgl. o.V.: „Schändung einer Schwachsinnigen", in: „Stürmer"-Sondernr. 8 / Jg. 13, Jan. 1935, S. 9.

[858] Vgl. Rößler, A: „Tochter Zion freue dich!", in: „Stürmer"-Nr. 8 / Jg. 11, Febr. 1933, S. 4.

nen Funken Verehrung, nicht einen Funken Zuneigung. Von Liebe ganz zu schweigen. [...] Er behandelt sie als Lustobjekt. Sie soll ihm zur Befriedigung seiner niedrigen Gier und seiner widernatürlichen Gemeinheiten dienen. Wenn er sie dann bis auf den Grund ihrer Seele verdorben hat, dann wirft er sie weg. [...]"[859].

Rekurrierend auf die propagierte Misogynie und die angebliche, sexuelle Triebhaftigkeit jüdischer Männer, erfahre selbst die Jüdin keine echte Wertschätzung:

> „[...] *Im jüdischen Volksleben aber gilt die Jüdin als ein minderwertiges Wesen, mit der der Jude besonders in geschlechtlicher Hinsicht anfangen darf, was er will. Diese Mißachtung und Rechtlosigkeit der jüdischen Frau innerhalb des jüdischen Volksverbandes treffen wir in einer ganzen Reihe von Stellen des Talmuds. [...] Die Einstellung des Juden zu der Frau seines eigenen Blutes kommt einer Vernichtung und brutalen Entrechtung des Weibstums gleich. [...]*"[860].

Die wenigen Artikel, die die Stellung jüdischer Frauen thematisierten, waren dabei durchaus widersprüchlich: Las man im obigen Artikel noch von einer ausgelebten Verachtung der Frauen im Allgemeinen, hieß es an anderer Stelle, die soziale Praxis jüdischer Männer würde durch den Talmud angeleitet, der eine gewisse Achtung der Jüdin vorschriebe:

> „[...] *Die Einstellung des Juden der deutschen Frau gegenüber ist völlig verschieden von der, die er seiner Rassegenossin gegenüber hat. Ihr bringt er stets Hochachtung entgegen, sie ist Hüterin des Hauses, ihr müssen Sorge und Unruhe fern gehalten werden. [...] Aber dieses Hochhalten des jüdischen Mädchens und der eigenen Frau hindert ihn keineswegs daran, unzählige Liebesaben-*

---

[859] Holz, Karl: „Den Rassenschändern die Todesstrafe!", in: „Stürmer"-Sondernr. 8 / Jg. 16, Jan. 1938, S. 13.
[860] Fink, Fritz: „Das größte Werk", in: „Stürmer"-Nr. 28 / Jg. 15, Juli 1937, S. 2.

teuer außerhalb der Ehe einzugehen. Wenn die Frau nur nichts davon erfährt, nicht dadurch benachteiligt wird, beschwert dieses Doppelleben sein ohnehin nicht empfindliches Gewissen keineswegs. Dazu kommt, daß er das jüdische Mädchen oder gar seine eigene Frau nie dazu bekommen wird, auf seine Erotik einzugehen. Das arische Mädchen aber – das ihm durch die Not der Zeit in die Arme getrieben wurde – wird er schamlos für seine Gelüste ausnutzen, ohne auch nur einen Augenblick daran zu denken, daß er einen innerlich zerbrochenen Menschen hinterläßt. [...]"[861].

Diese Widersprüchlichkeit in Bezug auf die gesellschaftliche und soziale Position der jüdischen Frau offenbarte die jeweilige Ausrichtung der „Stürmer"-Propaganda: Thematisierte der erste Artikel die Geschlechterebene, wonach Frauen (jüdisch wie nichtjüdisch) von jüdischen Männern generell herabgewürdigt würden, stellte der zweite Artikel auf rassischer Argumentationsebene die (angebliche) Abwertung der deutschen Frau gegenüber der „Hochachtung" der Jüdin heraus, da nur sie dem Juden „vollblütige" Kinder gebären und damit der jüdischen „Rasse" die Existenz sichern könne[862]. Hier sollte offenbar an das Ehrempfinden deutscher Leserinnen appelliert werden, sich nicht herabwürdigen zu lassen. An anderer Stelle verwies Streicher explizit auf das „Buch Esra", nach welchen das Alte Testament „Mischehen" zu nichtjüdischen Frauen verbot und nur Ehen zwischen jüdischen Männern und jüdischen Frauen vorsah, um die Reinerhaltung ihrer „Rasse" zu sichern.[863] Für deutsche Leserinnen sollte sich aus solchen Artikeln möglichst die Erkenntnis ergeben, dass sie ihrer „Rasse" und ihres Geschlechtes wegen vom Juden verachtet würden; die sexuelle Triebhaftigkeit des jüdischen Mannes liefe demnach mit seiner grundsätzlichen Frauenfeindlichkeit zusammen; seine Verachtung der Frau würde der Jude damit vor allem an Nichtjüdinnen ausleben. Hier sprach „Der Stürmer" immer auch gezielt Frauen als

---

[861] O.V.: „Der Jude und die deutsche Frau", in: „Stürmer"-Nr. 20 / Jg. 11, Mai 1933, S. 3.
[862] Vgl. ebd.
[863] Vgl. Streicher, Julius: „Esra", in: „Stürmer"-Nr. 38 / Jg. 13, Sept. 1935, S. 1f.

Mütter an, wenn er schrieb, dass der Talmud es jüdischen Männern gar erlaube, nichtjüdische Mädchen rechtmäßig zu „schänden".[864]

Zugleich wollte „Der Stürmer" den Leserinnen die (angebliche) „Illusion" nehmen, sie könnten an der Seite eines jüdischen Mannes glücklich werden, da Juden Nichtjüdinnen niemals aus aufrichtiger Liebe ehelichten.[865] Alles, was auf eine liebevolle Beziehung zwischen Jude und Nichtjüdin hindeute, sei laut „Stürmer" nur Mittel der Verführung, um die Deutsche „rassisch verseuchen" zu können. Um auf diese Weise den „Rassenkampf" gegen die Deutschen auszutragen, setzte der Jude laut „Stürmer" verschiedene Mittel der Verführung ein; so würde er z.B. mit Geld und finanziellen Vorzügen locken oder aber deutsche Frauen und Mädchen mithilfe von Alkohol gefügig machen. In diesem Kontext wurde explizit vor jüdischen Händlern und Geschäftsmännern gewarnt, die das Abhängigkeitsverhältnis ihrer weiblichen Bediensteten ausnutzten, um sich diesen „unsittlich" zu nähern.[866] Ähnlich agierten laut „Stürmer" jüdische Ärzte, die ihres Berufes wegen die körperliche Nähe, aber auch das Vertrauen ihrer Patientinnen ausnutzten, um sie zu schänden[867]: Jüdische Ärzte würden nicht nur vergewaltigen, sie würden – auch gegen den Willen der nichtjüdischen Patientinnen – illegale Schwangerschaftsabbrüche durchführen, um gesunden, deutschen Nachwuchs zu vernichten oder aber deutsche Frauen zur Unfruchtbarkeit verstümmeln.[868] Auch würden jüdische Ärzte sich nur gegen die Zwangssterilisationen von „Erbkranken" aussprechen, um die Degeneration des „deutschen Volkes" voranzutreiben.[869] Die Negativfigur des „Arztes" war dem „Stürmer" propagan-

---

[864] Vgl. u.a. o.V.: „Jud Eskenazi. Der Kinderschänder von Wien", in: „Stürmer"-Nr. 41 / Jg. 11, Okt. 1933, S. 1f.

[865] Vgl. o.V.: „Jüdischer Rassenstolz", in: „Stürmer"-Nr. 26 / Jg. 16, Juni 1938, S. 2.

[866] Vgl. u.a. o.V.: „Stellenangebote für junge Mädchen. Eine neue jüdische Methode zum Zwecke der Rassenschändung", in: „Stürmer"-Nr. 5 / Jg. 13, Jan. 1935, S. 6.

[867] Vgl. u.a. Titelkarikatur „Vom Juden verseucht" / in: „Stürmer"-Nr. 49 / Jg. 8, Dez. 1930, S. 1 sowie vgl. o.V.: „Der zärtliche Judenzahnarzt", in: „Stürmer"-Nr. 10 / Jg. 13, März 1935, S. 6.

[868] Vgl. u.a. o.V.: „Judenarzt als Volksverderber", in: „Stürmer"-Nr. 14 / Jg. 16, Apr. 1938, S. 3.

[869] Vgl. o.V.: „Rassenhygienische Briefe", in: „Stürmer"-Nr. 4 / Jg. 11, Jan. 1933, S. 5 f.

distisch besonders von Nutzen, da sie unter diskursiver Verschränkung ermöglichte, Juden auf zweifacher Ebene zu diffamieren: Zum einen als „rassisch" bedingt „Anderen", den die Frau in ihrem Umfeld zu meiden hätte; zum anderen als Gefahr, die die wirtschaftliche Segregation jüdischer Ärzte begünstigen sollte. An die weibliche Leserschaft richtete „Der Stürmer" so explizit den Appell, sich der Absichten jüdischer Annäherungen bewusst zu werden und sich gegen die sexuellen Avancen des jüdischen Mannes entschieden zu wehren; insbesondere im Falle der Absenz des deutschen Mannes verlangte die Redaktion explizit ein aktives, antisemitisches Handeln von der deutschen Frau.[870]

Überdies wurden die Leserinnen immer auch als Mutter in die Verantwortung genommen, ihre Kinder antisemitisch „aufzuklären", sodass diese „den Juden schon rein gefühlsmäßig und instinktiv"[871]. Hier spielte die Redaktion ganz bewusst mit den Ängsten der LeserInnen, jüdische Männer könnten sich auch an ihren Kindern vergehen; bezugnehmend auf die (angebliche) Vergewaltigung einer 14-Jährigen durch einen Juden schrieb „Der Stürmer" Mitte 1935:

„[…] *Deutsche Mutter! Hast Du schon darüber nachgedacht, in welchen Gefahren Dein Kind schwebt? Immer noch weilen Hunderttausende von Juden in unserem Staate. Immer noch umschleichen Hunderttausende von notorischen Rassenschändern Dich und Deine Familie! Immer noch besteht die Gefahr, daß auch Dein Kind eines Tages nach Hause zurückkehrt, geschändet an Leib und Seele! Und du, deutsche Mutter, Du stehst immer noch abseits des großen Weltgeschehens? Du siehst immer noch in der Judenfrage eine Bedeutungslosigkeit? Deutsche Mutter! Wenn Du jetzt noch nicht die Judenfrage er-*

---

[870] Vgl. u.a. Karikatur „Straßengeflüster", in: „Stürmer"-Nr. 5 / Jg. 11, Febr. 1933, S. 6.
[871] Hiemer, Ernst: „Gefühl ist alles", in: „Stürmer"-Nr. 37 / Jg. 13, Sept. 1935, S. 8.

kennst, dann versündigst Du Dich [...] an Deiner Familie, an Deinen Kindern, an Deinem Volke!"[872]

Zweifelsohne waren solche Artikel über jüdische Kinderschänder oder über Juden, die deutsche Jugendliche gezielt zu „unsittlichem Verhalten" verführten[873], nicht nur an Mütter adressiert, dennoch schlossen sich gerade in Bezug auf diese Zielgruppe Handlungsanweisungen an, da die Betreuung und die Erziehung der Kinder laut „Stürmer" vor allem in ihren Verantwortungsbereich fielen. Spätestens ab 1938 waren solche Artikel über von Juden verübte Gewaltverbrechen[874] an deutschen Kindern i.d.R. mit Fotografien der jungen Opfer bebildert; die Platzierung ebendieser Aufnahmen inmitten von Artikeln über kriminelle Juden suggerierte den LeserInnen auf einer weiteren Ebene, dass die Gefahr für deutsche Kinder allgegenwärtig sei.

Berichterstattung im Rahmen der „Nürnberger Gesetze"

Noch bevor die „Nürnberger Gesetze" ab September 1935 „Rassenschande" unter Strafe stellten, hatte „Der Stürmer" jahrelang eine konsequente Bestrafung für „Rassenschänder" gefordert[875], was mit großer Wahrscheinlichkeit u.a. durch die Nähe der Redaktion (zumindest aber die Streichers) zur Theorie der Imprägnation bedingt wurde. Den Erlass der „Nürnberger Gesetze" begrüßte „Der Stürmer" dement-

---

[872] H.: „Manfred Gottschalk", in: „Stürmer"-Nr. 33 / Jg. 13, Aug. 1935, S. 2.

[873] Vgl. u.a. Karikatur „Der ‚gute' Onkel", in: „Stürmer"-Nr. 5 / Jg. 13, Jan. 1935, S. 3. sowie vgl. o.V.: „Der Apachenkeller. Wie der Jude die deutsche Jugend verdarb", in: „Stürmer"-Nr. 50 / Jg. 11, Dez. 1933, S. 3.
1931 brachte die Zeitung die Kastration von (pädophilen) Sexualverbrechern in den antisemitischen Diskurs ein (vgl. u.a. o.V.: „Schützt unsere Kinder vor den Sexualverbrechern", in: „Stürmer"-Nr. 2 / Jg. 10, Jan. 1932, S. 7).

[874] Vgl. o.V.: „Der Schnitt durch den Hals", in: „Stürmer"-Nr. 7 / Jg. 11, Febr. 1933, S. 4.

[875] Vgl. u.a. L.: „Rassenschande soll mit Zuchthaus bestraft werden", in: „Stürmer"-Nr. 37 / Jg. 11, Sept. 1933, S. 5.

sprechend. Bezeichnenderweise druckte die Redaktion unmittelbar nach Gesetzeserlass in einer ihrer September-Ausgaben das „Blutschutzgesetz" auf der Titelseite und in voller Länge ab[876], während das „Reichsbürgergesetz" in deutlich geringerem Umfang erläutert wurde. Dies verdeutlichte nicht nur den Fokus auf sexualantisemitischer Propaganda; auch stellte der Erlass des „Reichsbürgergesetzes" eine Zäsur für die Ausrichtung der „Stürmer"-Propaganda dar, widersprach es doch der Theorie der Imprägnation.

Tatsächlich publizierte „Der Stürmer" mit Gesetzeserlass ab 1935 weniger Artikel, die von einer „Verseuchung" deutscher Frauen und Mädchen berichteten, wenngleich die Vehemenz, mit der „Der Stürmer" gegen jüdische „Rassenschänder" zur Verhütung „mischrassiger" Verbindungen anschrieb, bestehen blieb. In den folgenden Jahren stellte die Zeitung mehrfach die Wirksamkeit des so genannten „Blutschutzgesetzes" infrage, da immer noch „Rassenschande"-Delikte erfasst würden und das Volk 1938 eine Aufklärung über die „Rassenfrage" immer noch „bitter nötig"[877] habe. Entsprechend druckte die Zeitung im Herbst 1936 nochmals ausführliche und durch Schaubilder ergänzte Erläuterungen zu den „Nürnberger Gesetzen" und den zulässigen Eheschließungen.[878] Auch sah die Zeitung die Gesetze von zahlreichen Juden missachtet: „[...] Fast täglich laufen neue Meldungen ein, denen zu Folge jüdische Rassenschänder auf frischer Tat ertappt werden konnten. Solange Juden bei uns wohnen, wird die Rassenschande kein Ende finden."[879]. Infolgedessen brachte „Der Stürmer" härtere Strafen für ebendiese ins Spiel, indem er in den späten 1930er

---

[876] Vgl. „Stürmer"-Nr. 38 / Jg. 13, Sept. 1935, S. 1.

[877] O.V.: „Der Sinn der Nürnberger Gesetze", in: „Stürmer"-Sondernr. 8 / Jg. 16, Jan. 1938, S. 13.

[878] Vgl. Dr. Krueger: „Die Nürnberger Gesetze", in: „Stürmer"-Nr. 42 / Jg. 14, Okt. 1936, S. 4.

[879] O.V.: „Rassenschande will kein Ende nehmen", in: „Stürmer"-Nr. 18 / Jg. 16, Mai 1938, S. 4.

Jahren Todesstrafe, Sicherungsverwahrung oder „Entmannung" für jüdische „Rassenschänder" forderte.[880]

Die Radikalisierung der NS-Politik in Bezug auf die „Judenfrage" ließ sich damit erneut auch am „Stürmer" nachvollziehen. Dennoch waren Meldungen über aktuelle Fälle von „Rassenschande" in Deutschland ab Ende der 1930er immer seltener zu finden, stattdessen griff die Redaktion auf frühere Fälle oder Delikte im Ausland zurück, um weiterhin das Bestehen einer Gefahr für deutsche Mädchen und Frauen propagieren zu können.

Bedingt durch seinen Fokus auf sexualantisemitischer Propaganda, galt es dem „Stürmer", den jüdischen Mann vor allem in seiner Sexualität als für die deutschen Frauen und Mädchen gefährlich zu vermitteln, dazu musste dieser in erster Linie als heterosexuell, sadistisch und triebhaft, bisweilen pädophil agierend, gezeichnet werden. Überdies wurde dem jüdischen Mann zusätzlich eine (im Vergleich zu der des Deutschen) deviante Sexualität zugeschrieben, indem „Der Stürmer" – wenn auch seltener – öffentlich jüdische Männer wegen (angeblicher) homosexueller Aktivitäten diffamierte oder ihnen eine Vorliebe für Sodomie unterstellte.[881]

An das so entworfene Bild eines im Rahmen des Geschlechterdiskurses der 1930er als „anormal" zu rezipierenden Sexualverhaltens jüdischer Männer schloss an, dass den jüdischen Männern auf Bild- als auch auf Textebene jene Tugenden und Eigenschaften, über die die deutschen Männer definiert wurden, wie Tapferkeit oder die Freude am körperlichen Schaffen, abgesprochen wurden und bisweilen an das tradierte Stereotyp des „effeminierten Juden" (vgl. Kap. 2.2.2) anknüpft wurde. In diesem Sinne griff „Der Stürmer" etwa regelmäßig

---

[880] Vgl. u.a. E.H.: „Rassenschänder gehören in Sicherungsverwahrung", in: „Stürmer"-Nr. 35 / Jg. 15, Aug. 1937, S. 3. sowie vgl. H.: „Entmannung für Rassenschänder!", in: „Stürmer"-Nr. 24 / Jg. 16, Juni 1938, S. 6
Eine im Januar 1938 publizierte Sondernummer trug den Titel „Todesstrafe für Rassenschänder".
[881] Vgl. u.a. H.: „Jüdische Knabenverderber", in: „Stürmer"-Nr. 13 / Jg. 14, März 1936, S. 1 ff. sowie vgl. o.V.: „Was tat der Jud im Schweinestall?", in: „Stürmer"-Nr. 25 / Jg. 13, Juni 1935, S. 5.

die „Dolchstoßlegende" auf[882]: Dem „deutschen Soldaten" stand damit der „feige Jude" gegenüber, der internationale Konflikte zwar initiiere, an diesen aber nie aktiv teilnehme. Dass jüdische Männer sich vielmehr im (imaginierten) „Rassenkampf" (insbesondere sexuell) an deutschen Frauen und Kindern vergehen würden, statt die kämpferische Auseinandersetzung von Mann zu Mann zu suchen, wog unter dem Eindruck der im Hegemonialkonzept gültigen Kodizes von „Männlichkeit" umso schwerer.[883]

Ansprache durch geschlechterspezifische Parolen

Typografisch hervorgehobene, sich wiederholende Parolen waren ein Kennzeichen des „Stürmer". Meist waren diese Parolen in Form eines Imperativs gehalten und geschlechterübergreifend konzipiert (z.B. „Geht nicht zu jüdischen Ärzten und Rechtsanwälten" oder „Wer beim Juden kauft ist ein Volksverräter"). Der Fokus auf sexualantisemitischer Propaganda bedingte, dass Frauen und Mädchen hier gesondert angesprochen wurden: Die Parole „Frauen und Mädchen, die Juden sind Euer Verderben!"[884] erschien – in fettgedruckten Lettern – meist am Ende der dritten Seite einer Ausgabe. Aus geschlechterreflektierender Perspektive ist zu konstatieren, dass „Der Stürmer" offenbar nur in Bezug auf die weibliche Zielgruppe eine gesonderte, über Parolen äußerst explizite, antisemitische Ansprache für notwendig erachtete, um antisemitisch zu mobilisieren – eine vergleichbare, ausschließlich an Männer und Jungen adressierte Parole judenfeindlichen Inhaltes, die derart häufig verwendet wurde, gab es nicht.

---

[882] Vgl. u.a. Titelkarikatur „Blutschuld", in: „Stürmer"-Nr. 47 / Jg. 11, Nov. 1933, S. 1.
[883] Vgl. Werner 2013, S. 54.
[884] Vereinzelt erschien die Parole mit anderer Zeichensetzung oder mit dem Zusatz „deutsche". Die Parole erschien unregelmäßig: Ab Mitte 1933 war die Parole beispielsweise zeitweise gänzlich verschwunden, während sie etwa im Jahr 1935 in nahezu jeder Wochenausgabe zu finden war.

Verbindung von Antisemitismus und der Legitimierung männlicher Hegemonie

In summa verlangte der Fokus auf sexualantisemitischer Propaganda insbesondere den Entwurf der Negativfigur des „jüdischen Rassenschänders", um Frauen (und Mädchen) antisemitisch adressieren zu können. Gleichzeitig offenbarte sich in der derart gestalteten Propaganda der Anspruch der deutschen Männer (damit auch der Redaktionsmitglieder) auf Restitution und Partizipation an der hegemonialen, männlichen Macht: Die Figur des „jüdischen Rassenschänders" marginalisierte Juden nicht nur aufgrund ihrer „Rasse", zugleich bediente „Der Stürmer" die Vorstellung, dass der Jude wegen seines deviant gezeichneten Sexualverhaltens „nicht normal" wäre – dem jüdischen Mann war damit in vielerlei Hinsicht der Zugang zur hegemonialen Dominanz verwehrt. Zu dieser Dominanz gehörte im Duktus des „Stürmer" immer auch die Macht bzw. das Privileg des deutschen Mannes, sexuell über die deutsche Frau verfügen zu können. Daran schloss an, dass die Titelkarikaturen und -zeichnungen des „Stürmer" sehr häufig körperlich entblößte Frauen zeigten, was die Zuschreibung des „sexuellen Objektes" an die Frau festschrieb und den Bedürfnissen des heterosexuellen, männlichen Lesers zu entsprechen schien. Und genau hier liegt auch die Funktion des Gebrauchs antisemitischer Sexualbilder: Durch die Verschränkung von Antisemitismus- und Sexualitätsdiskurs sollten die Leserinnen die Juden mithilfe der Propaganda von vornherein als Sexualpartner ablehnen. Eine derart konzipierte Propaganda vermochte zum einen durchaus deutsche Männer anzusprechen, die die patriarchale Macht für sich beanspruchten; hier appellierte „Der Stürmer" bewusst an deren Sexualneid: Demnach wären deutsche Frauen und Mädchen (gemäß der Theorie der Imprägnation) nach geschlechtlichem Verkehr mit Juden „verseucht", damit für die „Volksgemeinschaft" wertlos und deutschen Männern als (Geschlechts-)Partnerinnen verloren. Zugleich stellten „artvergessene" Frauen die Dominanz des deutschen Mannes infrage, wenn sie ihm einen jüdischen (Sexual-)Partner vorzögen. „Der Stürmer" appellierte auf diese Weise gezielt an die hegemonialen Dominanz- und Besitzansprüche deutscher Männer und stützte diese, indem die Zeitung etwa von Beginn an ein konsequentes Vorgehen gegen jüdische „Rassenschänder" forderte. Bezeichnend ist hier die Forderung nach „Entmannung": Die Strafen sollten sich explizit gegen die Männlichkeit bzw. gegen die sexuelle Potenz des Juden richten.

Überdies ließ sich die Vorstellung einer von dem Einfluss des Juden zu befreienden, damit zu restituierenden Hegemonie auch für die weibliche Zielgruppe instrumentalisieren[885], stellte man ihnen doch eine Befreiung von der permanent drohenden Gefahr jüdischer Übergriffe in Aussicht. Diese Befreiung aber bedurfte – laut „Stürmer" – neben der antisemitischen „Aufgeklärtheit" deutscher Frauen und Mädchen besonders des aktiven Handelns des deutschen Mannes. So sollte sich der Deutsche in seiner dominanten Männlichkeit durch Aktion behaupten, während die propagierte weibliche Schutzbedürftigkeit integrativ auf die weibliche Zielgruppe gewirkt haben könnte, indem „Der Stürmer" vorgab, die Frauen mithilfe deutscher Manneskraft schützen zu wollen. Tatsächlich wurden Frauenfiguren in den Ausgaben der 1930er Jahre auf Bildebene vor allem als Opfer von Übergriffen jüdischer Männer und in einem sexuellen Kontext dargestellt. Waren in den 1930er-Ausgaben zunächst noch vereinzelt Titelkarikaturen veröffentlicht worden, die eigenständig und aktiv gegen Juden handelnde Frauen zeigten, nahm ab etwa 1933 die Zahl derer Abbildungen zu, die eine Dreierkonstellation aus deutschem Paar und jüdischem Mann zeigten; auf ihnen war es i.d.R. der Deutsche, der die Frau durch aktives Eingreifen vor einem (sexuellen) Übergriff durch den Juden schützte. War der jüdische Mann in der „Stürmer"-Propaganda also äußerst präsent, fanden sich deutlich seltener Darstellungen der jüdischen Frau.

---

[885] Vgl. Ruault 2009, S. 97.

Die Darstellung der jüdischen Frau

Die Sexualfigur der „aufreizenden Jüdin"

Laut „Stürmer" ginge die Selbstbestimmung der Frau immer mit einem sittlichen Verfall einher, dieser Verfall ließe sich vor allem bei der jüdischen Frau erkennen, da bei den Juden die Differenz der Geschlechter, damit die männliche Führung fehle. Die „sexuell aufreizende Jüdin" setze ihren Körper und ihre (vermeintliche äußere) Schönheit bewusst ein, um nichtjüdische Männer zu verführen, um sich an deren Besitz finanziell zu bereichern und um vor allem aber immer deren Moral zu erschüttern[886], um so wiederum dem deutschen Volk zu schaden:

> „[...] *Neben ihnen* [neben „jüdischen Rassenschändern", Anm. L.B.] *sind aber auch jüdische Weiber am Werke das ihre zu tun am Verderb des deutschen Mannes. Immer noch laufen in Deutschland Judendirnen herum.* [...] *Sie wollen die männliche deutsche Jugend entnerven und ihrer Volksgemeinschaft entreißen.* [...] *Die Gefahr, welche die jüdischen Dirnen für den deutschen Mann bedeuten, ist viel größer, als dies allgemein angenommen wird. Polizeiliche Feststellungen haben ergeben, daß die Jüdinnen häufig mit üblen Krankheiten behaftet sind.* [...] *Jüdische Dirnen bedeuten aber auch nach einer anderen Richtung hin eine große Gefahr für den deutschen Mann. Die Nürnberger Gesetze bestrafen jeden Deutschen, der sich mit Jüdinnen einläßt, mit Gefängnis und Zuchthaus.* [...] *Die Jüdin aber geht straffrei aus!* [...] *Die Jüdin weiß ganz genau, dass*

---

[886] Vgl. o.V.: „Das Rezept Esther", in: „Stürmer"-Nr. 7 / Jg. 15, Febr. 1937, S. 8. sowie vgl. Brand, Fritz: „Zwei jüdische Lehrerinnen verloben sich mit zwei Gojims um sie zum Verbrechen zu verleiten!", in: „Stürmer"-Nr. 27 / Jg. 13, Juli 1935, S. 7.

der deutsche Mann gegen das Gesetz verstoßen hat. Nun hat sie ihn in der Hand! [...]"[887].

Da die Jüdin damit die „Ehre" des deutschen Mannes, darüber das Volk bedrohe, forderte Streichers Zeitung explizit, dass jüdische Frauen in „Rassenschande"-Prozessen ebenfalls verurteilt werden sollten.[888] Insgesamt schrieb „Der Stürmer" den Jüdinnen aber deutlich seltener eine sexuelle Triebhaftigkeit zu und bediente damit das in der Tradition der „schönen Jüdin" stehende Stereotyp nur am Rande. Das begründete sich unter anderem darin, dass „Der Stürmer" mehrfach propagierte, dass jüdische Frauen gemäß jüdischer „Rassengesetze" nicht mit nichtjüdischen Männern verkehrten, um innerhalb jüdischer Ehen ausschließlich „reinblütige" Kinder zu gebären.[889] Des Weiteren war die geringe Präsenz der „sexuell attraktiven Jüdin" offenbar im hegemonialen Denken der Redaktion begründet: Dem Unterbinden von Sexualkontakten zwischen deutschen Männern und jüdischen Frauen, die nach der Rassenideologie ebenfalls keine „hochwertigen" Nachkommen hervorbrächten, versah „Der Stürmer" mit keinerlei Relevanz. Dies wiederum rekurrierte (zumindest in den frühen 1930er Jahren) auf die Theorie der Imprägnation, wonach der sexuelle Kontakt mit Jüdinnen keinen gravierenden Einfluss auf den Fortbestand der „deutschen Blutgemeinschaft" hätte, der Deutsche daneben immer auch „hochwertigen" Nachwuchs mit deutschen Frauen zeugen könnte. Damit blieb das Sexualverhalten des deutschen Mannes durch den „Stürmer" weitestgehend uneingeschränkt. Stattdessen intendierte „Der Stürmer", diese zu stützen, indem er Einfluss auf das Sexualverhalten deutscher Frauen auszuüben und dem Deutschen die Verfügungsgewalt über deutsche Frauen gegenüber jüdischen Männern zu sichern versuchte.

Dennoch wurden Jüdinnen i.d.R. unattraktiv gezeichnet, „Der Stürmer" versuchte vielmehr das tradierte Stereotyp der „schönen Jüdin" umzukehren: Das Attribut „schön" wurde im Zusammenhang mit

---

[887] O.V.: „Judendirnen", in: „Stürmer"-Nr. 22 / Jg. 15, Mai 1937, S. 8.
[888] Tedje aus Hamborg: „Brief aus Hamburg", in: „Stürmer"-Nr. 4 / Jg. 17, Jan. 1939, S. 9.
[889] Vgl. o.V.: „Die Rassengesetze der Juden", in: „Stürmer"-Sondernr. 8 / Jg. 16, Jan. 1938. S. 2f.

Jüdinnen konsequent in Anführungszeichen gesetzt, um die Beschreibung in einen ironischen Kontext zu setzen. Jüdische Frauen besäßen keine natürliche Schönheit, sie versuchten eine äußere Schönheit vielmehr durch Kosmetika u.ä. künstlich herbeizuführen: „[...] Es gibt auch nichtjüdische Frauen, die sich durch Beschmieren der Lippen, durch abrasierte und aufgezeichnete Augenbrauen und durch eine Mehlschicht auf den Wangen dem Typ der ‚schönen' jüdischen Frau anzugleichen suchen."[890]

Das exzessive Schminken diente der Jüdin laut „Stürmer" auch als Mittel zum Verstecken ihrer „rassischen" Merkmale und damit zur äußeren Assimilation[891]. Diesem Ansinnen setzte die Zeitung Artikel entgegen, die z.B. von einem typischen „Judengeruch"[892] zu berichten wussten, auch reproduzierte die Redaktion etwa über Fotoseiten die Vorstellung der Existenz jüdischer, nicht veränderbarer Körpermerkmale, die in ihrer Gesamtheit als „hässlich" zu rezipieren waren.[893]

Neben der „Natürlichkeit" bzw. der „natürlichen Schönheit" wurden den Jüdinnen im „Stürmer" weitere Eigenschaften und Merkmale abgesprochen, die im Geschlechterdiskurs als elementare Bestandteile der idealen, „deutschen Weiblichkeit" propagiert wurden.

Die „unweibliche Jüdin"

Anders als die Deutsche, sei die Jüdin nicht in der Lage, weibliche Tugenden zu erfüllen; im „Stürmer" wurde sie als faul, egoistisch, asozial, kriminell und geizig beschrieben.[894] Zugleich vernachlässigten

---

[890] Fotografie „So sieht sie aus!", in: „Stürmer"-Nr. 17 / Jg. 14, April 1936, S. 3.

[891] Vgl. u.a. Karikatur „Die Jüdin", in: „Stürmer"-Nr. 15 / Apr. 1934, S. 2.

[892] Vgl. Rock, Christa-Maria: „Der Judengeruch", in: „Stürmer"-Nr. 15 / Jg. 13, Apr. 1935, S. 4.

[893] Vgl. u.a. Fotoseite „Wiener Jüdinnen", in: „Stürmer"-Nr. 38 / Jg. 16, Sept. 1938, S. 5.

[894] Vgl. u.a. o.V.: „Rosa Rosenbaum. Eine Talmudjüdin ersten Ranges", in: „Stürmer"-Nr. 13 / Jg. 13, März 1935, S. 3. sowie vgl. o.V.: „Der Handschuhkauf. Wie die

jüdische Frauen die in weiblich codierten Handlungsräumen anfallenden Aufgaben:

> „[…] *Kindererziehung macht Arbeit. Da gehört viel Geduld und viel Zeit dazu. Juden arbeiten nicht gerne. Jüdinnen putzen nicht, nähen nicht, spülen, kochen und waschen nicht. Das besorgen ihnen deutsche Dienstmädchen. Mit der Aufzucht ihrer Kinder […] geben sie sich auch nicht ab. […]*"[895].

Die Unfähigkeit zur mütterlichen Fürsorge, das Versagen jüdischer Frauen als Mütter brächte es mit sich, dass familiär-soziale Strukturen zwischen Juden nicht existierten; vielmehr sei das Zusammenleben innerhalb der jüdischen „Mischpoke" durch Egoismus, Betrug, Untreue und sogar Inzest gekennzeichnet.[896] Aufgrund der Absenz von „Mütterlichkeit" waren jüdische Kinder laut dem „Stürmer" unerzogen, physisch krank und verwahrlost, vor allem aber gefährlich[897]: Berichte deutscher Hausmädchen sollten bestätigen, wie verkommen jüdische Kinder seien und dass jüdische Eltern ihre Kinder zum Hass auf Nichtjuden erzögen.[898] So wurden der Jüdin die Fähigkeit und der Willen zur „Weiblichkeit", wie sie die Deutsche verkörperte, abgesprochen – was wiederum einer Aufwertung der deutschen Leserinnen gleichkam.

Auch der den Jüdinnen fehlende Sinn für Sauberkeit und Hygiene war ein häufig propagiertes Motiv im „Stürmer".[899] Die (angebliche)

Jüdin Manes zu billigen Handschuhen kommen wollte", in: „Stürmer"-Nr. 39 / Jg. 11, Sept. 1933, S. 3.

[895] Vgl. o.V.: „Das Judeninserat im Kurier", in: „Stürmer"-Nr. 7 / Jg. 12, Febr. 1934, S. 4.

[896] Vgl. u.a. o.V.: „Jüdischer Vatermörder", in: „Stürmer"-Nr. 42 / Jg. 8, Okt. 1930, S.1. sowie vgl. Brand, Fritz: „Geschäft bleibt Geschäft", in: „Stürmer"-Nr. 15 / Jg. 13, Apr. 1935, S. 8.

[897] Vgl. u.a. Fotoseite „Verbrechergeneration", in: „Stürmer"-Nr. 41 / Jg. 16, Okt. 1938, S. 5.

[898] Vgl. u.a. o.V.: „So erziehen Juden ihre Kinder", in: „Stürmer"-Nr. 12 / Jg. 11, März 1933, S. 6.

[899] Vgl. u.a. Dr. Cz.: „Die Wohnung der Jüdin Friedberg", in: „Stürmer"-Nr. 49 / Jg. 16, Dez. 1938, S. 4.

„Aufhebung der Sexualdifferenz"[900] bei Juden mündete demnach darin, dass Jüdinnen auch in ihrer Physis keinerlei Weiblichkeit verkörperten. Durch die Absenz weiblicher Geschlechtsmerkmale verloren jüdische Frauen in den „Stürmer"-Karikaturen damit die phänotypisch markierte Differenz zum Mann:

Abb. 7: Titelkarikatur „In Erwartung des neuen Dienstmädchens"
[Ausschnitt], in: „Stürmer"-Nr. 7, Febr. 1934.[901]

Über eine „Halbjüdin" schrieb das Blatt an anderer Stelle:

„[…] M. Strauß ist schwer zu beschreiben. Man weiß nicht, hat man einen Mann vor sich oder ein Weib. Auf dem Volksfest sieht man solche Geschöpfe manchmal in Buden ausgestellt. Das Volk heißt sie Zwitter. An so einen Zwitter erinnert M. Strauß. Sie trägt Röcke. Ihre Kostüme sind alle aus Herrenstoffen gemacht. Man

---

[900] Braun, Christina von: Gender, Geschlecht und Geschichte. In: Braun, Christina von; Stephan, Inge (Hrsg.): Gender Studien. Eine Einführung. Stuttgart, Weimar 2000. S. 41.
[901] Bildunterschrift: „Sie freut sich schon auf's Malträtieren / Ihr Großer sich auf das verführen / Der Alte sich auf's Ruinieren / Der kleine Kohn auf's Schikanieren".

*sieht sie nur mit Kragenbluse und Krawatte. Sie hat eine Stimme
wie ein Mann und raucht wie ein Schlot. [...]*"[902].

In summa wurden auch Jüdinnen als Angehörige der „minderwertigen Rasse" im „Stürmer" diffamiert, wenn auch die Negativfigur der
Jüdin mit einer deutlich geringeren Frequentierung hinter der des jüdischen Mannes zurücktrat. An der Jüdin skizzierte die Zeitung Frauenbilder, die – qua „Rasse" – aus der idealisierten „Weiblichkeit" exkludiert waren. Jüdische Frauen wurden in der Zeitung, um diesen Ausschluss auch sprachlich zu transportieren, durchweg als „Judenwei-
ber", „Frauenzimmer" oder „Judenschickse" bezeichnet.

Zusammenfassung: Die antisemitische Ansprache von Frauen und Mädchen durch den „Stürmer"

Resümierend ist zu konstatieren, dass „Der Stürmer" Frauen (weniger: Mädchen) als Zielgruppe seiner (primär sexual-)antisemitischen
Propaganda wahrnahm. Da die Redaktion in der Thematisierung der so
genannten „Judenfrage" ihr Anliegen sah, war der Antisemitismus und
mit ihm das Feindbild des Juden in der Wochenzeitung äußerst präsent.
Im Rahmen seiner Propaganda rief „Der Stürmer" eine Vielzahl tradierter Stereotype und Feindbilder ab, konnte bisweilen also an bereits
vorhandene Ressentiments der Leserschaft anknüpfen und auf die
Entwicklungen der 1930er Jahre anwenden. Darüber hinaus bediente
„Der Stürmer" gezielt eine visuelle, z.T. ebenfalls tradierte Stereotypi-
sierung, indem er das Bild des Juden über den Einsatz antisemitischer
Bildpropaganda (in Form von Fotografien und Karikaturen) im kollek-
tiven Bewusstsein zu verankern suchte.
Der Fokus auf sexualantisemitischer Propaganda sowie die Äußerungen männlichen Hegemonialdenkens bedingten, dass Frauen (weni-

---

[902] O.V.: „Das Hakenkreuz an falscher Brust", in: „Stürmer"-Nr. 22 / Jg. 11, Juni
1933, S. 5.

269

ger: Mädchen) explizit judenfeindlich angesprochen wurden unter der Prämisse, sie vor allem in ihrem Sexualverhalten beeinflussen zu können. Dies rekurrierte wiederum auf das im Geschlechterdiskurs entworfene Bild von Weiblichkeit, über welches „Der Stürmer" die „Mutterfähigkeit" der deutschen Frauen und Mädchen als größte Verantwortung herausstellte, Frauen dementsprechend weitestgehend auch nur als (künftige) „Mütter" wahrnahm.

Die antisemitische Mobilisierung der weiblichen Leserschaft sollte dadurch gelingen, dass die Redaktion Frauen und auch Mädchen als Teil der „Volksgemeinschaft" wahrnahm und ihnen in Wort und Bild eine Präsenz zuteilwerden ließ. Diese Präsenz vermittelte im Kontext des Fokus der Zeitung auf Antisemitismus, dass Frauen und Mädchen unmittelbar in dem „Rassenkampf" zwischen Deutschen und Juden involviert und im Rahmen dieses bedroht wären, die (angebliche) jüdische Gefahr wurde für sie auf diese Weise als akut und unmittelbar vermittelt. Die Angst vor der jüdischen Gefahr wurde zudem bewusst geschürt, indem „Der Stürmer" u.a. gezielt einzelne Personen diffamierte und antisemitische Sexualfiguren, allen voran die Negativfigur des jüdischen „Rassenschänders" bediente, um das Feindbild des Juden konkret und für die weibliche Leserschaft in den weiblich codierten Handlungsräumen Mutterschaft, Erziehung und Haushalt relevant werden zu lassen.

So war es der Redaktion nicht nur möglich, sich als Beschützer der deutschen Frauen und Mädchen vor jüdischen Übergriffen zu inszenieren, mithilfe der antisemitischen Propaganda also immer auch die Hegemonie des deutschen Mannes zu stützen; überdies gerierte sie sich als „volksnah", indem sie die Zeitung in ihrer dialogischen Struktur[903] und ihrer sprachlichen Gestaltung als „Blatt des Volkes"[904] so ausrichtete, dass sie einen möglichst breiten Leserkreis erfassen konnte.

---

[903] Vgl. Przyrembel 2003, S. 195. So druckte die Redaktion regelmäßig Zuschriften und (angebliche) Erfahrungsberichte von „Stürmer"-LeserInnen ab, die z.T. in der Zeitung, u.a. von Julius Streicher beantwortet wurden. Daneben fanden auch Spendenaufrufe, Stellengesuche und Kontaktanzeigen Platz im „Stürmer".

[904] „„Der ‚Stürmer' ist ein Blatt des Volkes. Seine Sprache ist einfach. Sein Satzbau klar. Sein Wort eindeutig. Sein Ton rauh. Dies muß so sein! […]" (Hiemer, Ernst: „Der Stürmer und seine Leser", in: „Stürmer"-Nr. 17 / April 1935, S. 9).

Anders als im „Stürner", war die antisemitische Berichterstattung kein dezidierter Schwerpunkt der „NS.Frauen-Warte", dennoch waren der Rassismus und der Antisemitismus als zentrale Ideologeme des NS auch in der Frauenzeitschrift präsent.

5.2.2 Die Gestaltung antisemitischer Propaganda in der „NS.Frauen-Warte"

Positionierung zur nationalsozialistischen Judenpolitik

Wie in den vorangegangenen Kapiteln anhand des Geschlechterdiskurses dargestellt, dominierte in der „NS.Frauen-Warte" die positive Bezugnahme auf „das Eigene", genauer: die Darstellung von Wirken und Pflichten deutscher Frauen. Diese Fokussierung bedingte, dass das Feindbild des Jüdischen im Vergleich zum „Stürmer" in expliziter Form deutlich seltener entworfen wurde, wenngleich der Konstruktion der „rassereinen Volksgemeinschaft" der Ausschluss „Fremdrassiger", damit auch der der Juden, stets immanent war.[905] Anders als im „Stürmer", fanden sich in der NS-Frauenzeitschrift selten Artikel oder Meldungen dezidiert judenfeindlichen Inhaltes, auch fanden die gegen Juden durchgeführten Maßnahmen in der NS-Frauenzeitschrift keine ausführliche Besprechung, was belegte, dass die Redaktion ihren Fokus nicht in tagespolitischer[906] und nicht in judenfeindlicher Berichterstattung sah. Äußerst selten machte die Zeitschrift mit Leitartikeln dezidiert antisemitischen Inhaltes auf; die nationalsozialistische Judenpolitik der 1930er Jahre wurde wenn, dann i.d.R. nur in Form kurzer

---

[905] Vgl. u.a. Gottschewsky, Lydia: „Weibliches Führertum", in: „NS.Frauen-Warte", Heft 7 / Jg. 2, 1. Okt. 1933, S. 179.
[906] Vgl. Moser 1988, S. 10.

Meldungen in der Rubrik „Politischer Rückblick" besprochen. In derselben Rubrik erfolgte auch eine Darstellung außenpolitischer Entwicklungen unter Rückgriff auf tradierte, judenfeindliche Stereotype und auf den antisemitischen Sprachgebrauch, wenn das Ausland mithilfe einer „verjudeten" Presse Hetze gegen Deutschland betreiben oder die „Judenfrage" in benachbarten Ländern wie Polen immer drängender einer Lösung bedürfen würden[907]. Wie „Der Stürmer" verknüpfte die NS-Frauenzeitschrift weitläufig immer auch das Feindbild der Juden mit der Diskreditierung des Bolschewismus'[908].

Im Vergleich zum „Stürmer" war Antisemitismus also nicht Schwerpunkt der Propaganda der „NS.Frauen-Warte", diese berichtete aber mindestens dann dezidiert judenfeindlich, wenn es die aktuelle NS-Politik und deren Maßnahmen gegen Juden (i.d.R. nachträglich) zu legitimieren galt. Infolgedessen war in einzelnen Ausgaben der „NS.Frauen-Warte" – wie im Folgenden dargestellt werden wird – eine Verdichtung antisemitischer Propaganda im Spiegel der antisemitischen Wellen der Jahre 1933, 1935 und 1938 zu erkennen: Im Zuge dieser Verdichtung erschienen Leitartikel dezidiert judenfeindlichen Inhaltes oder es erschienen innerhalb eines Heftes vergleichsweise ausführliche oder gar mehrere, antisemitische Berichte.

Weitestgehende Aussparung antisemitischer Bildpropaganda

Anders als „Der Stürmer", der vor allem in der antisemitischen Karikatur ein Mittel der Diffamierung fand, nutzte die „NS.Frauen-

---

[907] Vgl. u.a. Semmelroth, Ellen: „Politischer Rückblick", in: „NS.Frauen-Warte", Heft 7 / Jg. 2, 1. Okt. 1933, S. 192. sowie vgl. E.S.: „Politischer Rückblick", in: „NS.Frauen-Warte", Heft 21 / Jg. 2, Apr. 1934, Innenumschlag.
[908] „[...] Der Bolschewismus ist in der Tat der Weltfeind Nummer 1. Nicht um das russische Volk handelt es sich. [...] die Gewalthaber und Unterdrücker über das russische Volk sind zu 98 Prozent keine Russen, sondern Juden. [...]" (Dr. O.P.: „Die deutsche Politik im 3. Vierteljahr 1936", in: „NS.Frauen-Warte", Heft 9 / Jg. 5, Okt. 1936, Innenumschlag).

Warte", obwohl sie durchaus Züge einer Illustrierten aufwies[909], kaum antisemitische Bildpropaganda. So wurde die Exklusion des Jüdischen aus der „eigenen" Gemeinschaft nicht etwa durch das Benennen, Bebildern oder Karikieren einzelner, die Juden repräsentierenden Personen, gegen die es vorzugehen galt, manifest; die „NS.Frauen-Warte" propagierte stattdessen primär auf Textebene das Feindbild eines jüdischen bzw. „fremdrassigen Einflusses", dessen sich die Leserinnen generell, in allen Lebensbereichen zu entziehen hatten. Damit blieb das Feindbild der Juden in der NS-Frauenzeitschrift zu weiten Teilen eine diffuse Größe, der über ihren (angeblichen) „Einfluss" ein erhebliches Bedrohungspotential zugeschrieben wurde: Der jüdische „Einfluss" war damit – so wurde es der Leserschaft suggeriert – weniger an einzelne Personen gebunden, er wurde durch das Aussparen der Darstellung konkreter, von Juden verübter Straftaten o.ä. für die Leserinnen nicht erfahrbar, blieb aber gerade in dieser Form eine allgegenwärtige, unberechenbare Bedrohung.[910] Ebendiese Bedrohung durch „volks"- bzw. „artfremden Einfluss" versuchte die „NS.Frauen-Warte" über ihre Verortung in weiblich codierten Handlungssphären (genauer: Mutterschaft, Haushaltsführung, Kulturerhalt) für die weibliche Leserschaft relevant zu machen. Hierbei überwogen in erster Linie Berichte, die die „deutsche Kultur" vom Juden bedroht sahen und die deutsche Frau als „Kulturträgerin" in die Verantwortung nahmen.

---

[909] Vgl. Arendt; Hering; Wagner (Hrsg.) 1995, S. 58.
Im Falle antisemitischer Bebilderung orientierte sich die „NS.Frauen-Warte" an den gängigen Stereotypen (vgl. Fotoseite „Fremde Rassen und Mischlinge", in: „NS.Frauen-Warte", Heft 4 / Jg. 2, 15. Aug. 1933, S. 88 f.).
[910] Karin Fontaine konstatiert in Bezug auf die Propaganda der „NS.Frauen-Warte" nach der „Reichspogromnacht", „[...] dass ‚der Jude' keine reale, sondern nur eine ideologisch fassbare Größe ist. Symbolisch steht ‚der Jude' als der Negativbegriff schlechthin für alles, was abgelehnt wird, Angst macht, unbekannt ist. [...]" (Fontaine 2003, S. 46).

Deutsche Kultur und „zersetzender", jüdischer „Einfluss"

Im Juli 1932 positionierte sich die Zeitschrift mit Abdruck der Grundsätze der „N.S.Frauenschaft" zugunsten einer „[...] Reinerhaltung der arischen Rasse und deshalb für die Freimachung des deutschen Volkslebens von artfremden Einflüssen. [...]"[911]. Meinte diese „Reinerhaltung" der „Rasse" im „Stürmer" vor allem das Ausschließen jüdischen „Blutes" bzw. Erbgutes, betonte die „NS.Frauen-Warte" den (angeblich) schädigenden „Einfluss" „volks-"oder „artfremden" Geistes auf die deutsche Kultur, damit auf das Volk, welches sich maßgeblich durch sein kulturelles, sprich: geistiges wie körperliches Schaffen definiere. Dieser Kultur des deutschen Volkes stellte die „NS.Frauen-Warte" die (angebliche) Kulturlosigkeit der Juden bzw. deren Orientierung an „falschen" Werten gegenüber:

> „[...] *Wir sehen [...] in jenem Ahasverus das Sinnbild des Judenvolke, [...] das zerstreut ist in alle Lande und hat keine Heimat mehr und kann doch als Volk nicht sterben, und wo es hinkommt, bringt es den Fluch des Verderbens, das Gift sittlicher und völkischer Zersetzung mit sich, wird seinen Gastvölkern zum Unheil, gibt ihnen den Fäulniskeim der Entartung ins Blut und predigt der Welt den falschen Messias des Materialismus und Mammonismus und Egoismus und wie die ‚Ismen' alle heißen, die der Menschheit den Frieden rauben und die Völker nicht zur Ruhe kommen lassen. [...]"[912].*

Als jüdische Werte schrieb der Autor „Materialismus", „Mammonismus" und „Egoismus" aus, durch jüdischen Einfluss drohte dem deutschen wie auch anderen Völkern „Entartung" und „Zersetzung". Als Grund für die Kulturlosigkeit der Juden machte der Autor u.a. de-

---

[911] O.V.: „Grundsätze der N.S. Frauenschaft", in: „NS.Frauen-Warte", Heft 2 / Jg. 1, 15. Juli 1932, S. 26.
[912] Pfarrer W. Krause: „Aus dem Sagenkranz der Passionsgeschichte", in: „NS.Frauen-Warte", Heft 19 / Jg. 2, März 1934, S. 563.

ren Heimatlosigkeit aus, durch Verweis auf die Sage um „Ahasver"[913] war es dem als „Pfarrer" ausgewiesenen Autor zugleich möglich, an antijudaistische Diskurse anzuknüpfen und konfessionell gebundene Leserinnen anzusprechen. Der Artikel war insofern exemplarisch für die antisemitische Propaganda der „NS.Frauen-Warte", als dass in den vergleichsweise selten publizierten und kurz gehaltenen antisemitischen Berichten stets eine Vielzahl von (tradierten) Stereotypen abgerufen wurden.

In summa begrüßte die Zeitschrift, dass Juden in den 1930er Jahren nach und nach aus kulturellen Bereichen verdrängt wurden; zulange hätten Juden in der Weimarer Republik die Möglichkeit gehabt, das deutsche Volk zu beeinflussen.[914] In den entsprechenden Berichten wurde deutlich, dass die Redaktion die Sittlichkeit – rekurrierend auf das entworfene Weiblichkeitsideal der „reinrassigen", verheirateten, deutschen Mutter und „Kulturträgerin" – als elementaren Bestandteil deutscher Kultur begriff:

> „[...] *Der Jude machte das Theater zur Schaubühne niedrigster Instinkte, auf der das Heilige verhöhnt und das Verbrechen verherrlicht wurde, während in den durchwegs von Juden geführten Revuehäusern unverhüllter Augenfraß geboten und*

---

[913] Ahasver hätte der Sage nach dem leidenden Jesus die Rast vor seinem Haus verwehrt, woraufhin dieser ihn zum Ewig-Gehen, zur Rastlosigkeit verdammt hätte; aus der Sage entwickelte sich das antisemitische Stereotyp des „ewigen Juden" (vgl. Băleanu, Avram Andrei: Der „ewige Jude". Kurze Geschichte der Manipulation eines Mythos. In: Schoeps, Julius H.; Schlör, Joachim (Hrsg.): Bilder der Judenfeindschaft. Antisemitismus. Vorurteile und Mythen. München 1995. S. 96 ff.).

[914] Vgl. u.a. Wilke, Karl: „Deutsche Literatur seit 1918", in: „NS.Frauen-Warte", Heft 2 / Jg. 1, 15. Juli 1932, S. 32. sowie vgl. Rascher, Dr. Werner-Herbert: „Wünsche, die wir an den Film haben", in: „NS.Frauen-Warte", Heft 17 / Jg. 7, Febr. 1939, S. 531.
„[...] Theater und Film, die von allen Äußerungen der Kunst am lebendigsten, unmittelbarsten auf das Volk einwirken, waren logischerweise die Gebiete, die den Juden besonders reizen mußten. [...]" (Frank, Heinz: „Vom Auftrag der darstellenden Kunst", in: „NS.Frauen-Warte", Heft 17 / Jg. 7, Febr. 1939, S. 521).

die schamlose Spekulation auf den Sinnentrieb der Massen als ‚Kunst' verherrlicht wurde. [...]"[915].

Sexualantisemitismus und Sittlichkeitsdiskurs

Wie bereits in Kap. 5.1.2 ausführlich dargestellt, fühlte sich die Redaktion der „NS.Frauen-Warte" der Restitution einer Sittlichkeit verpflichtet, dennoch wurden Themen rund um Sexualität in der NS-Frauenzeitschrift weitestgehend ausgespart. So wurden auch judenfeindliche Inhalte – unter Rückgriff auf den Begriff der „Kultur" – weitestgehend außerhalb sexualantisemitischer Diskurse zu vermitteln versucht, nur vereinzelt wurden die Leserinnen angehalten, sich im Sinne einer „Aufartung"[916] des deutschen Volkes fortzupflanzen. Konkrete Fälle von „Rassenschande" in Deutschland und entsprechende Diffamierungen einzelner Personen blieben, anders als im „Stürmer", in der NS-Frauenzeitschrift vollständig unbenannt. Bedingt durch diese Gewichtung, nahm die Zeitschrift die Juden auch nicht in ihrer (angeblich devianten) Sexualität und Geschlechtlichkeit wahr und benutzte nur äußerst selten die antisemitischen Sexualbilder des „jüdischen Rassenschänders" etc. Offensichtlich bedingte u.a. die Dominanz des Sittlichkeitsdiskurses, dass die sexualantisemitische Propaganda in der Frauenzeitschrift in deutlich anderer Form dargestellt wurde, als es im „Stürmer" der Fall war: Tatsächlich sollte der Aufruf zur Sittlichkeit bzw. der Bezug auf „rassenbewusst" agierende Frauen diese als Subjekte in die Verantwortung nehmen, der „Rassenschande" so vorbeugen und damit sexualantisemitische Darstellungen wie die des „Stürmer", in der deutsche Frauen mit Juden verkehrten und der „Errettung" durch den deutschen Mann bedurften, überflüssig werden lassen.

---

[915] Schramm, Dr. Hermann: „Der ewige Jude", in: „NS.Frauen-Warte", Heft 15 / Jg. 6, Jan. 1938, S. 458.
[916] Schultze-Naumburg, Prof. Dr. Dr. h.c.: „Nationalsozialistische Kulturpolitik", in: „NS.Frauen-Warte", Heft 4 / Jg. 1, 15. Aug. 1932, S. 73.

Die Hausfrau: Vermittlung eines wirtschaftlichen Antisemitismus' und die erste antisemitische Welle 1933

Judenfeindliche Propaganda, die das Kaufverhalten der Leserinnen zu lenken gedachte, veröffentlichte die „NS.Frauen-Warte" in allen untersuchten Jahrgängen vergleichsweise häufig. Dies lief mit den entworfenen Weiblichkeitsbildern zusammen, die u.a. das Dasein als Hausfrau, damit das Haushalten und Hauswirtschaften als ausschließlich weibliche Aufgabe propagierte. In diesem Kontext adressierte die Zeitschrift regelmäßig ihre Leserschaft, um deren Kaufverhalten im Sinne des NS anleiten zu können; hier galt es u.a., den Einkauf in jüdischen Geschäften als Alternative zu verwerfen. So würden jüdische Händler bewusst schlechte Ware an deutsche Frauen verkaufen, Warenhäuser und Einheitspreisgeschäfte auf Kosten des deutschen Mittelstandes betreiben oder unseriöse Methoden anwenden, um möglichst großen Gewinn zu erzielen.[917] Bisweilen fanden solche Artikel auch Anschluss an antijudaistische Diskurse, indem der Antagonismus zwischen Christen und Juden beschworen wurde.[918]

Im Gegensatz zu anderen antisemitischen Maßnahmen und Aktionen, fand damit der am 1.4.1933 vom so genannten „Zentralkomitee zur Abwehr der jüdischen Greuel- und Boykotthetze" angeleitete, reichsweite Boykott jüdisch geführter Geschäfte in der NS-Frauenzeitschrift Besprechung. Diese fiel in Heft 20 des ersten Jahrganges mit mehreren judenfeindlichen Artikeln vergleichsweise umfassend aus: Mitte April des Jahres 1933 veröffentlichte die Zeitschrift

---

[917] Vgl. u.a. o.V.: „Saisonausverkäufe unter der Jupiterlampe", in: „NS.Frauen-Warte", Heft 13 / Jg. 1, 1. Jan. 1933, S. 302 f. sowie vgl. O.V.: „Das Rüstzeug der Frau im Kampf gegen Wucher und Juden", in: „NS.Frauen-Warte", Heft 20 / Jg. 1, 15. Apr. 1933, S. 471.

[918] „[...] und da kaufst Du und hast vergessen, daß dieses Geld Menschen zufließt, die nicht nur blutsmäßig und volksmäßig, sondern auch glaubensmäßig nichts mit diesem schönsten Fest unseres christlichen Glaubens zu tun haben; ja, daß sie die größten Feinde und Verhöhner dieses christlichen Glaubens sind. [...]" (Auerhahn, Käthe: „Das Warenhaus – der Untergang des deutschen Mittelstandes", in: „NS.Frauen-Warte", Heft 3 / Jg. 1, 1. Aug. 1932, S. 57).

einen ganzseitigen, zum 1. April erlassenen Aufruf der „N.S.Frauenschaft", in dem sich diese an „Parteigenossinnen" und „Volksgenossinnen", also politisch unorganisierte Frauen wandte[919]: Die antisemitischen Maßnahmen wurden nur nachträglich kommentiert; als Grund für den Boykott jüdischer Geschäfte wurde den Leserinnen die „jüdische Greuelpropaganda" genannt, mithilfe derer die Juden Deutschland im Ersten Weltkrieg in die Niederlage geführt und in den Nachkriegsjahren in internationale Verträge gezwungen, damit (auch wirtschaftlich) isoliert hätten.[920] Dieser jüdischen „Weltmacht"[921] hatten nun auch die deutschen Frauen durch bewusstes Kaufverhalten entgegenzutreten, denn: „[...] nur durch wirtschaftlichen Boykott ist der Jude niederzuringen."[922] Weiter hieß es:

> „[...] *Keinen Groschen mehr an ein jüdisches Geschäft, keinen jüdischen Arzt, keinen jüdischen Rechtsanwalt für die deutsche Frau oder deutsche Familie. Frauen! unterschätzt nicht den furchtbaren Ernst dieses Entscheidungskampfes. Der Jude will ihn führen bis zur Vernichtung des deutschen Volkes. Wir führen ihn bis zur Vernichtung des Judentums. [...]*"[923].

War das Feindbild Jude zuvor in der „NS.Frauen-Warte" kaum bedient worden, rief dieser Aufruf der „NS.Frauenschaft" im Frühjahr 1933 auf einer A4-Seite gleich eine Vielzahl tradierter Stereotype auf: Juden hätten mithilfe ihrer Propaganda die deutsche Kriegsniederlage vorbereitet, sie führten spätestens seit 1918 eine internationale Verschwörung zur Knechtung Deutschlands an, die Juden hätten sich darüber hinaus zu einer „Weltmacht" aufbauen können, um so u.a. den globalen Wirtschaftsmarkt zu kontrollieren, kurzum: Der Jude wäre der „Todfeind des deutschen Volkes"[924]. Dieser von Käte Auerhahn

---

[919] Vgl. Auerhahn, Käte: „Aufruf der N.S. Frauenschaft", in: „NS.Frauen-Warte", Heft 20 / Jg. 1, 15. Apr. 1933, S. 470 f.
[920] Vgl. ebd., S. 470.
[921] Ebd.
[922] Ebd.
[923] Ebd.
[924] Ebd.

verfasste Aufruf – als einer der wenigen, dezidiert antisemitischen Texte der „NS.Frauen-Warte" – ging durch das Rekurrieren auf die o.g. Stereotype über die Vermittlung eines wirtschaftlichen Antisemitismus' hinaus, nahm aber den wirtschaftlichen Boykott des 1.4.1933 zum Anlass, die deutschen Frauen einzuschwören auf einen „Kampf" gegen Juden, der in deren „Vernichtung" (!) münden würde. Auf der folgenden Seite des Heftes schloss ein weiterer, dezidiert antisemitischer Artikel an, in dem u.a. für eine Kenntlichmachung ausländischer Ware plädiert wurde[925]: Bereits die Überschrift nahm explizit Frauen in die Verantwortung („Das Rüstzeug der Frau im Kampf gegen Wucher und Juden"), zudem war es der Gebrauch militaristischen Vokabulars („Rüstzeug", „Kampf"), der den Leserinnen die Bedeutung ihres Verhaltens verdeutlichen sollte.

Mit dem Heft 20 vom 15. April 1933 reagierte die parteiamtliche NS-Frauenzeitschrift offensichtlich auf die erste antisemitische Welle der NS-Politik, die vom März 1933 bis zum Sommer 1933 andauern und dem Erlass diverser antisemitischer Gesetze im Sommer 1933 den Weg ebnen sollte[926]. Dass sich diese frühen Ausschreitungen zunächst vor allem gegen jüdische Geschäfte und Praxen richtete[927], ließ die Propaganda auch für die „NS.Frauen-Warte" relevant werden, da diese in erster Linie auf deutsche Hausfrauen und Mütter einzuwirken versuchte; auch galt es im Frühjahr 1933, dem neuen Reichskanzler Hitler und seiner – hier noch zu weiten Teilen ungesetzmäßigen – judenfeindlichen Politik durch entsprechende Propaganda Legitimation zu verschaffen.

Artikel, die einen wirtschaftlichen Antisemitismus zu bedienen versuchten, wurden durch die 1930er-Jahrgänge hinweg immer wieder veröffentlicht; vor allem am Topos „Mode" war es der Redaktion möglich, Diskurse um Judenfeindlichkeit, Wirtschaftspolitik und Kultur zusammenzufügen und das Feindbild des Jüdischen so für die weibli-

---

[925] Vgl. o.V.: „Das Rüstzeug der Frau im Kampf gegen Wucher und Juden", in: „NS.Frauen-Warte", Heft 20 / Jg. 1, 15. Apr. 1933, S. 471.
[926] Vgl. Longerich 1998, S. 25. sowie vgl. ebd., S. 44 f.
[927] Vgl. ebd., S. 26 ff.

che Zielgruppe relevant zu machen. Ellen Semmelroth forderte Ende 1933 „[...] Unabhängigkeit unserer Mode von der internationalen und verjudeten Weltmode, Ausschaltung ausländischer Wirtschaftsbetriebe und eine Kleidgestaltung, die deutscher Frauenart und deutschem Lebensstil entspricht."[928] Der Einfluss der internationalen Modeindustrie müsse um jeden Preis verringert werden, um das sich u.a. in einer „artgemäßen"[929] Mode und Kleidung manifestierende „Rassenbewusstsein" erhalten zu können:

> *„Die heutigen modischen Rockformen sind hüftschmal, knieeng, gesäßbetonend. Sie berücksichtigen nicht weibliche Körperformen, sondern ahmen männliche nach. Sie sind nicht für die Bewegung geeignet, sondern hemmen diese. Sie sind für die Ruhe bestimmt, nicht für das Tätigsein. Die Ruhe bevorzugen die orientalischen und südlichen Rassen (Darbietungstyp). Die nordische Rasse liebt die Bewegung, die Tätigkeit und die Leistung (Leistungstyp). Gesunde Rassen werden Geschlechtsunterschiede nicht verwischen und entstellen. Wo dies geschieht, weist es auf Entartung, wirkt es fortpflanzungsfeindlich! [...] Es muß die Gefahr erkannt werden, daß eine Mode volkszerstörend und rassezersetzend wirken kann, wenn sie aus fremdem Geist und fremdem Wesen geboren und von fremder Rasse geführt ist. [...]"[930].*

Demnach müsste die Mode in Form und Funktion der Weiblichkeit der deutschen Frau entsprechen, die es – ihrer „nordischen Rasse" wegen – zu „Leistung" und „Bewegung" dränge, auch hatte die Mode der Differenz der Geschlechter zu entsprechen. Diesen Ansprüchen an die deutsche Mode könnten eine von „Fremdrassigen" geführte Wirtschaft bzw. Industrie nicht gerecht werden, weshalb die Zeitschrift das Kaufverhalten der Leserinnen zu lenken versuchte:

---

[928] Semmelroth, Ellen: „Neue Wege zur deutschen Modegestaltung", in: „NS.Frauen-Warte", Heft 9 / Jg. 2, Nov. 1933, S. 261.
[929] Gerlach, Agnes: „Modelle aus der Kleiderschau des Deutschen Frauenwerkes", in: „NS.Frauen-Warte", Heft 13 / Jg. 6, Jan. 1938, S. 416.
[930] Gerlach, Agnes: „Zum Nachdenken!", in: „NS.Frauen-Warte", Heft 20 / Jg. 3, März 1935, S. 635.

„[...] *Jüdische Einflüsse können nur gebannt werden durch artechtes Sein und Leben.* [...] *Eine deutsche Frau, die sich ihrem Volk und Volkstum verpflichtet und verantwortlich fühlt, wird sich nicht auf westische, amerikanische oder jüdische Art zurechtmachen, und sie wird nicht Modeauswüchse eines entarteten Geschmackes zum Vorbild nehmen.* [...]"[931].

Dass solche unerwünschten Modetrends und Kleidungsstile dennoch deutsche Frauen ansprachen, sah die NS-Frauenzeitschrift unter anderem in dem Einfluss der jüdischen Presse begründet – zu viele deutsche Frauen fielen auf die Werbetricks jüdischer Zeitschriften herein und bezahlten jüdische Kosmetikerinnen „für Äußerlichkeiten, die alles andere, nur nicht schön [...]"[932] seien. Mithilfe eines von ihnen – national wie international – kontrollierten Presse- und Verlagswesen wäre es den Juden möglich, massiv Einfluss auf Meinungsführung und -lenkung zu nehmen, um so wiederum deutsche Kultur und Moral, vor allem die der deutschen Jugend[933] zu gefährden.

Antisemitismus und weibliche Berufstätigkeit

Wie in den Ausführungen zu den Weiblichkeitsentwürfen der „NS.Frauen-Warte" ausführlich dargestellt, nahm die Zeitschrift in den frühen 1930er Jahre lediglich unverheiratete Frauen und Nichtmütter als Arbeitskräfte wahr. Diese wollte die NS-Frauenzeitschrift noch vor der „Machtergreifung" aus „volksfremden" Betrieben fernhalten: „[...]

---

[931] Gerlach, Agnes: „Lebensgestaltung – Werkgestaltung", in: „NS.Frauen-Warte", Heft 18 / Jg. 5, Febr. 1937, S. 576.
[932] O.V.: „Macht die Augen auf!", in: „NS.Frauen-Warte", Heft 6 / Jg. 1, 15. Sept. 1932, S. 141.
[933] Die Zeitschrift diffamierte 1932 u.a. das vom jüdischen Verlag Rudolf Mosse herausgegebene „8 Uhr-Jungblatt" als „Blatt für Verdummung und moralische Vergiftung" (Lo.: „Wie sage ich's meinen Eltern?"; in: „NS.Frauen-Warte", Heft 8 / Jg. 1, 15. Okt. 1932, S. 185).

So wäre z.B. die Frage zu erörtern, inwieweit die Frau in den Betrieben von Volksfremden oder in gesundheitsschädlichen Betrieben beschäftigt werden darf. [...]"[934]. Inwiefern eine Anstellung bei „volksfremden" Arbeitgebern für deutsche Frauen „vom Gesichtspunkt der Rassenpflege und der Rassenerhaltung"[935] bedenklich wäre, blieb unbenannt, wohl aber wurde dem „Volksfremden" etwas Gefährliches zugeschrieben, suggerierte der zitierte Artikel vom August 1932 doch zum einen eine unmenschliche, gesundheitsschädigende Behandlung nichtjüdischer Frauen durch „volksfremde", auch jüdische Arbeitgeber sowie die Vorstellung, die deutsche, berufstätige, damit i.d.R. ledige Frau könnte in „volksfremden" Betrieben zu (sexuellen) Beziehungen mit „Volksfremden" verleitet werden – beides hätte die „Rassenerhaltung" gefährdet.

Die Negativfigur des „jüdischen Arbeitgebers" fand in dieser Form in den frühen 1930er-Heften immer auch Anschluss an Diskurse des wirtschaftlichen Antisemitismus', sollten Juden als Vorgesetzte oder KollegInnen doch gemieden, damit als Akteure der Wirtschaft ausgegrenzt werden. An anderer Stelle spielte die Zeitschrift erneut auf unerwünschte, sexuelle Kontakte zu Juden an, indem sie 1933 über das Schicksal deutscher, in jüdischen Haushalten beschäftigter Hausmädchen in Amerika berichtete:

> „[...] Dieses ,unter Juden sein' ist nicht nur deshalb so unwürdig und grausam, weil das Mädchen vom Geld der Juden abhängig ist, [...] die furchtbare Tragik besteht darin, daß viele dieser jungen Mädchen keinen Rückhalt in der Heimat haben, weil sie sich loslösen mußten und sich von Jahr zu Jahr mehr unverstanden fühlen und so zu Heimatlosen wurden. [...] Deshalb können die jungen Menschen durch Verbitterung und Haltlosigkeit leicht in die Geldgier, das Wahnsinnstempo und die erotische Hitze ihrer Umgebung mitgerissen werden. Manche erliegen so viel leichter den

---

[934] Rabe, Dr. Sofia: „Die Aussichten der berufstätigen Frau im Nationalsozialistischen Staat", in: „NS.Frauen-Warte", Heft 3 / Jg. 1, 1. Aug. 1932, S. 69.
[935] Ebd.

Beeinflussungen und Versuchungen im jüdischen Haus, die sie sonst ohne Wanken bestanden hätten. [...]"[936].

Auch an dieser Stelle wurde die potentielle Gefahr durch sexuell-aufdringliche Juden nicht explizit benannt und das Stereotyp des „jüdischen Rassenschänder" nicht bedient, durch Umschreibungen („erotische Hitze", „Versuchungen") aber doch eine (sexuelle) Gefahr entworfen. Ansinnen solcher Artikel war, die Leserinnen vor allem als Mütter anzusprechen, ihre Töchter durch ihre Erziehung vor „Verbitterung und Haltlosigkeit" zu bewahren und sie nur in ein sorgfältig ausgewähltes, außerhäusliches Umfeld zu entlassen.

Antisemitische Berichterstattung im Kontext der „Nürnberger Gesetze"

Die oben erwähnte Dominanz des Sittlichkeitsdiskurses beeinflusste auch die Berichterstattung rund um den Erlass der „Nürnberger Gesetze". So fand der Erlass der „Rassengesetze" im Herbst 1935 selbst wenig Besprechung; zum so genannten „Blutschutzgesetz" erschien im Oktober 1935 lediglich eine fettgedruckte, dadurch hervorgehobene, aber doch kurze Meldung in der Rubrik „Politischer Rückblick". Diese stellte das Gesetz als Maßnahme vor, die „der rassenmäßigen Reinhaltung des deutschen Volkes dienen soll und das Judentum als Fremdvolk im Staate auf die ihnen gegebenen Schranken zurückführt. [...]"[937]. Eine ausführliche Besprechung der Sexualverbote blieb damit in der parteiamtlichen NS-Frauenzeitschrift aus, was an den sexualkonservativen Diskurs anzuschließen schien. Zum „Reichsbürgerge-

---

[936] Goebel, Lisa: „Deutsches Mädchen unter Juden", in: „NS.Frauen-Warte", Heft 4 / Jg. 2, 15. Aug. 1933, S. 93.
[937] Semmelroth, Ellen: „Politischer Rückblick", in: „NS.Frauen-Warte", Heft 9 / Jg. 4, Okt. 1935, Innenumschlag.

setz" hingegen führte die Zeitschrift, zeitlich um einige Monate verzögert, im Februar 1936 erläuternd eine ganze Seite aus.[938]

Wenngleich eine Besprechung aktueller, judenfeindlicher Maßnahmen in der Zeitschrift im Allgemeinen entfiel, nutzte die „NS.Frauen-Warte" den Erlass der „Nürnberger Gesetze" doch, um antisemitisch zu berichten und um die darin festgehaltenen Sexualverbote in ihren sexualkonservativen Diskurs integrieren, darüber Forderungen nach einer keuschen Lebensweise deutscher Frauen artikulieren zu können. Interessanterweise griff die Autorin Erika Lingner zu diesem Zweck im Dezember 1935 auf das kontagionistische Theorem zurück, welches bis dahin keinerlei Erwähnung in der Frauenzeitschrift gefunden hatte:

„[...] *Jeder Tierzüchter wird es auf das Strengste verhüten, daß ein rassereines Muttertier in Berührung kommt mit einem andersrassigen männlichen Tier seiner Gattung. Ein solches Muttertier wäre für seine weiteren Züchtungen unbrauchbar geworden und müßte ausgeschieden werden als nicht mehr rasserein. Die Erfahrung hat gezeigt, daß solche Muttertiere nicht mehr unbedingt rassereine Nachkommen zur Welt bringen, hin und wieder kann ein Bastard auftauchen, selbst dann, wenn das Muttertier in dem oben erwähnten Fall gar nicht geboren hat; man könnte hier beinahe das Wort ‚Infektion' gebrauchen, [...] Aus dieser Erkenntnis heraus sind heute die verschiedenen neuen Gesetze zum Schutze zur Erhaltung des deutschen Blutes zu erklären. [...] Welcher Mann aber möchte nun Kinder sein eigen nennen, die er zwar gezeugt hat, die aber doch rassisch ganz anders ausgefallen sind, als sie es wären, wenn von Anfang an nur die eine Beziehung zwischen ihm und der Mutter seiner Kinder bestanden hätte? [...] Der unverdorbne [sic!] Mann sucht instinktiv ein keusches Mädchen zur Frau. Die Keuschheit hat die Natur dem Weibe als höchsten Reiz, als höchsten Anziehungspunkt mitgegeben, und wie töricht*

---

[938] Vgl. Mörner, Dr. Else: „Das Reichsbürgergesetz", in: „NS.Frauen-Warte", Heft 18 / Jg. 4, Febr. 1936, Innenumschlag.

das Mädchen, das [...] diesen höchsten Reiz preisgegeben hat.
[...]"[939].

Wenngleich sich die Zeitschrift bereits 1932 zur erbbiologischen Vererbungstheorie bekannt hatte[940], wurde das kontagionistische Theorem 1935 im Kontext der „Nürnberger Gesetze" genutzt, um eine sexuelle Enthaltsamkeit bis zur Verheiratung zu propagieren, die die deutsche Frau an den deutschen Ehemann binden und ihr Dasein als „reinrassige Mutter" sichern sollte. Der anfängliche Verweis auf die Züchtungsmethoden stützte diesen Sittlichkeitsdiskurs zusätzlich, indem die Zeitschrift den sexuellen Verkehr zwischen Menschen so auslagern, den Leserinnen die Thematik dennoch über Begriffe der Fauna erläutern konnte. Auffällig ist, dass dieser Artikel im Dezember 1935, also kurz nach Erlass der „Nürnberger Gesetze", nicht aber im Vorfeld der Gesetze erschien: Auch dies schien an den sexualkonservativen Diskurs anzuschließen. Denkbar ist überdies, dass die „NS.Frauen-Warte" der gesetzlichen Straffreiheit „artvergessener" Frauen mit dem Verweis auf die Infektion durch „andersrassigen" Samen eine Konsequenz im Falle einer „Rassenschande" entgegenstellen wollte, um Einfluss auf das Sexualverhalten der Leserinnen nehmen zu können.

Zugleich fällt auf, dass die parteiamtliche NS-Frauenzeitschrift den Artikel veröffentlichte, nachdem die Presse bereits im Oktober 1935 Weisung „von oben" erhalten hatte, Ausführungen zur Imprägnationstheorie zu unterlassen. Tatsächlich veröffentlichte die Zeitschrift nur wenige Ausgaben später im Februar 1936 eine Darstellung eines Vertreters des „Rassenpolitischen Amtes", in der dieser sich vom kontagionistischen Antisemitismus distanzierte:

„[...] Durch die Nürnberger Gesetze ist das Verhältnis zum jüdischen Volk und sein Ausscheiden aus der deutschen Nation gesetzlich geregelt worden. [...] In einer Anzahl von Zeitungen sind

---

[939] Lingner, Erika: „Wen soll man heiraten?", in: „NS.Frauen-Warte", Heft 14 / Jg. 4, Dez. 1935, S. 447.
[940] Vgl. Bernhardi, Dietrich: „Erbgesundheitspflege – die stärkste Hilfe zum Aufstieg", in: „NS.Frauen-Warte", Heft 2 / Jg. 1, 15. Juli 1932, S. 28 und S. 45.

im Zusammenhang mit der nützlichen Aufklärungsarbeit Erörterungen über eine Wandlungsmöglichkeit der Rasse angestellt worden, die weit über jedes Mal sachlich vertretbarer und biologisch beweisbarer Erkenntnisse hinausgingen. So wird unter dem Hinweis, daß die Gebärmutter eine Art Verdauungsorgan sei, behauptet, daß eine Arierin, die mit einem Juden Geschlechtsverkehr gepflegt habe, dadurch biologisch zur Jüdin geworden wäre. Wäre diese Behauptung richtig, dann müßte umgekehrt eine Jüdin, die mit einem Arier verkehrt, Arierin werden können. [...] Diese Meinung von der sogen. ‚Imprägnation' ist nicht nur wissenschaftlich unhaltbar, sondern birgt außerdem große politische Gefahren in sich. [...] Es ist deshalb sein [Hitlers, L.B.] Wunsch, daß eine Verbreitung dieser irrigen Anschauung unterbleibt. [...] Die Weitergabe von Erbanlagen von Eltern auf die Kinder geschieht allein durch die Keimzellen, und diese werden in keiner Weise durch das Blut beeinflußt oder gar abgeändert. Die irrtümliche Auffassung geht meist darauf zurück, daß das Wort ‚Erbe' durch den bildhaften Ausdruck ‚Blut' ersetzt wird."[941].*

Mit Abdruck dieses Artikels positionierte sich die Zeitschrift im Kontext der Differenzen zwischen Kontagionisten und Erbbiologen und versuchte, die kontagionistische Position aus dem antisemitischen Diskurs zu verdrängen.

Wie die eben zitierten Berichte belegen, erfolgte eine Verdichtung antisemitischer Berichterstattung in der „NS.Frauen-Warte" erst nach Abklingen der zweiten antisemitischen Welle, genauer: Ende 1935 / Anfang 1936. Es fällt auf, dass ebendiese zweite Welle, deren Maßnahmen sich u.a. gegen „Rassenschänder"[942] richteten und die damit auch den Sexualantisemitismus fokussierten, in der NS-Frauenzeitschrift über das Jahr 1935 hinweg wenig propagandistisch aufbereitet wurde, obwohl „reinrassige" Fruchtbarkeit Teil des höchs-

---

[941] Dr. Frercks: „Wen soll man heiraten?", in: „NS.Frauen-Warte", Heft 17 / Jg. 4, Febr. 1936, S. 542.
[942] Vgl. Longerich 1998, S. 80 f.

ten Weiblichkeitsideals war und sich die in den „Nürnberger Gesetzen" manifestierenden Sexualverbote maßgeblich an deutsche Frauen, also an (potentielle) Leserinnen der „NS.Frauen-Warte" wandten. Erneut wird deutlich, dass der Sittlichkeitsdiskurs in der „NS.Frauen-Warte" vorherrschend, entsprechend die judenfeindliche Mobilisierung der Leserschaft diesem untergeordnet war.

Die sexualantisemitische Propaganda der „NS.Frauen-Warte" war primär dahingehend ausgerichtet, dass den Juden „unsittliche" Absichten zugeschrieben wurden. Bereits 1932 hatte sich die „NS.Frauen-Warte" dagegen ausgesprochen, dass eine Abendzeitung des jüdisch geführten Ullstein-Verlages ihren Leserinnen „Ratschläge in Ehefragen, heiklen – meist jüdisch unsauberen – Liebesdingen [...]"[943] gäbe – Anlass der Kritik war hier offenbar, dass es in der Weimarer Presse eine öffentliche Besprechung von („unsauberen") Themen wie Sexualität gab, des Weiteren, dass solche Diskussionen von jüdischer Presse angeleitet würden. Hier tat sich die Möglichkeit auf, den Leserinnen die Juden per se als unmoralisch zu vermitteln und zugleich sexualkonservative Ideale, sprich: das Nichtbesprechen von Themen wie Sexualität zugunsten einer Sittlichkeit einzufordern.

Im Februar 1939 nutzte die „NS.Frauen-Warte" die Verknüpfung von der Behauptung einer jüdisch kontrollierten Presse und angeblichen Defiziten in der Sittlichkeit, um auf einer reichlich bebilderten Doppelseite Kritik an deutschen, nicht weiter benannten Illustrierten[944] und ihrer Darstellung von Frauen, genauer: an der Abbildung freizügig

---

[943] O.V.: „Frau Christine hat Sprechstunde", in: „NS.Frauen-Warte", Heft 5 / Jg. 1, 1. Sept. 1932, S. 112.
[944] Offenbar handelte es sich bei den gemeinten Pressemedien u.a. um den „SA-Mann" – laut Hagemann leitete die „NS.Frauenschaft" mit ihren Beschwerden das Verbot der Zeitung ein (vgl. Hagemann 1970, S. 295). Tatsächlich wurde „Der SA-Mann" als illustrierte NS-Wochenzeitung 1939 eingestellt (vgl. Wahl, Rudolf: Antisemitismus in der NS-Wochenzeitung Der SA-Mann. In: Nagel, Michael; Zimmermann, Moshe (Hrsg.): Judenfeindschaft und Antisemitismus in der deutschen Presse über fünf Jahrhunderte: Erscheinungsformen, Debatte und Gegenwehr. Bd. 2. Bremen 2013. S. 671).

gekleideter, rauchender und tanzender Frauen[945] zu üben: „[…] Wer in der letzten Zeit aufmerksam eine Anzahl von periodisch erscheinenden Druckschriften verfolgt hat, der wird mit Erstaunen Tendenzen wahrgenommen haben, die uns jüdisch allzu jüdisch erscheinen. […]"[946]. Mit ihrem Verweis auf die (angebliche) jüdische Wahrnehmung und Darstellung von Weiblichkeit rekurrierte die NS-Zeitschrift auf tradierte Diskurse um die jüdische Misogynie, kennzeichnete sie den ausschließlich von einem Geschlechtstrieb des Mannes motivierten Blick auf die Frau doch zugleich als jüdisch. Dieser Einfluss jüdischer Tendenzen auf die deutsche Presse führe dazu, dass die Frau nunmehr auch in dieser als anrüchiger, „ehe- und familienfremde[r] Halbwelttyp"[947] dargestellt würde:

„[…] *Nichts liegt ihr* [der nationalsozialistischen Idee, Anm. L.B.] *[…] ferner als Prüderie. […] Ein schönes Mädchen ist gewiß nicht zur Nonne erschaffen – allerdings, und das ist der Unterschied zwischen gestern und heute, auch nicht zur Kokotte! Die seichte und frivole Erniedrigung der Frau zum Vergnügungsobjekt, die widerwärtige Verfälschung eines gesunden, natürlichen Körpergefühls im Sinne platter und unverhüllter Geschlechtsgier, diese ganze verzerrte, ungesunde Atmosphäre gehört ausschließlich in das Kapitel der jüdischen Zersetzungspropaganda! Wir werden ein wachsames Auge darauf haben, daß sich solche Tendenzen nicht unter irgendeinem verfälschten Vorwand wieder bei uns breitmachen. […]*"[948].

Den Fotoaufnahmen aufreizend gekleideter Tänzerinnen („Sie meinen: Apart und lustig" / „Wir meinen: Schmutz und Krampf") stellte die Frauenzeitschrift großflächige Bilder tanzender und Sport treibender Frauen und „Mädel" gegenüber („Sie meinen langweilig?" /

---

945 Vgl. o.V.: „Muss das sein fragen wir die Öffentlichkeit?", in: „NS.Frauen-Warte", Heft 17 / Jg. 7, Febr. 1939, S. 545.
946 O.V.: „Muss das sein fragen wir die Öffentlichkeit?", in: „NS.Frauen-Warte", Heft 17 / Jg. 7, Febr. 1939, S. 536.
947 Ebd.
948 Ebd., S. 536 f.

„Wir meinen: Gesund und schön!")[949]; ein der Gesundheit und Natür-
lichkeit, nicht der sexuellen Lust verpflichtetes Körperbewusstsein
sollte damit den Frauen als Ideal vermittelt werden. Die „überspitzte
moralische Entrüstung"[950] über Lust und (unfruchtbare) Sexualität, die
im Sittlichkeitsdiskurs der „NS.Frauen-Warte" damit immer wieder
evident wurden, machte bereits Ljiljana Radonic als eine Erschei-
nungsform des weiblichen Antisemitismus' aus.

Überdies provozierte die Zeitschrift durch den oben angeführten
Artikel, dass sich die deutsche Presse – durch die Zuschreibung jüdi-
scher „Tendenzen"[951] – künftig von solchen Darstellungen distanziere.
Den Leserinnen sollte sich sogleich der Eindruck vermitteln, dass die
„NS.Frauen-Warte" als parteiamtliche NS-Frauenzeitschrift für ihr
Wohl, ihre Interessen eintrat und ihnen damit eine öffentliche, durch-
aus kritische Stimme gab. Bezeichnend ist auch hier, dass die NS-
Frauenzeitschrift durchaus Kritik am männlich geprägten Blick der
Presse auf Weiblichkeit übte, der genaue Adressat jener Kritik aber
bewusst unbenannt blieb („Sie meinen"), was die Kritik der Frauen-
zeitschrift an männlichem Handeln wiederum entschärfte.

Verdichtung antisemitischer Inhalte im Jahr 1938

1938 erhielt die deutsche Presse im Kontext der dritten antisemitischen Welle Weisung zur verstärkten antisemitischen Propaganda;
tatsächlich lässt sich auch in der „NS.Frauen-Warte" eine Verdichtung

---

[949] Vgl. ebd., S. 536 f.
[950] Radonic 2004, S. 158. „[...] Auch werden Frauen immer noch dazu erzogen, der
eigenen Sexualität ‚höhere' Gefühle vorzuschieben, um sie nicht unmoralisch und
verdorben erscheinen zu lassen. Die ‚pure Lust' scheint in weitaus größerem Ausma-
ße als bei Männern immernoch gesellschaftlich sanktioniert zu sein, was die zahlreichen Projektionen der eigenen sexuellen Regungen auf Fremde und die überspitzte
moralische Entrüstung darüber erklärt. [...]" (ebd.).
[951] O.V.: „Muss das sein fragen wir die Öffentlichkeit?", in: „NS.Frauen-Warte",
Heft 17 / Jg. 7, Febr. 1939, S. 536.

antisemitischer Berichterstattung nachvollziehen. Im Januar 1938 veröffentlichte die „NS.Frauen-Warte" in Heft 13 mehrere Seiten mit Artikeln dezidiert judenfeindlichen Inhaltes, darunter folgenden Leitartikel:

Abb. 8: Titelseite, in: "NS.Frauen-Warte", Heft 13, Jan. 1938.

Mithilfe der Positionierung auf der Titelseite, der Länge des mehrseitigen Berichtes sowie des Gebrauches einer großflächigen Überschrift und Karikatur schrieb die Redaktion der antisemitischen Mobilisierung der Leserschaft im Januar 1938 offenbar eine besondere Relevanz zu, selten waren Juden zuvor in der Zeitschrift bebildert worden. Hier nun wurde der Text ergänzt durch einen an das hebräische Schriftbild angelehnten, damit „fremd" wirkenden Schriftzug sowie durch eine Karikatur, mit der 1937/38 die NS-Propaganda-Ausstellung „Der ewige Jude" beworben wurde.[952] Tatsächlich verwies der Artikel auf ebendiese Ausstellung; zugleich knüpfte die Formel vom „ewigen Juden" an das tradierte Negativstereotyp des heimat- und daher rastlosen Juden[953] an. Seine (propagierte) Kulturlosigkeit spiegelte sich in seinem Aussehen wider, die Figur des männlichen Juden wirkt gedrungen und ungepflegt, seine Nase sowie seine Lippenpartie sind bewusst überzeichnet, in seinen überdimensioniert gezeichneten Händen hält er eine Geißel sowie Geldmünzen, verkörpert damit den „Wucherer"[954]. Indem die Figur eine „Weltkarte des Bolschewismus"[955] mit sich führt, war sie als so genannter „Ostjude" gekennzeichnet, der den AntisemitInnen „[…] als schmutzig, laut, roh, unsittlich, kulturell rückständig […]"[956] galt. Die Figur rief so bereits auf Bildebene verschiedene tradierte und damit diskursiv gefestigte Stereotype ab. Das Wort „ewig" suggerierte in diesem Kontext, dass selbst die äußere Assimilation der Juden nie über deren rassisch gegebenes Wesen hinwegtäuschen dürfe.

Auch der dazugehörige, insgesamt dreiseitige Artikel rief eine Vielzahl judenfeindlicher Stereotype ab; nach Erläuterungen zur Tradi-

---

[952] Vgl. Benz, Wolfgang: „Der ewige Jude" (Propaganda-Ausstellung). In: Ders.: Handbuch des Antisemitismus: Judenfeindschaft in Geschichte und Gegenwart; Bd. 4: Ereignisse, Dekrete, Kontroversen. Berlin; Boston 2011. S. 114 ff. [pdf]. URL: http://www.reference-global.com/doi/book/10.1515/9783110255140 (Stand: 29.10.2014).
[953] Vgl. Băleanu 1995, S. 96 ff.
[954] Vgl. Benz 2011, S. 115.
[955] Ebd.
[956] Heid, Ludger: „Der Ostjude". In: Schoeps, Julius H.; Schlör, Joachim (Hrsg.): Bilder der Judenfeindschaft. Antisemitismus. Vorurteile und Mythen. München 1995. S. 241.

tion der „Judenfrage" und entsprechender Legitimierung der NS-Politik („[...] das Dritte Reich hat als erstes Land der Welt die Judenfrage gesetzlich geregelt und eine reinliche Abtrennung des jüdischen Fremdvolkes durchgeführt. [...]"[957]) wurde an die tradierte Darstellung des Jüdischen angeknüpft: Von der Behauptung, jüdische Schriften würden die „Mißachtung alles Nichtjüdischen"[958] vorschreiben und die nichtjüdische Frau als „Hure"[959] bezeichnen, über Ausführungen zu der Sage um Ahasver, über einen Kommentar zum (angeblichen) Einfluss der Juden auf die deutsche Kultur und Wirtschaft bis hin zu einer Polemik gegen Sexualwissenschaftler wie Magnus Hirschfeld, die in den Weimarer Jahren „eifervoll die Zerstörung der Familie"[960] hätten erwirken wollen.

Der mehrseitige Artikel wurde ergänzt um zahlreiche, zu einer Collage zusammengefügte Fotografien und Zeichnungen, die vor allem jüdische Männer zeigten, die mit ihren dunklen Haaren und auffälligen Nasenformen den antisemitischen Vorstellungen jüdischen Aussehens entsprachen. Über die Bebilderung wurden nun – für die „NS.Frauen-Warte" bis dato unüblich – einzelne, prominente jüdische Menschen diffamiert, darunter der ehemalige Berliner Vizepolizeipräsident Dr. Bernhard Weiss[961].

Deutlich wird, dass die „NS.Frauen-Warte" zu ausgewählten Zeitpunkten zu sonst eher selten genutzten Mitteln antisemitischer Propaganda griff, um ihre Leserinnen judenfeindlich informieren und mobilisieren zu können. Damit wurde das Feindbild, dass über die 1930er Jahre hinweg immer wieder, wenn auch eher nebensächlich in der

---

[957] Schramm, Dr. Hermann: „Der ewige Jude", in: „NS.Frauen-Warte", Heft 13 / Jg. 6, Jan. 1938, S. 457.

[958] Ebd.

[959] Ebd.

[960] Ebd., S. 458.

[961] Weiss wurde den Leserinnen in der Bildunterschrift vorgestellt als „Isidor der Vipoprä', der den Gummiknüppel zum Zepter des demokratischen Deutschland erhob" (ebd.); durch den Gebrauch des antisemitischen Spottnamens „Isidors" knüpfte die Frauenzeitschrift an die einstige Auseinandersetzung zwischen Weiss und Joseph Goebbels zu Weimarer Zeit an. Goebbels „Angriff" hatte Weiss damals mehrfach als „Isidor" bezeichnet (vgl. Bering 1995, S. 164).

Zeitschrift bedient wurde, gezielt zu bestimmten Zeitpunkten abgerufen.

Antisemitische Berichterstattung nach der „Reichspogromnacht" 1938

Die konkreten Maßnahmen der dritten antisemitischen Welle fanden, wie üblich, in der „NS.Frauen-Warte" keine ausführliche Besprechung, was sich mit den offiziellen Anweisungen an die Presse zu decken schien. Erst im Dezember 1938 reagierte die Zeitschrift mit einem etwa einseitigen Beitrag nachträglich auf die Ausschreitungen der so genannten „Reichskristallnacht".[962] Unter der Überschrift „Die armen Juden!" wurden die antisemitischen Ausschreitungen als Reaktion auf die Ermordung des Gesandtschaftsrates Ernst vom Rath durch den Juden Grünspan, als „spontane[ ] Entrüstungskundgebungen"[963] deklariert, zu lange schon wäre Deutschland der Hetze der ausländischen, jüdisch beherrschten Demokratien ausgesetzt gewesen:

> „[...] *Trotzdem finden sich immer wieder Volksgenossen, die angesichts zertrümmerter Fensterscheiben und verhafteter Juden mit bedauerndem und verständnislosem Kopfschütteln von den ‚armen Juden' zu sprechen wagen, die schließlich doch nichts dafür könnten. Diese merkwürdigen Zeitgenossen [...] haben in der sicheren Geborgenheit des Dritten Reiches meist sehr schnell vergessen, daß das verbrecherische Judentum in der Zeit, da es die Macht hatte, dem deutschen Volk sehr viel mehr zertrümmert hat als einige Fensterscheiben, und daß die Milliarde Kontribution, die dem Judentum in Deutschland auferlegt wurde, einen Bettelpfennig bedeutet gegen den gigantischen Raub, den das Judentum im Lauf*

---

[962] Vgl. o.V.: „„Die armen Juden'", in: „NS.Frauen-Warte", Heft 13 / Jg. 7, Dez. 1938, S. 407.
[963] Ebd.

der Jahrzehnte, insbesondere in der Zeit von 1918 bis 1933, an
dem deutschen Volksvermögen begangen hat. Das Schuldkonto,
welches das Judentum beim deutschen Volke offen stehen hat, ist so
unermeßlich, daß es nie bereinigt werden kann, [...]."[964]

Die „NS.Frauen-Warte" reagierte mit diesem Artikel offenbar auf
Unmut der Bevölkerung und versuchte die Aktionen gegen Juden
nachträglich gegenüber der weiblichen Leserschaft zu legitimieren.
Daher rief auch dieser Artikel verschiedene Vorurteile und Stereotype
ab, um die Ausschreitungen als Reaktion auf die jüdische Unterdrü-
ckung, etwa durch die nach 1918 beschlossenen, internationalen Friedensverträge rechtfertigen zu können; diese Knechtung anderer Völker
wäre den Juden nur möglich gewesen, indem sie „[...] die sittliche
Widerstandskraft vor allem des deutschen Volkes [...]"[965] zerstört hätten:

> „[...] *Betrug, Skrupellosigkeit, Ausbeutung, Börsengaunereien*
> *und politische Korruption größten Stils, Bürgerkrieg, Schmutz und*
> *Schund, Triumph der Sittenlosigkeit und Entwürdigung der Frau*
> *zum seelenlosen Lustobjekt, Zerstörung der Familie, grenzenloser*
> *Verfall des Geschmacks, der Weg der Kultur in die Gosse und im-*
> *mer wieder das Verbrechen in jeder Form, der Mord als politi-*
> *sches Kampfmittel, das sind die Leistungen des Judentums für die*
> *Menschheit und insbesondere für das deutsche Volk, das am we-*
> *nigsten von allen Völkern Ursache hat, sich unangebrachten Mit-*
> *leidsregungen hinzugeben. [...]"*[966].

Dezidiert wurde so, neben dem Abrufen einer Vielzahl antisemitischer Stereotype, von den Leserinnen eingefordert, kein Mitleid für
Juden zu empfinden, da der NS-Staat und das deutsche Volk auf deren
kriminelles Handeln hätten reagieren müssen. Dass dieser Artikel im
Dezember 1938, damit nachträglich zur „Reichspogromnacht" er-

---

[964] Ebd.
[965] Ebd.
[966] Ebd.

schien, trug der offiziellen Linie der Propaganda zu, die die Ausschreitungen als „spontane" Aktion darzustellen suchte. Insgesamt konnte in der Frauenzeitschrift keine ausführliche Besprechung der Ereignisse erfolgen, da die Ausschreitungen zum einen ohne jegliche, gesetzliche Handhabe erfolgten und die Zeitschrift zum anderen Juden als Opfer dieser illegalen Ausschreitungen und Übergriffe hätte benennen müssen, was wiederum die Gefahr barg, Mitleid der Leserinnen zu erregen. Entsprechend zeigte die ansonsten stets reichlich bebilderte Zeitschrift in diesem Fall auch keine Fotoaufnahmen o.ä. Damit schrieb die Redaktion den Ausschreitungen rund um den 9. November insgesamt keine allzu große Relevanz zu, versuchte aber dennoch, jegliches Mitleid vonseiten der Leserinnen zu unterbinden und die Maßnahmen nachträglich zu rechtfertigen.

Zusammenfassung: Die antisemitische Ansprache von Frauen und Mädchen durch die „NS.Frauen-Warte"

Anhand der Analyse wurde deutlich, dass der Antisemitismus nicht im Fokus der parteiamtlichen NS-Frauenzeitschrift stand, die Redaktion ihren Fokus vielmehr darauf legte, die Rolle der deutschen Frau im NS-Staat über den Entwurf positiver Leitbilder herauszustellen und den Leserinnen ihre entsprechenden Aufgaben zu vermitteln. Artikel dezidiert antisemitischen Inhaltes wurden daher in der Zeitschrift vergleichsweise selten gedruckt, auch verzichtete die Redaktion zu weiten Teilen auf die Nutzung antisemitischer Bildpropaganda und wiederkehrender Parolen. Damit schrieb die Zeitschrift der „Judenfrage" eine deutlich geringere Relevanz zu als „Der Stürmer", versäumte es aber nicht, Juden unter Anschluss an tradierte Stereotype negativ zu kennzeichnen und „Volksfremde" aus der nationalsozialistischen „Volksgemeinschaft" auszuschließen. Das Feindbild des Juden wurde damit in der Frauenzeitschrift zwar permanent in Form einer nichtgreifbaren Größe („Einfluss") bedient, die Leserinnen über konkrete Maßnahmen gegen Juden aber nur rudimentär und i.d.R. erst nachträglich informiert

– womöglich, um vorab bei den Leserinnen keinen Unmut oder gar Mitleid zu wecken, wurden Frauen und Mädchen doch traditionell ein von Natur aus überaus „emotionales Wesen" und „mütterliche Instinkte" zugeschrieben. Ebendiese (angeblich) dem weiblichen Wesen eigene Emotionalität machte weibliches Handeln im Glauben der Nationalsozialisten zudem so unkalkulierbar und bedrohte damit potentiell immer die Effizienz einer „von oben" angeleiteten, nationalsozialistischen Politik.

Grundsätzlich ist zu vermuten, dass – rekurrierend auf traditionelle Vorstellungen von Weiblichkeit – Frauen nicht zu einem gewalttätigen Handeln gegen Juden aufgerufen werden sollten, weshalb das Jüdische in der Frauenzeitschrift eben auch eine diffuse Größe blieb; wohl aber sollten die Leserinnen die Juden als „fremd" und „gefährlich" wahrnehmen, um schlussendlich die von der NS-Politik forcierten Maßnahmen der Judenverfolgung zu akzeptieren.

Hier schließt an, dass die Redaktion in ihrer Propaganda konform mit der NS-Politik ging, sich zu weiten Teilen an den offiziellen Presseanweisungen orientierte und ihre antisemitische Propaganda im Kontext der von der NS-Politik phasenweise forcierten Segregation der Juden verdichtete, um diese nachträglich legitimieren zu können, wobei die von Deutschen verübte Gewalt an Juden größtenteils ausgespart wurde.

Jene Unterschiede, die die antisemitische Propaganda der „NS.Frauen-Warte" zu der des „Stürmer" aufwies, begründen sich u.a. darin, dass die „Frauen-Warte" als ein primär von Frauen gestaltetes Medium vor allem den Bedürfnissen einer weiblichen Leserschaft entsprechen wollte, um diese für den Nationalsozialismus mobilisieren zu können. Folglich galt es der Redaktion, weibliche Handlungsräume innerhalb der NS-Gesellschaft zu definieren und für diese – z.T. recht mündig – gesellschaftliche Anerkennung, insbesondere vonseiten deutscher Männer einzufordern. Dass Frauen als Subjekte in die Pflicht genommen wurden, beeinflusste wiederum die Gestaltung der antisemitischen Propaganda: Durch ihr (der Sittlichkeit verpflichtetes) Handeln sei es den Frauen möglich, sich vom jüdischen „Einfluss" zu befreien – dazu bedurfte es, anders als im „Stürmer" dargestellt, nicht des Eingreifens des deutschen Mannes; folglich unterschieden sich deutlich vor allem die sexualantisemitischen Ausführungen zu denen des „Stürmer". Während die enge Verflechtung von Geschlechter- und Antisemitismusdiskurs dem „Stürmer" also primär dazu diente, den Anspruch deutscher Männer auf Hegemonie durch Betonung der „weiblichen Passivität" zu behaupten, nutzte die „NS.Frauen-Warte" die diskursive Verschränkung, um Frauen ihren Subjektstatus zu vermitteln und um Reformen der patriarchal strukturierten NS-Gesellschaft zugunsten der Rolle der Frau einzufordern.

5.2.3 Die Gestaltung antisemitischer Propaganda in „Das Deutsche Mädel"

Positionierung zur nationalsozialistischen Judenpolitik

Wie in der „NS.Frauen-Warte", war der Antisemitismus auch in der offiziellen NS-Zeitschrift für Mädchen und weibliche Jugendliche Teil, aber nicht Schwerpunkt der Berichterstattung. Vielmehr sah die Redaktion ihren Fokus in der Darstellung des BDM. bzw. der Sozialisation der weiblichen deutschen Jugend in einer Gemeinschaft, die ihrem Geschlecht, ihrem Alter und ihrer „Rasse" entsprechen sollte.

In „Das Deutsche Mädel" waren dezidiert judenfeindliche Artikel noch seltener zu lesen als in der „NS.Frauen-Warte", auch verzichtete die Redaktion zu weiten Teilen auf antisemitische Leitartikel sowie auf eine Bebilderung des Jüdischen. Wie in der NS-Frauenzeitschrift blieben unter Aussparung innenpolitischer (nicht die Jugend betreffender) Themen auch die konkreten, innenpolitischen Maßnahmen und Gesetze gegen Juden weitestgehend unbesprochen. Daran schloss an, dass in der NS-Mädchenzeitschrift i.d.R. selbst dann keine Verdichtung antisemitischer Propaganda erfolgte, als die NS-Führung über offizielle Presseanweisungen gezielte Propagandawellen gegen Juden initiierte, in der Folge positionierte sich die offizielle NS-Mädchenzeitschrift kaum zu den Maßnahmen der Judenverfolgung. Stattdessen verwies die Zeitschrift – wenn auch äußerst selten – wie im Oktober 1938 auf antisemitische Literatur; über diese sollten sich die Mädchen über die in der Vergangenheit unternommenen „Abwehrmaßnahmen, die immer wieder von den Deutschen gegen die Juden getroffen"[967] worden waren, informieren. Nur durch eine solche Aussparung war es der Redaktion möglich, das Feindbild der Juden immer wieder, nahezu nebensächlich zu bedienen, ohne der Kenntnis der Mädchen über (innen-) politische Themen eine allzu große Relevanz zuzuschreiben. Auch wurde vermutlich angenommen, dass eine allzu ausführliche Berichterstattung über konkret umgesetzte, brutale Maßnahmen der Judenverfolgung womöglich Unmut bei den jungen Leserinnen erregt hätte.

Zweifelsohne aber vermittelte die Zeitschrift ihren Leserinnen rassistisches Gedankengut; hierbei fokussierte sie sich, anders als „Der Stürmer", nicht auf radikalantisemitische Propaganda, sondern arbeitete die rassistischen Ideologeme zielgruppengerecht auf: Die Berichte schilderten i.d.R. (fiktive) Alltagssituationen, was das Geschilderte für die Leserinnen erlebbar erscheinen ließ. Um bereits den „Jungmädeln" zu vermitteln, dass es Unterschiede zwischen den einzelnen „Rassen" gäbe, war u.a. Mitte 1935 in der Rubrik „Jungmädel erzählen" unter dem Titel „Rasse im Alltag" zu lesen:

> *„Friedel und Els stehen vor einem Schaufenster. Photoapparate sind darin zu sehen und dahinter wundervolle Bilder [...]. ‚Schön – sagt Els. Sie ist die Kleinste der beiden, mit braunen Haaren und braunen hellen Augen, die ein wenig schelmisch und ein*

---

[967] „[...] Aus einer großen Zahl von Beispielen und geschichtlichen Tatsachen wird ersichtlich, wie der Jude arbeitete. Das Buch bringt keine unsachliche Hetze, allein die Tatsachen sprechen, und zwar so deutlich, wie es nur die Wirklichkeit vermag. Eine große Menge von Abbildungen zeigt das Antlitz des führenden Juden. Das Werk bleibt nicht bei der Schilderung der zersetzenden Einflüsse stehen, sondern zeigt alle die Abwehrmaßnahmen, die immer wieder von den Deutschen gegen die Juden getroffen wurden." (Bezler, Liesel: „Judas Kampf und Niederlage in Deutschland" / Rubrik: „Unsere Bücher", in: „Das Deutsche Mädel" / Jg. 1938, Okt. 1938, S. 31).

wenig verträumt in die Welt schauen. ‚Schön' – Wenn ich mir wünschen dürfte, was ich wollte, dann wünsche ich mir einen Photoapparat!' Friedel neben ihr, mit den widerspenstigen blonden Zöpfen, lacht hell auf. ‚Nur einen Photoapparat? Wenn du dir wünschen dürftest, was du wolltest?' Uebermütig blitzen die blauen Augen: ‚Wenn ich mir wünschen dürfte, was ich wollte, dann wünschte ich mir die ganze Welt!' ‚Nö', schüttelt Els den Kopf, ‚die ganze Welt, die wünschte ich mir nicht.' – ‚Warum denn nicht?' Die Blondzöpfe fliegen in den Nacken; das ganze Mädel ist Spannung und Unternehmungslust... Aber achselzuckend wendet sich die kleine Braune zum Gehen: ‚Die ganze Welt? – Die kriegte ich ja doch nicht!' – ".968

In dem als Kurzgeschichte aufgemachten Bericht ist das Ideologem des Rassismus' über die Verknüpfung von Phänotyp und Charakterzügen der beiden Mädchen offensichtlich: Der deutlich „nordisch" codierten „Friedel" (blonde Zöpfe, blaue Augen), in ihrem Wesen beschrieben als aktiv und „übermütig", wurde in dem Bericht die „verträumt" dreinblickende, kleiner gewachsene, braunhaarige „Els" gegenübergestellt. Während „die kleine Braune" (Els) ihren größten Wunsch durch einen Fotoapparat, also durch materielles Gut erfüllt sähe, begehrte „Friedel" „die ganze Welt", ihr Begehren spiegelte sich zugleich in ihrem Auftreten wider („[...] das ganze Mädel ist Spannung und Unternehmungslust. [...]"[969]). Bezeichnend ist zudem, dass es nur die „nordisch" codierte „Friedel" ist, die in dem Bericht wörtlich als „Mädel" beschrieben, damit als idealer Mädchentypus gekennzeichnet wurde.

Solche Berichte machten es der Zeitschrift möglich, rassistisches Gedankengut in einem scheinbar harmlosen Kontext – in diesem Fall die Unterhaltung zweier Mädchen vor einem Schaufenster – zu vermitteln, in dem die tatsächlichen, durchaus gewalttätigen NS-Maßnahmen gegen „Andersrassige" wiederum ausgespart werden konnten.

---

[968] Ein Frankenmädel: „Rasse im Alltag". Rubrik: „Jungmädel erzählen", in: „Das Deutsche Mädel" / Jg. 1935 , Juli 1935, S. 25.
[969] Ebd.

1937 informierte die Zeitschrift über die Anmeldemodalitäten des „Jungmädel-Bundes" und markierte diesen zugleich als Organisation für Mädchen ausschließlich „deutscher Abstammung"[970]. Tatsächlich war das soziale Gefüge der deutschen Mädel in der Realität durch die Organisationsstruktur des BDM. und durch die fortschreitende Entrechtung und Segregation der Juden in Deutschland ohnehin auf „gleichrassigen" Umgang begrenzt, so richtete sich der BDM. explizit ausschließlich an die (rassisch codierte) „deutsche" Jugend und schloss offiziell jene Mädchen aus, die nicht „arisch, reichsdeutsch und erbgesund"[971] waren. An anderer Stelle benannte die Zeitschrift explizit das Feindbild und verbat es sich, dass Juden die deutsche Jugend im Ausland auf Kongressen verträten.[972]

Verschiebung der „Judenfrage" auf außenpolitische Belange

I.d.R. wurde die „Judenfrage" an verkürzt dargestellten, außenpolitischen Inhalten erörtert, um die Judenverfolgung in NS-Deutschland nicht thematisieren zu müssen, das Feindbild aber dennoch bedienen zu können. Nachvollzogen werden kann diese Auslagerung der „Judenfrage" an einem Bericht, den die Zeitschrift im Mai 1933 publizierte und in dem eine junge Frau ihre Eindrücke einer Fahrt nach Polen beschrieb. Darin hieß es:

---

[970] O.V.: „Die Meldestellen sind eröffnet", in: „Das Deutsche Mädel" / Jg. 1937, Apr. 1937, S. 18.
[971] Reichsjugendführung 1938, S. 11.
Jüdinnen waren seit 1939 offiziell von jeglicher Mitgliedschaft ausgeschlossen (vgl. Deutsches Historisches Museum. Dokument: „Zweite Durchführungsverordnung zum Gesetz über die Hitler-Jugend (Jugend-Dienstverordnung) vom 25. März 1939", Reichsgesetzblatt, 1939/Nr. 66, Berlin, vom 6. 4. 1939 (Bundesarchiv Koblenz R 36/2012). URL: http://www.dhm.de/lemo/html/dokumente/hjdienst/ (Stand: 26.8.2013)).
[972] Vgl. Petmecky, Dr. Adele: „Hinter den Kulissen des Friedenskongresses", in: „Das Deutsche Mädel" / Jg. 1937, Jan. 1937, S. 15.

„[…] Dann wird mir noch im Vorbeifahren der einzige Juden-
laden dieser Gegend gezeigt, das ‚Warenhaus' der ganzen Neh-
rung. Es hat aber an Schönheit trotz der großen Schaufenster ein-
gebüßt, denn an dem angrenzenden Zaun steht in großen, weißen
Buchstaben – Judas, Du stinkst! […] als ‚Plünnerjud' mit einem al-
ten Sack kam der Mann hierher. Durch wen hat er das Geld zu dem
großen Laden? Von wem? Seit der Spruch da am Zaune steht, ge-
niert sich mancher, bei ihm zu kaufen, und die kleineren Geschäfte
haben wieder mehr Zulauf. […]"[973].

Erkennbar ist eine Vielzahl antisemitischer Stereotype, die unter
anderem dem wirtschaftlichen Antisemitismus bzw. der Verdrängung
der Juden aus der Wirtschaft zuträglich sein sollten: Der oben benannte
jüdische Händler betreibe sein Warenhaus auf Kosten der umliegenden
Geschäfte, der Jude selbst wurde als „fremd" und absonderlich gekennzeichnet, kam er als (offenbar heimatloser) „Plünnerjud'" doch
überhaupt erst nach Polen, um sich dort – mithilfe von unseriösen Machenschaften, wie die Autorin spekulierte – das Warenhaus anzueig-
nen. Auffällig ist, dass der Bericht im Mai 1933, also unmittelbar nach
dem am 1.4.1933 in Deutschland durchgeführten Boykott gegen jüdische Geschäfte veröffentlicht wurde: Durch den Bericht über Zustände
in Polen war es der Mädchenzeitschrift so möglich, das (angebliche)
Agieren jüdischer Händler im Allgemeinen negativ zu zeichnen und
darüber hinaus Maßnahmen gegen ebendiese zu legitimieren, ohne
jedoch selbst den in Deutschland durchgeführten Boykott und die
Maßnahmen der ersten, antisemitischen Welle konkret zu benennen.
Solche Berichte und Meldungen, die anhand von Darstellungen
von Zuständen im Ausland das antisemitische Feindbild bedienten,
waren i.d.R. auf den letzten Seiten eines Heftes, etwa in der Rubrik
„Ringendes Deutschtum" platziert: Rekurrierend auf tradierte Stereotype, konnten die jungen Leserinnen hier von außenpolitischen Entwicklungen, 1937 z.B. von einer von Juden kontrollierten, internatio-

---

[973] Maltzahn, Irmgard von: „Fahrt in die Danziger Niederung", in: „Das Deutsche
Mädel" / Jg. 1933, Mai 1933, S. 19 f.

nalen Presse[974], die gegen das nationalsozialistische Deutschland und seine Organisationen hetze, lesen. Um dies für die junge Leserschaft relevant zu machen, proklamierte die Zeitschrift, dass die jüdische Presse dabei immer auch die Stellung der deutschen Mädchen im NS-Staat diffamiere:

> „[…] *Immer wieder begegnen wir bei der Unterhaltung mit Ausländerinnen der Meinung, daß das deutsche Mädel entweder nicht über seinen Kochtopfhorizont hinaussehen könnte oder aber, daß der BDM. die Mädel zu einem Amazonenheer mit Gewehr und Gasmaske herausbilde, beides Meinungen, die ihnen aufgezwungen werden durch eine jüdische Presse. […]*"[975].

So konnte die Zeitschrift das Feindbild des Juden bedienen und zugleich Position gegen die Kritik an der Erziehung des BDM. (vgl. Kap. 2.1.2) beziehen, die wiederum dadurch abgewiesen wurde, dass sie als jüdisch gekennzeichnet war. An anderer Stelle war von der fortschreitenden, „geistige[n] Verjudung Rumäniens"[976] zu lesen, damit wurde auch das Stereotyp des vermögenden Juden durch die Zeitschrift bedient.[977] Vor allem aber fand, wie in den anderen beiden Medien, die Verknüpfung von Bolschewismus und Judentum Verwendung: Die gesellschaftlichen Missstände in Sowjetrussland und das (angeblich) durch die im Kommunismus praktizierte Gleichstellung der Geschlech-

---

[974] Vgl. o.V.: „Friedenswille der jungen Nationen", in: „Das Deutsche Mädel" / Jg. 1936, Sept. 1936, S. 3.

[975] Fischer, Irmgard: „Ausländerinnen erleben den BDM.", in: „Das Deutsche Mädel" / Jg. 1937, Sept. 1937, S. 9.

[976] O.V.: „Der außendeutsche Bericht. Die Juden in Rumänien", in: „Das Deutsche Mädel" / Jg. 1937, Aug. 1937, S. 29.

[977] „[…] Damals [während des Ersten Weltkrieges, L.B.] versprach England den Juden die Errichtung eines selbständigen Staates in Palästina, und bekam dafür als Gegengabe die Unterstützung der jüdischen Hochfinanz. […]" (Menzel, H.: „Araber und Juden in Palästina", in: „Das Deutsche Mädel" / Jg. 1938, Juli 1938, S. 30).

ter bedingte Leid der Frauen führte die Zeitschrift immer auf das Handeln „jüdisch-bolschewistische[r] Machthaber"[978] zurück.

Das Angstbild des „jüdischen Einflusses"

Damit blieb das Feindbild Jude auch im „Deutschen Mädel" i.d.R. eine nicht fassbare Größe; mithilfe negativer Zuschreibungen wurde aber eine Gefahr für „Volk" und „Rasse" entworfen. Martin Klaus schreibt in seiner Arbeit von einer „Bildung irrationaler Ängste"[979], auf die die NS-Jugendarbeit mithilfe ihrer Propaganda gezielt hingearbeitet hätte: „[...] diese Ängste richten sich gegen alle Gefahren, die die internalisierten Leitbilder zu bedrohen [...]"[980] schienen. Entsprechend wusste die NS-Mädchenzeitschrift die Angst vor den Juden zu schüren: Das „überall zersetzend wirkende internationale Judentum"[981] würde etwa mithilfe seiner finanziellen Macht[982] nichtjüdische Völker von ihrer eigentlichen, „rassischen" Bestimmung abbringen, um sie in der Konsequenz unterwerfen und vernichten zu können. Die Mädchenzeitschrift schrieb damit die Vorstellung einer umfassend kontrollierenden, jüdischen Weltmacht fort, deren Einfluss sich das nationalsozialistische Deutschland im Sinne der Bewahrung seines „Volkstums" zu entziehen hätte[983].

Indem das Jüdische – ähnlich wie in der „NS.Frauen-Warte" – eine diffuse Größe blieb, die die Mädchen emotional erfassen sollten, das

---

[978] Petmecky, Dr. Adele: „ Jugend im Sowjetparadies", in: „Das Deutsche Mädel" / Jg. 1936, Dez. 1936, S. 13. sowie vgl. u.a. Klinger, Lieselotte: „Wer möchte mit ihnen tauschen?", in: „Das Deutsche Mädel" / Jg. 1938, Jan. 1938, S. 14.
[979] Klaus 1980, S. 100.
[980] Ebd.
[981] O.V.: „Streiflichter. Angst vor dem Hakenkreuz", in: „Das Deutsche Mädel" / Jg. 1936, Febr. 1936, S. 31.
[982] Vgl. u.a. Stab, Hildegard: „Preußen und Nationalsozialismus", in: „Das Deutsche Mädel" / Jg. 1933, Juli 1933, S. 4.
[983] Vgl. u.a. Bössenroth, Ingeborg: „Wahrt euer Volkstum!", in: „Das Deutsche Mädel" / Jg. 1933, Sept. 1933, S. 28.

Jüdische darüber hinaus vor allem Erwähnung in Berichten zu Entwicklungen im Ausland fand, wurde deutlich, dass das Feindbild zwar vermittelt, aber aus den den Mädchen zugedachten Handlungsbereichen weitestgehend ausgelagert war. Wohl sollten die Mädchen die rassistische NS-Ideologie und ihre Feindbilder verinnerlichen, dennoch fanden sich in der Zeitschrift höchst selten explizite Anweisungen, auf welche Weise die Mädchen selbst gegen Juden aktiv werden sollten. Die Rahmenbedingungen, die eine solche Aussparung antisemitischer Mobilisierung der Zielgruppe qua „Geschlecht" und „Alter" möglich machte, schuf die NS-Führung, indem sie den Aufbau einer „deutschen Staatsjugend" und parallel die Entrechtung und Vertreibung der Juden aus Deutschland forcierte – jüdische Menschen wurden somit mehr und mehr aus dem unmittelbaren Umfeld deutscher Mädchen verdrängt, die Möglichkeit auf alltägliche Interaktion mit Juden zunehmend eingeschränkt.

Zugleich muss konstatiert werden, dass von den jungen Leserinnen zwar selten konkretes Handeln gegen einzelne Juden eingefordert wurde, mithilfe der antisemitischen Propaganda aber dennoch ein Bild der Angst und Ablehnung entworfen wurde, was die Leserinnen das Handeln anderer Subjekte gegen Juden zumindest tolerieren lassen sollte.

„Kultur" und „Volkstum" als zentrale Begriffe der antisemitischen Propaganda

Die wenigen Berichte, in denen „Das Deutsche Mädel" dezidiert judenfeindlich schrieb, waren i.d.R. um die Begriffe des „zersetzenden", jüdischen „Einflusses" und des zu wahrenden „deutschen Volkstums" zentriert. Da die Redaktion die deutschen Mädchen als Trägerinnen deutscher Kultur wahrzunehmen vorgab, wurden diese regelmäßig angehalten, sich im Sinne ihres „Volkstums" zu verhalten und sich der „rassisch bedingten" Gegensätzlichkeit von Deutschen und Juden bewusst zu werden:

„[…] das System, das sich seit 1918 Preußen nennt, ist kein Preußen. Niemals ist Preußen das heutige System des von Juden bestimmten Materialismus und Kapitalismus. Sondern Preußen ist Schlichtheit und Sauberkeit, ist Bescheidenheit und Opfersinn für die Allgemeinheit, ist Freiheits- und Wehrwillen, ist artbedingter Idealismus und Sozialismus. Der Nationalsozialismus wird das alte Preußen wieder auferstehen lassen in neuer Form. Diese neue Form wird vom Zeichen des Hakenkreuzes überstrahlt sein. Das heißt: daß der Nationalsozialismus erkannt hat den größten Feind und den wahren Vernichter des Preußengeistes: den artfremden Juden. […]"[984].

Nicht nur entwarf die Zeitschrift so am Begriff des Jüdischen einen Gegensatz zum Nationalsozialismus, auch stellte sie letzteren bewusst in das kulturelle Erbe des „Preußengeistes", um eine Traditionslinie aufzeigen zu können, was implizit auf das Stereotyp der jüdischen Kulturlosigkeit rekurrierte. Um die deutsche Kultur wahren zu können, forderte die Zeitschrift u.a. 1936 die gesamte „Volksgemeinschaft" zur „gewissenhafte[n] Reinigung [der Muttersprache, Anm. L.B.] von all den fremden Eindringlingen, die in Zeiten nationalen Niederganges übernommen worden"[985] seien, auf. Der Artikel endete mit dem Appell, „[…] den jüdischen Einfluß nicht nur von unserem wirtschaftlichen und kulturellen Leben abzuschütteln, sondern auch aus unserer Sprache für immer auszuschalten. […]"[986]. Gestützt wurde die Vorstellung einer von „Zersetzung" gefährdeten, deutschen Kultur durch einzelne Berichte, die die Leserinnen die Juden als „fremd" und unkulti-

---

[984] Stab, Hildegard: „Preußen und Nationalsozialismus", in: „Das Deutsche Mädel" / Jg. 1933, Juli 1933, S. 4.
[985] O.V.: „Streiflichter. Schlamassel, Stuß und Dalles", in: „Das Deutsche Mädel" / Jg. 1936, Mai 1936, S. 32. „[…] Das Judentum beherrschte Jahrzehnte hindurch das deutsche Wirtschafts- und Geschäftsleben. Zeugnisse dieses jüdischen Geschäftsgeistes sind zahlreiche Ausdrücke und Redensarten, die noch heute gedankenlos nachgeplappert werden. […] Bekannt ist, daß ein großer Teil der Gaunerausdrücke in hebräischen Worten wurzelt. […]." (ebd.).
[986] Ebd.

viert wahrnehmen ließen. Mit dieser Intention schilderte Lotte Becker, wie sie 1937 eine Überfahrt nach Palästina erlebte:

> *„Schon der erste Tag auf dem Schiff zeigte mir, daß ich von jetzt ab in einer fremden Welt lebte: ich war auf dem ganzen Schiff die einzige Arierin. Alle übrigen Mitreisende waren Juden: Emigranten oder Ferienreisende. [...] Ueber Genua, Neapel und Alexandria kamen wir nach fünf Tagen Seefahrt in die Nähe des Festlandes. [...] Eine heimliche Erregung hatte das ganze Schiff ergriffen, und als endlich in der Ferne die feinen Linien der syrischen Küste auftauchten, begrüßten die Juden ihr ,gelobtes Land' mit feierlichen zionistischen Gesängen und Händeklatschen. Sehr fremd fühlte ich mich in dieser Gesellschaft. Ich spürte, hier ist ein Volk, das durch eine Welt von uns getrennt ist; und doch sprachen alle diese Menschen deutsch, waren einmal deutsche Staatsbürger gewesen. In diesem Augenblick erschien mir das fast unbegreiflich. [...]"*[987].

Als „unbegreiflich" beschrieb die Autorin ihr Empfinden, dass sie, als – wörtlich – „Arierin" und die Juden einst Angehörige desselben Staates gewesen waren, in der Gegenwart der Juden fühlte sie sich „fremd". Die genauen Umstände der Schifffahrt, die vermutlich eine Flucht der Juden aus NS-Deutschland denn eine gewöhnliche Schifffahrt gen Palästina war sowie der Erlass des „Reichsbürgergesetzes" 1935, welches den Juden die deutsche Staatsbürgerschaft aberkannte, ließ die Autorin unerwähnt. Dass die Zeitschrift ausgerechnet im Sommer 1936 diesen Bericht über eine Schifffahrt jüdischer Menschen gen Palästina veröffentlichte, schien mit der offiziellen NS-Politik zusammenzulaufen, die zum gegebenen Zeitpunkt noch die Vertreibung aus Deutschland forcierte. Ergo wurden die Schifffahrt eben nicht als Flucht, die Juden nicht als Vertriebene beschrieben, vielmehr „[...] begrüßten die Juden ihr ,gelobtes Land' mit feierlichen zionistischen

---

[987] Becker, Lotte: „Ausschnitte einer Palästinafahrt", in: „Das Deutsche Mädel" / Jg. 1936, Juli 1936, S. 4.

Gesängen und Händeklatschen. [...]"[988]; Palästina wurde als Destination jüdischer „Reisen" also in einen positiven Kontext, außerhalb von Entrechtung und Vertreibung gesetzt. Indem die Autorin überdies auf der Reise ausgerechnet „zionistische Gesänge" auszumachen glaubte, wurde auch der Zionismus in den antisemitischen Diskurs eingebracht und somit implizit die Vorstellung propagiert, dass das Verlassen Deutschlands im Interesse der Juden selbst läge – was die NS-Maßnahmen gegen Juden nochmals relativieren sollte. In dem vergleichsweise ausführlichen, dezidiert antisemitischen Bericht schilderte die Verfasserin überdies ihre Eindrücke der Stadt Jerusalem, die erneut die Vorstellung deutscher, kultureller Hegemonie offenbarten:

> „[...] *Es gibt dort sogar eine ganz große deutsche Kolonie. [...] Sie liegt etwas außerhalb der Stadt und ist sofort an den sauberen, ordentlichen Straßen und den schönen Gärten zu erkennen. Dadurch zeichnen sich überhaupt alle deutschen Kolonien Palästinas aus, und man wird ganz stolz auf deutschen Fleiß und deutsche Arbeit. Dagegen die rein jüdischen Siedlungen! Die Häuser sind dort oft völlig wahllos durcheinander gesetzt, und an wohl angelegte Gärten ist gar nicht zu denken. [...]*"[989].

Ähnlich hätte sie beim Besuch Tel-Avivs empfunden:„[...] Ungepflasterte, völlig systemlos angelegte Straßen, auf denen neben dem Bauschutt auch der Abfall aus den Häusern herumliegt, sind bezeichnend für diesen Mittelpunkt des Judentums in Palästina. [...]"[990]. Den Juden wurde damit, im Gegensatz zu den Deutschen, jeglicher Sinn für Hygiene, für durchdachtes und effizientes Arbeiten abgesprochen, in summa ihre (angebliche) Unkultiviertheit unterstrichen. Ergänzt wurde der umfassende Bericht durch mehrere Fotografien, darunter eine Aufnahme von zwei dicht beieinander stehenden Männern, die mit langen

---

[988] Ebd.
[989] Becker, Lotte: „Ausschnitte einer Palästinafahrt", in: „Das Deutsche Mädel" / Jg. 1936, Juli 1936, S. 4 f.
[990] Ebd., S. 5.

Bärten, schlecht sitzenden Mänteln und gebeugter Körperhaltung typische antisemitische Bildstereotype aufwiesen; der daneben positionierte Text berichtete: „[...] Neben eleganten Frauen, die auffällig gekleidet und bemalt mit rotlackierten Fußnägeln durch die Straßen trippeln, tauchen plötzlich langbärtige polnische Juden auf oder die echten Kaftanjuden mit langen, schwarzen Locken. [...]"[991].

Abb. 9: Fotografie, in: „Das Deutsche Mädel", Juli 1936, S. 5.

Die Vorstellung der rassisch bedingten Verschiedenheit Deutscher und Juden sollte somit auch auf Bildebene vermittelt werden, das Medium der Fotografie sollte zudem die Authentizität des Berichteten stützen. Die obige Fotografie ist nicht nur deshalb interessant, da sie als eine der wenigen Fotoaufnahmen in der NS-Mädchenzeitschrift beanspruchte, Juden zu zeigen; auffallend ist auch die Ähnlichkeit zwischen der männlichen Figur rechts im Bild und jener Zeichnung, mit der die Nationalsozialisten wenige Jahre später ihre Propagandaausstellung „Der Ewige Jude" bewerben sollten. Hier bediente sich die NS-Mädchenzeitschrift also bekannter Bildstereotype.

---

[991] Ebd.

Geringe Präsenz sexualantisemitischer Darstellungen

Der Prämisse folgend, die Weiblichkeit des Mädels zu Zwecken der Mobilisierung von der der deutschen Frau abzugrenzen, schloss der antisemitische Diskurs in „Das Deutsche Mädel" nur äußerst selten explizit an das höchste Ideal der (künftigen) deutschen Mutter an und sparte in der Konsequenz sexualantisemitische Berichte sowie die Nutzung antisemitischer Sexualbilder weitestgehend aus. Im September 1933 veröffentlichte die Zeitschrift einen der wenigen Berichte, die sich dezidiert und – auf anderthalb Seiten vergleichsweise ausführlich – gegen „Mischehen" positionierten:

„[…] *Wenn unser deutsches Volk auch schon mit Slaven, Romanen und anderen Völkern vermischt ist, so ist es doch geadelt und veredelt durch das nordisch-germanische Blut. Und nun ist es unsere Aufgabe, uns nicht weiter mit minderwertigen Rassen zu verbinden. Diese Gefahr droht uns am meisten durch das Judentum. […] Die Juden sind berechnende, schlaue und anpassungsfähige Menschen. Sie haben sich in sämtliche Länder der Welt eingeschlichen, um die Macht zu erlangen. Nicht auf dem ehrlichen Wege des Krieges, sondern allmählich, durch schlauen, betrügerischen Handel haben sie alles Geld an sich gerissen und sind in die obersten Schichten der Völker eingedrungen. Nun versuchen sie durch eheliche Verbindung mit Deutschblütigen unsere Rasse und damit unser Volkstum zu zersetzen. Deshalb müssen wir die Juden bekämpfen, denn jede Ehe zwischen Ariern und Semiten ist Verrat am Vaterland. Außerdem ist es eine Sünde den Nachkommen gegenüber, die teils die Eigenschaften des germanischen Vorfahren, teils des jüdischen besitzen. Ein solcher Mischling, der die widerstrebenden Charaktereigenschaften der beiden Rassen in sich trägt, wird fast immer ein in sich zerrissener Mensch sein. Und schon nach einigen Generationen hat dann das jüdische Blut als das minderwertigere nach dem Gesetz der Vererbungstheorie gesiegt, die wertvollen Eigenschaften des nordischen Menschen sind unterdrückt. Und so kommt es, daß der jüdische Einfluß auf allen*

Gebieten, in der Wirtschaft, der Kunst, der Wissenschaft, in der ganzen Kultur überhaupt, immer mehr überhand nimmt. Deshalb hat jeder einzelne Deutsche die Pflicht, auf rassischem Wege zur Erhaltung des Volkstums beizutragen, denn Rasse und Volkstum hängen unmittelbar zusammen. [...]"[992].

Die „Mischehe", erst 1935 offiziell verboten, wurde den Leserinnen also bereits im September 1933 als Instrument einer jüdischen Rassenpolitik vermittelt, indem Juden das deutsche Volk durch Verbreitung ihres „minderwertigeren Blutes" auf lange Sicht „rassisch" zu „zersetzen" versuchten, was ein Einschreiten des NS-Staates erforderte. Ähnlich wie in der „NS.Frauen-Warte" war die Ausübung des Geschlechtsverkehrs, unter dem Anspruch der Sittlichkeit, auch hier an die Institution Ehe gekoppelt, was deutsche Mädchen wiederum in ihrer, der Ehe und damit der Fruchtbarkeit quasi vorgelagerten Weiblichkeit nicht zur primären Zielgruppe (sexual-)antisemitischer Propaganda machte. Die Aussparung ebenjener erklärt, warum die NS-Mädchenzeitschrift überdies auch auf Ausführungen zu den „Nürnberger Rassegesetzen" verzichtete.

Zusammenfassung: Die antisemitische Ansprache von Frauen und Mädchen durch „Das Deutsche Mädel"

Die Analyse der offiziellen NS-Mädchenzeitschrift ergab, dass die antisemitische Propaganda zwar Bestandteil, nicht aber Schwerpunkt der Berichterstattung der Zeitschrift war. Die Zeitschrift widmete sich stattdessen primär der Darstellung der Arbeit und Organisation des BDM., um diese gegenüber den meist jungen Leserinnen attraktiv zu zeichnen und auf diese Weise den Erziehungsanspruch der NS-

---

[992] Bössenroth, Ingeborg: „Wahrt euer Volkstum!", in: „Das Deutsche Mädel" / Jg. 1933, Sept. 1933, S. 10 und S. 28.

Organisation auf weibliche Kinder und Jugendliche legitimieren zu können.

Als ein Ideologem der NS-Ideologie, war der Antisemitismus dennoch auch in der Mädchenzeitschrift präsent, wenngleich die Ausgestaltung der antisemitischen Propaganda offenbar mit der Zielgruppenansprache zusammenlief: Deutlich dominierte der positive Bezug auf die eigene, „rassereine" Gemeinschaft im BDM. und in der NS-„Volksgemeinschaft", der Ausschluss „fremdrassiger" Menschen aus ebendieser Gemeinschaft war damit zugleich immer implizit. Die ohnehin äußerst selten publizierten, dezidiert antisemitischen Berichte waren kaum um eine antisemitische Bildpropaganda ergänzt, auch judenfeindliche, typografisch hervorgehobene Parolen fanden sich in der Zeitschrift nicht. Im Vergleich zu den anderen beiden Pressemedien fällt zudem auf, dass sich „Das Deutsche Mädel" angesichts der in den 1930ern in Deutschland erfolgten, antisemitischen Wellen kaum positionierte, auch handelte die Zeitschrift Ausführungen zur „Judenfrage" wenn, dann meist an kurzgehaltenen Berichten zu Entwicklungen im Ausland ab. Offenbar sollten die jungen Leserinnen keine allzu große Kenntnis über die Judenverfolgung im eigenen Land erlangen, da das mitunter Unmut gegenüber den judenfeindlichen Maßnahmen erregt, darüber das Ansehen des NS geschmälert hätte, damit der Mobilisierung für ebendiesen nicht zuträglich gewesen wäre. Zugleich schienen die Verantwortlichen der Zeitschrift das aktive, d.h. auch gewalttätige Handeln gegen Juden nicht als primäre Zuständigkeit der Mädchen zu betrachten, da antisemitische Handlungsaufforderungen – wenngleich die Zeitschrift ein wichtiges Forum dafür hätte darstellen können – vergleichsweise selten geäußert wurden und sich i.d.R. darauf beschränkten, das „Volkstum" durch eine „rassenbewusste" Lebensgestaltung zu wahren.

6. Fazit

„[…] Der deutsche Faschismus einschließlich des Völkermords an den Juden war der Effekt einer komplexen, aber historisch kontingenten Diskursverschränkung, […]. […]"[993] – mit diesen Worten versucht der Sprachwissenschaftler Siegfried Jäger eine Erklärung für das zu formulieren, was angesichts der an Millionen Menschen verübten Verbrechen unfassbar scheint.

Exemplarisch ist in der vorliegenden Arbeit aufgezeigt worden, dass u.a. der Geschlechter- und der Antisemitismusdiskurs in der Pressepropaganda der 1930er Jahre eng miteinander verschränkt waren, hierzu ist die Analysekategorie „Geschlecht" auf eine diskursanalytische Untersuchung von nationalsozialistischer Pressepropaganda, genauer: der in den 1930er Jahren veröffentlichten Pressemedien „Der Stürmer", „NS.Frauen-Warte" und „Das Deutsche Mädel" angewandt worden.

Unter Beachtung der Diskursverschränkung wurde herausgearbeitet, dass die antisemitische Propaganda geschlechtsspezifisch zu vermitteln versucht wurde, der Ausgestaltung der antisemitischen Propaganda in den einzelnen Medien also bestimmte Vorstellungen von Weiblichkeit zugrunde lagen. Hierbei wurde deutlich, dass Frauen und Mädchen – ihrem Alter entsprechend – unterschiedliche, aber nur „zugelassene" Bedürfnisse innerhalb des Geschlechterdiskurses, unter Eindruck einer weitestgehend tradierten Geschlechterordnung, geltend machen konnten. Mithilfe der engen Verschränkung von Antisemitismus- und Geschlechterdiskurs sollte die weibliche Leserschaft unter dem Eindruck der in den tradierten Rollenbildern begründeten Ge-

---

[993] Jäger, Siegfried: Diskursive Vergegenkunft. Rassismus und Antisemitismus als Effekte von aktuellen und historischen Diskursverschränkungen. In: Eder (Hrsg.) 2006. S. 240.
URL: http://link.springer.com/book/10.1007/978-3-531-90113-8/page/1 (Stand: 2.7.2013).

schlechterzuschreibungen nicht nur judenfeindlich angesprochen, sondern auch zu einem geschlechtsspezifischen (d.h. zu einem von Frauen und Mädchen erwarteten) Handeln gegen Juden mobilisiert werden; dieses Handeln wiederum sollte durch das Vorgeben „zugelassener" Weiblichkeiten (und nicht zuletzt durch die praktizierte Geschlechterpolitik im NS-Staat) angeleitet werden. Deutlich wurde herausgearbeitet, dass es sich sowohl bei „Geschlecht" als auch beim Bild „des Juden" im Kontext der NS-Propaganda um vielschichtige Konstruktionen handelte, die von den einzelnen Medien keineswegs übereinstimmend, sondern vielmehr stets so kolportiert wurden, dass sie den Bedürfnissen der jeweiligen Subjekte entsprachen.

Unter anderem bedingt durch die z.T. voneinander abweichenden und sich im Laufe der 1930er Jahre unter Eindruck der Politik durchaus wandelnden Positionen, die die einzelnen Medien in den 1930er Jahren im Geschlechterdiskurs bezogen, indem sie unterschiedliche Bilder von Weiblichkeit in ebendiesem Diskurs zuließen, unterschied sich auch die Ausgestaltung der antisemitischen Ansprache der weiblichen Leserschaft in den einzelnen Medien: War das Frauenideal im Nationalsozialismus im Allgemeinen um „reinrassige" Fruchtbarkeit und Mutterschaft zentriert, nutzte „Der Stürmer" diese tradierte Vorstellung von Weiblichkeit, um die Figur der (künftigen) deutschen Mutter in einer sexualantisemitischen Propaganda einzufassen, welche zugleich den Hegemonialanspruch der deutschen Männer legitimieren sollte. Die parteiamtliche Frauenzeitschrift der „NS.Frauen-Warte" wies den Frauen überdies deutlich mehr Möglichkeiten zum Engagement, zugleich mehr Aktionsräume zu, in denen sie in ihrer Weiblichkeit aktiv für die NS-„Volksgemeinschaft" werden sollten. Ähnliches trifft auf „Das Deutsche Mädel" zu; die NS-Mädchenzeitschrift beanspruchte für die weibliche Jugend ebenfalls Handlungsräume, in denen Mädchen – qua Alter und qua Geschlecht, also als künftige Mütter – im Sinne des Nationalsozialismus aktiv werden sollten. Das nahezu ausschließlich positiv besetzte Weibliche hatte sich laut „NS.Frauen-Warte" und „Das Deutsche Mädel" durch ein gesundes „Rassenbewusstsein" und entsprechende Lebensführung gegen jüdischen „Einfluss" auf die Kultur zu erwehren, während „Der Stürmer" vor allem an der Sexualfigur des „jüdischen Rassenschänders" eine Gefahr für die Leserinnen entwarf.

Gemein war allen Pressemedien, dass sie bei ihrer weiblichen Leserschaft Ablehnung gegen Juden, primär durch Angstgefühle zu evozieren versuchten; demnach seien Juden eine Gefahr für Frauen und Mädchen als auch für die „deutsche Weiblichkeit" per se: Juden würden bewirken, dass das Ansehen deutscher Frauen und Mädchen – sei es (laut „Stürmer") durch „Verseuchung" oder (laut Parteipresse) durch „zersetzenden" Einfluss auf die deutsche Kultur und damit auf weiblich codierte Handlungsräume – geschmälert, ihnen letztlich keinerlei Anerkennung für ihr weibliches Schaffens gezollt würde. Die Leserinnen wurden so immer als Deutsche, aber immer auch gezielt als Mädchen bzw. Frauen mithilfe einer „wesensgemäßen"[994], weil persönlichen, emotionsgebundenen und auf weibliche Bedürfnisse zugeschnittenen Anrede adressiert. Die antisemitische Mobilisierung sollte dadurch gelingen, dass die Medien in ihrer Propaganda vorgaben, die (unterschiedlichen, zugeschriebenen) Bedürfnisse der Frauen und Mädchen erkannt zu haben, sie diese durch den Juden gefährdet erschienen ließen und sie den Leserinnen so einen (unter Eindruck einer geschlechtsspezifischen Sozialisation imaginierten) „psychischen Gewinn"[995] durch Verinnerlichen antisemitischer Ressentiments in Aussicht stellten.

Gleichzeitig schien die Geschlechterzuschreibung, das weibliche Geschlecht könne vor allem durch eine emotionale Ansprache erreicht und beeinflusst werden, die Ausgestaltung der antisemitischen Propaganda zu strukturieren: Über die antisemitische Politik informiert wurden Frauen und Mädchen in allen drei Medien nur rudimentär, Artikel bzw. Bildmaterial dezidiert antisemitischen Gehaltes fanden sich überdies in der „NS.Frauen-Warte" und in „Das Deutsche Mädel" vergleichsweise selten, was darauf hindeutet, dass die antisemitische Propaganda für die NS-Führung immer auch das Risiko barg, auf Seiten der weiblichen Leserschaft Mitleid gegenüber Juden zu wecken. Dieser imaginierte, vergeschlechtlichte Unterschied zwischen „männlichem

---

[994] Zander-Mika: Frau und Presse 1940, S. 1162.
[995] Vgl. Radonic 2004, S. 163.

Verstand" und „weiblicher Emotionalität" hatte zudem Einfluss auf die Ausgestaltung der hier untersuchten, antisemitischen Propaganda: Die „Judenfrage" musste, um einer endgültigen Lösung ohne große Widerstände zugeführt zu werden, von rational denkenden und rational handelnden Männern umgesetzt werden, auf deren Handeln die NS-Führung gezielt Einfluss nehmen konnte. Weibliches Handeln wäre, so die Zuschreibung, hingegen von Gefühlen geleitet und damit von der NS-Führung rational nicht zu beeinflussen.

Insgesamt lässt die geringe Präsenz antisemitischer Propaganda in den offiziellen NS-Medien „NS.Frauen-Warte" und „Das Deutsche Mädel" damit eben auch darauf schließen, dass die Mobilisierung zum aktiv-antisemitischen nicht Schwerpunkt der Zielgruppenansprache bei Frauen und Mädchen war. „Der Stürmer" hingegen richtete sich dezidiert auch und vor allem an eine männliche Leserschaft, die es durch radikalen und konsequent bedienten „Radauantisemitismus" zum aktiven Handeln, d.h. zur Gewaltanwendung gegen Juden zu mobilisieren galt. Unter dem Eindruck traditioneller Weiblichkeitsvorstellungen sollten hingegen Frauen und Mädchen keine körperliche Gewalt gegen Juden ausüben, diese aber sehr wohl tolerieren, wenn deutsche Männer es taten. De facto sollten Frauen wie Männer, Mädchen wie Jungen in den ihnen jeweils – qua Alter und qua Geschlecht – zugeordneten Handlungssphären ihrer „Rasse" angemessen, damit auch antisemitisch handeln. Zugleich liefen deutsche Mädchen und Frauen – insbesondere angesichts der fortschreitenden Entrechtung und Segregation der in Deutschland lebenden Juden – immer seltener „Gefahr", in den ihnen zugestandenen Handlungsfeldern Kontakt zu jüdischen Menschen zu bekommen, was die antisemitische Propaganda für die Frauen- und Mädchenansprache in der „NS.Frauen-Warte" und „Das Deutsche Mädel" womöglich weniger dringlich werden ließ.

Neben diesen sich in der Zielgruppenansprache niederschlagenden Geschlechterzuschreibungen strukturierte die Kategorie des „Geschlechts" mitunter sicher auch die Ausgestaltung der Propaganda insofern, als dass jene immer auch im Interesse der einzelnen Redaktionsmitglieder und Herausgeber gestaltet war, welche selbst ja – unter dem Eindruck der geschlechtsspezifischen Sozialisation – Bedürfnisse als Mann oder Frau in den Diskurs einzubringen versuchten. Neben der Kategorie „Geschlecht" dürften weitere Faktoren die Ausgestaltung des antisemitischen Diskurses auf Ebene der Medien der 1930er Jahre bedingt haben, darunter die Gestaltungsspezifika der einzelnen Medienformen (Wochenzeitung / Zeitschrift) sowie die Tatsache, dass „Das Deutsche Mädel" und die „NS.Frauen-Warte" als offizielle Presseorgane von Parteiorganisationen erschienen und sich damit vorrangig der Berichterstattung über ebendiese Organisationen o.ä. verschrieben, während „Der Stürmer" gezielt als antisemitisches Hetzblatt vertrieben wurde.

Nach der erfolgten Analyse einschlägiger NS-Presse ist zu resümieren, dass die Kategorie des „Geschlechts" die Ausgestaltung der antisemitischen Propaganda auf vielfältige Weise beeinflusste. Dies bedingte, dass sich die Pressemedien durchaus unterschiedlich im antisemitischen Diskurs der 1930er Jahre positionieren konnten, wobei jedes der drei hier untersuchten Pressemedien Frauen bzw. Mädchen auf seine Weise antisemitisch anzusprechen wusste: Während mit dem „Stürmer" – dem die NS-Führung sogar Sonderregelungen zur Erstellung seiner Propaganda einräumte – eine deutlich radikalantisemitische Stimme in den Diskurs eingebracht wurde, verbreiteten die „NS.Frauen-Warte" und „Das Deutsche Mädel" als Parteipresse einen vergleichsweise gemäßigt auftretenden, weil nicht direkt zur physischen Gewalt gegen Juden aufrufenden, aber nicht weniger gefährlichen Antisemitismus, der eben durch die Einbettung des Feindbildes Jude in frauen- und jugendpolitische Themen seine Wirkung zu erzielen vermochte. Eine Rezeptions- bzw. Wirkungsforschung, die z.B. gezielt (möglicherweise archivierte) Zuschriften von Leserinnen an die jeweiligen Redaktionen auswertet, könnte Aufschluss darüber geben, wie wirksam die antisemitische Propaganda der einzelnen Pressemedien tatsächlich war.
Vorerst bleibt zu konstatieren, dass es genau diese Diversität des antisemitischen Diskurses war, die den Frauen und Mädchen die Möglichkeiten gab, verschiedene (wenn auch zugleich diskursiv vorgegebene) Positionen in ebendiesem zu beziehen, was die antisemitische

Propaganda der Nationalsozialisten in den 1930er Jahren so anschluss-
fähig werden ließ. Damit wurden Überlegungen zur Judenverfolgung
und -vernichtung im Laufe der 1930er Jahre mithilfe der Pressepropaganda nicht nur sagbar – sie wurden, wie die Geschichte zeigt, durch-
führbar.

Anhang

Quellen und Literatur

Quellen

„Der Stürmer. Deutsches Wochenblatt zum Kampfe um die Wahrheit"

Bibliothek der Leuphana Universität Lüneburg

Jahrgang   8 (1930): Ausgaben September – Dezember
              9 (1931)
          10 (1932)
          11 (1933)
          12 (1934)
          13 (1935)
          14 (1936)
          15 (1937)
          16 (1938)
          17 (1939): Ausgaben Januar – März

„NS. Frauen-Warte. Die einzige parteiamtliche Frauenzeitschrift"

Bundesarchiv Berlin-Lichterfelde

Jahrgang   1 (1932/33): Heft 1–10, 12–16, 18–20, 22–24
               2 (1933/34): 1–6
               3 (1934/35): 1–26
               4 (1935/36): 1–24
               5 (1936/37): 1–27

Staatsbibliothek zu Berlin, Preußischer Kulturbesitz

Jahrgang   1 (1932/33): 17
               2 (1933/34): 7–25 (Bestandslücken: 11, 12)

Staats- und Universitätsbibliothek Bremen

Jahrgang   6 (1937/38): 1–26
               7 (1938/39): 1–26 (Juli 1938 – März 1939)

„Das Deutsche Mädel"

„Das Deutsche Mädel: Bundesbriefe des ‚Bund Deutscher Mädel' in der Hitlerjugend"

Bayerische Staatsbibliothek München

Jahrgang   1933 : Heft 1–8 (Februar – September)

„Das Deutsche Mädel. Die Zeitschrift des Bundes Deutscher Mädel in der HJ."

Niedersächsische Staats- u. Universitätsbibliothek Göttingen

Jahrgang   1934: Heft November – Dezember
            1935: Heft Januar – Dezember

Bundesarchiv Berlin-Lichterfelde

Jahrgang   1936: Heft Januar – Dezember
            1937: Heft Januar – Dezember
            1938: Heft Januar – Dezember

Bundesarchiv Berlin-Lichterfelde

Jahrgang   1939: Heft Januar – März

Weitere Primärquellen

Abschrift Dr. Hanssen an den Gauleiter Adolf Wagner, Schreiben vom 27.5.1940 (Akte NS 6 885, Bestand Bundesarchiv).

Amann, Max: Die nationalsozialistische deutsche Volkspresse. In: Institut für Zeitungswissenschaft an der Universität Berlin (Hrsg.): Handbuch der deutschen Tagespresse. 6. Auflage. Leipzig, Frankfurt am Main 1937. S. VII – XIII.

Antrag zur Bearbeitung der Aufnahme als Mitglied der Reichsschrifttumskammer, Gruppe Lektoren, ausgefüllt von Eleonore Schwarz-Semmelroth, ohne Datum. In: Personenbezogene Unterlagen der Reichskulturkammer (RKK): Schwarz-Semmelroth, Ellen (R 9361-V/36439, Bestand Bundesarchiv).

Berendt, Erich F.: „Soldaten der Freiheit". Ein Parolebuch des National-sozialismus 1918 - 1925. Berlin 1935.

Degener, Herrmann A.L. (Hrsg.): Wer ist's? Unsere Zeitgenossen. Berlin, Leipzig 1935.

Dinter, Artur: Die Sünde wider das Blut. Ein Zeitroman. Vierzehnte Auf-lage. Leipzig 1920.

Fragebogen zur Bearbeitung des Aufnahmeantrages für die Reichsschrifttumskammer, ausgefüllt von Renate von Stieda am 3.12.1938. In: Personenbezogene Unterlagen der Reichskulturkammer (RKK): Stieda, Renate von (R 9361-V/11239, Bestand Bundesarchiv).

Günther, Hans F.K.: Kleine Rassenkunde des deutschen Volkes. München 1933.

Hart, Hermann: Judentum und Presse. Judenfeindliche Kampfpresse. In: Heide, Walther (Hrsg.): Handbuch der Zeitungswissenschaft, Band 2. Leipzig 1943. S. 2118 – 2159.

Hitler, Adolf: Mein Kampf. Zwei Bände in einem Band. Ungekürzte Ausgabe. 671. – 675. Auflage. München 1941.

Marcuse, Max: Gonochorismus. In: Ders. (Hrsg.): Handwörterbuch der Sexualwissenschaft: Enzyklopädie der natur- u. kulturwissenschaftlichen Sexualkunde des Menschen. Neuausgabe mit einer Einleitung von Robert Jütte. Berlin; New York 2001. S. 255 – 258.

O.V.: Rassenkunde des jüdischen Volkes. In: Fritsch, Theodor (Hrsg.): Handbuch der Judenfrage. Die wichtigsten Tatsachen zur Beurteilung des jüdischen Volkes. 31., völlig neu bearbeitete Auflage. Leipzig 1932. S. 18 - 38.

O.V.: Verzeichnis der Wochenzeitungen mit politisch-weltanschaulichem und nachrichtenmäßigem Inhalt. In: Institut für Zeitungswissenschaft an der Universität Berlin (Hrsg.): Handbuch der deutschen Tagespresse. 6. Auflage. Leipzig, Frankfurt am Main 1937. S. 288 - 290.

Personalbogen für die Beauftragten der NSDAP. im Gau Franken, 9. Dezember 1935. In: Parteikorrespondenz: Streicher, Julius (VBS 1/1120012383, Bestand Bundesarchiv).

Pirich-Diederichs, Margarete: Jugendzeitschriften. In: Heide, Walther (Hrsg.): Handbuch der Zeitungswissenschaft, Band 2. Leipzig 1943. S. 2168 – 2193.

Redaktionskartei „Der Stürmer" 1934 – 1943. Herausgegeben vom Archiv des Instituts für Zeitgeschichte München in Zusammenarbeit mit der Stadtbibliothek Nürnberg 1984. Bearbeitet von Sybille Claus (Mikrofiche, Bibliothek des Instituts für Zeitgeschichte Hamburg).

Reichsjugendführung, Amt für weltanschauliche Schulung (Hrsg.): Dienstvorschrift der Hitler-Jugend. Berlin 1938.

Schirach, Baldur von: Die Hitler-Jugend. Idee und Gestalt. Leipzig 1934.

Scholtz-Klink, Gertrud: Die Frau im Dritten Reich. Eine Dokumentation. Tübingen 1978.

Schreiben der Reichspropagandaleitung, Unterabteilung Rednervermittlung an den Reichsorganisationsleiter der N.S.D.A.P., Herrn Gregor Strasser, 2. Dezember 1932. In: Parteikorrespondenz: Streicher, Julius (VBS 1/1120012383, Bestand Bundesarchiv).

Treitschke, Heinrich von: Unsere Aussichten. In: Boehlich, Walter (Hrsg.): Der Berliner Antisemitismusstreit. Frankfurt am Main 1965, S. 7-14.

Weininger, Otto: Geschlecht und Charakter. Eine prinzipielle Untersuchung. Nachdruck. München 1997.

Zander-Mika, Annaliese: Frau und Presse. In: Heide, Walther (Hrsg.): Handbuch der Zeitungswissenschaft, Band 1. Leipzig 1940. S. 1160-1169.

Dies.: Frauenzeitschriften. In: Heide, Walther (Hrsg.): Handbuch der Zeitungswissenschaft, Band 1. Leipzig 1940. S. 1169-1177.

Zeitschriften-Dienst: deutscher Wochendienst. Berlin 1939 (Bestand Bayerische Staatsbibliothek München).

Literatur

Adorno, Theodor W.: Studien zum autoritären Charakter. Aus dem Amerikanischen von Milli Weinbrenner. Zweite Auflage. Frankfurt am Main 1976.

Ders.: Die Freudsche Theorie und die Struktur der faschistischen Propaganda. In: Schülein, Johann August; Wirth, Hans-Jürgen (Hrsg.): Analytische Sozialpsychologie. Klassische und neuere Perspektiven. Gießen 2011. S. 253-276.

A.G. Gender-Killer: Geschlechterbilder im Nationalsozialismus. Eine Annäherung an den alltäglichen Antisemitismus. In: Dies. (Hrsg.): Antisemitismus und Geschlecht. Von „effeminierten Juden", „maskulinisierten Jüdinnen" und anderen Geschlechterbildern. Münster 2005. S. 9-67.

Amm, Bettina: Völkische Erotik? Differente weibliche und männliche Sexualvorstellungen innerhalb der völkischen Rechten zwischen Weimarer Republik und Nationalsozialismus. In: Korotin, Ilse; Serloth, Barbara (Hrsg.): Gebrochene Kontinuitäten? Zur Rolle und Bedeutung des Geschlechterverhältnisses in der Entwicklung des Nationalsozialismus. Innsbruck u.a. 2000. S. 71- 90.

Arendt, Hans-Jürgen; Hering, Sabine; Wagner, Leonie (Hrsg.): Nationalsozialistische Frauenpolitik vor 1933. Dokumentation. Frankfurt am Main 1995.

Bajohr, Stefan: Die Hälfte der Fabrik. Geschichte der Frauenarbeit in Deutschland 1914 bis 1945. Schriftenreihe für Sozialgeschichte und Arbeiterbewegung der Studiengesellschaft für Sozialgeschichte und Arbeiterbewegung Marburg, Bd. 17. Marburg 1979.

Băleanu, Avram Andrei: Der „ewige Jude". Kurze Geschichte der Manipulation eines Mythos. In: Schoeps, Julius H.; Schlör, Joachim (Hrsg.): Bilder der Judenfeindschaft. Antisemitismus. Vorurteile und Mythen. München 1995. S. 96-102.

Balz, Hanno: Hegemoniale Männlichkeiten. In: Jansen-Schulz, Bettina; Riesen, Kathrin van (Hrsg.): Vielfalt und Geschlecht – relevante Kategorien in der Wissenschaft. Opladen, Farmington Hills 2011. S. 113-124.

Benz, Wolfgang: Was ist Antisemitismus? Schriftenreihe Bundeszentrale für politische Bildung, Band 455. Bonn 2008.

Bering, Dietz: Der „jüdische" Name. Antisemitische Namenpolemik. In: Schoeps, Julius H.; Schlör, Joachim (Hrsg.): Bilder der Judenfeindschaft. Antisemitismus. Vorurteile und Mythen. München 1995. S. 153-166.

Bernhardt, Hans-Michael: Voraussetzungen, Struktur und Funktion von Feindbildern. Vorüberlegungen aus historischer Sicht. In: Jahr, Christoph; Mai, Uwe; Roller, Kathrin (Hrsg.): Feindbilder in der deutschen Geschichte. Studien zur Vorurteilsgeschichte im 19. und 20. Jahrhundert. Reihe Dokumente, Texte, Materialien / Zentrum für Antisemitismusforschung der Technischen Universität Berlin; Bd. 10. Berlin 1994. S. 9-24.

Böltken, Andrea: Führerinnen im „Führerstaat". Gertrud Scholtz-Klink, Trude Mohr, Jutta Rüdiger und Inge Viermetz. Forum Frauengeschichte; 18. Pfaffenweiler 1995.

Bohrmann, Hans: Vorwort II. In: Ders. (Hrsg.): NS-Presseanweisungen der Vorkriegszeit. Edition und Dokumentation, Bd. 1: 1933. München u.a. 1984. S. 15-18.

Ders. (Hrsg.): NS-Presseanweisungen der Vorkriegszeit. Edition und Dokumentation, Bd. 3/I 1935. München 1987.

Ders. (Hrsg.): NS-Presseanweisungen der Vorkriegszeit. Edition und Dokumentation, Bd. 3/II 1935. München 1987.

Ders. (Hrsg.): NS-Presseanweisungen der Vorkriegszeit. Edition und Dokumentation, Bd. 4/II 1936. München 1993.

Ders. (Hrsg.): NS-Presseanweisungen der Vorkriegszeit. Edition und Dokumentation, Bd. 6/III 1938. September bis Dezember. München 1999.

Bourdieu, Pierre: Die männliche Herrschaft. Frankfurt am Main 2005.

Brandt, Bettina: Germania und ihre Söhne. Repräsentation von Nation, Geschlecht und Politik in der Moderne. Historische Semantik, Bd. 10. Göttingen 2010.

Braun, Christina von: „Der Jude" und „das Weib" – zwei Stereotypen des „Anderen" im deutschen Antisemitismus des 19. Jahrhunderts. In: Texte. Psychoanalyse, Ästhetik, Kulturkritik. 4/ 94. Wien 1994. S. 7-25.

Dies.: Blut und Blutschande. Zur Bedeutung des Blutes in der antisemitischen Denkwelt. In: Schoeps, Julius H.; Schlör, Joachim (Hrsg.): Bilder der Judenfeindschaft. Antisemitismus. Vorurteile und Mythen. München 1995. S. 80-95.

Dies.: Antisemitische Stereotype und Sexualphantasien. In: Jüdisches Museum der Stadt Wien (Hrsg.): Die Macht der Bilder. Antisemitische Vorurteile und Mythen. Wien 1995. S. 180-191.

Dies.: Gender, Geschlecht und Geschichte. In: Braun, Christina von; Stephan, Inge (Hrsg.): Gender Studien. Eine Einführung. Stuttgart, Weimar 2000. S. 16-57.

Dies.: Der Körper des „Juden" und des „Ariers" im Nationalsozialismus. In: A.G. Gender-Killer (Hrsg.): Antisemitismus und Geschlecht. Von „effeminierten Juden", „maskulinisierten Jüdinnen" und anderen Geschlechterbildern. Münster 2005. S. 68-80.

Browning, Christopher: Die Entfesselung der „Endlösung". Nationalsozialistische Judenpolitik 1939 - 1942. Mit einem Beitrag von Jürgen Matthäus. Deutsche Ausgabe. München 2003.

Brunner, Markus; Lohl, Jan; Pohl, Rolf; Winter, Sebastian: Psychoanalyse und Geschichte. Eine Einleitung. In: Dies. (Hrsg.): Volksgemeinschaft, Täterschaft und Antisemitismus. Beiträge zur psychoanalytischen Sozialpsychologie des Nationalsozialismus und seiner Nachwirkungen. Gießen 2011. S. 7-17.

Burkart, Günter: Grundfragen der Geschlechterforschung. In: Jansen-Schulz, Bettina; Riesen, Kathrin van (Hrsg.): Vielfalt und Geschlecht – relevante Kategorien in der Wissenschaft. Opladen, Farmington Hills 2011. S. 25-49.

Bussiek, Dagmar: Geschichte und Geschlecht. Gender als Kategorie der Kulturgeschichte. In: Jansen-Schulz, Bettina; Riesen, Kathrin van (Hrsg.): Vielfalt und Geschlecht – relevante Kategorien in der Wissenschaft. Opladen, Farmington Hills 2011. S. 141-150.

Butler, Judith: Das Unbehagen der Geschlechter. Frankfurt am Main 1991.

Bytwerk, Randall L.: Julius Streicher: the man who persuaded a nation to hate Jews. New York 1983.

Connell, Robert W.: Der gemachte Mann. Konstruktion und Krise von Männlichkeiten. Geschlecht & Gesellschaft, Bd. 8. 3. Auflage. Wiesbaden 2006.

Connell, Raewyn: Masculinity and Nazism. In: Anette Dietrich; Heise, Ljiljana (Hrsg.): Männlichkeitskonstruktionen im Nationalsozialismus: Formen, Funktionen und Wirkungsmacht von Geschlechterkonstruktionen im Nationalsozialismus und ihre Reflexion in der pädagogischen Praxis. Frankfurt am Main u.a. 2013. S. 37-42.

Czarnowski, Gabriele: „Der Wert der Ehe für die Volksgemeinschaft". Frauen und Männer in der nationalsozialistischen Ehepolitik. In: Heinsohn, Kirsten; Vogel, Barbara; Weckel, Ulrike (Hrsg.): Zwischen Karriere und Verfolgung. Handlungsräume von Frauen im nationalsozialistischen Deutschland. Reihe Geschichte und Geschlechter, Bd. 20. Frankfurt am Main; New York 1997. S. 78-95.

Dammer, Susanna: Kinder, Küche, Kriegsarbeit – Die Schulung der Frauen durch die NS-Frauenschaft. In: Frauengruppe Faschismusforschung (Hrsg.): Mutterkreuz und Arbeitsbuch. Zur Geschichte der Frauen in der Weimarer Republik und im Nationalsozialismus. Frankfurt am Main 1981. S. 215-245.

Decken, Godele von der: Emanzipation auf Abwegen. Frauenkultur und Frauenliteratur im Umkreis des Nationalsozialismus. Frankfurt am Main 1988.

Der Prozeß gegen die Hauptkriegsverbrecher vor dem Internationalen Gerichtshof Nürnberg. Band 1. Nürnberg 1947.

Dietrich, Anette; Heise, Ljiljana: Perspektiven einer kritischen Männlichkeitenforschung zum Nationalsozialismus. Eine theoretische und pädagogische Annäherung. In: Dies. (Hrsg.): Männlichkeitskonstruktionen im Nationalsozialismus. Formen, Funktionen und Wirkungsmacht von Geschlechterkonstruktionen im Nationalsozialismus und ihre Reflexion in der pädagogischen Praxis. Zivilisationen & Geschlechter, Bd. 18. Frankfurt am Main 2013. S. 7-35.

Döhring, Kirsten; Feldmann, Renate: Von „N.S. Frauen-Warte" bis „Victory" : Konstruktionen von Weiblichkeit in nationalsozialistischen und rechtsextremen Frauenzeitschriften. Berliner Arbeiten zur Erziehungs- und Kulturwissenschaft, Bd. 18. Berlin 2004.

Erb, Rainer: Der „Ritualmord". In: Schoeps, Julius H.; Schlör, Joachim (Hrsg.): Bilder der Judenfeindschaft. Antisemitismus. Vorurteile und Mythen. München 1995. S. 74-79.

Essner, Cornelia: Die „Nürnberger Gesetze" oder die Verwaltung des Rassenwahns 1933 - 1945. Paderborn u.a. 2002.
Falter, Jürgen W.: Die Jungmitglieder der NSDAP zwischen 1925 und 1933. Ein demographisches und soziales Profil. In: Krabbe, Wolfgang (Hrsg.): Politische Jugendbewegung in der Weimarer Republik. Dortmunder Historische Studien, Bd. 7. Bochum 1993. S. 202-221.

Faludi, Christian (Hrsg.): Die „Juni-Aktion" 1938. Eine Dokumentation zur Radikalisierung der Judenverfolgung. Frankfurt am Main 2013.

Fehlemann, Silke: „Heldenmütter"? Deutsche Soldatenmütter in der Zwischenkriegszeit. In: Krumeich, Gerd (Hrsg.): Nationalsozialismus und Erster Weltkrieg. Schriften der Bibliothek für Zeitgeschichte – Neue Folge, Bd. 24. Essen 2010. S. 227-242.

Flemming, Jens: „Neue Frau"? Bilder, Projektionen, Realitäten. In: Faulstich, Werner (Hrsg.): Die Kultur der zwanziger Jahre. Paderborn 2008. S. 55-70.

Fontaine, Karin: Nationalsozialistische Aktivistinnen (1933 – 1945). Hausfrauen, Mütter, Berufstätige, Akademikerinnen. So sahen sie sich und ihre Rolle im „tausendjährigen Reich". Würzburg 2003.

Foucault, Michel: Die Ordnung des Diskurses. Erweiterte Ausgabe. Frankfurt am Main 1991.

Ders.: Sexualität und Wahrheit. Der Wille zum Wissen. Erster Band. Frankfurt am Main 1977.

Frei, Norbert; Schmitz, Johannes: Journalismus im Dritten Reich. 3., überarbeitete Auflage. München 1999.

Frevert, Ute: Frauen-Geschichte. Zwischen Bürgerlicher Verbesserung und Neuer Weiblichkeit. Neue Folge, Band 284. Frankfurt am Main 1986.

Dies.: Soldaten, Staatsbürger. Überlegungen zur historischen Konstruktion von Männlichkeit. In: Kühne, Thomas (Hrsg.): Männergeschichte – Geschlechtergeschichte. Männlichkeit im Wandel der Moderne. Reihe „Geschichte und Geschlechter", Bd. 14. Frankfurt am Main; New York 1996. S. 69-87.

Friedländer, Saul: Das Dritte Reich und die Juden. Die Jahre der Verfolgung 1933-1939, Bd. 1. Deutsche Ausgabe. München 1998.

Frietsch, Elke: „Kulturproblem Frau". Weiblichkeitsbilder in der Kunst des Nationalsozialismus. Literatur - Kultur - Geschlecht: Große Reihe; Band 41. Köln u.a. 2006.

Fromm, Erich: Bachofens Entdeckung des Mutterrechts (1955). In: Ders.: Liebe, Sexualität und Matriarchat. Beiträge zur Geschlechterfrage. Herausgegeben von Rainer Funk. München 1994. S. 17-31.

Ders.: Die sozialpsychologische Bedeutung der Mutterrechtstheorie. In: Ders.: Liebe, Sexualität und Matriarchat. Beiträge zur Geschlechterfrage. Herausgegeben von Rainer Funk. München 1994. S. 32-67.

Gehmacher, Johanna: Antisemitismus und die Krise des Geschlechterverhältnisses. In: Österreichische Zeitschrift für Geschichtswissenschaften. Antisemitismus. 3. Jahrgang, Heft 4 / 1992. Wien 1992. S. 425-447.

Dies.: Die Eine und der Andere. Moderner Antisemitismus als Geschlechtergeschichte. In: Bereswill, Mechthild; Wagner, Leonie (Hrsg.): Bürgerliche Frauenbewegung und Antisemitismus. Tübingen 1998. S. 101-120.

Gilman, Sander L.: Freud, Race, and Gender. Princeton 1993.

Ders.: Der „jüdische Körper". Gedanken zum physischen Anderssein der Juden. In: Schoeps, Julius H.; Schlör, Joachim (Hrsg.): Bilder der Judenfeindschaft. Antisemitismus. Vorurteile und Mythen. München 1995. S. 167-179.

Gravenhorst, Lerke: Moral und Geschlecht. Die Aneignung der NS-Erbschaft. Freiburg i.Br. 1997.

Dies.: Geleitwort. In: Dietrich, Anette; Heise, Ljiljana (Hrsg.): Männlichkeitskonstruktionen im Nationalsozialismus. Formen, Funktionen und Wirkungsmacht von Geschlechterkonstruktionen im Nationalsozialismus und ihre Reflexion in der pädagogischen Praxis. Zivilisationen & Geschlechter, Bd. 18. Frankfurt am Main 2013. S. 1-6.

Gräfe, Thomas: Antisemitismus in Deutschland 1815 – 1918. Rezensionen – Forschungsüberblick – Bibliographie. 2., erweiterte und überarbeitete Auflage. Norderstedt 2010.

Grote, Bernd: Der deutsche Michel. Ein Beitrag zur publizistischen Bedeutung der Nationalfiguren. Dortmunder Beiträge zur Zeitungsforschung, Band 11. Dortmund 1967.

Hagemann, Jürgen: Die Presselenkung im Dritten Reich. Bonn 1970.

Hahn, Fred: Lieber Stürmer. Leserbriefe an das NS-Kampfblatt 1924 bis 1945. Eine Dokumentation aus dem Leo-Baeck-Institut. New York, Stuttgart 1978.

Hartmann, Silvia: Fraktur oder Antiqua. Der *Schriftstreit* von 1881 bis 1941. Frankfurt am Main u. a. 1998.

Hausen, Karin: Geschlechtergeschichte als Gesellschaftsgeschichte. Kritische Studien zur Geschichtswissenschaft, Bd. 202. Göttingen 2012.

Heinrich, Jürgen: Medienökonomie. Band 1: Mediensystem, Zeitung, Zeitschrift, Anzeigenblatt. 2., überarbeitete und aktualisierte Auflage. Wiesbaden 2001.

Heid, Ludger: „Der Ostjude". In: Schoeps, Julius H.; Schlör, Joachim (Hrsg.): Bilder der Judenfeindschaft. Antisemitismus. Vorurteile und Mythen. München 1995. S. 241-251.

Heider, Angelika: Stürmer, Der. In: Benz, Wolfgang; Graml, Hermann; Weiß, Hermann: Enzyklopädie des Nationalsozialismus. 3., korrigierte Auflage. Stuttgart 1998. .

Henschel, Gerhard: Neidgeschrei. Antisemitismus und Sexualität. Hamburg 2008.

Hering, Sabine; Schilde, Kurt: Das BDM-Werk „Glaube und Schönheit". Die Organisation junger Frauen im Nationalsozialismus. 2., überarbeitete Auflage. Opladen 2004.

Herzog, Dagmar: Die Politisierung der Lust. Sexualität in der deutschen Geschichte des zwanzigsten Jahrhunderts. Aus dem Amerikanischen von Ursel Schäfer und Anne Emmert. München 2005.

Dies.: Paradoxien der sexuellen Liberalisierung. Hirschfeld-Lectures; Bd. 1. Göttingen 2013.

Hirschauer, Stefan: Die Praxis der Geschlechter(in)differenz und ihre Infrastruktur. In: Graf, Julia; Ideler, Kristin; Klinger, Sabine (Hrsg.): Geschlecht zwischen Struktur und Subjekt. Theorie, Praxis, Perspektiven. Opladen u.a. 2013. S. 153-171.

Hödl, Klaus: Genderkonstruktion im Spannungsfeld von Fremd- und Selbstzuschreibung. Der „verweiblichte Jude" im diskursiven Spannungsfeld im zentraleuropäischen Fin de Siècle. In: A.G. Gender-Killer (Hrsg.): Antisemitismus und Geschlecht. Von „effeminierten Juden", „maskulinisierten Jüdinnen" und anderen Geschlechterbildern. Münster 2005. S. 81-101.

Höhne, Heinz: Der Orden unter dem Totenkopf. Die Geschichte der SS. München 1976.

Howind, Sascha: Der faschistische Einheitstrick. Die Suggestion von Einheit und Gleichheit in der nationalsozialistischen ‚Volksgemeinschaft‘. In: Brunner, Markus; Lohl, Jan; Pohl, Rolf; Winter, Sebastian (Hrsg.): Volksgemeinschaft, Täterschaft und Antisemitismus. Beiträge zur psychoanalytischen Sozialpsychologie des Nationalsozialismus und seiner Nachwirkungen. Gießen 2011. S. 111-134.

Husmann-Kastein, Jana: Schwarz-Weiß. Farb- und Geschlechtssymbolik in den Anfängen der Rassenkonstruktionen. In: Tißberger, Martina; Dietze, Gabriele; Hrzán, Daniela; Husmann-Kastein, Jana (Hrsg.): Weiß – Weißsein – Whiteness. Kritische Studien zu Gender und Rassismus. 2., durchgesehene Auflage. Frankfurt am Main 2009. S. 43-59.

Jäckel, Eberhard; Kuhn, Axel (Hrsg.): Hitler. Sämtliche Aufzeichnungen 1905-1924. Quellen und Darstellungen zur Zeitgeschichte; Bd. 21. Stuttgart 1980.

Jahnke, Karl Heinz; Buddrus, Michael: Deutsche Jugend 1933 – 1945. Eine Dokumentation. Hamburg 1989.

Jahr, Christoph: Antisemitismus vor Gericht. Debatten über die juristische Ahndung judenfeindlicher Agitation in Deutschland (1879-1960). Frankfurt am Main 2011.

Jakubowski, Jeanette: „Die Jüdin“. Darstellungen in deutschen antisemitischen Schriften von 1700 bis zum Nationalsozialismus. In: Schoeps, Julius H.; Schlör, Joachim (Hrsg.): Bilder der Judenfeindschaft. Antisemitismus. Vorurteile und Mythen. München 1995. S. 196-209.

Jochmann, Werner (Hrsg.): Adolf Hitler. Monologe im Führer-Hauptquartier 1941-1944. Die Aufzeichnungen Heinrich Heims. Hamburg 1980.

Jürgens, Birgit: Zur Geschichte des BDM (Bund Deutscher Mädel) von 1923 bis 1939. Europäische Hochschulschriften: Reihe 3, Geschichte und ihre Hilfswissenschaften; 593. 2., unveränderte Auflage. Frankfurt am Main u.a. 1996.

Kinnebrock, Susanne: Frauen und Männer im Journalismus. Eine historische Betrachtung. In: Thiele, Martina (Hrsg.): Konkurrenz der Wirklichkeiten. Wilfried Scharf zum 60. Geburtstag. Göttingen 2005. S. 101-132.

Kinz, Gabriele: Der Bund Deutscher Mädel. Ein Beitrag über die außerschulische Mädchenerziehung im Nationalsozialismus. Europäische Hochschulschriften: Reihe 11, Pädagogik, Band 421. 2., unveränderte Auflage. Frankfurt am Main u.a. 1991.

Kißener, Michael: Katholiken im Dritten Reich: eine historische Einführung. In: Hummel, Karl-Joseph; Kißener, Michael: Die Katholiken und das Dritte Reich. Kontroversen und Debatten. 2., durchgesehene Auflage. Paderborn 2010. S. 13-35.

Klaus, Martin: Mädchen in der Hitlerjugend: die Erziehung zur „deutschen Frau". Pahl-Rugenstein-Hochschulschriften Gesellschafts- und Naturwissenschaften, 15; Serie Faschismusstudien. Köln 1980.

Ders.: Mädchenerziehung zur Zeit der Faschistischen Herrschaft in Deutschland. Der Bund Deutscher Mädel. Sozialhistorische Untersuchungen zur Reformpädagogik und Erwachsenenbildung, Band 3. Frankfurt am Main 1983.

Klee, Ernst: Das Kulturlexikon zum Dritten Reich. Wer war was vor und nach 1945. Überarbeitete Taschenbuchausgabe. Frankfurt am Main 2009.

Klemperer, Victor: LTI. Notizbuch eines Philologen. 19. Auflage. Leipzig 2001.

Klinksiek, Dorothee: Die Frau im NS-Staat. Schriftenreihe der Vierteljahreshefte für Zeitgeschichte, Nummer 44. Stuttgart 1982.

Kohlbauer-Fritz, Gabriele: „La belle juive" und die „schöne Schickse". In: Gilman, Sander L.; Jütte, Robert; Kohlbauer-Fritz, Gabriele (Hrsg.): „Der schejne Jid". Das Bild des ‚jüdischen Körpers' in Mythos und Ritual. Wien 1998. S. 109-121.

Kolb, Eberhard: Die Weimarer Republik. 4., durchges. und erg. Aufl. Oldenbourg-Grundriss der Geschichte; Bd. 16. München 1998.

Kompisch, Kathrin: Täterinnen. Frauen im Nationalsozialismus. Köln 2008.

Koonz, Claudia: Mütter im Vaterland: Frauen im 3. Reich. Deutsche Erstveröffentlichung, überarbeitete Fassung der amerikanischen Ausgabe. Freiburg (Breisgau) 1991.

Koop, Andreas: NSCI – Das visuelle Erscheinungsbild der Nationalsozialisten 1920-1945. Zweite überarbeitete und erweiterte Auflage. Mainz 2012.

Koszyk, Kurt: Deutsche Presse 1914 – 1945. Geschichte der deutschen Presse, Teil III. Abhandlungen und Materialien zur Publizistik, Bd. 7. Berlin 1972.

Krobb, Florian: Die schöne Jüdin. Jüdische Frauengestalten in der deutschsprachigen Erzählliteratur vom 17. Jahrhundert bis zum Ersten Weltkrieg. Conditio Judaica, Studien und Quellen zur deutsch-jüdischen Literatur- und Kulturgeschichte, Band 4. Tübingen 1993.

Krohn, Helga: Aufbruch in eine neue Gesellschaft? Erwartungen jüdischer Frauen an die deutsche Frauenbewegung und die Grenzen der Zusammenarbeit. In: Bereswill, Mechthild; Wagner, Leonie (Hrsg.): Bürgerliche Frauenbewegung und Antisemitismus. Tübingen 1998. S. 13-43.

Kübler, Hans-Dieter: Wirtschaftskrisen und kulturelle Prosperität. Die Presse von 1920 bis 1930. In: Faulstich, Werner (Hrsg.): Die Kultur der zwanziger Jahre. Paderborn 2008. S. 97-122.

Kühne, Thomas: Männergeschichte als Geschlechtergeschichte. In: Ders. (Hrsg.): Männergeschichte – Geschlechtergeschichte. Männlichkeit im Wandel der Moderne. Reihe „Geschichte und Geschlechter", Bd. 14. Frankfurt am Main; New York 1996. S. 7-30.

Ders.: „... aus diesem Krieg werden nicht nur harte Männer heimkehren". Kriegskameradschaft und Männlichkeit im 20. Jahrhundert. In: Ders. (Hrsg.): Männergeschichte – Geschlechtergeschichte. Männlichkeit im Wandel der Moderne. Reihe „Geschichte und Geschlechter", Bd. 14. Frankfurt am Main; New York 1996. S. 174-192.

Kuhn, Annette; Rothe, Valentine: Frauen im deutschen Faschismus. Band 1: Frauenpolitik im NS-Staat. Eine Quellensammlung mit fachwissenschaftlichen und fachdidaktischen Kommentaren. Geschichtsdidaktik: Studien, Materialien, Band 9. Düsseldorf 1982.

Kuhn, Annette: Die stille Kulturrevolution der Frau. Versuche einer Deutung der Frauenöffentlichkeit (1945-1947). In: Clemens, Gabriele (Hrsg.): Kulturpolitik im besetzten Deutschland 1945-1949. Historische Mitteilungen: Beiheft ; 10. Stuttgart 1994. S. 83-101.

Kulka, Otto Dov; Jäckel, Eberhard (Hrsg.): Die Juden in den geheimen NS-Stimmungsberichten 1933-1945. Schriften des Bundesarchivs 62. Düsseldorf 2004.

Landwehr, Achim: Historische Diskursanalyse. Historische Einführungen, Bd. 4. Frankfurt am Main 2008.

Longerich, Peter: Politik der Vernichtung. Eine Gesamtdarstellung der nationalsozialistischen Judenverfolgung. München 1998.

Martschukat, Jürgen; Stieglitz, Olaf: Geschichte der Männlichkeiten. Historische Einführungen, Bd. 5. Frankfurt am Main 2008.

Miller-Kipp, Gisela (Hrsg.): „Auch Du gehörst dem Führer". Die Geschichte des Bundes Deutscher Mädel (BDM) in Quellen und Dokumenten. Materialien zur historischen Jugendforschung. Weinheim; München 2001.

Dies.: „Der Führer braucht mich". Der Bund Deutscher Mädels (BDM): Lebenserinnerungen und Erinnerungsdiskurs. Materialien zur Historischen Jugendforschung. Weinheim; München 2007.

Mitscherlich-Nielsen, Margarete: Antisemitismus - eine Männerkrankheit? In: PSYCHE 37(1), o.O. 1983. S. 41-54.

Mitscherlich, Margarete: Die friedfertige Frau. Eine psychoanalytische Untersuchung zur Aggression der Geschlechter. Frankfurt am Main 1985.

Moser, Elisabeth: Frauenbilder und Realität weiblicher Lebenszusammenhänge im Nationalsozialismus. Dargestellt am Beispiel der parteiamtlichen Zeitschrift „NS. Frauen-Warte". Dissertation zur Erlangung des Doktorgrades an der Philosophischen Fakultät der Universität Salzburg. Salzburg 1988.

Nicosia, Francis R.: Zionism and Anti-Semitism in Nazi Germany. Cambridge u.a. 2008.

Nieden, Susanne zur: Homophobie und Staatsräson. In: Dies. (Hrsg.): Homosexualität und Staatsräson: Männlichkeit, Homophobie und Politik in Deutschland 1900 -1945. Geschichte und Geschlechter, Bd. 46. Frankfurt am Main 2005. S. 17-51.

Dies.: Der homosexuelle Staats- und Volksfeind. Zur Radikalisierung eines Feindbildes im Nationalsozialismus. In: Eschebach, Insa (Hrsg.): Homophobie und Devianz. Weibliche und männliche Homosexualität im Nationalsozialismus. Forschungsbeiträge und Materialien der Stiftung Brandenburgische Gedenkstätten, Bd. 6. Berlin 2012. S. 23-34.

Niedermüller, Peter: „Der Kommunist". In: Schoeps, Julius H.; Schlör, Joachim (Hrsg.): Bilder der Judenfeindschaft. Antisemitismus. Vorurteile und Mythen. München 1995. S. 273-278.

Nipperdey, Thomas; Rürup, Reinhard: Antisemitismus. In: Brunner, Otto; Conze, Werner; Koselleck, Reinhart: Geschichtliche Grundbegriffe. Historisches Lexikon zur politisch-sozialen Sprache in Deutschland. Band 1 A – D. Stuttgart 1972. S. 129-153.

Omran, Susanne: „Woran erkennen wir die Prostituierte?". Sittlichkeit, Großstadtdiskurs und Antisemitismus im Kontext der Frauenbewegung. In: Bereswill, Mechthild; Wagner, Leonie (Hrsg.): Bürgerliche Frauenbewegung und Antisemitismus. Tübingen 1998. S. 65-87.

Dies.: Frauenbewegung und „Judenfrage". Diskurse um Rasse und Geschlecht nach 1900. Frankfurt am Main 2000.

O.V.: Maßnahmen und Instrumente der Presselenkung im Nationalsozialismus. In: Bohrmann, Hans (Hrsg.): NS-Presseanweisungen der Vorkriegszeit. Edition und Dokumentation, Bd. 1: 1933. München u.a. 1984. S. 21-44.

O.V.: Historisches Glossar. In: Kulka, Otto Dov; Jäckel, Eberhard (Hrsg.): Die Juden in den geheimen NS-Stimmungsberichten 1933-1945. Schriften des Bundesarchivs 62. Düsseldorf 2004. S. 652-783.

O.V.: Einleitung. Geschlechtergeschichte des Politischen. In: Boukrif, Gabriele; Bruns, Claudia; Heinsohn, Kirsten; Lenz, Claudia; Schmersahl, Katrin; Weller, Katja (Hrsg.): Geschlechtergeschichte des Politischen. Entwürfe von Geschlecht und Gemeinschaft im 19. und 20. Jahrhundert. Geschlecht – Kultur – Gesellschaft, Band 10. Münster 2002. S. 1-17.

Overdieck, Ulrich: Männlichkeitskonstruktionen in Diskursen der extremen Rechten. In: Amadeu Antonio Stiftung; Radvan, Heike (Hrsg.): Gender und Rechtsextremismusprävention. Eine Publikation des Projektes „Lola für Lulu – Frauen für Demokratie im Landkreis Ludwigslust". Berlin 2013. S. 105-130.

Pätzold, Kurt: Julius Streicher. In: Ders.; Weißbecker, Manfred (Hrsg.): Stufen zum Galgen. Lebenswege vor den Nürnberger Urteilen. Leipzig 1996. S. 264-296.

Paul, Gerhard: Aufstand der Bilder. Die NS-Propaganda vor 1933. 2. Auflage. Bonn 1992.

Przyrembel, Alexandra: „Rassenschande": Reinheitsmythos und Vernichtungslegitimation im Nationalsozialismus. Veröffentlichungen des Max-Planck-Instituts für Geschichte, Band 190. Göttingen 2003.

Pöggeler, Franz: Der Lehrer Julius Streicher. Zur Personalgeschichte des Nationalsozialismus. Frankfurt am Main u.a. 1991.

Radonic, Ljiljana: Die friedfertige Antisemitin? Kritische Theorie über Geschlechterverhältnis und Antisemitismus. Europäische Hochschulschriften, Bd. 508. Frankfurt am Main 2004.

Reese, Dagmar: Bund Deutscher Mädel. Zur Geschichte der weiblichen deutschen Jugend im Dritten Reich. In: Frauengruppe Faschismusforschung (Hrsg.): Mutterkreuz und Arbeitsbuch. Zur Geschichte der Frauen in der Weimarer Republik und im Nationalsozialismus. Frankfurt am Main 1981. S. 163-187.

Dies.: Straff, aber nicht stramm - herb, aber nicht derb. Zur Vergesellschaftung von Mädchen durch den Bund Deutscher Mädel im sozialkulturellen Vergleich zweier Milieus. Ergebnisse der Frauenforschung, Bd. 18. Weinheim u.a. 1989.

Reichel, Peter: Der schöne Schein des Dritten Reiches. Faszination und Gewalt des Faschismus. Dritte Auflage. München, Wien 1996.

Reuth, Ralf Georg (Hrsg.): Joseph Goebbels. Tagebücher 1924-1945. Erweiterte Taschenbuchausgabe. Band 1: 1924-1929. München 1999.

Ders. (Hrsg.): Joseph Goebbels. Tagebücher 1924-1945. Erweiterte Taschenbuchausgabe. Band 2: 1930-1934. München 1999.

Ders. (Hrsg.): Joseph Goebbels. Tagebücher 1924-1945. Erweiterte Taschenbuchausgabe. Band 3: 1935-1939. München 1999.

Richarz, Monika: Geschlechterhierarchie und Frauenarbeit seit der Vormoderne. In: Heinsohn, Kirsten; Schüler-Springorum, Stefanie (Hrsg.): Deutsch-jüdische Geschichte als Geschlechtergeschichte. Studien zum 19. und 20. Jahrhundert. Göttingen 2006. S. 87-104.

Richter, Matthias: Die Sprache jüdischer Figuren in der deutschen Literatur (1750-1933). Studien zu Form und Funktion. Göttingen 1995.

Rick, Detlef: Zwang zur „Volksgemeinschaft". Die nationalsozialistische „Volksgemeinschaft" – eine realisierte Utopie? In: Poley, Stefanie (Hrsg.): Rollenbilder im Nationalsozialismus – Umgang mit dem Erbe. Bad Honnef 1991. S. 226-255.

Roos, Daniel: Julius Streicher und „Der Stürmer" 1923-1945. Paderborn 2014.

Roth, Thomas: „Gestrauchelte Frauen" und „unverbesserliche Weibspersonen": zum Stellenwert der Kategorie Geschlecht in der nationalsozialistischen Strafrechtspflege. In: Frietsch, Elke; Herkommer, Christina (Hrsg.): Nationalsozialismus und Geschlecht. Zur Politisierung und Ästhetisierung von Körper, „Rasse" und Sexualität im „Dritten Reich" und nach 1945. Bielefeld 2009. S. 109-140.

Ruault, Franco: „Neuschöpfer des deutschen Volkes": Julius Streicher im Kampf gegen „Rassenschande". Beiträge zur Dissidenz, Bd. 18. Frankfurt am Main 2006.

Ders.: Tödliche Maskeraden. Julius Streicher und die „Lösung der Judenfrage". Frankfurt am Main 2009.

Salzborn, Samuel: Antisemitismus. Geschichte, Theorie, Empirie. Baden-Baden 2014.

Sauerteig, Lutz: Krankheit, Sexualität, Gesellschaft. Geschlechtskrankheiten und Gesundheitspolitik in Deutschland im 19. und frühen 20. Jahrhundert. Medizin, Gesellschaft und Geschichte, Beiheft 12. Stuttgart 1999.

Schmersahl, Katrin: Die Demokratie ist weiblich. Zur Bildpolitik der NSDAP am Beispiel nationalsozialistischer Karikaturen in der Weimarer Republik. In: Boukrif, Gabriele; Bruns, Claudia; Heinsohn, Kirsten; Lenz, Claudia; Schmersahl, Katrin; Weller, Katja (Hrsg.): Geschlechtergeschichte des Politischen. Entwürfe von Geschlecht und Gemeinschaft im 19. und 20. Jahrhundert. Geschlecht – Kultur – Gesellschaft, Band 10. Münster 2002. S. 141-174.

Schmidt, Ina: Die Matriachats-Patriarchats-Geschlechteregalitätsdiskussion unter Nationalsozialisten in der Weimarer Republik und NS-Zeit. In: Korotin, Ilse; Serloth, Barbara (Hrsg.): Gebrochene Kontinuitäten? Zur Rolle und Bedeutung des Geschlechterverhältnisses in der Entwicklung des Nationalsozialismus. Innsbruck u.a. 2000. S. 91-130.

Schmitz-Berning, Cornelia: Vokabular des Nationalsozialismus. Berlin, New York 1998.

Schmuhl, Hans-Walter: Rassenhygiene, Nationalsozialismus, Euthanasie. Von der Verhütung zur Vernichtung ‚lebensunwerten Lebens', 1890-1945. Kritische Studien zur Geschichtswissenschaft, Bd. 75. Göttingen 1987.

Schoppmann, Claudia: Zwischen strafrechtlicher Verfolgung und gesellschaftlicher Ächtung: Lesbische Frauen im „Dritten Reich". In: Eschebach, Insa (Hrsg.): Homophobie und Devianz. Weibliche und männliche Homosexualität im Nationalsozialismus. Forschungsbeiträge und Materialien der Stiftung Brandenburgische Gedenkstätten, Bd. 6. Berlin 2012. S. 35-51.

Schröder, Joachim: Der Erste Weltkrieg und der „jüdische Bolschewismus". In: Krumeich, Gerd (Hrsg.): Nationalsozialismus und Erster Weltkrieg. Schriften der Bibliothek für Zeitgeschichte – Neue Folge, Bd. 24. Essen 2010. S. 77-96.

Selig, Wolfram: Volksdeutsche. In: Benz, Wolfgang; Graml, Hermann; Weiß, Hermann: Enzyklopädie des Nationalsozialismus. 3., korrigierte Auflage. Stuttgart 1998. S. 785.

Showalter, Dennis E.: Little man, what now? Der Stürmer in the Weimar Republic. Hamden 1982.

Shuk, Alexander: Das nationalsozialistische Weltbild in der Bildungsarbeit von Hitlerjugend und Bund Deutscher Mädel. Eine Lehr- und Schulbuchanalyse. Europäische Hochschulschriften: Reihe 11, Pädagogik; 856. Frankfurt am Main u.a. 2002.

Sigmund, Anna Maria: Die Frauen der Nazis. 9. Auflage. Heyne-Bücher 725. München 2000.

Dies: „Das Geschlechtsleben bestimmen wir". Sexualität im Dritten Reich. Erweiterte und überarbeitete Taschenbucherstausgabe. München 2009.

Stephenson, Jill: The Nazi Organisation of Women. London 1981.

Strauss, Herbert A.; Kampe, Norbert: Einleitung. In: Dies. (Hrsg.): Antisemitismus. Von der Judenfeindschaft zum Holocaust. Frankfurt am Main, New York 1985. S. 9-28.

Storek, Henning: Dirigierte Öffentlichkeit. Die Zeitung als Herrschaftsmittel in den Anfangsjahren der nationalsozialistischen Regierung. Opladen 1972.

Süchting-Hänger, Andrea: Die Anti-Versailles-Propaganda konservativer Frauen in der Weimarer Republik – Eine weibliche Dankesschuld? In: Krumeich, Gerd (Hrsg.): Versailles 1919. Ziele – Wirkung – Wahrnehmung. Herausgegeben in Zusammenarbeit mit Silke Fehlemann. Schriften der Bibliothek für Zeitgeschichte, Bd. 14. Essen 2001. S. 302-313.

Thamer, Hans-Ulrich: Wirtschaft und Gesellschaft unterm Hakenkreuz. In: Bundeszentrale für politische Bildung (Hrsg.): Nationalsozialismus II. Führerstaat und Vernichtungskrieg. Informationen zur politischen Bildung, Heft 266. Neudruck. Bonn 2004. S. 21-31.

Theweleit, Klaus: Männerphantasien. Frauen, Fluten, Körper, Geschichte. Band 1. Reinbek bei Hamburg 1980.

Tilly, Michael: Das Judentum. Wiesbaden 2007.

Ullrich, Volker: „Drückeberger". Die Judenzählung im Ersten Weltkrieg. In: Schoeps, Julius H.; Schlör, Joachim (Hrsg.): Bilder der Judenfeindschaft. Antisemitismus. Vorurteile und Mythen. München 1995. S. 210-217.

Visser, Ellen de: Frau und Krieg. Weibliche Kriegsästhetik, weiblicher Rassismus und Antisemitismus. Eine psychoanalytisch-tiefenhermeneutische Literaturanalyse. Münster 1997.

Wagner, Leonie: Nationalsozialistische Frauenansichten. Vorstellungen von Weiblichkeit und Politik führender Frauen im Nationalsozialismus. Frankfurt am Main 1996.

Wahl, Rudolf: Antisemitismus in der NS-Wochenzeitung *Der SA-Mann*. In: Nagel, Michael; Zimmermann, Moshe (Hrsg.): Judenfeindschaft und Antisemitismus in der deutschen Presse über fünf Jahrhunderte: Erscheinungsformen, Debatte und Gegenwehr. Bd. 2. Bremen 2013. S. 671-690.

Werner, Frank: „Noch härter, noch kälter, noch mitleidloser". Soldatische Männlichkeit im deutschen Vernichtungskrieg 1941-1944. In: Anette Dietrich; Heise, Ljiljana (Hrsg.): Männlichkeitskonstruktionen im Nationalsozialismus: Formen, Funktionen und Wirkungsmacht von Geschlechterkonstruktionen im Nationalsozialismus und ihre Reflexion in der pädagogischen Praxis. Frankfurt am Main u.a. 2013. S. 45-63.

Wilke, Jürgen: Presseanweisungen im zwanzigsten Jahrhundert. Erster Weltkrieg – Drittes Reich – DDR. Medien in Geschichte und Gegenwart, Bd. 24. Köln u.a. 2007.

Winter, Sebastian: Lüstern und verkopft. Zur affektiven Dimension antisemitischer Feindbilder im Nationalsozialismus. In: Brunner, Markus; Lohl, Jan; Pohl, Rolf; Winter, Sebastian (Hrsg.): Volksgemeinschaft, Täterschaft und Antisemitismus. Beiträge zur psychoanalytischen Sozialpsychologie des Nationalsozialismus und seiner Nachwirkungen. Gießen 2011. S. 135-167.

Wulf, Joseph: Kultur im Dritten Reich. Bd. 1, Presse und Funk im Dritten Reich: eine Dokumentation. Frankfurt am Main; Berlin 1989.

Ziege, Eva-Maria: Die „Mörder der Göttinnen". In: Schoeps, Julius H.; Schlör, Joachim (Hrsg.): Bilder der Judenfeindschaft. Antisemitismus. Vorurteile und Mythen. München 1995. S. 180-195.

Dies.: „Weiblicher" Antisemitismus? Vier Varianten. In: Korotin, Ilse; Serloth, Barbara (Hrsg.): Gebrochene Kontinuitäten? Zur Rolle und Bedeutung des Geschlechterverhältnisses in der Entwicklung des Nationalsozialismus. Innsbruck u.a. 2000. S. 13-29.

Dies.: Mythische Kohärenz. Diskursanalyse des völkischen Antisemitismus. Konstanz 2002.

Dies.: Die Bedeutung des Antisemitismus in der Rezeption der Mutterrechtstheorie. In: A.G. Gender-Killer (Hrsg.): Antisemitismus und Geschlecht. Von „effeminierten Juden", „maskulinisierten Jüdinnen" und anderen Geschlechterbildern. Münster 2005. S. 143-170.

Dies.: Antisemitismus und Gesellschaftstheorie. Die Frankfurter Schule im amerikanischen Exil. Frankfurt am Main 2009.

Online-Ressourcen

Angermüller, Johannes: Einleitung. Diskursforschung als Theorie und Analyse. Umrisse eines interdisziplinären und internationalen Feldes. In: Angermüller, Johannes; Nonhoff, Martin; Herschinger, Eva; Macgilchrist, Felicitas; Reisigl, Martin; Wedl, Juliette; Wrana, Daniel; Ziem, Alexander (Hrsg.): Diskursforschung. Ein interdisziplinäres Handbuch. Band 1: Theorien, Methodologien und Kontroversen. DiskursNetz, Band 1. Bielefeld 2014. S. 16-36 [pdf].
URL:http://www.degruyter.com/viewbooktoc/product/430342;jsessioni d=F81DBD00836BAA29051E2CDBC9658FCE (Stand: 23.1.2015).

Benz, Wolfgang: „Der ewige Jude" (Propaganda-Ausstellung). In: Ders.: Handbuch des Antisemitismus: Judenfeindschaft in Geschichte und Gegenwart; Bd. 4: Ereignisse, Dekrete, Kontroversen. Berlin; Boston 2011. S. 114-118 [pdf].
URL: http://www.reference-global.com/doi/book/10.1515/9783110255140 (Stand: 29.10.2014).

Brumlik, Micha: Blut, Intellekt und Liebe – Faktoren politischer Vergemeinschaftung. In: Braun, Christina von; Wulf, Christoph (Hrsg.): Mythen des Blutes. Frankfurt am Main 2007. S. 257-271 [pdf].
URL: https://content-select.net/media/moz_viewer/519cc491-5aa8-4601-a7a4-29105dbbeaba#chapter=185590&page=15 (Stand: 22.5.2014).

Bruns, Claudia: (Homo-)Sexualität als virile Sozialität. Sexualwissenschaftliche, antifeministische und antisemitische Strategien hegemonialer Männlichkeit im Diskurs der Maskulinisten 1880-1920. In: Heidel, Ulf (Hrsg.): Jenseits der Geschlechtergrenzen: Sexualitäten, Identitäten und Körper in Perspektiven von Queer Studies. Hamburg 2001. S. 87-108 [pdf].
URL: http://www.claudiabruns.de/downloads/aufsaetze_pdfs/homosexualitaet_a ls_v_soz.pdf (Stand: 3.5.2013).

Bundesarchiv / Gedenkbuch Opfer der Verfolgung der Juden unter der nationalsozialistischen Gewaltherrschaft in Deutschland 1933-1945. Eintrag: Jonas Israel Wolk.
URL:
http://www.bundesarchiv.de/gedenkbuch/directory.html.de?result#frmResults (Stand: 14.1.2013.).

Bussemer, Thymian: Propaganda. Theoretisches Konzept und geschichtliche Bedeutung, Version: 1.0. In: Docupedia-Zeitgeschichte, 2.8.2013 [pdf].
URL: http://docupedia.de/zg/Propaganda (Stand: 7.3.2014).

Deutsches Historisches Museum (Kuhn, Stefan): Julius Streicher (1885 – 1946).
URL: https://www.dhm.de/lemo/biografie/julius-streicher (Stand: 21.4.2015).

Deutsches Historisches Museum: Dokument „Die Nürnberger Gesetze vom 15. September 1935":
URL:
http://www.dhm.de/lemo/html/dokumente/nuernbergergesetze/index.html (Stand: 21.3.2011).

Deutsches Historisches Museum: Dokument „Gesetz über die Hitlerjugend vom 1. Dezember 1936", Reichsgesetzblatt 1936 I S. 993:
URL: http://www.dhm.de/lemo/html/dokumente/hjgesetz/index.html (Stand: 15.2.2013).

Deutsches Historisches Museum. Dokument: „Erste Durchführungsverordnung zum Gesetz über die Hitler-Jugend (Allgemeine Bestimmungen)" vom 25. März 1939, Reichsgesetzblatt, 1939/Nr. 66, Berlin, vom 6. 4. 1939 (Bundesarchiv Koblenz R 36/2012). URL: http://www.dhm.de/lemo/html/dokumente/hjdienst/ (Stand: 02.02.2014).

Deutsches Historisches Museum. Dokument: „Zweite Durchführungsverordnung zum Gesetz über die Hitler-Jugend (Jugend-Dienstverordnung)
vom 25. März 1939", Reichsgesetzblatt, 1939/Nr. 66, Berlin, vom 6. 4. 1939
(Bundesarchiv Koblenz R 36/2012).
URL: http://www.dhm.de/lemo/html/dokumente/hjdienst/ (Stand:
26.8.2013).

Dinges, Martin: „Hegemoniale Männlichkeit" – ein Konzept auf dem
Prüfstand. In: Dinges, Martin (Hrsg.): Männer - Macht - Körper : Hegemoniale Männlichkeiten vom Mittelalter bis heute. Frankfurt, New York 2005. S. 7-
33 [pdf].
URL: https://content-select.com/media/moz_viewer/519cc3b6-0cc8-
4aa7-aad2-290b5dbbeaba#chapter=173323&page=1 (Stand: 23.1.2015).

Dürrhauer, Silke: Hitlers Jugendpropaganda (2007):
URL:http://www.bpb.de/politik/extremismus/rechtsextremismus/41726
/hitlers-jugendpropaganda?p=all (Stand: 8.12.2014).

Forschungsnetzwerk Frauen und Rechtsextremismus: Offener Brief des
Forschungsnetzwerks Frauen und Rechtsextremismus zur Berichterstattung
über die Rechtsextremistin Beate Zschäpe [2011, pdf].
URL: http://www.frauen-und-
rechtsextremismus.de/cms/images/medienarbeit/offener-brief-2011-11-
15.pdf (Stand: 5.3.2015).

Füssel, Marian; Neu, Tim: Diskursforschung in der Geschichtswissenschaft. In: Angermüller, Johannes; Nonhoff, Martin; Herschinger, Eva;
Macgilchrist, Felicitas; Reisigl, Martin; Wedl, Juliette; Wrana, Daniel; Ziem,
Alexander (Hrsg.): Diskursforschung. Ein interdisziplinäres Handbuch. Band
1: Theorien, Methodologien und Kontroversen. DiskursNetz, Band 1. Bielefeld 2014. S. 145-161 [pdf].
URL:http://www.degruyter.com/viewbooktoc/product/430342;jsessioni
d=F81DBD00836BAA29051E2CDBC9658FCE (Stand: 23.1.2015).

Haslinger, Peter: Diskurs, Sprache, Zeit, Identität. Plädoyer für eine erweiterte Diskursgeschichte. In: Eder, Franz X. (Hrsg.): Historische Diskursanalysen. Genealogie, Theorie, Anwendungen. Wiesbaden 2006. S. 27-50.
URL: http://link.springer.com/book/10.1007/978-3-531-90113-8/page/1 (Stand: 2.7.2013).

Jäger, Siegfried: Diskursive Vergegenkunft. Rassismus und Antisemitismus als Effekte von aktuellen und historischen Diskursverschränkungen. In: Eder (Hrsg.) 2006. S. 239-252.
URL: http://link.springer.com/book/10.1007/978-3-531-90113-8/page/1 (Stand: 2.7.2013).

Jensen, Uffa; Schüler-Springorum, Stefanie: Antisemitismus und Emotionen. In: Bundeszentrale für politische Bildung (Hrsg.): Aus Politik und Zeitgeschichte. Antisemitismus. 28-30 / 2014, 7. Juli 2014, 64. Jahrgang. S. 19 [pdf]. URL: www.bpb.de/apuz (Stand: 21.02.2016).

Jochem, Gerhard: Das „Stürmer"-Archiv. „Für Nürnberg und das Stadtarchiv ohne jedes Interesse". In: NORICA. Berichte und Themen aus dem Stadtarchiv Nürnberg. Schwerpunktthema: 1806-2006. 200 Jahre Nürnberg bei Bayern. September 2006. S. 43-51. [pdf, erhalten am 8.7.2011 auf Anfrage an das Nürnberger Stadtarchiv am 30.6.2011].

Meuser, Michael; Scholz, Sylka: Hegemoniale Männlichkeit. Versuch einer Begriffsklärung aus soziologischer Perspektive. In: Dinges (Hrsg.) 2005. S. 211-228 [pdf].
URL: https://content-select.com/media/moz_viewer/519cc3b6-0cc8-4aa7-aad2-290b5dbbeaba#chapter=173339&page=1 (23.1.2015).

Probst, Robert: Großdeutsche Volksgemeinschaft (GVG), 1924/25. In: Historisches Lexikon Bayerns [2011].
URL: http://www.historisches-lexikon-bayerns.de/artikel/artikel_44723 (Stand: 24.03.2011).

Reich, Kersten: Konstruktivistische Ansätze in den Sozial- und Kulturwissenschaften. In: Hug, Theo (Hrsg.): Wie kommt Wissenschaft zu Wissen?, Bd. 4, Hohengehren 2001, S. 356-376.
URL: http://konstruktivismus.uni-koeln.de/reich_works/aufsatze/reich_34.pdf (Stand: 25.04.2016).

Reuband, Karl-Heinz: Die Leserschaft des „Stürmer" im Dritten Reich. Soziale Zusammensetzung und antisemitische Orientierungen. In: Historical Social Research, Vol. 33-2008-No. 4. S. 214-254 [pdf].
URL: http://www.phil-fak.uni-duesseldorf.de/fileadmin/Redaktion/Institute/Sozialwissenschaften/Soziologie/Dokumente/Reuband/Stuermer.pdf (Stand: 7.5.2013).

Sadowski, Tanja: Die nationalsozialistische Frauenideologie: Bild und Rolle der Frau in der "NS-Frauenwarte" vor 1939. In: Mainzer Geschichtsblätter. - 12 (2000), S. 161-190. [pdf].
URL: http://www.mainz1933-1945.de/fileadmin/Rheinhessenportal/Teilnehmer/mainz1933-1945/Textbeitraege/Sadowski_Frauenideologie.pdf (Stand: 15.2.2013).

Sammet, Rainer: Dolchstoßlegende. In: Historisches Lexikon Bayerns [2013].
URL: http://www.historisches-lexikon-bayerns.de/artikel/artikel_44479 (Stand: 22.5.2013).

Streicher, Julius: Der Kampf geht weiter! In: Deutsche Volksgesundheit aus Blut und Boden, Heft 1 / 1935 [1935]:
URL: http://www.ns-archiv.de/imt/m001-m200/020-m.php (Stand: 11.8.2011).

Streubel, Christiane: Frauen der politischen Rechten in Kaiserreich und Republik. Ein Überblick und Forschungsbericht. Rezension zu: Boukrif, Gabriele; Bruns, Claudia; Heinsohn, Kirsten; Lenz, Claudia; Schmersahl, Katrin; Weller, Katja (Hrsg.): Geschlechtergeschichte des Politischen. Münster 2002.
URL: http://www.hsozkult.de/publicationreview/id/rezbuecher-1697 (Stand: 16.04.2016).

Sundermann, Tom: Zschäpes große Unschuldsshow. URL: http://www.zeit.de/politik/ausland/2015-12/beate-schaepe-aussage-bewertung (Stand: 9.12.2015).

Zelnhefer, Siegfried: Der Stürmer. Deutsches Wochenblatt zum Kampf um die Wahrheit. In: Historisches Lexikon Bayerns [2011].
URL: http://www.historisches-lexikon-bayerns.de/artikel/artikel_44465 (Stand: 24.3.2011).

Abkürzungsverzeichnis

Abb.	Abbildung
Anm.	Anmerkung
BDM	Bund Deutscher Mädel
DAF	Deutsche Arbeitsfront
DFW	Deutsches Frauenwerk
DNB	Deutsches Nachrichtenbüro
Gestapo	Geheime Staatspolizei
HJ	Hitlerjugend
Jg.	Jahrgang
Kap.	Kapitel
NS	Nationalsozialismus bzw. nationalsozialistisch
NSDAP	Nationalsozialistische Deutsche Arbeiterpartei
NSF	NS-Frauenschaft
RAD	Reichsarbeitsdienst
RADwJ	Reichsarbeitsdienst der weiblichen Jugend
RJF	Reichsjugendführer bzw. -führung
RMVP	Reichsministerium für Volksaufklärung und Propaganda
RSHA	Reichssicherheitshauptamt
SA	Sturmabteilung
SS	Schutzstaffel
StGB	Strafgesetzbuch
SU	Sowjetunion
USA	United States of America
ZD	Zeitschriften-Dienst
ZSg.	Zeitgeschichtliche Sammlung

Abbildungsverzeichnis

Sach- und Fachbücher
- Gesellschaftskritik
- Frauen-/ Männer-/ Geschlechterforschung
- Holocaust/ Nationalsozialismus/ Emigration
- (Sub)Kulturen, Kunst & Fashion, Art Brut
- Gewalt und Traumatisierungsfolgen
- psychische Erkrankungen

sowie
… junge urbane Gegenwartsliteratur,
Krimis / Thriller, Biografien

… Art Brut und Graphic Novels,
(queere) Kinderbücher

www.marta-press.de

www.marta-press.de

Aus unserem Programm...

Ulla Rogalski, 2014: "Ein ganzes Leben in einer Hut-
schachtel. Geschichten aus dem Leben der jüdischen
Innenarchitektin Bertha Sander 1901-1990".

Robert Scheer, 2016: "Pici. Erinnerungen an die Ghettos
Carei und Satu Mare und die Konzentrationslager
Auschwitz, Walldorf und Ravensbrück".

Robert Claus, Juliane Lang, Ulrich Peters (Hg.), 2016:
"Antifeminismus in Bewegung".

Lerke Gravenhorst / Ingegerd Schäuble, 2017:
"Fatale Männlichkeit. Der NS-Zivilisationsbruch. Ein
neuer Blick". Mit Beiträgen von Hanne Kircher, Jürgen
Müller-Hohagen und Karin Schreifeldt.

Jana Reich, 2017: "»Nichts in meinem Leben ist normal,
nichts...« Die Traumata im Leben der Künstlerin Eva
Hesse (1936-1970)".

Rena Kenzo, 2018: "»Teil eines Ganzen sein« Extrem
rechte Frauen in Deutschland von 1945 bis 2000".